KB073776

『아브라함 카이퍼의 정치 강령』은 중세 로마 가톨릭교회의 국가론 그리고 다른 한 편으로는 프랑스 혁명과 더불어 형성된 근대의 세속국가론에 대항하여 제3의 대안 으로 제시된 하나님의 주권에 바탕을 둔 네덜란드 반혁명당의 정치 노선을 여실히 보여준다. 이 책이 완전한 국가 철학과 정치신학이라고 하기에는 부족함이 있지만, 카이퍼와 그의 반혁명당의 정강 정책 및 기본 이념을 이해하기에는 충분하다. 카이 퍼가 말년에 저술한 두 권의 『반혁명 국가학』도 번역되어 기독교 세계관으로 본 정 치신학과 국가경영 철학의 온전한 모습이 드러나기를 기대해 본다.

강영안 ｜ 서강대학교 철학과 명예교수, 미국 캘빈 신학교 철학신학 교수

드디어 신칼뱅주의(neo-calvinisme)의 선구자 아브라함 카이퍼의 기독교 정치철학이 집약된 『아브라함 카이퍼의 정치 강령』(Ons Program)이 한글로 번역되었다. 잘 알려 진 것처럼 개혁주의 신학자요 탁월한 정치가인 카이퍼는 이 책을 통해 개혁주의 정 당 정치의 이론적 토대를 놓았을 뿐만 아니라 1879년 반혁명당(ARP)을 창당하고 또한 네덜란드의 수상(1901-1905)이 되어 개혁주의 정치 원리를 네덜란드 역사 속 에 실제로 구현했다. 카이퍼의 개혁주의 정치 원리는 철저하게 성경 및 삼위일체 기 독교 신학에 기초하여 하나님의 절대 주권이 단지 종교의 영역에만 제한되는 것이 아니라 인간 삶의 모든 영역에서 구현되는 것을 목표로 삼는다. 2018년 4차 산업 혁명 시대를 맞은 대한민국은 헌법 개정 문제를 비롯한 남북통일, 공정한 소득분배, 지역사회 균등 발전 등 새로운 국가 건설을 위한 과제들을 앞두고 있다. 『아브라함 카이퍼의 정치 강령』은 이런 과제들을 성취하기 위한 개혁주의의 길잡이가 될 줄로 의심치 않기에 한국교회 지도자들뿐만 아니라 모든 성도가 일독하기를 적극적으로 추천한다. 하나님의 은혜로운 통치는 단지 교회당 안에 갇혀 있지 않고 정치 영역까 지 깊숙이 고동치고 있다!

박태현 ｜ 총신대학교 신학대학원 실천신학 교수

아브라함 카이퍼가 신문에 연재했던 자신의 정치적 신념에 관한 글이 편집되어 한 권의 책으로 출간되었다. 그 책이 이번에 한국어로 독자를 만나게 된다는 사실이 매 우 흥미롭다. 프랑스가 혁명을 통해서 신본주의 사회에서 인본주의 사회로 전환되 는 사건을 충격적으로 바라봤던 그는, 네덜란드 사회가 신본주의적인 틀을 확립하

면서도 국민이 자유와 권리를 상실하지 않을 수 있는 길을 찾으려는 마음을 드러 낸다. 그런 마음의 일환이 이런 글로 표현되었다. 그는 인간은 신앙의 유무를 떠나 하나님을 떠나서는 살 수 없다고 생각했고, 따라서 기독교가 자신의 정체성을 존중 할 뿐만 아니라, 양심에서 신(神) 형상을 발현하는 불신자와 공유할 수 있는 공적인 삶의 체계 혹은 가치관을 찾아가는 수고를 해야 한다고 믿었다. 그러면서도 그는 인 간 및 그 인간 사회에 기생하는 치명적이고 파괴적인 죄의 세력을 직시하였다. 이 두 긴장 사이에서 그는 하나님을 근간으로 한 "견제와 균형"이라는 큰 그림을 찾았 고, 그것이 국민의 대표 기관인 전국회의와 정부 사이에, 교회와 국가 사이에, 그리 고 회중과 당회 사이에 반드시 견지되어야만 한다고 믿었다. 이렇게 해야만 죄의 응 집으로서 권력의 독점을 피할 수 있고, 하나님의 뜻을 존중하면서 개인의 자유와 권 리를 훼손하지 않는 "적합한 구조"를 세울 수 있다고 보았던 것이다. 이런 면에서 볼 때 이 책에서 전개하는 카이퍼의 정치 신념은 그의 신학과도 뗄 수 없는 상관성을 갖는다고 보아야 할 것이다. 카이퍼가 전개한 신학의 실천적 세계를 확인하고자 하 는 독자는 이 책을 꼭 읽어야 하지 않을까? 무엇보다도 특히 다원주의에 직면한 한 국 사회, 그 안에서 삶의 길을 모색해야만 하는 한국교회를 위하여, 이 책은 140여 년의 시간의 틈이 있음에도 불구하고 적절한 삶의 지혜를 제공해 줄 것이라 믿는다.

유태화 | 백석대학교 신학대학원 조직신학 교수

아브라함 카이퍼는 실로 놀라운 인물이다. 그에 대해 "제2의 칼뱅"이라거나 "10개 의 머리와 100개의 손을 가진 사람"이라고 평가하거나, 헤르만 바빙크, 벤자민 워 필드와 더불어 "세계 3대 칼뱅주의자"라고 칭하는 것이 과언이 아님을 우리는 알고 있다. 그는 신학자, 목회자, 260여 권의 저술가, 대학 설립자 겸 교수였다. 그러나 우 리는 이러한 열거 이전에 그가 반혁명당을 근대적인 정당으로 재창당한 인물이자 당수였으며, 하원의원으로 시작하여 그 정점에는 수상(1901-05)까지 지낸 기독교 정치가였다는 사실을 빠트릴 수 없다. 원래 목회자였던 카이퍼는 칼뱅주의적 세계 관에 근거하여 네덜란드 전 영역에 영향을 미치기 위하여 목회를 그만두고 하원의 원이 되었고, 두 개의 신문을 편집하면서 기독교 신앙과 세계관을 시민들에게 알려 주었을 뿐 아니라 정치, 사회, 경제, 교육 등 일상적인 삶 속에서 어떻게 성경적으로

살아가야 하는지 그 지침들을 제공해주기도 했다. 이번에 번역되어 소개되는 반혁명당 강령을 담은 『아브라함 카이퍼의 정치 강령』(Ons Program)은 그가 정치가로서 이력을 시작한 초기인 1879년 3월에 처음 출간된 것이다. 카이퍼는 수십 년의 실제적인 정치 활동을 한 후에 생애 말년(1916-17)에는 두 권의 『반혁명 국가학』을 출간하기도 했다. 후자는 더욱 원숙한 카이퍼의 정치학을 담고 있지만, 한글로 처음 소개되는 이 책에는 42세 청년 카이퍼의 기독교 정치 강령이 담겨 있다. 정교분리에 대한 오해가 깊은 한국의 상황, 어느 때보다 공공 신학(public theology)의 수요가 많은 현황에서, 개혁주의 공공 신학의 원조라 할 수 있는 카이퍼의 정치 강령을 한글로 읽게 된다는 것은 실로 큰 축복이다. 물론 세부적인 면에서 동의할 수 없는 부분들도 있을 것이고, 시대 적합성에 의문이 제기될 수도 있을 것이다. 하지만 그의 서거 100주년이 임박한 이 시점에서 영어권에서도 왕성하게 그의 저작들이 번역 및 연구되고 있는 현황을 생각할 때, 이제야 비로소 우리가 이런 카이퍼의 글들을 잘 읽고, 토론하고, 때로는 비판적으로 읽으면서 우리의 현실에 적용해야 할 때라는 생각을 강하게 피력하고자 한다. 물질주의와 세속주의가 범람하고 있는 21세기 한국의 현실에서 어떻게 "왕 되신 그리스도를 위한" 정치가 가능하며, 결과적으로 사회 변화가 가능한지에 대하여 고뇌하는 독자들이 이 책을 꼭 탐독하기를 염원하며 추천의 글을 써본다. **이상웅 |** 총신대학교 신학대학원 조직신학 교수

아브라함 카이퍼의 초기 작업은 근대 민주주의에서 첫 번째 기독교 정당의 지적 기반이 되었고, 또한 새로우면서도 근대적인 정치 형식을 보여주었다. 『아브라함 카이퍼의 정치 강령』은 카이퍼가 어떻게 정치를 엘리트만의 문제에서 공적인 문제로 다루게 되었는지, 어떻게 대중의 정치 참여 문제에 대해 간단한 이슈를 다루는 활동에서 영구적인 행동으로 바꾸었는지, 그리고 그가 세계관의 갈등이 드러나는 의회에 토론의 문화를 소개함으로써 이성과 합의에 기반을 둔 진보적인 정치에 어떻게 도전하는지를 조명한다. 정치사에서 이 기념비가 얼마나 중요한지 놀랍기만 하다. 이 책을 읽어라. 그러면 당신은 당신의 소리를 들으면서 용기를 얻게 될 것이다! **조지 하링크 |** 암스테르담 자유 대학교 역사학 교수 및 문헌관리담당자

아브라함 카이퍼는 신학자로서 교육을 받았으며, 정치사상가이자 실천가로서 스스로를 연마했다. 카이퍼가 네덜란드 최초의 대중 정당을 창당하는 과정에서 구상한 이 종합적인 정치 강령은, 직접 자신이 필요하다고 언급했던 일련의 정책들에서 그의 신학과 정치 이론 및 조직적 비전을 훌륭하게 종합시켰다. 『아브라함 카이퍼의 정치 강령』은 수십 년간 카이퍼의 견해에 동의하는 사람들에게 영감을 주는 역할을 해왔으며 그의 반대파에 맞서기 위한 높은 기준을 제시했다. 이 책은 우리가 오늘날 그들과 동등한 증인이 될 수 있다는 상상에 도전하게 한다.

제임스 D. 브래트 ㅣ 캘빈 대학 역사학 교수,
Abraham Kuyper: Modern Calvinist, Christian Democrat 저자

프랑스 혁명에 대한 에드먼드 버크(Edmund Burke)의 답변을 읽은 것이 우리 모두에게는 스캔들이며 부끄러운 일이지만, 최소한 버크와 동등한 수준의 심오하면서도 중대하다고 할 수 있는 아브라함 카이퍼의 답변을 읽은 영어권 독자들은 매우 드물다—카이퍼의 답변은 적어도 21세기 독자들에 대한 버크의 답변 그 이상을 담고 있다. 진정 미국은 위대한 정치철학자를 배출한 적이 없으며, 유럽에서 빌려와야만 한다. 카이퍼는 로크(Locke)와 토크빌(Tocqueville)에 버금가는 지위를 누릴 만한 거대한 유럽의 지성으로서, 그의 생각은 우리에게 종교의 자유 및 헌법적 민주주의에 관한 미국적인 실험을 이해할 수 있도록 도움을 준다.

그렉 포스터 ㅣ 트리니티 대학원 기독교 문화 교수

비록 『아브라함 카이퍼의 정치 강령』이 신학적인 중요성을 지속하는 작업이라기보다는 그 시대의 작업이지만, 본서는 독자들에게 아브라함 카이퍼의 비범한 마음과 시대에 대한 새로운 통찰력을 제공하기 때문에 따뜻한 환영을 받을 것이다. 카이퍼의 반혁명적인 비전은 여기서 상세히 논의되고 있으며, 기독교와 세속주의 사이에서의 동시대적인 논쟁을 자세히 살펴볼 수 있는 역사적인 렌즈를 제공한다.

고든 그레이엄 ㅣ 프린스턴 신학교 헨리 루스 철학·인문학 교수

OUR PROGRAM

A Christian Political Manifesto

Abraham Kuyper

아브라함 카이퍼의
정치 강령 †

아브라함 카이퍼 지음   손기화 옮김

새물결플러스

차례

편집자 서문

/

혼란과 불확실성이 큰 시대에, 우리가 인식하는 동시대의 도전들에 대처하는 데 도움을 줄 자원들을 찾기 위해 과거를 바라보는 것은 필수적이다. 성경은 그런 토대들 중 으뜸이기는 하지만, 그리스도인들의 사고와 성찰을 역사적으로 살펴보는 일 또한 우리에게 중요한 지침을 제공한다. 카이퍼의 독특한 재능과 경험 그리고 저술 때문에, 그는 이런 시도들에 모범적인 본보기가 된다.

아브라함 카이퍼(1837-1920)는 네덜란드의 역사와 현대 프로테스탄트 신학에서 중요한 인물이다. 많은 글을 기고한 지식인 카이퍼는 정당과 대학을 설립했고, 개혁 교단의 형성과 개혁주의 성향의 초등학교를 만드는 운동을 주도했으며, 그리고 1901부터 1905년까지 네덜란드의 수상으로 재직했다. 기관 설립자로서의 업적과 관련하여, 카이퍼는 많은 글을 저술한 작가였다. 그는 신학 논문, 성경과 참회 연구, 역사 저작, 사회정치적 주석, 경건 서적 등을 저술했다.

카이퍼의 저작들이 중요하지만 저평가되어 있다고 믿는 일군의 학자들은 기독교의 공적인 증언을 위해 2011년에 카이퍼의 삶과 업적에 관심을 갖고 아브라함 카이퍼 번역 협회(Abraham Kuyper Translation Society)를 만들었다. 협회가 액턴연구소(Acton Institute), 카이퍼 대학교, 다른 카이퍼 학자들과 함께 공유한 믿음은 카이퍼의 저작들이 북미, 유럽, 그리고 전 세계 교회 내에 지적 역량을 구축하는 데 엄청난 잠재력을 가진다는 것이다. 그의 저술들을 영어로 번역하는 우리의 희망은 도전과 기회에 직면하고 있는 동반구와 남반구에 있는 사람들뿐만 아니라 자신들의 공동체의 성장과 재생을 추구하는 선진 세계의 사람들이 그의 통찰력에 접근할 수 있게 하는 것이다.

오늘날의 교회는, 지역적이든 세계적이든, 강력하고 책임 있는 공공 신학을 구축하는 도구들이 필요하다. 이 번역 프로젝트의 목적은 그런 도구를 제공하는 것이다. 우리는 카이퍼의 독특한 통찰력이 매력적이고 건설적인 기독교 사회봉사 및 전 세계적 문화 연대의 발전을 촉진할 것으로 믿는다.

이런 기관들과 개별 학자들이 함께 토의하고 협력하는 아브라함 카이퍼 번역 협회는 공공 신학에 관한 아브라함 카이퍼의 저작 중에 12권을 번역하는 프로젝트에 착수했다. 이 번역 시리즈는 신학자와 정치인으로서 그의 작품 중 다양한 장르와 맥락의 저술 및 연설문들의 영어 번역 모음이다. 이 시리즈는 여러 번 번역된 책들뿐만 아니라 이전에 영어로 번역된 적이 없는 작품도 선집에 포함하고 있다.

이 시리즈는 카이퍼의 『아브라함 카이퍼의 정치 강령』(Ons Program)의 번역을 포함한다. 그것은 프랑스 혁명으로부터 힌트를 얻은 19세기 모더니스트(Modernist) 프로그램과의 차별을 꾀하며 기독교의 정치적 비전을 구축하려는 카이퍼의 시도를 개진한다. 이 책으로부터 목사, 신학자, 교육가로서의 카이퍼의 경력이 시작되었다. 제임스 브래트(James Bratt)에 따르면 "이 포괄적인 강령은 카이퍼가 네덜란드 최초의 대중 정당을 형성하는 과정에서 만들어졌고, 신학, 정치 이론, 그리고 조직의 비전을 탁월하게 일련의 정책으로 결합하여 그의 시대에 필요한 것들을 직접적으로 대변했다. 우리에게 이것은 우리 시대와 동등한 증언일지도 모른다는 상상의 도전을 제시한다."

총 세 권으로 구성된 카이퍼의 주요 저작인 『일반 은혜』(부흥과개혁사 역간)도 이 시리즈에 포함되어 있다. 이 책은 기독교와 나머지 세계가 공유하는 인간성(humanity)에 뿌리박은 문화적 참여에 대한 건설적인 공공 신학을 제시한다. 일반 은총에 대한 카이퍼의 입장은 은총(divine grace)에 대한 개혁주의적 가르침의 발전에 있어 그가 인식한 간격을 다루고 있다. 다른 저작들에서 특별 은총(particular grace)과 은혜 언약(covenant grace)을 언급한 후, 여기서 카이퍼는 죄에 빠진 이후 모든 사람이 공통적으로 겪는 하나님의 선물에 대한 개혁주의적 이해에 대한 자신의 주장을 발전시켰다.

이 시리즈는 또한 세 권으로 구성된 그리스도의 주권에 대한 카이퍼의 저술인 『왕을 위하여』(Pro Rege)를 포함한다. 이 세 권의 책은 카이퍼의 원칙을 일반 은총에 적용하고, 왕이신 그리스도 아래서 어떻게 타락한 세상을 살아갈 것인가에 대한 지침을 제공한다. 여기서 초점은 비록 불완전하지만 일반 은총을 통하여 유지되고 보존된 창조 명령과 일치하는 방식으로 문화적 제도들을 발전시키는 것이다.

나머지 책들은 그의 오랜 경력 과정에서 축적된 주제별 저작들과 연설이다.

『자선과 정의에 대하여』(On Charity and Justice)는 카이퍼의 "가난의 문제"(The Problem of Poverty)를 새로이 완역한 것이다. 이것은 1891년 암스테르담에서 열린 최초의 기독 사회 의회의 개회식에서 카이퍼가 한 기념비적 연설이다. 이 중요한 책은 1950년 디르크 젤레마(Dirk Jellema)에 의해 처음으로 번역되었고, 1991년 제임스 스킬렌(James Skillen)에 의해 새로운 번역본이 나왔다. 이 책에는 자선, 정의, 부, 가난 등의 주제에 대한 다른 저술과 연설들이 포함되어 있다.

『이슬람에 대하여』(*On Islam*)는 카이퍼가 지중해 세계의 긴 여행에서 느낀 그의 통찰들을 모은 글이며 이슬람에 관한 그의 중요한 저술이다. 카이퍼의 통찰은 다른 신앙과 그것의 문화적 영향을 정통한 기독교적 시각으로 존중하는 교훈적 모델을 제시한다.

『교회에 대하여』(*On the Church*)는 종교개혁을 대표하는 신학자인 칼뱅(Calvin)과 라스코(Lasco)의 신학에 대한 카이퍼의 교리적 논문 선집이다. 그것은 "Rooted and Grounded", "Twofold Fatherland", 그리고 "Address on Missions" 같은 다양한 논문과 설교들을 포함한다.

『비즈니스와 경제에 관하여』(*On Business and Economics*)는 공직, 인신매매, 자유무역, 관세, 아동 노동, 주일 사역, 그리고 비즈니스에 대한 카이퍼의 생각을 제공하는 저작들뿐 아니라 돈을 사랑하는 것에 대해 카이퍼가 서술한 다양한 명상들을 포함하고 있다.

최종적으로『교육에 대하여』(*On Education*)는 카이퍼의 중요한 수필집인『말씀에 매여』(*Bound to the Word*)를 포함한다. 그것은 인간 사고의 전 영역에서 하나님의 말씀으로 통치된다는 것의 의미를 논한다. 이외에도 기독교 교육에 대한 카이퍼의 생각을 담은 상당한 분량의 저술들이 영어로 번역되었다.

전체적으로 12권의 시리즈는, 리처드 마우(Richard Mouw)가 말했듯이, "인간의 문화적 삶을 위한 하나님의 놀라운 계획에 대해 아브라함 카이퍼의 통찰력을 흡수할 많은 기회를 제공한다." 아브라함 카이퍼 번역 협회는 액턴연구소, 카이퍼 대학교와 더불어 도르트 대학교의 안드레아스센터(Andreas Center for Reformed Scholarship and Service at Dordt College), 캘빈 대학(Calvin College), 캘빈 신학교(Calvin Theological Seminary), 풀러 신학교(Fuller Theological Seminary), 미드아메리카 신학교(Mid-America Reformed Seminary), 리디머 대학교(Redeemer University College), 프린스턴 신학교(Princeton Theological Seminary), 그리고 사우스이스턴 침례 신학교(Southeastern Baptist Theological Seminary) 등의 기관들에게 감사를 표한다. 그 기관들의 재정적 지원과 협력이 이 번역을 가능하게 했다.

협회는 또한 림머 드브리스(Rimmer DeVries) 박사, 그의 아내 루스 드브리스(Ruth DeVries), 그리고 휘젠가 가족(J. C. Huizenga family)의 재정적 지원에 감사한다. 그들은 이 책의 번역과 출판이 가능하게 했다.

이 시리즈를 림머 드브리스 박사에게 헌정한다. 그는 문화적 지도자로서, 경제학자로서, 선각자로서, 그리고 사회의 모든 영역에서 그리스도의 주권에 대한 카이퍼의 이상을 잘 반영했던 충직한 그리스도의 제자로서 자신의 삶을 추구하고 발자취를 남겼다.

조던 볼러(Jordan J. Ballor)
멜빈 플리케마(Melvin Flikkema)

미시시피 그랜드래피즈에서
2015년 8월

영역자 서문

이 책은 아브리함 카이퍼(1837-1920)의 『*Ons Program*』의 번역서이
며, 1879년 처음 출판되었다. 이 책에서 카이퍼는 암스테르담에 있
는 임시 중앙위원회에 의해 1878년 1월 1일 채택되고 출판된 초안 강
령(program)에 대한 논평을 연재했다. 이 위원회는 선거 중에는 조언
을 하고 네덜란드 전역에서 그들의 개별 선거구에서 반공립학교법 연
맹과 반혁명적 유권자 모임을 위한 국가적 기관으로 봉사했다. 초안
은 처음부터 카이퍼가 준비했고 우트레흐트 법대 교수인 드 헤이르
판 유트파스(De Geer van Jutphaas), 흐로닝은의 흐라트마(Gratema), 또
한 유능한 변호사인 알렉산드르 드 사포르닌 로만(Alexander de Savornin
Lohman)과 상의한 이후에 약간 수정되었다.

  카이퍼의 초안은 분리 교회의 유능한 목사들의 대중적 지지를 획
득했고 캄픈(Kampen) 교단 신학교의 주간지 「드 브쫘인」(De Bazuin)으
로부터 지지를 얻었다.

  ## 목적

  이 프로그램은 총선거에 참여하기 위한 공동 기저로 도움을 주기
위한 의도였다. 1878년 4월 카이퍼 박사는 자신이 1872년에 창간한
일간지 「드 스탄다르트」(De Standaard) 1회분의 해설을 출판하기 시작
했다. 이듬해 3월 이것은 『우리의 강령』(*Ons Program*)이라는 제목의 책
으로 등장했고, 22개의 장과 총 328개의 섹션으로 나누어졌다.

책의 저자는 서문에서 이 책이 두 가지 목적을 지닌다고 말했다. 그것은 적극적 행동을 위한 지침으로서 반혁명파에 도움을 주고, 그들이 공식적인 반혁명당을 설립하도록 격려하기 위한 것이다.

이 책의 출판에 대한 카이퍼의 보다 넓은 목적은 "우리의 정치적 신조가 건전하고 일관적이며 유익하다는 것을 마음을 같이하는 시민들에게 보여주기" 위한 것이었다. 또한 "다른 생각을 가진 사람들에게 우리들의 열망과 의도를 이해하기 쉽게 설명하기 위한 것"이었다.

이상한 이름

이 책에서 발전된 주요한 아이디어 중 하나인 이상한 이름(the curious name)은 이러한 정치적 운동의 기이한 이름을 설명한다. "반혁명적"이 된다는 것은 "근대성"(modernity)―즉 프랑스 혁명에 내재된 이데올로기와 우리가 세속적 인본주의로 알고 있는 공공 철학―에 무조건 반대하는 것이다. 카이퍼는 자신의 독자들에게 사회와 정치의 거의 모든 중요한 질문들에서 반혁명적 운동은 자유주의자와 보수주의자들의 반대편에 서 있다고 상기시킨다. 양 진영은 의식적이든 무의식적이든, 열정적이든 미온적이든 "프랑스 혁명"에 의해 발생한 근본적인 세계관에 근거하고 있다고 그는 설명했다. 따라서 이 책에서 "혁명"이라는 말은 1789년, 1830년, 1848년에 발생한 프랑스의 지난 격변과는 구분되는, 프랑스 혁명에서 고취된 가치와 가정들을 의미한다.

더 이상 "혁명"의 정체성을 확인할 필요는 없다. 독자들은 카이퍼가 이전 세기의 혁명을 언급하고 있다는 것을 알았다. 즉 그것은 이성의 시대 동안 서유럽 전역에 완전히 새로운 방식으로 세상을 바라보고 삶과 사회를 형성하도록 안내하는 지적이면서 영적인 변혁이다.

반혁명파들은 세속적이고 이성주의적인 자들의 세계관, 즉 계몽주의 시대에 인간의 자부심에 기인한 믿음 체계에 대하여 포괄적인 대안을 제시했다. 이런 정치적·도덕적 함축을 가진 세속적 세계관은 1789년의 거대한 혁명으로 실행되었고, 한 세기 이후에도 근본적인 도전을 받지 않으면서 그 시대가 채택한 공적인 삶에 대한 영구적인 특징이 되는 것처럼 보였다. 그런 신념, 세계관, 그리고 관행에 대하여 「드 스탄다르트」(De Standaard)의 언론인 및 독자들은 철저하게 반대할 수밖에 없었다.

서문

출판된 카이퍼의 책에 있는 다섯 페이지 정도의 서문은 책에 포함된 부정적인 서술 때문에 오늘날 흥미를 일으킨다. 첫째, 저자(영역본에서는 1인칭 시점으로 풀어썼다)는 자신의 주해(commentary)가 결코 완전하지 않다고 적었다. 이 시점에 반혁명적 운동의 기저에 있는 정치철학에 대한 박식하고 학문적인 논문을 기대하는 사람은 아무도 없다. 그것이 가능할지라도, 현재의 작업의 특징은 무엇보다 대중적이고 실용적인 것을 의도한 것이고, 그러므로 정치철학과 법철학으로부터 온 개념이나 정의(definition)를 피한다.

뿐만 아니라 (카이퍼가 설명하기를) 자신은 완전함을 실현하려고 노력하는 것을 희망할 수 없는데 그것은 우리 가운데 너무나 많은 세부적인 것에 대한 동의가 부족하기 때문이며 미래에는 더 많은 연구가 요청된다고 말했다. 모든 정치 운동에서와 같이, 반혁명당은 언제나 좌우 양 날개를 가진다. 한쪽은 강한 국가의 편이고, 다른 한편은 더 자유로운 사회를 기대한다.

이 시점 유럽 대륙에서 우파는 보수적이고 다소 개입주의적인 국가를 선호한다. 반면에 좌파는 진보적이고 개인적 자유 및 사적 자치를 지지한다. 카이퍼는 좌파로 간주되기를 원했다. 그러나 그는 독자들에게 그가 우파로부터의 원칙적이고 건설적인 비판을 환영했는지에 대한 확인을 구했다.

최종적으로 서문은 이 책이 마치 반혁명당 강령의 유일한 "정통적인 해석"인 듯 최종적인 선언으로 간주되어서는 안 된다고 경고했다. 저자는 어리석고 우스꽝스럽게 거만하다고 비판받기를 원치 않았다. 그는 정치에서 우리의 입장을 나타내기 위한 자신의 개인적 기여로서 이 책을 받아들이라고 적고 있다. 본인만 이 책에 책임이 있으므로 자유롭게 동의하든 반대하든 그렇게 하라는 것이다.

즉 카이퍼는 이 책에서 훨씬 더 광범위하게, 고인이 된 흐룬 판 프린스트르르(Groen van Prinsterer)가 제기했던 동일한 아이디어의 요약문에 있는 "개요와 본질"에 대해 전반적인 동의를 표현한 것을 조심스럽게 언급하고 있다. 카이퍼는 그 "요약문"을 더 이상 거론하지 않지만, 우리는 카이퍼가 1878년 2월 4일의 다소 긴 각서에 대해 언급하는 것을 확신할 수 있다. 그것은 카이퍼가 인준을 위하여 흐룬(Groen)에게 제출했던 것으로서 만약 자신이 하원의원으로 선출된다면 자신이 제시하려 했던 행동 노선과 입법 목표를 요약한 것이었다. 존경 받는 반혁명운동의 선구자로부터 자신의 아이디어가 인정받는다는 것은 그가 지지자들을 모으고 반대자들을 막아내는 데 있어 카이퍼에게 확실히 도움을 주었다.

도입

서문 이후 반혁명당 강령(프로그램)의 21개 조항에 대해 자신의 논평을 하기 전(원문에서는 도입부에 강령 전체가 실려 있고 다시 각장 도입부에 부제처럼 실려 있다), 카이퍼는 §§1-4에 해당하는 여섯 페이지 분량의 유용한 서론을 썼다. 여기서 그는 정당의 강령으로 통용되는 다양한 유형들 간의 차이를 설명한다.

우선 선거가 치러진 이후에는 사라지는 "선거 공약들"이 있다. 다음으로 더욱 공식적인 "정부 플랫폼"이 있는데, 만약 선거에서 승리하면, 그 정당은 의회의 승인을 거쳐 정부를 조직할 것이다. 중간적 유형으로 "행동 프로그램"(program of action)이 있다. 네 번째 유형은 일종의 "원칙의 프로그램"(program of principles)이다. 그것은 세계의 원리, 인간 사회의 특징, 그리고 정부의 사무에 대한 깊이 내재된 신념을 근거로 정치적 인식과 개입을 육성하고 개발하는 것이 목적이다. 정당을 조직하는 기반으로서 그런 근본적인 원칙들을 명시하는 것은 사람들이 불만을 가지는 근본적인 원인을 발견하고 현재 앞으로 나아가야만 하는 것에 대한 역사적 과거를 정직하게 평가한다는 점에서 필수적이다. 뿐만 아니라 카이퍼는 그런 강령이 논리적으로 근본적인 것으로부터 얻게 되는 "부수적" 원칙들을 개발하기 시작해야 한다고 설명한다.

토대 구축

§5에서 시작하여 §84까지 계속되는 카이퍼 강령의 7개 조항에 대한 카이퍼의 논평은 국가와 사회가 명백하게 필요로 하는 급진적인 대안의 토대를 구축한다. 반혁명당이 정치철학적으로 인정해야 할 것을 설명하면서, 카이퍼는 자신의 국가가 기독교 국가라는 가정으로 시작

한다. 그리고 동시에 "기독교적"이라는 것에 조심스러운 인용 부호를 찍는다. "기독교적"이라는 수식어는 사람들의 주관적 믿음 및 교회의 신자임을 표시하는 것뿐만 아니라 정치적 개념으로 사용될 수 있으며, 기독교적 정치 및 가치가 교회와 연결된다는 것과는 별도로 국가의 삶 속에 스며들 수 있다는 의미로 사용되었다. 그는 국가와 교회를 명확히 분리했고, 실질적으로 그 당시 유럽에서 확고하게 자리잡고 있던 두 영역이 정기적으로 서로 교류한다는 조건 아래 "자유로운 국가 속에서 자유로운 교회"라는 슬로건을 지지했다. 따라서 그는 세속 국가와 신정 국가 모두를 거부했다.

기독교인들이 정치에 참여하고 권력의 자리를 추구할 때 일반적으로 나타나는 많은 이슈들을 다루면서, 그는 "자연 신학"(natural theology)에 근거하여 이방인들의 마음속에 새겨진 법의 활동을 설명할 때 로마서를 언급했다. (시간이 지나면서 카이퍼는 일반 은총[common grace] 덕분에 크거나 작게 영향을 미치는 일반 계시[general revelation]에 대해 말하기 시작했다.) 그는 어떤 신념이든지 모든 정부가 만약 정부와 그의 국민들의 유익이 무엇인지 알고 있으며 그것을 인식하고 있다면 현실 그 자체에서 드러나는 진리에 주의를 기울이라고 주장한다. 예를 들어 그는 주일 성수가 기독교인뿐만 아니라 전 국가에 유익하다고 주장한다. 유사하게, 법과 질서를 유지하고 극형을 유지하며 선서를 집행하고 매춘을 금지하는 것과 같은 일들은 국가와 그 시민들에게 사려 깊은 고찰 및 상식적인 현실주의에 기초하여 추천하는 정책들이다.

8개의 장에서 7개의 조항을 설명한 후(4항은 2개의 장에서 다룬다), 나머지 논평들은 강령에 남아 있는 14개 조항들에 대해 논의했다. 그는 정교한 계산에 근거한 세부적인 제안 사이 사이에 단호한 문체로 근본적인 출발점이 되는 요점들을 함축적으로 표현하고 있다. 인내와 신중함으로 그리고 조금씩 단계적으로 그는 초기의 원칙으로부터 "반혁명적 원칙"이 국가의 헌법적 질서와 다양한 정부 부처에 요구하는 것을 발전시켰다.

『아브라함 카이퍼의 정치 강령』(*Our Program*)은 어떻게 카이퍼가 그들의 선생이자 교육자로서 자신의 국가로부터 권리를 박탈당했던 중간 및 하위 계층의 해방자가 되었는가를 보여준다. 그는 국민들이 성경, 건전한 이성, 상식에 근거하여 믿고 이해해야 할 것이 무엇인지 설명한다. 그는 국민들에게 자신들이 네덜란드 칼뱅주의자이고 16세기 스페인의 폭정에 대항한 자유 투사들의 후손들이라는 것을 상기시켰다. 그러나 그는 그 당시에 그들이 "칼뱅주의 유토피아"를 위해 투쟁한 것이 아니라 다원적 국가를 위해 한 것이라고 말하면서 현명하면서도 간결하게 결론을 맺는다. 그것은 모든 집단이 정의로운 사회의 비전을 위한 지지를 모을 때 활동의 장을 누릴 수 있다는 것이다.

네덜란드 의회

§93-§109과 §319-§324을 더 잘 이해하고자 독자들은 반혁명당이 참여하기를 희망한 의회 제도의 주요 특징에 대한 간략한 요약을 환영할 것이다.

부분적이지만 영국의 웨스트민스터 제도를 모델로 하는 네덜란드 제도는 두드러지게 이중적 성격을 지닌다. 선출된 대표의 상-하원 입법부, 즉 "전국회의"로 구성된 네덜란드 의회는 장관들과 각료로 구성된 정부와 엄격하게 분리되어 있다.

내각의 장관들은 선출된 의원중에서, 또는 정부의 장관으로 적합하다고 간주되는 원외 인사 중에서 선택된다. 만약 정당(혹은 카이퍼의 『Ons Program』이 출판되던 시절처럼 비슷한 생각을 가진 의원들로 이루어진 비공식적 집단)이 다수의 의석을 획득하고 정부를 구성한다면, 정부의 부서에서 일하기 위해서는 자신들의 의석을 포기한 의원들이 내각에 입성한다. 공석이 된 의석은 중간 선거 또는 1920년부터는 정당의 후보자 명부에 있는 다른 사람이 의원직을 승계한다. 정부는 의회에 상정한 법안이나 예산에 대해 투표하지 않는다. 만약 하원이 어떤 법안을 거부하면 그 법안은 현 정부에 불신임이 증가한다는 표시다. 만약 하원이 1년 단위의 예산안을 거부한다면 정부는 하원의 신임을 상실한 것이고, 그 결과 국왕이 새로운 선거를 실시할 명령을 발부하는 것이다.

이론상 정부는 정당의 이익이 아니라 국가 전체의 이익을 위해 통치한다. 만약 정당이 소수의 권리와 종교적 신념을 함부로 다룬다면—반혁명파가 자유주의자들이 초등 교육의 문제에 대하여 유죄라고 주장하듯이—카이퍼와 같은 대변자는 "당파적 정부"(partisan government) 그리고 "정당 독재"(party tyranny)라고 말하는 것을 주저하지 않았다. 19세기의 마지막 사반세기 동안 이런 암울한 모습 속에서 희망을 주는 요소는 반혁명파들을 포함하여 나라 안에서 침묵하는 다수가 하위 중간 계층 및 노동자 계층에 속했다는 점이다. 그들은 대체로 개혁교회나 가톨릭 교회에 출석했지만 인구 조사와 연간 내는 세금 액수에 기반을 둔 제한 선거권 때문에 점차 정치과정으로부터 소외되었다. 그러므로 선거권을 확대하면서 유권자 기반을 확대하는 것은 하위 중간 계층 및 노동자 계층에 유리하게 작용했으며, 정치과정에 있어 영향력 있는 그리스도인들의 참여를 강화시켰다.

150년이 지난 후 이를 생각해 볼 때, 비록 전부는 아니지만 상당

수 카이퍼의 생각, 제안, 구체적인 계획들은 오늘날에는 작동할 수 없을 것이다. 그의 사색, 꿈, 이성적 대안의 가치는 그가 실제 정치의 전 영역에 접근했던 배경 가운데 남아 있다. 즉 그의 성경적 상식, 공정성, 명백한 불의에 대한 분노, 진정한 자유를 향한 열망, 그리고 아이디어의 참신성이다

편집 방법

이 번역은 1880년의 제2판을 따른다. 1879년의 초판은 제2판의 3배나 되는 분량인데, 이는 저자가 초기에 주제를 많이 확대하면서 다양한 출처로부터의 글들을 포함하는 광범위한 부록들을 첨가했기 때문이다. 이듬해에 더 가격 경쟁력을 갖추었으면서도 대중적인 책을 시장에 내놓기 원했던 출판사가 개정판을 내면서 부록들이 삭제되었다. 이 책은 그 개정판의 번역본이다. 초판에서 제거된 부분은 지역적이고 당시에는 흥미가 있었으나, 지금은 시간이 흘렀고 너무 세부적이어서 아무 소용이 없다. 『Ons Porgram』의 다른 출판은 1892년, 1898년, 1907년에 있었고 총 5,350부가 인쇄되었다. 모든 판본은 실질적으로 동일했다. 나는 단지 각주에서 약간의 차이를 발견했다. 그래서 간략한 편집 노트를 첨부했는데 현대의 독자들에게는 낯선 원래의 책에서 언급된 사람들, 학파, 혹은 사건들을 확인하기 위해서다. 비록 적은 분량이지만 카이퍼의 초기 각주는 유지되었고 현대의 연대기적 기준을 채택했으며, "저자에 의한 노트"임을 분명히 했다.

나는 가독성이나 외관을 위해 스타일에 수정을 가했다. 원래의 책에 있던 이탤릭체를 번역본에는 자주 사용하지 않았다(국역본에서는 이탤릭체 대신 큰 따옴표를 사용하여 강조한다-편집자 주). 신문 기사였던 원서

는 짧은 문단들로 가득하다. 나는 사고의 연속성을 위해 때때로 짧은 문단 혹은 한 문장으로 이루어진 문단들을 한 문단으로 통합했다. 그러나 그것들의 원래 출처를 따라서 대부분의 경우 구문 구분을 유지했다.

간혹 문장이 너무 과도하게 길어지는 것을 막기 위해 형용사 혹은 부사구를 생략했다. 그러나 모든 경우 문맥에 있어 카이퍼의 논지나 그의 화려한 문체는 전혀 상실된 것이 없음을 보증한다. 원문의 번역을 명확하게 하기 위한 괄호 안의 첨언은 최소한을 유지했다.

단어 선택에 있어 카이퍼가 여기서 사용한 어느 정도 대중적인 저널리즘을 반영하기 위해 노력했다. 그의 주요 용어 중 하나인 "levens en wereldbeschouwing"은 "세계관"이라는 한 단어로 번역되었다.

네덜란드 기준 통화는 네덜란드의 기본적 통화 단위를 표시하는 florin(f)으로 고정했고(2002년 유로로 교체됨) 훌든(gulden)의 영어 번역인 길더(guilder)라는 단어를 포함했다. 영국의 통화인 파운드가 몇 번 등장한다. 거리, 면적, 무게는 일반적으로 미국의 통상적인 단위를 따랐다.

직책, 공직, 정부의 부서나 정치적 조직 같은 기관의 이름은 원문에 때로는 대문자로 했고 어떤 경우는 소문자로 했다. 그러나 일관적이지는 않다. 그래서 일관성을 위해 기본적으로 소문자 스타일이 적용되었고, 많은 용어들이 표준 편집 관행에 따라 소문자로 기록되었다. "자유주의자들" 그리고 "자유주의 정당"에 대한 모든 참조는 "반혁명파들", "반혁명당"과 유사하게 소문자로 표시했는데, 그들은 조직된 집단이 아니었고 네덜란드의 정치사상학파이자 여론이었으며 반혁명파는 카이퍼가 잘 조직된 정당으로 모이기를 원했던 집단이었기 때문이다.

『*Ons Program*』을 출판한 직후 카이퍼가 반혁명당을 조직하는 데 성공했을 때, 그는 실제로 네덜란드에서 최초의 현대적 정당의 설립자가 되었다.

조지(George), 한스(Hans), 림머(Rimmer), 그리고 인내심 강한 편집자 니엔케 월터스(Nienke Wolters), 폴 브린커호프(Paul Brinkerhoff), 팀 빌스(Tim Beals), 그리고 스티븐 그래빌(Stephen Grabill)에게 특별한 감사를 전한다. 또한 이 책에 재정적 지원을 아끼지 않은 아브라함 카이퍼 재단에게도 감사드린다.

해리 반 다이크(Harry Van Dyke)

2013년 봄

제1장
우리의 운동[1]

제1조

반혁명적 또는 기독 역사적 운동은 우리나라와 관련된 국가성의 기조를 대표한다. 이러한 국가 기조는 1572년경에 오란녀 공[2]의 통치와 프랑스 혁명의 영향 아래서 승인되었으며 우리는 우리 시대의 필요를 충족시키는 형태로 우리 나라의 변화된 환경에 발맞추어 발전하기를 희망한다.

1　"우리의 운동"은 네덜란드어의 "Onze rich'ting"을 번역한 것이다. 즉 우리의 학파, 신념 등을 의미한다(이는 정치사상과 관련된 것이다).

2　침묵의 빌름(William the Silent, 1533-84)으로 알려진 오란녀 공 빌름 1세는 스페인 합스부르크가에 대항하는 네덜란드 독립 전쟁의 지도자였다.

I. 우리의 이름

§5 반혁명[1]

우리의 운동은 두 개의 이름을 가진다. 우리가 반대하는 것에 집중하느냐 또는 발전시키기를 희망하는 것에 집중하느냐에 따라, 우리의 이름은 반혁명적(antirevolutionary)이라고 불릴 수 있고 기독 역사적(Christian-historical)라고도 불릴 수 있다.

원래 우리에게 주어진 우리 운동의 "첫 번째" 이름은 "반혁명적"(antirevolutionary)이다. 이 이름은 공격적인 것 또는 정의롭고 성스러운 것과의 충돌에 맞서는 것으로부터 유래됐다.

그러므로 우리는 심적으로는 "전투적인" 정당이다. 우리는 현재의 상황에 만족하지 않은 채 그것을 비판하고 그것과 싸우면서 변화시킬 준비를 하고 있다.

우리는 "프랑스 혁명"과 그로 인해 구현된 정치적·사회적 구조에 반대한다. 우리가 부당하게 비난받는 것과는 대조적으로, 우리가 모든 민중 봉기를 반대하는 것은 아니다. 우리는 국가 지도자들이 파괴적인 폭압을 종식시킬 것을 요구받는다는 사실 또한 인정한다. 예를 들어 우리는 스페인에 항거한 네덜란드 독립 전쟁, 윌리엄 3세 아래서의 영

---

1   초기 §1-4는 저자 서문으로 구성되어 있다. 편집자 서문에 요약되었듯이 이 책은 네 가지 가능한 형태의 정치적 "프로그램"을 상당히 길게 설명하고 있고, 네 번째 형태가 "원칙의 프로그램"(program of principles)이다. 그것에 대해서는 이 책의 앞부분에 해설되어 있다.

국의 명예혁명, 미국의 독립 전쟁, 그리고 1813년 나폴레옹 체제의 전복 등에 경의를 표한다.

그런 사건들은 결국 파괴가 아니라 회복을 대변하고, 국가의 법질서를 전복하는 것이 아니라 재확인하는 것이며, 하나님을 거부하는 것이 아니라 하나님께로 돌아가는 것이다.

우리는 원칙적으로 타협의 여지없이 사람들이 생각하고 생활하는 방식, 그리고 사람들의 이성, 마음, 가정, 국가 등을 총체적으로 변화시키고자 하는 시도와 투쟁한다. 그것은 언제나 우리가 믿어왔고 간직했으며 고백했던 것과는 정반대의 사태로 우리를 이끌어가면서, 전능한 하나님의 주권을 거부하고 그분으로부터의 완전한 해방을 추구하도록 만든다.

프랑스 혁명은 이에 관한 최초의, 그리고 가장 무모한 시도였다. 그러므로 에드먼드 버크(Edmund Burke)처럼, 우리는 이런 괴물 같은 혁명에 우리의 공격을 집중하기를 주저하지 않는다. 오해를 미연에 방지하기 위해서, 나는 그것에 찬성하든 반대하든 "아이디어"(idea)의 지속적인 힘은 한 사건 속에서의 아이디어에 관한 일시적인 "표현"과 차이가 있다는 점을 명심하길 독자들에게 요청한다.

아이디어에 있어 프랑스 혁명은 모든 것을 뒤죽박죽으로 만들었다. 그래서 하위 계층부에 있던 것이 상층부로 올라왔고 지금 최상층부에 있던 것들이 하층부로 이동했다. 이런 방식으로 프랑스 혁명은 하나님과 그분의 말씀을 인본주의적 비평(human criticism)에 굴복시키기 위해 우리와 그 둘을 엮는 유대 관계를 단절시켰다. 여러분이 가족을 (종종 죄가 되는) 자기 선택적 관계로 대체함으로써 그 유대 관계를 약화시킨다면, 완전히 새로운 생각을 포용하고 도덕에 대한 개

넘을 재조정하며 우리 마음이 새로운 방향을 따라가는 것을 허용한다
면, 그리고 이것이 실행된다면, 자코뱅파(the Jacobins)는 백과전서파(the
Encyclopedists)를 따라가게 될 것이고 그런 이론은 실제 상황이 될 것
이다. "새로운 인간성"(the new humanity)은 새로운 세계를 요구하기 때
문이다. 철학자들의 죄는 막중하다. 그들이 연필, 컴퍼스, 메스를 들고
여러분의 정신과 마음에 저지른 일(더 분명하게 말해서 여러분들의 자녀들
에게 저지른 일)은 칼, 횃불, 그리고 쇠 지렛대로 무장한 바리케이드의
영웅들에 의해 실행될 것이다.

§6 기독 역사적

그러나 여러분이 무엇에 저항하고 있는지 아는 것만으로는 충분치
않다. 승리를 기대하며 전쟁을 수행하기 위해서는 우리가 무엇 때문에
싸움에 가담하는지 그 성스러운 근원을 알 필요가 있다. 우리는 그것
을 가리키기 위해 우리 스스로를 "기독 역사적"(Christian-historical)이라
고 일컫는다. 결국 혁명의 이데올로기는 처음부터 반(反)기독교적이었
으며 그것은 이교도의 세계관보다 훨씬 더 나쁘다.
　이것이 "기독교"의 깃발이 높이 들려야 하는 이유다. 그 깃발은 복
음주의 강령을 선언할 뿐만 아니라 18세기 이후 유럽이 혹독한 상태
를 맞이할 수밖에 없었던 것은 우리를 실패하게 했던 기독교 원리의
잘못 때문이 아니라 우리가 그 원리대로 살아가는 데 실패했기 때문이
라는 사실 또한 명확하게 선언한다.
　비록 혁명을 묘사하는 방식에 과장이 있었지만, 우리는 1789년에
있었던 관습적인 폐단을 명백히 비난한다. 우리는 혁명이 그런 방식으

로 계속될 수 없다는 것에 전적으로 동의한다. 우리는 인간 열정의 모든 잔재들이 수면 위로 떠오르게 된 불경하고 수치스러운 격변 속에서도 그런 상처로부터 유럽을 구원하신 하나님의 손길을 찬양한다.

그러나 혁명가들(revolutionaries)이 "모든 것이 기독교적이므로 너희의 종교는 그런 남용에 책임이 있으며, 이제는 기독교 신앙을 포기하고 우리의 인본적인 믿음으로 전환하는 것이 유일하고 항구적인 해결책이다"라고 말할 때, 우리는 전적으로 혁명가들의 이러한 비방에 반대한다. 이와 달리 역사의 기록과 복음의 필요를 비교한 이후에 우리는 만약 유럽의 국가들이 복음의 촛불을 은밀하게 끄지 않았다면, 하나님 없는 독재, 사람들이 빠져 있는 심각한 수준의 악행, 그리고 인간성이 쓸모없게 되는 이런 모든 상황들이 결코 일어나지 않았을 것이라고 주장한다.

인간성의 철학이라는 미끄러운 길에서 방황하는 것이 죄악의 범람을 중단시키지 못한다고 반박한다. 대신 그것은 더 놀랍게 우리를 엄습할 것이며, 우리는 오래지 않아 1789년과 1793년의 유혈 사태를 퇴색시켜버릴 만한 끔찍한 재앙에 직면하게 될 것이다.

우리는 유럽의 질병을 위한 치료제로 우리의 믿음을 검토하고 개인의 삶을 점검하며 과거를 경청한 후에 애통하는 자를 보호하는 것보다 더 나은 것은 없다고 반박한다.

그러므로 "기독"이라는 타이틀이 "인본주의"(humanity)의 반대편을 의미한다면, 덧붙여진 "역사적"(historcal)이라는 단어는 우리의 상황이 "우리의 의지에 따라 창조될 수 없다"는 것을 가리킨다. 그것은 과거의 산물이다. 그것은 우리의 의지 및 노력과는 상관없이 별도로, 우리가 살고 활동하며 존재하게 하는 누군가에 의해 만들어진다.

역사의 정당성을 존중하는 어느 누구든 자신을 법 아래에 두며 자신의 의지가 이전 세대의 의지에 구속되어 있으면서 장차 올 세대의 이익에 묶여 있다는 것을 인정한다. 즉 인류가 분투해 온 역사가 증명해주는 것처럼, 우리는 우리 스스로 취한 왕관을 다시 내려놓게 된다. 우리의 선조들과 나란히 그리고 현재의 지지자들로 둘러싸여 있는 중에, 우리는 아무것도 아닌 피조물에게 영광을 돌리는 것이 아니라 역사의 페이지에서 바스락거리는 거룩한 발자국 소리를 울리는 분께 영광을 돌리기 위해 무릎을 꿇는다.

§7 "반혁명적"과 "기독 역사적"의 차이점

이러한 짧은 설명을 통해 "반혁명적"이라는 단어와 "기독 역사적"이라는 단어는 거의 동일한 의미임이 분명해진다. 사람들은 "반혁명적"이 아니라 "기독 역사적"으로 불리기를 원하는데, 이는 이 용어들의 실제 의미를 사람들이 제대로 인지하지 못한다는 것을 보여준다.

당연히 우리는 무엇에 반대한다는 말보다 우리가 무엇을 지지한다는 적극적인 표식에 더 지속적으로 만족하게 된다. 또한 "기독교적"[2] 및 "역사적"이라는 단어는 더욱더 친숙하고 적극적으로 들리고, "반혁명적"이라는 냉정한 외래어보다 우리의 내면생활에 더 호소력이 강하다. 뿐만 아니라 프랑스 혁명이 극복되면서 "반혁명적"이라는 단어는 진부해졌지만 "기독 역사적"이라는 단어는 아직 유효하게 남아

---

2 저자 노트: 역사적으로 네덜란드에서는 형용사 "christelijk[Christian]"는 개혁 신앙에 기반을 둔 모든 것을 의미한다.

있는 듯하다.

우리는 때로 "반혁명적"이라는 이름을 더 선호할 때가 있다. 기꺼이 그 이유를 살펴보자면, 그것이 더 역동적이고 흥미진진하기 때문이다. 어떤 사람이 당신에게 "나는 반혁명적입니다"라고 말을 걸 때, 당신은 즉시 그 사람 옆에 자신이 있음을 알게 된다. 반면에 "기독 역사적"이라는 단어는 애매모호하다.

더 이상 비밀을 감추지 말자. "반혁명적"이 된다는 것은 더 많은 용기를 필요로 한다.

오, 그렇다. 더 이상 구체적인 것이 없더라도 우리 시대는 당신에게 "기독 역사적"이라는 표식을 달아 놓는다. 언급할 만한 실제적인 내용 없이도 당신은 "기독 역사적"이 될 수 있다. 그 이름을 가지고 있는 것만으로도 당신은 변화에 열려 있는 사람으로 간주되어 열렬한 급진주의자의 모임에 가입될 것이다.

그러나 여러분이 자신을 "반혁명적"으로 선언할 때, 즉 여러분이 법적 사고 안에 있는 지배적인 생각 및 그러한 추세를 양심적으로 용감하게 반대할 때, 그리고 우리가 정치적·사회적인 영역에서 자신의 기독교적·반혁명적 확신을 추진하면서 파멸은 아닐지라도 억압의 표적이 되는 혹은 될 수 있는 사회 집단에 속하는 것을 명예로 간주할 때, 당신의 반대는 저항을 일으키며 당신은 필사적인 정치적 투쟁 속으로 뛰어들게 된다.

II. 우리 국가성의 기조

§8 국가성의 세 가지 기본 유형

세 가지 국가 유형들이 우리나라의 중심에서 주도권 경쟁을 하고 있다. 첫 번째는 로마 가톨릭 유형인데, 그것의 이미지와 이상은 중세 시대에 있다. 두 번째는 혁명적 유형인데, 그것의 이상은 프랑스 또는 독일 정리론파[3]의 모델국가에서 발견된다. 이 유형들 사이에 청교도 유형이 있다. 이것은 우리의 운동을 대표하며, 그것의 전성기는 네덜란드 공화국의 전성기와 일치한다.

세 가지 유형은 언제나 동일한 국가성을 제시했지만, 지지하는 원칙과 추구하는 목적에 따라 각각 다른 기조로 나타났다.

과거의 네덜란드 사람들은 국가는 절대 소멸할 수 없다는 입장에 머물러 있었다. 그러나 이들은 16세기 그리고 18세기 말경에 이르러 국가의 특징과 역할에 대한 엄청난 변화와 갱신을 경험했다. 당신은 그 변화를 어떻게 느꼈는지에 따라 국가가 활기를 되찾았고 더 숭고해졌다고 찬양하거나 아니면 그 변화로 인해 국가가 왜곡되었으며 타락했다고도 평가할 수 있을 것이다.

가장 약한 형태로 발전한 유형은 가톨릭 국가였다. 로마가 번성했

---

3   정리론파(doctrinaires)는 전제군주제 및 앙시앙 레짐과 프랑스 혁명에 의해 발생된 새로운 정치적 실체가 화해하기를 바라는 사람들이다.

던 동안 저지대 국가들(북서유럽의 해안가 지역에 위치한 국가로, 북해와 영
국 해협을 경계로 두고 있는 네덜란드, 벨기에, 룩셈부르크 등의 국가를 말한다. 이
국가들은 12세기 유럽의 계몽을 주도하던 지역으로 당시 문명의 중심이었던 북부
이탈리아와 경쟁하고 있었다ー역자 주)은 정치적·문화적 통일 덕분에 단
기간에 급성장했지만, 단일 국가를 구성하려는 의지를 통해 포괄적인
국가에 대한 감정을 불어넣는 것은 불가능한 것으로 증명되었다.[4]

큰 영향력을 행사한 자유주의적 기조는 1795년 혁명 이후 우리에
게 국가성을 부여했는데, 그로 인해 국가적 통일성은 전례 없이 강화
되었고 외국의 사례에 따라 우리의 자유와 특권에 대한 체계적인 파
괴가 본격적으로 시작되었다. 그것이 강력한 영향력을 가진 이유는 네
덜란드 공화국 시기에 권력 집단들이 전적으로 프랑스의 보호 아래 놓
이기를 원했기 때문이다. 이는 무엇보다도 로마 가톨릭의 영향이 컸는
데, 왜냐하면 그들이 이전의 공화국의 반가톨릭적 성향에 대한 자연적
반동으로 초기 혁명가들을 지지했기 때문이다.

그러나 가장 왕성하게 발전하고 가장 풍부하게 꽃피우며 가장 완
전하게 국가성을 성숙시킨 유형은 네덜란드 공화국 시기에 우리 국민
들이 받아들였던 청교도 유형이다. 가톨릭 유형은 새롭게 형성된 국가
들에게만 짧게 영향을 끼쳤다. 혁명적 유형은 단지 80년 동안만 작동
했다. 앞의 것들과 대조적으로 청교도 유형은 두 세기에 걸쳐 그 영광
을 펼쳐나갔다.

청교도적 기조가 지배하던 시대는 우리나라의 영웅적 시대(the

---

4   카이퍼는 여기서 저지대 국가들이 부르고뉴 사람들과 합스부르크 가에 의해 집단적으로 통
치되던 때인 1430-1530년 시기를 언급하고 있다.

heroic age)였다. 감추어져 있었던 우리의 모든 국가성(nationality)의 보물이 갑자기 생명력을 드러냈고 모든 것이 위대하게 보였으며, 국가는 스스로 탁월함을 드러냈다. 상호 신뢰와 확신은 국가적 역량으로 인한 효과를 배가시켰다.

그 당시 네덜란드는 모든 영역, 즉 인간의 노력, 학문, 그리고 삶의 모든 영역에서 탁월함의 정점을 찍고 있었다. 이는 기록된 사실이다. 모든 유럽인은 우리가 전 유럽 대륙에서 가장 세련됐고 가장 풍부하게 잘 갖추어진 지역이었던 점을 인정한다.

그리고 이전 시대의 위대함에 대한 모든 기억들은 여전히 압도적이어서 우리의 "혁명가들"은 그들의 선조들(프랑스 혁명의 테러리스트들)의 전통에 당황하지 않고 우리 역사의 옷장에서 훔친 의복을 입고 행진하기를 선호한다. 이는 마치 과거의 마르닉스(Marnix)와 오늘날의 카페이느(Kappeyne)가 두 개의 물방울처럼 서로 닮은 것과 유사하다.[5]

§9 개혁주의 유형의 부흥

18세기가 끝날 무렵 청교도 유형은 우리의 문장(紋章)에서 제거되었다. 초기 청교도 유형에 대한 공격은 특히 노르트브라반트(North Brabant)와 림부르흐(Limburg) 같은 남부 주들의 합병 이후 마치 성공한

---

5 신트 알드혼드의 필립 판 마르닉스 백작(Philips of Marnix, Lord of Saint-Aldegonde, 1540-98)은 칼뱅주의 신학자, 학자, 그리고 성경 번역가였고 네덜란드 혁명기의 정치적 활동가였으며 침묵왕 빌름 시대에는 외교관으로 복무했다. 요하네스 카페이느 판 드 코펠로(Johannes Kappeyne van de Coppello, 1822-95)는 네덜란드 자유당의 재능 있는 의회 지도자였고 1878년 교육기본법의 악명 높은 후원자였다. 카이퍼는 그것에 대항하여 국민청원(Volkspetitionnement)을 조직했다.

것처럼 보였다.[6] 초기의 역동적 삶은 철저하게 억눌리고 파괴되었으며 다시는 국가적 운동으로 발전할 수 없을 것이라고 믿는 사람들도 있었다. 그러나 곧 혁명가들이 너무 일찍 승리를 외쳤다는 것을 증명하는 사건들이 일어났다.

반대로 우리 선조들의 믿음은 "부흥"(Révile)[7], "분리"(Scheiding)[8]를 통해 다시 드러났으며, 신학적인 모더니즘에 대한 반작용이 나타나자마자 과거에 대한 향수가 되살아났고 사람들이 옛날의 사회적·정치적인 아이디어를 갈망한다는 것이 명백해졌다.

진정 우리 당은 교육에 관한 질문이 논의에서 배제되자마자 사라질 운명에 처하는 "학교 정당"(school party)이 아니다. 또한 우리는 정치적 공감대가 형성되어 있지 않고 오직 "교회 정당"으로서만 존재하는 "교조적인"(orthodox) 집단도 아니다.

이와 반대로 우리는 과거에 우리가 우리의 힘으로 유럽의 찬사를 받았고 네덜란드를 세계 강국으로 만들었던 정치 제도의 상속자들이며, 우리 반혁명당의 힘은 이를 아는 사실에서 비롯된다. 그리고 만약 우리의 시간표대로 우리가 발전한다면, 우리는 여전히 미래를 기약할 수 있다.

그러므로 흐룬(Groen)[9]은 우리의 역사에서 우리의 학교 제도가 차지하는 비중과, 그가 잠정적으로 "기독 국가적"(Christian-national) 학교[10]

---

6   이 주들의 주민들은 로마 가톨릭이 지배적인데 1815년 네덜란드 연방에 통합되었다.

7   "Révile"은 1800년 초기 개혁적 복음주의 부흥을 말하고 있다.

8   "Scheiding"은 1834년 교회로부터의 분리를 말하고 있다.

9   히윰(빌름) 흐룬 판 프린스트르르(Guilaume [Willem] Groen van Prinsterer, 1801-76)는 네덜란드 개혁 교회의 "고백" 정당의 지도자였고 네덜란드 정치의 반혁명 운동의 설립자였으며 카이퍼의 대부였다.

10   1861년 흐룬 판 프린스트르르(Groen van Prinsterer)는 재정적으로 어려움을 겪는 기독교

라고 명명했던 학교들이 청교도 역사의 뿌리에 접목될 수만 있다면 번창할 수 있다는 것을 매우 잘 이해했다.

§10 개혁주의 유형의 헌법적 특징

우리나라의 특징이라 할 수 있는 개혁주의 유형은 프로테스탄트 종교개혁의 소요에 의해 준비되고 스페인에 저항하는 혁명기에 형성되었다. 그러므로 그것은 1520년 초부터 존재하기 시작했고, 1568년에 자각하게 되었으며, 1572년에 되돌아갈 배를 부수고 다리를 불태움으로써, 국가에 되돌릴 수 없는 변화를 일으켜서 삶을 새로운 방향으로 이끌었다. 개혁주의 유형은 국가의 전 존재를 거룩하고 숭고한 명분에 대한 봉사(service)에 두고 도덕적으로 숭고하면서 가장 확실한 길로 이끌었다. 올바르게 말하면, 우리나라에서 교회는 국가 내부에 설립된 것이 아니라, 그와는 반대로 네덜란드 연합 공화국(the Republic of the United Netherlands)이 기존 교회의 방어벽으로서 성립되었으며 교회의 일부분이 되었다.

결과적으로 우리 공화국의 사명은 유럽 전역과 다른 대륙에서의 복음의 자유로운 진행을 보호하기 위해 군대, 선단, 그리고 상업적 영향력을 사용하며, 국내에서도 복음의 자유로운 진행을 보호하는 것

국립 초등학교의 지지를 받으며 기독교국가교육협회의 설립을 지원했다. 반면 1868년 두 번째 연합인 개혁교육협회가 "성경과 함께하는 학교"를 지지하기 위해 설립되었다. 두 조직의 학교들은 성경의 사용이나 기독교 신앙을 언급하지 않고 기독교와 시민 도덕의 주입을 법으로 강제하고 있는 공립 학교들과 경쟁했다. 카이퍼는 흐룬(Groen)과 함께 그런 가치들에 대한 교육이 아이들로 하여금 가치를 존중할 동기와 보존할 힘을 빼앗는 것에 동의했다. §156을 참조하라.

이다.

그 당시 우리나라의 고무적인 아이디어는 "시민의 자유"(civil liberty)였다. "시민의 자유"는 그 자체가 목적이 아니라 사람의 양심에 따라 더 숭고한 자유의 수단과 결과로서 도출된 것이다. 그래서 사람들은 자신이 살아가는 이유와 자신의 존재 목적을 알았다. 사람들은 믿었고 기도했으며 감사하며 살았다. 그리고 축복이 충만했다. 국가는 번영과 행복과 평화를 향유했다.

오란녀의 빌름은 이 유형을 성장시키고 좌파와 우파의 극단으로부터 시민의 자유를 보호한 영적인 아버지였다. 좌우파의 양극단은 웨스트민스터와 뉴잉글랜드에서 동일한 노력을 기울였으나 결과는 완전히 다르게 나타났다.

오란녀 가(家)는 숭고한 집안이라는 명성에 부응하는 상당수의 영웅들을 배출했다. 국가적인 시각으로 보면, 오란녀 공은 신비로운 사람이었고 안전하게 따를 수 있는 희망의 별이었으며 명백하게 주님이 준비하신 귀중한 보물이었다.

거룩한 말씀 가운데 하나님의 능력을 의지했으며, 자유를 무한한 선으로 간주하라는 뜻의 오란녀의 표어인 "*Hac nitimur, hanc tuemur*"[11]는 놀랍고도 의미 있는 표현이었다. 동전에 새겨진 이 표어는 무역 국가인 네덜란드에서 오란녀 가의 이 보물이 동양의 모든 향신료보다 훨씬 더 가치가 크다는 사실을 조심스럽게 상기시킨다.

---

11 이 문구는 "이것 위에 우리가 안식하고 우리가 이것을 지킨다"를 라틴어 격언으로 번역한 것이다. 이 문구는 성경에 기대고 자유의 모자가 끝부분에 있는 창을 잡고 있는 홀란트 여인을 묘사하고 있는 16세기 초 동전에 등장한다.

§11 반혁명 운동에서 개혁주의 유형의 전개

반혁명당(The antirevolutionary party)은 "오란녀 공의 리더십과 종교개혁의 영향 아래서 1572년경에 인증을 받은 우리 국가성의 기조"를 대변한다고 선언하면서 참으로 숭고한 입장을 채택한다. 그러나 이런 입장은 "이 유형을 우리 시대의 필요를 만족시키는 형태로 우리 국가의 변화된 환경에 따라 발전시키기를 소망한다"고 즉각적으로 덧붙일 때에만 실용적이 된다.

우리는 스스로 하나님처럼 군림하여 자신들만의 "권력 국가"(power state)를 만들려 하는 혁명가들과 함께하기를 거부한다. 우리는 중세로 회귀하려는 로마 가톨릭에 가담하는 것도 거부한다. 우리는 우리의 국가성으로부터 유래한 청교도적 유형을 제거하려는 그들의 연합 또는 개별적인 시도에 대항하여 필사적으로 우리의 국가 유형을 방어할 것이다.

그러나 처음으로 돌아가지는 않을 것이다.

우리는 불안정하다고 입증된 과거의 어떤 것도 복원하기를 원하지 않는다. 그리고 더는 우리의 상황에 맞지 않는 어떤 것도 복원하지 않으려고 한다. 우리 중 어느 누구도 모든 면에서 삐걱거리기 시작하는 오래되고 투박하며 부식된 국가 기구[12]를 다시 도입하기 위해 유물이 소장된 박물관에 방문하기를 꿈꾸지 않는다.

또한 우리는 조금의 망설임도 없이 노르트브라반트(North Brabant)와 림부르흐(Limburg)가 우리나라의 영토이고 우리의 미래 국가성의

---

12 카이퍼는 여기서 고도로 분권화되고 과두적인 네덜란드 공화국 정부를 말하고 있다.

필수적 구성요소가 될 것이라는 사실을 받아들인다.

그리고 마지막으로 단호하게 정리하고자 하는 것은, 우리는 개혁주의 국가 교회를 재확립하려는 생각에 대해 어느 누구보다도 더 강력하게 반대한다는 것이다. 반면에 우리는 국가가 스스로 "구원의 믿음"을 권장할 수 없다는 원칙에 대한 가장 엄격한 적용을 요구한다.

그러나 우리가 타협할 수 없는 주요한 목표는 다음과 같다. (1) 국가로서 우리나라는 국가로서 살아 계신 하나님에 대항하는 적대적인 위치에 있어서는 안 된다. (2) 우리나라는 후퇴하지 않을 것이고 청교도적인 정치 원리를 가톨릭적인 원리로 바꾸지 않을 것이다. (3) 우리나라는 외부의 모델을 채택하기 위해 국가 고유의 제도를 포기하지는 않는다.

이것들이 오란녀 공의 리더십 아래 우리의 선조들이 로마, 스페인, 그리고 동일하게 아르미니우스주의와 국가주의에 대항하여[13] 싸웠던 세 가지 목표였다. 우리는 현시대에 위와 동일한 세 가지 목표를 추구하는 일에 헌신한다. 오해를 방지하기 위해 급히 첨부하려는 것은 우리 조상들이 그 목표를 실현시키기 위해 노력했던 방식이 더 이상 우리의 방식이 될 수 없다는 것이다.

오늘날 우리가 추구해야 하는 것은 가톨릭이든지 청교도든지 혁명주의자든지 동일한 의무와 권리를 부여받은 시민들이 각각 자신의

---

13 "로마와 스페인에 대항한 것은" 찰스 5세(Charles V)가 도입하고 필립 2세(Philip II)가 강화시킨 종교 재판을 의미한다. "아르미니우스주의와 국가주의에 대항한 것은" 1610-1618년 사이 주권적인 은총(sovereign-grace)을 강조하는 칼뱅주의보다 자유의지(free-will)를 강조하는 칼뱅주의에 특권을 부여하기 위해 정치권력을 사용한 정부에 대한 대항을 의미한다. 이러한 편견은 오란녀 공 빌름의 아들 마우리츠(Maurits van Oranje)와 상속자들에 의해 극복되었다.

방식으로 우리의 국가적 양심을 회복시키는 더 숭고한 국가 유형의 형성에 기여할 수 있는 정치적 아이디어를 수용하는 것이다.

III. 다른 나라에서 우리의 운동

§12   가톨릭 국가들

정확히 말하면 우리의 강령은 반혁명당이 "우리나라에 한해서" 16-17세기의 청교도주의를 대표하고 있으며 우리의 국경 너머에 있는 편협한 개념에 얽매여 있을 수는 없다고 주장한다.

다른 나라들에서 반혁명당은 한편 프랑스 혁명에 대한 태도에 따라, 다른 한편으로는 복음의 고백을 양심의 자유에 대한 옹호와 조화시키는 방식이 적절한지에 따라 자신의 관계를 결정한다.

이러한 마지막 주장은 프랑스 혁명을 멀리하면서 가톨릭의 수중에 빠지지 않으려고 했던 19세기의 마지막 사반세기를 추가하여 고려할 필요가 있다.

잘 알려져 있듯이 1815년 이후 유럽의 모든 기독교적 요소는 오랜 시간 동안 그것이 가톨릭교회에 남아 있든지 혹은 개혁교회에서 번성했든지 간에, 프랑스 혁명의 무신론적 충동에 맞서는 공동 명분을 제공한 요소들로 간주되었다.

가톨릭의 대변인들은 아주 온건한 입장을 취했다. 그들은 주로 기독교적 믿음을 강조했고 구체적으로 그 배경에 가톨릭적 요소를 강요했다. 가톨릭은 매우 호감이 가는 방식으로 보좌와 성전을 위해 함께 싸우자고 초대하면서 열린 팔로 우리를 맞이하였다. 이 전략에서 가톨릭 정치 문필가들은 승리를 달성하는 데 필수적인 일을 했다. 그들이 진정 이기는 방식은 과거 프로테스탄트 지도자들로 하여금 결속을 강화하도록 하여 이익을 보게 하거나 정치에 대한 새로운 접근을 권장하도록 설득하는 것이었다.

프랑스 혁명을 밀어내고 가톨릭과 프로테스탄트 양자의 신앙고백에 동등한 지위를 부여한 이 접근—독일에서는 "반혁명주의"(antirevolutionary)로, 프랑스에서는 "합법주의"(legitimism)로 불렸다—은 기독교 국가의 현대적 재건의 기초를 제공하는 것 같았다. 슈탈(Sthal)과 게를라흐(Gerlach)를 포함하는 다수의 사람들이 이 황홀한 오해의 유능한 지지자들이었다.[14]

1813년의 반동에 따라 우리나라의 수많은 기독교 신자들이 이 순진한 이론에 감염되었고, 몇몇 발전이 더딘 지역에서는 맹목적인 추종자들이 이 이론에 감염되어 정치적으로 마비되었던 흔적을 찾을 수 있다. 이런 이유 때문에, 에드먼드 버크(Edmund Burke), 겐츠(Gentz), 할

---

14 프리드리히 율리우스 슈탈(Friedrich Julius Stahl, 1802-1861)은 베를린의 법학 교수였고 프러시아 의회의 의원이었다. 그는 프랑스 혁명에 대항하여 군주제를 원칙적으로 지지했고, 만약 프랑스 혁명이 승리를 거둔다면 가톨릭과 개신교는 함께 단두대로 오를 것이라는 유명한 말을 했다. 에른스트 루드비히 게를라흐(Ernst Ludwig von Gerlach, 1795-1877)는 프러시아 의회의 의원이었고 1860년대에 복음주의 보수당에서부터 가톨릭 중앙당까지 넘나들면서 비스마르크의 권력 정치에 항거했다.

러(Halle), 레오(Leo)[15], 그리고 슈탈(Stahl), 게를라흐(Gerlach) 등을 단지 모방하지 않고 점진적으로 더 청교도적인 입장을 지향하며, 가톨릭 신자들에게 손을 내밀었으면서도 가톨릭의 정치에 내재되어 있는 교황 지상권적 요소에 반대했던 흐룬(Groen)은 아무리 칭찬받아도 지나치지 않다.[16]

그러나 다른 나라들에서는 가톨릭이 자신들의 가면을 벗어던지고서야 비로소 사람들이 정신을 차릴 수 있었다. 그 이후에야 사람들은 가톨릭과 프로테스탄트가 연합 전선을 형성하기 전부터 예수회가 조용하고 은밀하게 우리의 등 뒤에서 우리를 파괴시키는 것을 목표로 삼았고 뻔뻔하게 가톨릭의 궁극적인 승리를 위해 우리를 이용했다는 것을 알 수 있었다.

§13　5월법에 대항하여

따라서 정통 프로테스탄트와 가톨릭은 더는 어느 곳에서도 함께 다니지 않는다. 모든 사람들이 프랑스가 겪었던 이 문제에 대해서 잘 알고 있다. 독일의 한 유력한 신문은 복음주의 정당(the Evangelical party)을 "물기 없는 레몬"으로 평가절하 했고 다른 신문은 가톨릭과 통합된 것으로 간주했다. 게를라흐의 사후에 로마 가톨릭교회를 신뢰할 수 없게 된 결과, 독일 친구들에게 호소했으나 무자비한 실망만을 초래했던 정치적

15　보수를 이끌었던 카이퍼의 목록은 영국의 에드먼드 버크(Edmund Burke), 오스트리아의 프리드리히 폰 겐츠(Friedrich Von Gentz), 스위스의 칼 루드비히 폰 할러(Karl Lndwig Von Haller), 그리고 프러시아의 하인리히 레오(Heinrich Leo)다.

16　교황지상권은 로마의 수석 저자에 의해 승인된 가톨릭의 정치적 행동이었다.

전망에 대한 지지자는 더 이상 남아 있지 않다고 우리는 말할 수 있다.

즉 교황지상권론이 등장하면서 우리는 가톨릭과 프로테스탄트로 구성된 하나의 보편적인 "반혁명당"의 가능성에 대해 신뢰를 두지 않게 되었지만, 그러나 이것 때문에 우리는 가톨릭이 취하는 모든 노력이 무의미하다고 추론해서는 안 된다. 대조적으로, 너무나도 정의롭지 못한 5월법(May Laws)[17]에 대해 투쟁한 독일의 중앙당(the Center Party in Germany)은 우리의 전폭적인 공감을 얻었다. 독일과 프랑스에서 세속적 공공 교육과 세속적 사회주의에 대항한 가톨릭의 분투는 우리의 장기적인 활동을 연상시킨다. 비록 가톨릭이 주도했지만 프랑스에서 일어난 자유 대학의 도입은 우리의 따뜻한 지지를 받았다. 남미 정부들이 주창한 다소 엄격하고 강한 교황지상권론은 만성적인 내전 상태를 극복하려는 것이었으며 그들의 노력에는 아마 숨은 동기가 있겠지만, 그럼에도 우리는 그 가운데 칭찬할 만한 것에 지지를 보낸다.

그러나 우리는 교황지상권을 지지하는 정당(the ultramontane party)과 "관심사가 같은 사람들"을 어떤 경우에도 인정할 수 없다. 우리는 결코 하나가 아니었고 현재도 아니며 미래에도 아닐 것이다. 위에서 언급된 경우처럼 프랑스 혁명에 대항하기 위해 우리가 가톨릭을 지지하는 경우가 있다면, 보다 덜 중요한 다른 사례에서는 가톨릭보다 자유주의를 선호하는 경우들도 있다. 두 가지 사례에서 우리는 친밀감과 원칙에 따라 행동하기보다는 큰 바위와 파도를 피해 우리 자신의 배를 운행한다.

---

17 5월법은 1870년대 비스마르크 정부에 의한 입법으로서 종교적 질서를 철폐하고 가톨릭 성직자들을 교육 체계에서 배제하며, 그들에 대한 훈련과 임명은 국가 통제에 따라 운영되는 것을 그 내용으로 한다.

§14 프로테스탄트 국가들

우리는 우리와 뜻을 같이하는 정당으로서 (1) 프랑스 혁명이 결코 침투하지 않은 나라들에서 번성하는 정당, (2) 하나님의 말씀의 원칙 아래 자신들의 국가에서 이 혁명에 반대하는 정당, 이렇게 단지 두 가지 유형만을 인정한다.

첫 번째 범주에는 영국과 미국의 정당들이 속한다. 양 국가 모두 기존의 것을 프랑스 모델 이후의 새로운 것으로 바꾸기 위해 혼란이 일어나는 사회가 아니다. 양 국가에서 정부는 하나님의 말씀과 그 국가의 과거에 뿌리를 둔 역사적 권리의 기초 위에 서 있다. 유일한 예외는 영국의 급진적 그룹, 특히 버밍엄 클럽(the Birmingham Club)[18]이다.

어느 누군가 영국 정치에서 토리당(Tories)과 휘그당(Whigs) 중 우리가 어느 정당에 공감하는지 질문한다면, 그 사람은 벌써 우리가 이미 "좌파적 경향"을 띠는 휘그당에 기울어져 있다고 추론할 수 있다. 다른 나라들과 비교하자면, 우리는 포스터(Forster)[19]와 글래드스톤 (Gladstone)의 영국 정치가 네덜란드의 반혁명당이 목표하는 것과 실질적으로 동일한 의도를 가졌다는 것을 인정한다. 이것이 우리의 보수적인 일간지 중 하나가 최근에 글래드스톤 같은 자유주의자는 네덜란드 자유주의자와 결코 닮지 않았고 영국의 진정한 청교도들 거의 대다

---

18 카이퍼는 여기서 영국 이상적 사회주의자인 조지 홀리요크(George Holyoake, 1817-1906) 에 의해 설립된 세속주의 운동에 대해 말하고 있다.

19 윌리엄 에드워드 포스터(William Edward Forster, 1818-86)은 영국의 수상이었던 윌리엄 에드워트 글래드스톤의 첫 번째 내각의 각료였다. 그의 1870년의 교육법(Education Act of 1870)은 특정 교파 소속의 학교들에게 차단되었고, 정부 소속의 학교들에게는 허용되었다.

수가 포스터를 지지한다는 기사를 쓴 이유다.

미국 정치에서 우리가 민주당보다 공화당을 지지하는 것은 당연하다. 공화당은 과거 필그림 파더스(Pilgrim Fathers)의 영적 후손들이고, 남북전쟁(the Anti-Slavery War)의 영웅들이며, 가톨릭의 적대 세력이고, 뉴잉글랜드에서 일어난 진정한 시민 정신의 대변인들이다.

두 번째 범주에서 독일에 관해 명심해야 할 것은 우리가 공감하는 신문은 「크로이츠차이퉁」(Kreuzzeitung)[20]이 아닌 순수한 논조를 가진 「라이히보테」(Reichbote)라는 점이다. 우리는 「크로이츠차이퉁」이 1866년 비스마르크의 무모한 조치가 가져온 도덕적 탈선에 대해 당당하게 복수했던 것을 부인하지는 않는다. 그러나 여전히 유감스럽게도 그것은 더 나은 노선으로의 복귀가 아니었으며 「라이히보테」(Reichbote)에 필적할 만큼 충분히 단호하거나 활동적이지 않았다. "기독교 사회당" 이후 독일의 반혁명당(Germany's antirevolutionary party)은 정면 돌파를 선택했고 확고한 토대 위에서 움직였으며 점차 융커(Junker)[21] 정당이라는 나쁜 명성으로부터 자유로워졌다.

가톨릭 국가들이 관계되어 있는 한 그들은 우리의 관심을 끌지 못한다. 특히 프랑스의 브뢰예(Broglie)[22]조차도 "음모자"(conspirator)로 각

---

20   「크로이츠차이퉁」(Kreuzzeitung)은 1848년 헤르만 바그너(Herman Wagner)사 창간한 프로이센의 보수주의를 대변했던 신문이다. 1939년까지 베를린에서 출간되었다.

21   융커는 프로이센의 토지소유 귀족층을 일컬으며, 그들은 비스마르크의 공격적인 외교 정책을 지지했다. 또한 보수적인 신문 「크로이츠차이퉁」(Kreuzzeitung)도 비스마르크의 외교 정책을 지지했다.

22   알베르 드 브뢰예(Albert de Broglie, 1821-1901)는 프랑스 제3공화국 총리를 세 번 연임했다. 1877년 5월 16일의 쿠데타로 알려진 하원의석의 사퇴로 맥마흔 대통령을 지지하는 지지자들에 의해 배신자로 비난받았다.

인되어 있고, 강베타(Gambetta)[23]는 현재 상황 대처의 달인으로 불리며 세상에서 가장 침착한 사람 같이 보인다. 색깔 없는 입헌주의자들로부터 기대할 수 있는 것은 아무것도 없으며, 정통주의자들은 공화주의자들과 동맹을 맺음으로써 자신들의 명예를 박탈당했다. 프랑스를 사랑하면서 하나님을 두려워하는 사람은 인간의 자기비하에 대한 슬픈 광경으로부터 눈을 돌렸고, 만약 프랑스가 소르본 사람이 아니라 제네바 출신의 사람에게 귀를 기울였다면 프랑스에서 일어났을 일들을 그리워하면서 이상향을 꿈꾼다.

약간의 차이만 있을 뿐, 오스트리아, 이탈리아, 스페인, 그리고 벨기에에서도 마찬가지다. 이러한 나라들의 성직자 정당들(the clerical parties)은 복음의 자유로운 선포를 금지했으나, 우리는 그 점에 관하여 급진주의자들이 우리 편에 더 호의를 가진다는 것을 날카롭게 인식하고 있다. 그러나 배타적인 가톨릭 국가들에서는 이것은 사소한 문제이고 복음의 선포가 우리의 공감을 이끌어내는 것 또한 매우 피상적이다. 더구나 우리가 "거지"(Beggar)[24] 라는 이름을 잘못 사용한 안트베르펜 출신의 무신론자 및 필립스 판 마르닉스의 이름을 잘못 사용한 브뤼셀의 급진주의자들과 어리석게 타협을 하려고 했던 것이 드러난 후에는 더욱 그러하다.

마지막으로 우리가 종종 러시아 정부의 행동을 보다 긍정적으로 판단하고 있다는 사실은 러시아가 혁명적 모델을 따르는 국가로 전환

---

23 레옹 강베타(Léon Gambetta, 1838-82)는 제3공화국의 급진적 지도자로 1877년 이후 온건 기회주의자로 전향했다.
24 "거지"(Beggar)는 경멸의 단어인 "흐즌"(Geuzen)을 번역한 것이다. 그러나 후에 네덜란드 독립 전쟁에 참여하면서 존경의 표상이 되었다.

하려는 모든 시도를 완강하게 거부한 상황에서 쉽게 설명된다. "러시아는 해외의 유토피아에 유혹받지 않으면서 자신의 길을 따라 스스로의 정부 형태를 추구해야 한다"는 확신은 철저히 반혁명적 이념이다(하지만 이것이 폴란드에서 일어난 일[25]을 격렬히 비난하는 것을 멈추게 하지는 않았다). 기독교 신앙의 후견인으로서 러시아 제국은 유럽과 아시아에서 이슬람을 언제나 반대했다는 사실을 덧붙이고자 한다. 또한 차르(czar)라는 사람은 로마 교황에 대한 견제 세력으로서의 역할을 담당한다. 당연히 그런 바람직한 특성을 가진 강력한 제국은 언제나 반혁명 진영의 공감을 얻고 있다. 그러므로 현재의 투쟁에서 러시아는 글래드스톤과 포스터, 미국의 공화당과 독일의 반혁명당으로부터 도덕적 지지를 받는다. 우리나라가 "기독 국가적"이라고 말하는 모든 사람은 언제나 자발적 혹은 비자발적으로 러시아 편이다.

---

25 1831년과 1863년에 러시아는 바르샤바(Warsaw) 폭동을 혹독하게 진압했다.

제2장
권위

제2조

반혁명당은 주권의 근원을 사람들의 뜻 또는 법에 두지 않고 전적으로 하나님께 둔다. 그러므로 반혁명당은 한편으로 대중 주권을 거부하면서, 다른 한편으로 하나님의 인도하심을 받는 우리나라의 역사에 뿌리박고 있으면서 1813년의 사람들에 의해 발전했으며 헌법에 의해 확정된 오란녀 가의 주권을 존중한다.

I. 주권

절대 주권[1]

절대적인 의미의 주권은 오직 그 위에 다른 권위가 없을 때 발생한다. 그것은 언제나 명령하고 결코 복종하지 않으며, 한계를 인정하지 않고 경쟁도 허용하지 않으며, 그리고 단일하면서도 모든 숨 쉬는 것을 위해 나뉘지 않는 특성을 갖는다.

내가 기뻐하는 것을 할 수 있을 때 나는 절대적인 의미에서 주권적이다. 하지만 인간으로서 나는 어떤 것에 대한 그런 무제한적인 힘을 결코 소유할 수 없기 때문에 내가 궁극적인 주권을 소유하는 것은 불가능하다.

단지 내가 앞에 있는 종이 위에 어떤 것을 그리거나 쓸 수 있다는 것이 내가 종이에 대한 주권자라는 것을 의미하지는 않는다. 종이는 딱딱하거나 부드러우며 어느 정도는 두껍기도 하면서 길기 때문에, 나는 그 특성에 매여 있다. 그 특성들은 나의 힘을 제한하고 나로 하여금 그 특성에 순응하도록 한다. 이 경우에 내가 주권적인 존재가 되기 위해서는 개인적으로 종이, 펜, 그리고 잉크를 만들어야만 한다. 내 목적에 도움을 주고 나의 의지에 반하는 모든 것을 제거하기 위해서 나는

---

1   이 책의 원고는 「드 스탄다르트」 신문의 기사라고 할 수 있는데, 거기에는 §15와 §16이 부주의하게 빠져 있다. 실제 섹션이 누락 된 부분은 이전 및 이후 섹션을 구성하는 기사의 원본 간행물로 확인되지 않는다. 편집자 서문의 각주 2를 보라.

매번 그것을 만들어야 한다.

그러나 비록 여러분이 그것을 상상할 수 있다고 생각할지라도, 나는 여전히 종이에 대해 어떠한 주권도 가지고 있지 않다. 종이를 만들게 되면 종이의 제작 과정에서 일반적으로 사용되는 재료와 장비에 매여 있는 나 자신을 발견한다. 하나 이상의 개선 사항을 도입하려 하거나 지난번의 결함을 제거하려고 할 때 나는 종종 한계에 부딪친다. 나는 원자재와 도구에 대한 완전한 통제력을 가져야만 한다. 설령 그런 것이 가능하고 잉크나 펜을 만드는 데 동일한 창의적인 자유를 이용하는 순간을 가정한다 하더라도, 작문 기법에 있어 주권적이 되기 위해서는 펜촉에 의한 잉크의 접촉 그리고 종이 위에 액체의 흐름을 지배하는 법을 자유롭게 결정하거나 수정할 수 있어야만 한다.

오직 하나님만 가능하시다 §18

이 특별한 경우를 일반적인 상황으로 전환하면, 우리는 어떤 대상에 대한 완전한 주권을 행사하기 위해 다음 사항이 요구된다는 것을 알 수 있다. (1) 내가 이 대상을 전적으로 소유하고 있다. (2) 내 손으로 그것을 만들되 내가 적절하다고 생각하는 방식으로 만든다. (3) 필수적인 재료를 창조하는 것은 나의 전지전능에 의존한다. (4) 대상의 행동을 지배하고 다른 대상에 대한 관계를 규제하는 법을 제정하는 것은 나에게 달렸다.

그러나 지금 당장 유명하고 재능이 있는 유력한 어떤 사람도 자신의 의지대로 할 힘이 없기 때문에, 어떤 통치자도 자신의 백성에 대해 진정한 절대적 주권자일 수 없다는 결론이 도출된다. 이와 비슷하게 말하자면, 어떤 아버지도 자신의 가족에 대해 절대적인 주권자일 수 없고, 어떤 농부도 자신의 가축들에 대해 절대적인 주권자일 수 없다. 그럼에도 불구하고 자신에게 그런 권한을 가지고 있다고 사칭하는 통치자는 권력을 남용하고 자기 백성들의 정신적·영적 발전을 파괴함으로써 정의를 거스른다. 아버지는 자신의 아내와 자식에게 정의롭고 공정하게 권력을 행사하는 것이 아니라 가정생활의 더 고상한 측면을 희생하면서 권력을 남용한다. 자신의 가축에게 폭력을 행사하는 미친 사람은 높은 수준의 법질서를 위반하는 것이고 그것은 짐승의 수준으로 자신을 깎아내리는 것이다.

국가에 대한 주권은 가족들 위에 주권이 있음을 전제하며, 그러므로 국가를 구성하는 국민들 위에 주권이 있음을 전제한다. 그러므로 주권은 자신의 존재의 요구에 따라 이전에 자신이 제정한 법령에 매이지 않으며, 사람들의 지성과 감정, 취향과 느낌, 도덕적·종교적 발전뿐 아니라 육체와 피의 유익을 위하여 자신의 선한 즐거움에 따라 국민, 가족, 그리고 개인을 창조한 그분의 것이다. 그들의 전인격의 소유는 인간들 스스로의 실재일 뿐 아니라 그분의 실재이기도 하다. 그분으로부터 인간의 물질적·영적 존재의 본질이 발현된다. 그분으로부터 전 인간성의 삶과 발전을 지배하는 법이 나온다.

지존하시고 거룩하시며 전능하신 하나님 외에 어느 누가 그런 존재가 될 수 있는가?

뿐만 아니라 주권은 왼편에 있는 우리 이웃의 가정과 오른편에 있는 이웃의 가정에게 행사되고, 그 둘의 통합이 우리 도시의 시장(市長)에게서 발견된다. 그러나 그 도시 다음에 다른 도시가 있고, 자동적으로 그 주권들의 연합은 주 정부로 수렴된다. 그러나 우리의 주(州) 역시 다른 지역들에 둘러싸여 있고, 이러한 지역들의 연합은 하나의 중앙정부로 흘러내려간다. 그러나 이 점에서 도대체 당신은 더 이상 나갈 수 없다. 꼼짝 못하게 된다. 우리나라 옆에는 우리나라와 마찬가지로 주권을 행사하는 다른 나라들이 있다. 만약 당신이 이런 모든 선들이 수렴되는 합일점을 찾으려 한다면 당신은 낙심하게 될 것이다. 그래서 당신은 고개를 들어 모든 나라들이 동일하게 복종하는 더 높은 힘을 보아야만 한다! 그때 주 하나님 외에 지구상의 모든 국가들을 지배하는 힘을 가진 자가 누구이겠는가?

다른 국가들의 현재 상태에 대해 덧붙이자면, 그들의 상황은 과거에 이룩한 것의 결과로서 생겨났다. 지금 살아가는 세대는 선택할 자유가 없었고, 좋든지 싫든지, 그것이 이전 세대들에 의해 풍요로웠든지 혹은 빈궁했든지 앞선 세대의 국가적 유산을 받아들여야만 했다. 이전 세대 역시 완전한 자유를 누리지는 못했지만, 그 이전 세대가 한 일들에 따라 제한을 받는 자신을 발견했다. 그러므로 역사는 모든 나라에서 정치적 권위가 만들어내는 지속적이고 끊임없는 변화, 그리고 이에 대한 책임은 모든 세대가 함께 짊어진다는 것을 보여준다.

만약 여기서 내가 주권의 기원을 찾아야 한다면, 당연히 나는 모든 세대들을 아울러 지배했던 힘을 발견해야만 한다. 그 힘은 우리나라와 다른 나라들의 전체 역사를 휘어잡고 있다. 즉 그것은 한 시대만이 아니라 모든 시대의 힘을 가리킨다. 그리고 다시 우리는 질문한다. 하나님 외에 누가 그런 힘을 소유할 수 있겠는가?

결국 지상의 나라들에서 행사되는 주권에 의해 발생하는 정치적 권위는 인간 생활을 지배하는 법들과 협력해야 한다. 그 법들은 인류의 발전 가운데 공기, 토양, 동물의 생활을 규제하는 법이었으며 우리 국가와 다른 국가들의 역사를 이끌었던 법들이다. 그리고 사고(논리), 의지(도덕), 느낌(미학), 영생(종교)에 관한 규제 등을 포함하는 법 전체가 선한 질서와 조화하면서 상호 작용을 일으킬 때, 주권 아래서 장엄하게 삶의 순환이 일어난다.

§19 모든 주권은 하나님으로부터 온다

이 때문에 우리는 예수의 제자들이 모든 그리스도인의 입술에 담아놓은 말을 전심으로 고백한다. 즉 "권력은 하나님으로부터 온 것이다."[2] 또는 우리의 강령이 채택한 표현에 따른다면, 주권의 근원은 법 또는 사람의 의지에 있는 것이 아니라 하나님께 있다.

그리고 진실로, 생각하는 것을 멈추든지 또는 무신론자임을 인정하든지 둘 중 하나가 되어야 이 전제의 진실에 대해 논박할 수 있다. 하나님의 존재를 인정하는 사람은 누구든지 그분이 전능하다는 것과, 우리가 "세계"라고 부르는 구조 및 우리가 "나라" 또는 "국가"라고 부르는 구조가 그분께 의지하고 있다는 것을 고백하지 않을 수 없다.

정치적 권위는 정의(justice)와 부정의(injustice)의 문제를 결정한다. 그것은 시민 사회가 받아들일 수 있는 것과 그렇지 못한 것을 결정한다. 그것은 당신의 소유, 어떤 경우는 당신의 집, 때로는 당신의 개인적 자유에 대해서, 그리고 심지어 당신의 자녀들이 제비를 뽑게 함으로써[3] 그들의 삶에 대해서도 참견한다. 그래서 우리는 질문한다. 하나

2　롬 13:1.
3　당시에는 제비뽑기를 통해 누가 군(軍)에 징집될지를 결정했다.

님으로부터 유래하여 하나님을 통해 흘러가고 하나님에 의해 의도된 권위가 아니라면 사람은 과연 어떻게 그러한 권위를 만들어낼 수 있을까?

그러므로 하나님으로부터 온 권위를 인정하지 못한다면 여러분은 하나님 자리에 하나님과 유사한 권력을 둘 것이다. 혹은 더 나아가 당신의 하나님은 당신의 신이 되기를 중단한다. 한편으로는 국가에게 당신의 권리를 주장하고 다른 한편으로는 아플 때 하나님께 낫기를 기도하는 것은 믿음이 충만한 사람들의 종교가 아니다! 그것은 건강한 날에는 말장난이고 아플 때는 당신의 마음을 농락하는 것이다. 그것은 시(詩)일 뿐 우리를 도와주는 현실이 아니다. 그래도 당신이 원한다면, 한번은 하나님 없는 시민인 체하고 다음번에는 경건하고 나약한 남자인 것처럼 행세하면 된다.

II. 주권의 역사적 발전

삶의 모든 영역에서의 주권 §20

이런 이유로 우리는 홀로 살아 계신 하나님 안에서 모든 주권의 근원을 찾아야만 한다. 하나님 한 분만이 모든 피조물, 사물의 모든 질서, 그리고 자연 세계 속의 모든 왕국들을 다스리기 때문이다. 성경의 말로 표현하면 다음과 같다. "땅의 기둥들은 여호와의 것이라. 여호와께서 세계를 그것들 위에 세우셨도다."[4]

그 원천으로부터 흘러나온 주권은 모든 우주 만물로 흘러가는데, 단지 정치적 분야만이 아니라 모든 영역으로 흘러간다. 자연법(Laws of nature)은 물질에 대해 권력을 행사하고, 그 물질 가운데 강한 것이 약한 것에 대해 권력을 행사한다. 식물 세계에서의 권위는 기후와 토양에 따라 그 세계에서 생명을 다스리는 법으로 사용된다. 동물에 대해서는 자연이 권위를 행사하고, 동물의 세계에서는 한 동물이 다른 동물에 대하여, 몇몇 무리에서는 짐승의 지도자들이 행사하고, 그들 모두에 대한 권위는 인간이 행사한다. 이와 유사하게 인간 생활의 모든 영역에서 사람에 대한 통제, 지시, 권력, 그리고 권위는 사람에 의해 행사된다.

만약 우리가 부족하거나 약해지지 않으려면 우리의 신체, 우리의 피와 신경이 복종해야만 하는 권위와 권력이 존재한다. 사고의 영역에서는 사고하는 법의 권위, 모든 판단의 형성을 주관하는 논리의 힘이 있다. 과학의 영역에서는 재능이 권위를 행사하고, 예술의 영역에서는 천재성이 그러하다. 권위는 필수불가결하며 산업, 농업, 항해술, 혹은 상업에 종사하든 간에 사람들이 활동하는 어느 곳에서나 그것은 존재한다. 협약이나 입법이 아니라 "전능하시고 하늘과 땅의 창조주인 아버지 하나님"만이 모든 권위의 다양성을 세우고 유지하고 행사한다.

사람은 자신이 하고 싶은 대로 자신의 몸을 사용할 수 없고 육체에 내주하시는 하나님께 순종해야 한다. 사람은 독단적으로 생각할 수

---

4   삼상 2:8.

없고 하나님이 판단력을 주신대로 행사해야만 한다. 학문과 비즈니스의 영역에서 하나님이 부여한 법과 관계를 따르지 않는 것은 아무것도 없다.

같은 맥락에서 권위는 도덕적이고 영적인 영역에 속한다. 물리적인 생활처럼 도덕적인 생활도 사람이 아닌 하나님이 내리신 법과 영향력의 적용을 받는다. 우리는 모두 그 법을 따르지 않을 수 없고 도덕적인 죽음의 고통을 겪으면서 그 영향력에 복종한다. 이것은 우리의 영적인 영원한 성장을 위해 강력하게 유지되는 법칙이다. 그리고 하나님의 중재, 법령, 예정, 그리고 영적인 원리에 따라 결정되는 법칙들은 극도로 엄밀한 의미에서 하나님의 절대 주권의 지배를 받는다.

정치적 영역에서의 주권 §21

그러므로 정치적 주권은 어떤 고립된 사례가 아니라 모든 피조물들이 하나님의 법에 따라 협력하고 존재하게 하는 거대한 사슬 중 하나의 고리일 뿐이다.

그럼에도 불구하고 모든 주권과 정치 영역에서의 주권 사이에는 하나의 중요한 차이가 있다. 하나님은 정치적 영역에 있어 의식적이고 목적을 가지고 사용할 우월한 권력을 인간에게 위임했다. 라파엘로 같은 예술가는 비스마르크 같은 정치인만큼이나 주권을 행사했지만 라파엘로는 무의식적이면서 특정한 의도 없이 주권을 행사한 반면, 비스마르크는 의도적인 행동을 통해 주권을 행사했다는 점에 큰 차이가 있다.

삶의 다른 모든 영역에서 권위는 하나님의 법칙이 그 방향을 잡아가거나 그 속에서 인적 고리의 소임을 다함으로써 행사된다. 그러나 정치적 영역에서의 주권은 스스로 정의로운 것을 결정하는 권한을 부여받으며 그 법들을 집행할 권한도 부여받는다.

그래서 우리는 이 글의 앞부분에서 말했던 것을 반복하고자 한다. 주권은 전능하신 하나님으로부터 "하나님의 창조에서 비롯된 모든 피조물" 곧 공기, 토양, 식물, 동물, 사람의 신체와 영혼, 그 영혼 속의 사고, 느낌, 의지 등과, 또한 학문과 비즈니스의 모든 유기적 영역인 사회, 가정, 시골과 도시 공동체, 그리고 이런 모든 영역을 둘러싸고 그것 모두를 보호해야 하는 영역, 즉 국가로 흘러간다.

그러므로 정치적 권위는 사회와 가정 내에서 자연적이고 영적인 세계 차원에서 절대적이며 신성한 다른 많은 권위들과 나란히 작동한다. 그러므로 다른 영역 중에 하나를 지배하려는 정치권력의 모든 시도는 하나님의 법을 위반하는 것이고, 그것에 대한 저항은 범죄가 아니라 반드시 해야만 하는 의무에 속한다.

뿐만 아니라 한 국가의 정치적 권위는 다른 주권이 멈추고 자신의 것이 시작되는 경계를 법으로 정하는 것이다. 이것은 정치권력을 제한하는 것이라기보다 그것의 자연적 한계를 명시하는 것이다.

반대로 사회 혹은 가족과 자연이 정치적 권위에 속하는 어떠한 부분이라도 포기하는 것은 자유로운 행위가 아니라 신성모독이다.

주권의 원리가 요구하는 것은 단순하게 이것이다. (1) 모든 삶의 영역에 주권이 있음을 인정하라. (2) 정치적 주권이 독특한 특징을 가진다는 것을 전적으로 이해하라. (3) 주권에 속하는 것은 그 속에 포함시키고 그렇지 않은 것은 어떤 것이라고 할지라도 그 영역에서 배제하라.

전능하신 하나님이 주권적인 정치권력을 이양하시는 방법들은 다양하다. 때때로 이것은 폭력적인 정복 이후 시간이 지나면서 발생했다. 때로는 협정(settlement)에 합의함으로써 일어났다. 때로는 국민들의 대중적 환호 혹은 정치 지도자들의 엄숙한 회합을 통한 질서 있는 위임에 따라 일어났다. 그리고 최종적으로 왕위의 개인적 계수(繼受)를 통한 정치권력의 이양은 왕의 죽음 이후 상속을 통해 일어났다.

이런 방법과 수단 중 그 어떤 것도 신성한 제도와는 거리가 있다. 여기서 하나님의 통치는 국가의 죄악과 권력자의 범죄를 사용한다. 권력을 이양하는 중에 권력을 잡은 사람이 승인을 얻었든지 혹은 위협(intimidation)을 통한 것이든지 국가적 양심 앞에서 자신의 지배가 합법적인 구속력에 충분히 도달하게 되면 그는 주권자로서 존중받아야 한다.

일련의 사건을 통해 "누가" 주권을 가지게 되었는지는 중요하지 않다. 주권적인 정치권력은 전능하신 하나님으로부터 한 개인에게 또는 영웅적인 사람들의 왕조로 흘러갈 수 있다. 그러나 그것은 또한 잠정적인 통치자인 집정관, 독재자, 총독, 혹은 여러분들이 원한다면 공화국의 대통령 같은 제도로 전승될 수 있다. 사실상 정치권력은 거의 한 개인에게만 주어지지는 않으며, 이전 네덜란드 공화국에서 그랬듯이 특정 계급에게 주어지기도 하고 미국의 여러 주에서 볼 수 있듯이 유권자들에게 주어지기도 한다.

그러나 그 시나리오가 무엇이든지, 우리는 사람이 아니라 하나님으로부터 주권이 온다는 것을 전적으로 인정해야만 한다. 대중 주권의 파괴적 망상은 영원히 버려지고 추방되어야 한다. 만일 사람들이 그들 자신에게 주권을 부여할 권한이 있다고 생각한다면 그들은 스스로를 최고의 권위자라고 간주할 것이다. 따라서 주권에 복종하는 대신 지배하기를 원할 것이고, "하나님의 자리에 앉을 것이다."[5] 만약 어느 누군가 "사회 계약은 최고의 것이다" 혹은 "모든 권위는 법에 있다" 같은 부드러운 표현으로 "대중 주권"을 위장하려고 애쓴다면, 그것은 무신론의 뿌리를 근절할 수 없을 것이다. 사회 계약 아래서조차 인간은 "나는 내가 원하는 대로 일들을 행한다"고 계속해서 말하고 있으며 하나님과 그분의 말씀에 대한 적대감을 종결시킬 수밖에 없는 기초를 놓는다.

그리고 오늘날 "더욱 존경받는" 사람들이 권위의 근원으로서의 "법"에 대해 쓸데없는 말을 계속하는 것 역시 아마도 충분히 귀족적이지 않은 사람들의 요구를 회피하기 위한 허구일 따름이다. 이 신사들이 주장하듯이, "합법적 지불"(pay légal)[6]에 대한 품위 있는 형태의 선언 이외에 그들이 맹세하는 그 법이라는 것은 그런 허구적인 것이다.

이런 허구적이며 괴물적인 이론에도 대항하여 우리는 단호하게 아래 세 가지 명제를 주장한다. (1) 삶 속에 모든 다른 형태의 주권과 같이 정치권력은 살아 계신 하나님으로부터 나온다. (2) 역사의 과정 속에서 이 권한의 이양을 위해 주님은 인간의 합법적이고 비합법적인 행위를 사용하신다. (3) 그 이양은 한 개인, 왕조, 제도, 국가 전체에서 일어난다.

---

5   겔 28:2.
6   "합법적 지불"은 사람들이 내는 세금의 수준을 근거로 선거권이 부여됐던 일부 국가를 언급한다.

그러나 몇몇 사람들은 새로운 국가가 세워지고 혹은 혁명이 성공할 때마다 사람들 스스로 새로운 주권을 창조하는 것이 아닌가 물을 것이다. 우리는 형태로서는 동의할 수 있으나 원칙적으로는 거부한다.

만약 대농장의 관리자가 죽은 자의 재산을 팔아 돈으로 나누어 준다면, 분배하는 동안에는 그 사람이 주인일까? 혹은 한걸음 더 나아가 만약 당신이 지폐로 가득한 지갑을 거리에서 발견하고 오랜 시간이 지난 후 주인에게 되돌려주었다면 당신은 당신 자신의 소유로부터 선물을 건네준 것인가?

아무도 그런 터무니없는 생각을 주장하려는 꿈을 꾸지 않는다. 국가가 주권을 통치자에게 이양하거나 위임할 때, 왜 그것을 관리자의 행위 이상의 것으로 보는가? 전능자를 대신하여 국가가 이 고귀한 보물을 통치자에게 전달할 때, 주권의 소유자는 전달자인가 아니면 주권 자인가?

만약 우리가 파리코뮌[7] 당시 있었을 법한 장면에 이끌리어 이것 역시 주권의 행사였는가라는 교활한 질문을 받았다면, 우리는 다음과 같이 되물을 것이다. 만약 당신이 의식이 없고 고열로 혼미한 상태라면 당신은 제정신을 가진 멀쩡한 사람이라고 할 수 있는가? 모든 사람들은 그런 발작을 하는 동안에는 온전한 사람이 말한 것이 아니라 정신이 나간 사람이 말한 것이라고 대답할 것이다. 같은 방식으로 우리는

---

7 파리코뮌은 1871년 봄 노동계급 봉기 동안 파리 임시 정부의 이름이고 사회주의 이상을 실현하는 과정에 성급하고 즉흥적인 방법으로 나타났다.

파리코뮌이나 그와 유사한 것은 온전한 주권의 행사가 아니며 바깥에서 온 침입자의 병들고 치명적인 정신 이상이라고 판단한다.

III. 네덜란드에서의 주권의 법적 근거

§24   역사에 근거한 오란녀 공의 주권

다른 국가와 마찬가지로 네덜란드에서도 정치적 주권이 작동한다. 이 권위는 무엇이 정의로운지 아닌지를 결정한다. 권위는 부정의와 투쟁하고 정의를 지지하는데, 강제력이 필요한 경우도 있다. 정치적 주권은 국제 관계에서 국가를 대표한다. 국내적으로 이것은 네덜란드의 국가 생활과 그와 관련된 국민의 개인적 생활이 번영을 누릴 수 있는 기회와 상황을 확정하고 개선하면서 확대되기를 추구한다.

그러면 하나님의 은총에 따른 이 땅에서의 권리인 정치적 주권은 누구에게 있는가?

대중도 유권자도 정치적 주권자가 될 수 없다는 데 모든 사람들이 동의할 것이다. 정부 부처(Ministry)나 의회(States General)[8]도 확실히 아

---

8   정부부처(Ministry)는 정부의 각 부처의 장관들로 구성된 내각 혹은 위원회를 말하고, 의회 (States General)는 상하 양원으로 구성된 의회를 말한다.

니다. 주권이 법에 속해 있다고 말하는 것은 나이팅게일이 노래 속에 있다고 말하는 것과 같이 터무니없다. 결국 주권이 법을 만들어낸다.

이것 하나만으로도 실제로 어디엔가 있어야만 하는 주권은 오란녀 가(House of Orange) 이외의 다른 곳에는 없다는 것이 명백하게 드러난다. 역사의 연대기가 전적으로 동의하는 그것이 우리의 잠정적 결론이다. 1813년 오란녀 공의 아들과 상속인이 만장일치(어떤 반대가 있었을 것으로 예상하지만)로 "하나님께서 하셨다"는 외침과 함께 모든 반대를 압도하는 열광 속에서 국왕으로 선포되었다. 이 사건은 1814년 다음과 같은 말로 헌법에 기록되어 있다. "네덜란드 연합의 주권은 오란녀의 나사우(Nassau) 대공에게 양도되었으며 그의 합법적 후손에게 상속이 가능하다." 1815년 헌법⁹은 이것을 거의 그대로 옮겨왔고, "주권"(Sovereignty)을 "왕위"(crown)로 대체함으로써 어떤 종류의 절대주의(absolutism)에 대한 오해를 방지했으며 그것을 배제했다.

이것은 1848년 당시 내각에서 공유되던 관점에서 5월 13일 강령(program) 안에 다음의 문구로 표현되었다. "국가는 독립이 현재의 통치 왕조에 빚지고 있음을 깊이 통감하고 있으며, 이 독립은 의회에 의한 주권의 보유에 구속된 채 남아 있다." 같은 해에 개정된 헌법은 동일한 양식을 사용했다. "왕위는 양도되며…." 이것은 1814년처럼 1815년과 1848년 우리 헌법의 입안자들이 의심의 여지없이 1813년에 일어난 역사적 사실에 단지 헌법적 형식을 부여하려는 의도였다는 결론을 제기한다. 헌법은 아무것도 양도할 수 없다. 헌법은 단지 주권

---

9 1814년 헌법 이후 곧 북부 네덜란드와 남부 네덜란드(벨기에로 알려진 지역)의 합병으로 네덜란드 연합 왕국을 창조하기 위해서는 헌법 개정이 필수적이었다.

과 왕위가 헌법 입안자들이 회합을 가지기도 전에 이미 "양도되었음"을 언급할 뿐이다. 헌법이 주권과 왕위를 되돌려 받는 것도 아니고 수정하거나 이전하는 것도 아니며 그저 양도된 채로 있는 것이다.

§25   1813년 오란녀 공의 주권

이제 1813년의 역사적 사건에 대해 이야기해보자. 그날의 지도자들인 드 켐프르(De Kemper), 팔크(Falck)와 함께한 판 호흔도르프(Van Hogendorp), 판 드르 다인(Van der Duyn), 판 스트룸(Van Stirum) 같은 사람들은 주권을 소유했는가? 그들은 주권을 얻고자 전국을 순회했는가? 아니다. 네덜란드 왕국의 성립에 있어 오란녀 공은 원칙적으로 왕위를 주장한 사람이 아니라 유일하게 합법적이고 자격을 갖춘 후보였다.

이것을 확신하기 위해서, 필요하다면 여러분들은 주요한 후보자로서 오란녀 가에 견줄 만한 주요한 후보자인 해외에 있는 왕들과 귀족들의 명부를 작성해보라. 나는 그것이 성공할 가능성이 있다거나 당연한 외관상 권리가 있다고 말하는 것이 아니라, 최소한 예의를 갖추어 말하는 것이다. 그렇게 함으로써 여러분들은 오란녀의 이름 외에는 이 명부가 여백으로 남게 된다는 것을 즉시 깨닫게 될 것이다. 주어진 상황에서 삼두정치 외에는 다른 대안이 없었고, 그것은 우리의 역사적·정치적 과거의 핵심이 틀림없이 가리키는 분명한 선택을 따라가는 것임을 받아들이라.

그럼에도 불구하고 1813년 사람들이 처리한 일은 우리의 강령이 마땅히 그 상황에서 이용 가능한 것의 "발전"이라고 부르는 것을 반영했다. 그 상황은 세 가지를 요구했다. 첫째, 우트레흐트 동맹[10]의 복원은 불가능했다. 둘째, 일원화되고 세습되는 정부 형태를 확립함으로써 파벌주의(factionalism)를 제한하는 것은 필수적이었다. 셋째, 이런 통합적 권위를 오란녀 가에 양도하는 것은 감사할 만한 의무였다.

그러나 이러한 역사에 의한 세 가지 결과는 1813년의 사람들에 의해 다음과 같이 발전되었다. 그들은 통합된 행정부를 위해 군주제 형태를 선택했으며 처음부터 국가의 권리와 자유를 대항하는 것이 아니라 "보호"하는 "방패"로서의 군주제 네덜란드를 확정했다.

다음에 우리는 그들이 비난을 받을 여지가 없었는지, "모든 다른 나라들처럼 왕을 추대하는"[11] 유혹적 아이디어에 굴복하지 않았는지에 대한 문제를 다룰 것이다. 만일 보다 덜 높은 호칭을 선택했더라면 오란녀 가가 영광을 얻는 것은 당연한 일이었고, 정치적 지략에 의해 심지어 1848년에도 얻지 못했던 것을 1814년 헌법에 도입할 방법을 찾았을지도 모른다. 그것이 아마 우리로 하여금 1830년[12]의 격변과 1848년[13]의 극단을 모면하게 해주었을지도 모른다.

---

10 우트레흐트 동맹(1579)은 스페인에 대항하는 지역들의 관계를 규정했다. 그것은 이후 일곱 네덜란드 연합 공화국의 기초가 되었다.

11 삼상 8:19-20.

12 1830년 벨기에 혁명(the Belgian Revolt)은 네덜란드 연합 왕국에 대한 반발로 흘러갔다.

13 1848년 혁명의 해에 군중이 시위함으로써 유럽이 요동쳤고 왕위가 무너졌으며 공포가 네덜란드 정부를 사로잡았다. 보수적인 네덜란드 왕은 밤사이에 자유주의가가 되어 자유주의적 의미의 헌법 개정을 위한 위원회를 임명했고 자신의 내각을 놀라게 했다. §83을 참조하라.

오란녀 가의 실질적 주권과는 별개로 또 한 가지 주요한 것은 그것이 정치적으로 형성되고 구성되는 "방식"이다. 우리의 강령에 따르면, 이 것은 "하나님의 인도 아래" 일어났다. 우리는 이를 하나님의 인도라고 말할 수밖에 없다. 왜냐하면 다른 어떤 것보다 위대한 사람의 탄생은 "성령 아버지"[14]의 즉각적인 행동이기 때문이다.

여기에 한 가문이 침묵자 빌름, 마우리츠, 프레드릭 헨리, 그리고 빌름 3세[15] 같이 필적할 수 없는 일등성(the first magnitude)이라고 부를 수 있는 사람들을 연속적으로 배출했다는 사실을 덧붙이고자 한다. 전 유럽으로부터 존경받는 그들은 자신들의 인격과 성품의 위대함으로 왕가의 영광에 동참했다. 오란녀 가의 각 사람들은 영웅이자 천재였고 하나의 위대한 아이디어로부터 영감을 받았으며 동일한 숭고한 명분 에 헌신했다. 한 번 이상 그들은 가라앉을 뻔했던 조국을 파멸로부터 구했으며 심연으로부터 그 나라를 일으켜서 헤아릴 수 없는 힘과 영광 의 상태로 고양시켰다. 그들은 우리의 국가 생활의 도덕적 기풍을 세 웠고 그것에 도덕적 지도력을 부여했다. 왕조와 국가가 성장함에 따라 그들은 숭고한 피를 동반할 수밖에 없는 경건한 이상[16]을 위한 투쟁에 서 상호 간 친숙한 파트너십을 구축했다. 그러한 왕조의 역사적 발흥

---

14 히 12:9.

15 이 사람들은 오란녀 가의 귀족들이고 네덜란드의 슈타트홀더(총독)였다. 빌름 3세는 영국 의 왕 윌리엄 3세이기도 했다(1689-1702).

16 네덜란드 역사에 대한 카이퍼의 "경건한 이상"은 양심의 자유를 옹호하고 종교적 난민들에 게 도피처를 제공하는 것을 의미한다.

에 있어 확실히 우리는 이 땅의 주권을 담당하는 자를 준비하기 위한 하나님의 섭리의 더딘 진전을 찬양하기에 충분할 정도로 순진하고 미신적이었으며 구식이었다.

유럽의 어떤 지배 가문도 오란녀 가가 겪은 종류의 반대를 경험하지는 못했다. 오란녀 가에 대한 반대는 지역적으로 계획되었고 체계적으로 조성되었으며 탁월하게 준비되었다.[17] 그러나 그러한 반대와 역경에도 불구하고 오란녀 가의 도덕적 영향력과 평판은 계속해서 올라갔고 그들의 위대한 조상들에게 필적할 수 없는 후손들에게조차 이것은 지속되었다. 오란녀 가의 필수적인 역할이 점차 인정받게 되었고, 가문의 구성원들은 의도나 음모 없이 자연스럽게 세습에 의해 스타트하우드르(Stadtholder)직에 올랐다. 이러한 사실을 감안하면 "우리의 국가적 토양에 뿌리박은"(rooted in our national soil)이라는 문구는 오란녀 가가 이 땅에서 겪은 역사에 대한 표현으로 너무 강하다고 말할 수 있을까?

만약 우리가 오란녀 왕조가 신비의 후광으로 둘러싸이기를 원하는지 질문을 받는다면 우리는 주저하지 않고 "예"라고 대답한다. 그러한 신비는 사람의 일상 속에 관습적인 것보다 더 숭고한 지도력의 신비, 사람과 사건의 변화가 하나의 위대한 목적을 향하도록 우리 나라를 운명으로 이끌어 간 숨은 권력의 신비, 그리고 이 목적을 달성하기 위해 탁월한 대공(大公)들과 함께 우리를 끊임없이 풍요롭게 한 신비다. 우리가 그렇게 알리고 말하도록 강조하지만, 그것은 오늘날까지

---

17 카이퍼는 역사 속에서 "국가 정당"으로 알려진 중상 계층의 도시의 과두정부가 벌인 오란녀 귀족의 지위에 대한 반복적인 반대를 언급하고 있다.

"오란녀 만세!"라는 슬로건이 내포하는 신비이고, 우리나라의 미래의 행복을 위한 희망을 제공하는 신비다.

이 믿음은 (그것이 현존하는 것이므로) 정치 영역에서 우리의 각성이나 현실성을 결코 약화시키지 않는다. 흐룬(Groen)의 위트 있는 말에 따르면, 오란녀 가에 부여된 헌법적 우월성은 "중국, 일본, 그리고 심지어 러시아에 어울릴 법한" 주권으로 전락하는 것이 아니고 오로지 우리나라에 부여된 주권, 즉 "네덜란드에 의한 진정한 네덜란드적 주권"이다.

제3장

하나님의 법

제3조

정치적 영역 또한 하나님의 말씀의 영원한 원칙을 따른다. 그러나 국가의 권위
는 하나님의 법에 구속되나 직접적이지는 않으며, 교회의 선언에 따르는 것이
아니라 단지 정부 안에 있는 사람들의 양심에 따른다.

I. 하나님의 말씀으로만 알 수 있다

§27 입법행위는 하나님의 뜻에 따라야 한다

정부는 국가의 법을 확정할 능력을 가지며, 필요한 경우에 정부는 강제적으로 그 법을 유지시킬 의무가 있다.

이에 대해서 어떤 기준으로 정부가 법을 확립해야 하는지 의문이 있다. 어느 누구도 법을 임의적으로 만들 수 있다고 말하지 않는다. 변덕스러운 명령을 만들어내고 자신의 변덕을 규칙이라고 선언하며 법 자체에 신중하지 못한 견해를 불러일으키는 정부는 심판 받을 수밖에 없고 유지될 수도 없다.

정부는 정의로운 법을 만들어야 한다. 그러나 그것은 정의(justice)가 이미 존재한다는 가정에 기초할 때만 가능하다. 정의는 정부가 법을 고려하고 통과시키기 전에 존재한다. 정부의 역할은 정의의 원칙이 요구하는 객관적인 정의가 무엇인지를 정부의 법이 "바르게 반영하도록 만드는 데" 국한된다. 그러므로 이 원칙에 대한 지식이 전체적으로 좋은 입법 작업을 위한 주권의 출발점이 된다. 이 원칙에 대한 정부의 통찰이 성장하고 개선되는 정도에 따라 정부는 자신의 제도를 보호하고 정당화한다.

우리는 하나님의 말씀을 공부하거나 하나님의 법을 연구함으로써 이 원칙에 대한 건전하고 포괄적인 지식을 얻을 수 있다고 확신한다.

다른 사람들이 무엇이 정의롭고 무엇이 그렇지 않은지를 결정함에 있어 추천하는 기준은 우리에게 만족스럽지 않다. 우리가 판단하는 한, 역사, 법학, 법철학 등 어느 것도 정의에 관한 진실하고 건전하며 영원한 기준에 관한 신뢰할 만한 지식의 출발점을 제공하지 못하고 있다.

역사도 아니다! 국가의 관습, 습관, 그리고 관례는 정의감을 표명하고, 전통을 고려하지 않은 입법은 어떤 근거도 없다는 데 우리가 즉각 동의할지라도, 역사가 정의의 원칙을 결코 "만들어 낼" 수 없다는 단순한 이유 때문에 역사가 원칙의 시험대에 오를 수는 없다. 원칙을 지속적으로 적용하는 기록을 남기는 것이 역사임에도 말이다. 비록 그것에 반대하지 않을지라도 여전히 우리는 적용된 정의가 왜곡된 정의 혹은 부정된 정의가 아닌지 여부를 확신할 수 없다.

또한 우리는 법학을 따를 수 없다. 비록 국가의 정의감이 지속적인 발전을 경험하고 법학이 이러한 발전을 추적함으로써 어떤 경로를 통해 정의가 확산되는지를 발견할 수 있다는 데 우리가 동의할지라도, 어떤 학문적인 결론이 우리에게 정의의 기준을 제공할 수는 없다. 왜냐하면 인간의 정의감은 죄로 인해 왜곡되기 때문이다. 예를 들어 인간의 권리에 관한 유럽의 비기독교 국가들(고대 로마를 배제시키지 않아도)의 결과는 절대적으로 불만족스러웠다.

그리고 철학의 도움을 추구했던 것은 혁명가들의 실수다. 우리는 민주주의자들의 체계를 따르는 루소와 백과전서파들의 전제적인 체계를, 다음은 존경받는 입헌주의자들을, 오늘날에는 급진적 사회주의자들과 온갖 종류의 교조적 신념을 지적할 필요가 있다. 만일 그들이 원칙을 "찾고 구하는" 것이 아니라 "스스로 제정하는" 것으로 주제넘게 추정하면서 하나님의 창조를 스스로 구축한 이론으로 가두어두려 한다면 우리는 인간이 결국 처하게 될 곳이 어디인가에 대해 상기하게 될 것이다.

아니다. 일단 그것이 정의의 문제가 된 이후에는, 여러분은 스스로가 살아 계신 하나님 편인지 그 반대편인지 선택해야만 한다. 만약 하나님이 살아 계시고, 우리와 국가 그리고 세계의 모든 국가들이 그분의 지배를 받는다면, 그분만이 홀로 무엇이 정의인지 아닌지를 결정할 권리가 있다.

만일 당신이 인격과 지성을 겸비한 온전한 인격체라면, 당신은 한편으로는 하나님을 고백하면서도 다른 한편으로는 하나님과 아무 관계도 없는 법 앞에 머리 숙임으로써 여러분의 양심을 두 개로 쪼개려는 유혹에 노출되도록 허용하지는 않을 것이다. 그것은 이성과 어울리지 않고 여러분의 양심과도 일치하지 않는다.

만약 하나님이 진정한 하나님이라면 법에 관한 모든 결정은 하나님으로부터 나온다. 우리가 염두에 두어야 할 것은 하나님을 경외함으로써 전능하신 하나님이 그의 모든 피조물들을 위해 영원한 정의로 보여주신 것에 대한 순전한 지식으로 인도하는 길을 묻는 것이다.

§28   자연과 인간의 삶을 위한 하나님의 법

만약 우리가 "하나님의 법"에 대해 말한다면 당연히 토양과 기후를 위한 법, 우리나라의 생산물과 자원에 대한 법, 우리가 다스리는 동물에 관한 법이 있을 것이다. 그러나 그 외에도 "인간의 삶", 육체와 마음, 인간 능력의 발전, 혈육 관계와 친척, 상업과 산업, 국가로서 우리의 소명과 운명을 위한 법 등이 있다. 간략하게 말하자면, 사람들은 모든 것에 대해 두 가지 견해를 가질 수 있고, 그 모든 것에는 주님의 의지, 지시,

법 등이 포함된다. 하나님의 거룩한 존재로부터 흘러나온 확고한 원칙에 따라 한쪽은 칭찬을 받을 것이고 다른 쪽은 받아들여지지 않는다.

만약 하나님이 분명한 진술로써 모든 법을 매개로 하여 우리와 소통하기로 결정하신다면 그것은 우리에게 당연히 수월할 것이다. 그러나 그분은 그렇게 결정하지 않으셨고, 우리가 그 결정에 순종하는 것은 당연하다.

사실 대부분의 법령은 현실 그 자체에 따라 제정된다. 사람과 짐승의 자연적이고 물질적인 삶에서 경험적 연구는 법을 발견하는 유일한 방법이다. 그러나 급히 첨가할 것은 인간 의지와 죄악이 여기서는 작동하지 않기 때문에, 그러한 연구는 대부분 언제나 충분히 가능하다는 점이다.

진정한 어려움은 인간의 의지가 수반된 삶의 일부분, 그리고 긍정적인 사실을 관찰할 뿐 아니라 긍정적인 결론을 끌어내는 데 요구되는 삶의 일부분에서 시작된다. 우리의 죄악으로 가득 찬 상태로 인한 필연적 결과는 우리가 반복적으로 잘못된 결론을 끌어내게 되고 최선의 의도에도 불구하고 정의의 길을 벗어나게 된다는 것이다. 그러므로 집권자들과 국민들은 하나님에 대한 어느 정도 자연적 지식, 자신들의 양심 속에 있는 도덕법, 수치심 등을 가지게 된다. 이것이 선(virtue)을 보호한다. 그러나 정의에 대한 이러한 지지를 아무리 높이 평가한다 해도 그것들이 하나님의 높으신 법에 대한 올바른 지식으로 이끌어가지는 못한다. 이것은 고대의 가장 탁월한 국가들의 역사에서 충분히 명백히 나타나고, 오늘날에는 중국, 시암(Siam), 발루치스탄(Baluchistan)[1]의 비참한 삶에서도 나타난다.

만약 계시가 없었다면 우리 역시 동일한 상태를 겪어야 했을 것이고 죄가 가져다주는 결과를 감당하면서 우리 자신을 내려놓았을 것이다. 죄는 정의의 영역뿐 아니라 인간 삶의 모든 영역에서 분열을 조장하고 어둡게 하며 파괴하는 힘이다.

그러나 우리는 그리스도인으로서 "계시"(revelation)가 있다고 고백한다. 세계의 분열되고 흩어진 국가들이 사기 스스로의 책략에 따라 움직이도록 버려진 것은 아니다. 죄의 효과를 점검하기 위해 전능하신 하나님은 "여러 부분과 여러 모양으로"[2] 특별한 방법을 통해 자신을 드러내셨다. 우리는 영원한 원칙들에 풍성한 빛을 펼치시고 상당히 많은 인간의 삶을 위해 신령한 법을 제시하는 좁은 의미의 하나님의 말씀에 접근한다.

우리는 확실히 하나님으로부터 오는 이런 계시를 받아들이지 못하는 사람들이 있다는 것을 아주 잘 알고 있다. 그러나 우리가 이해하지 못하는 것은 깊은 경외심을 가지고 하나님의 말씀을 받아들이지만 정치, 행정, 입법, 사법 제도에 하나님의 말씀의 지시를 포함시키지 않으려는 사람들도 있다는 것이다. 이것은 일관성이 없는 것보다 더 심각하다. 그것은 진리를 믿지 않으면서 진리를 고백하는 것과 마찬가지라고 우리는 주저함 없이 말한다. 그것은 모든 진실성이 결여된 도덕적 방관자의 죄를 범하는 것이다. 그것은 신성한 것을 농락하는 것이

1　시암은 태국(Thailand)을 말하고, 발루치스탄은 파키스탄의 남서 지역을 말한다.

2　히 1:1.

며, 온전한 성품을 가진 사람에게 어울리지 않는 일이다.

우리 반혁명주의자들은 그런 우유부단하거나 미온적인 사람들이 아니다. 우리는 지배적인 아이디어들에 굴하지 않으면서 다음 명제들에 우리의 신념이 동조한다는 것이 자랑스럽다.

(1) 지구상에 공정한 법으로서 통용되는 모든 법은 정의의 시험을 통과해야 한다.

(2) 하나님 한 분만이 자신의 거룩한 존재에 따라 무엇이 정의인지를 결정한다.

(3) 인간의 삶이 관계되는 한, 순전한 지식과 순전한 법의 견고함은 죄의 결과로 상실되었다.

(4) 그러므로 다수의 자연 신학과 자연 도덕이 인정받을지라도 영원한 원칙을 알기에는 불충분하다.

(5) 하나님의 말씀의 특별하고 초자연적인 계시는 시민 생활에 관계된 원칙을 포함한 제반 원칙들에 중요한 빛을 비춘다. 그러므로 그런 말씀 속에 드러난 영원한 원칙들을 정치 영역에서 고백하는 것이 우리의 사명이다.

II. 정부의 양심을 통한 활동

§30   계시의 기록으로서의 성경

만약 하나님이 정부들에게 무엇이 법이어야 하는지 결정할 권력
(sovereign power)을 부여한다면, 그리고 만약 하나님이 정부들이 임의적
이 아니라 자신이 세운 영원한 원칙을 따라 이 일을 하기 원하신다면,
우리는 다음과 같이 질문해야 한다. 어떤 수단들을 통해 정부들은 그
러한 영원한 원칙들을 알 수 있을까?

만약 이 방식이 원래대로 유지되어왔다면, 만약 죄가 이 놀라운 유
기체에 혼란을 일으키지 않았다면, 만약 하나님이 태초에 운행했던 방
식으로 그것이 운영되었다면, 세속 정부들은 자신을 둘러보는 것으로
부터, 삶 그 자체의 과정으로부터, 사물이 작동하는 방식으로부터 이
질문에 대한 대답인 영원한 원칙을 알게 된다!

숙련된 시계공이 시계를 분리할 때 시계가 만들어지는 방식을 따
라가다 보면 그 원리를 알게 되듯이, 또는 화학자가 분석을 통하여 물
체의 조합을 알게 되듯이, 이와 동일한 방식으로 정부들은 단순한 관
찰을 통해 삶의 적절한 과정을 알게 되고, 정의로운 법들이 강조하는
원리들을 배운다.

오늘날 대부분의 사람들이 이렇게 믿고 있으며, 아주 극소수의 사
람만이 죄의 실재를 인정한다. 이것은 이상한 결론인데, 왜냐하면 만
약 죄가 없고 모든 것이 정상적으로 작동했다면 정부가 존재할 필요가

없었을 것이기 때문이다. 만약 모든 일이 스스로 알아서 진행된다면 그것은 저절로 작동하고 외부의 힘에 의한 지도나 교정도 필요하지 않다.

개혁주의자들은 죄 때문에 정부가 있으며 결국 모든 정치는 두 개의 넓은 줄기로 갈라진다고 정확하게 진단했다. 이전 시대는 사람과 국가의 죄에 대해 인식했다. 반면 우리 시대는 그것들을 미성숙의 탓으로 돌리고 정의로운 사회를 위한 시간이 아직 도래하지 않았다고 판단한다.

만약 우리가 죄의 엄청난 실재를 약화시킨다면 우리는 우리의 믿음을 위반하게 된다. 죄는 붕괴로 향하는 분열적이고 파괴적인 힘이다. 그러므로 우리는 하나님의 법에 대한 지식으로 정부를 인도할 다른 길을 열어 놓지 않을 수 없다. 우리는 자연이 우리에게 자유롭지 못한(즉 물질적인) 삶에 대해 가르치는 거룩한 법과, 하나님의 말씀이 자유로운(즉 도덕적인) 삶에 대해 가르치는 것을 지적함으로써 이 길을 연다.

그러나 그것조차도 어려움을 해결하지는 못한다. 만약 성경이 법전(法典)으로 구성되어 있어서 사람이 다양한 제목과 법조항을 찾을 수 있고 거기서 정부와 국민 간의 관계 및 국민들 사이의 상호관계를 지배하는 규칙을 발견한다면 좋을 것이다.

그러나 성경은 그런 책이 아니다. 성경은 법조항의 모음집이 아니다. 성경은 수세기의 역사를 가로지르는 삶에 관한 하나의 강력한 계시로서 공인된 기록이다. 성경은 하나님의 법을 포함한다. 즉 그분의 영원하고 변하지 않는 원칙들이다. 그러나 대부분의 경우 마치 황금 광산의 금덩어리처럼 혼합된 형태로 존재한다.

이것은 결코 가볍지 않은 또 다른 문제를 일으킨다. 정부들은 하나님의 말씀 속에서 우리에게 제시된 영원한 원칙들에 대한 지식을 어떤 방식으로 얻게 되는가?

세 가지 답이 가능하다. 첫째, 어떤 방식으로 얻게 되는지를 보여주는 것이 교회의 임무다. 그것에 대해서는 가톨릭이 답을 제공했다.

로마 가톨릭은 정부가 자신의 일에서 독립적인 판단을 할 권리가 있다는 것을 결코 부인하지 않는다. 그러나 그것의 근본적이고 영원한 원칙들에 의문이 제기되면서 로마 가톨릭은 언제나 자신의 최종적 결정을 유보했다. 자신의 결정을 권고하거나 촉구하는 허용된 의미에서뿐만 아니라 당연하게 자신들의 것인 권한을 행사하는 것에서 스스로를 유보한 것이다. 이 권한은 사실상 폐기되었으나, 영적인 관점에서 결코 면책될 수 없다. 교서요목(Syllabus)과 회칙들[3]을 생각해보라.

이제 우리는 이러한 해결책의 정반대 편에 서 있다. 우리는 어떤 개혁교회에게 정부를 위한 훌륭한 법령이 무엇인지 결정할 권리가 주어지는 것을 바라지 않는다.

어떤 견해를 갖는 것은 교회의 권리다. 영적인 영역 내에서 자신의 견해를 알리는 권리는 논쟁의 여지가 없다. 그리고 때때로 교회가 정치적 문제에 관해 탄원하거나 불만으로 정부를 대하는 것을 금지할 것은 아무것도 없다.

---

3   이것은 세속적 자유주의에 대한 『오류에 대한 교서요목』(Syllabus of Errors, 1864)와 프로이센의 5월법(May Law)에 대한 『Quod nunquam』 회칙에 대한 암시다. §80n7을 보라.

그러나 교회는 국가가 어떤 존재가 될 것인지 결정할 "천부적인 권리"를 부여받지는 않았다. 그것은 삶의 두 가지 영역에서 엄청난 혼란을 일으킨다.

우리는 혼합 공동체에서 신정 정치를 바라지 않는다. 오히려 우리는 전력을 다해 그것에 반대한다. 타당하다고 생각되는 두 가지 이유 때문이다. (1) 그런 교회 규칙이 제정될 때마다 언제나 독재와 사람들의 부패로 끝이 났다. (2) 교회는 시민 생활에 대한 친숙한 지식과 이해를 표명하여 시민 사회를 위한 법을 만드는 데 요구되는 재능이 부족하다.

황제교황주의 §32

두 번째 대답은 정부 자체가 교회가 되게 하는 것이다. 이러한 해결은 황제교황주의(caesaropapism)로 알려져 있고 특별히 러시아에서 채택되었다. 러시아의 차르는 황제이면서 교황이다. 즉 군주이면서 사제다. 혹은 정부와 교회가 한 사람 안에 결합된 것이다.

이것은 분열을 방지한다. 교회는 자신의 영향력을 보유하지만, 그러나 황제를 통하지 않고는 그것을 행사할 수 없다. 그래서 그 영향력은 가짜다.

러시아에서는 자신의 나라에서 신성한 법으로 간주되는 것을 사람이든지 혹은 대리인을 통해서든지 차르가 결정한다. 러시아 교회는 평신도가 단지 이것을 승인하도록 돕는다.

다른 방식으로 황제교황주의는 독일의 프로테스탄트 통치자들에 의해 소개되었다. 창피하게도 1816년 사건 동안 우리의 선조 목사들이 빌름 1세가 황제교황주의로 의심되는 행보를 할 때 아무런 저항도 하지 않았다는 것은 언급되어야만 한다.[4]

우리는 이 체제 역시 단호하게 거부한다. 그것은 단지 교회를 영적 죽음과, 정부와 연관된 하나님의 말씀에 관한 영적 지식의 상실로 이끌 뿐이다. 황제교황주의는 그리스도의 교회로부터 행동의 자유를 박탈하는데, 행동은 교회의 필수적인 조건 중 하나다. 신기하게도 그것은 교회의 목사들과 선생들의 맥을 빠지게 하고 거만한 치안판사로 변질시키며, 신자들과 교회의 기관이 서로 적이 되도록 변질시킨다. 이것은 교회를 약화시키고 시들어가게 하며 교회 정신을 무감각하게 만든다.

그리스 정교회에 어떤 활력이 남아 있는가 보라! 독일 복음주의 교회의 가련한 상태를 생각해보라. 종교심이 있는 우리의 정부에 의해 실행되었던 국가 교회의 부드러운 포옹이 얼마나 치명적인 것이었는지를 기억하라.

교회가 약화될 때 우리는 하나님의 말씀을 건전하게 해석할 수 있는 신선한 영적인 분위기의 가능성을 상실한다. 결국 우리는 비잔틴 성가처럼 웅성거리게 되거나, 혹은 우리나라에서 우리의 젊은이들에게 기독교적 가치를 교육하는 유대교 선생들과 같이[5] 될 것이다.

우리는 영감을 받기 원하고 잠드는 것을 원치 않는다. 우리는 하나님의 영광스러운 법을 추구하는 것이지 공허한 말이나 무의미한 미사

---

4   카이퍼는 여기서 1816년 새롭게 제정된 규칙 아래서 국가에 의해 임명된 종교회의와 교회 법원의 설치를 준비했던 네덜란드 개혁교회의 개편을 암시하고 있다.

5   1857년 초등교육법(the Primary Education Act of 1857)에 의해 모든 공립 학교 선생들은 예외 없이 "기독교적 시민적 가치"로 아이들을 교육시킬 의무를 부담했다.

여구를 추구하지 않는다. 그러므로 우리는 확신과 힘을 가지고 두 번째 더 나쁜 해결책을 반대한다.

정부의 양심 §33

반혁명당은 언제나 제3의 답을 제시한다. 정부의 권위는 정부의 양심을 거쳐 하나님의 법에 구속된다.

우리는 정부의 양심이 하나님의 말씀의 영향에 전적으로 접근하기 어려울 수 있다는 것을 잘 안다. 기독교 국가의 정부조차 믿음으로부터 벗어나 뻔뻔하게 기독교 신앙에 대항하거나 혹은 "기독교적"이라는 가면 아래 하나님의 말씀으로 살아가는 모든 것에 대해 더 혹독하고 위험하고 감추인 전쟁을 벌이기도 한다. 그러나 앞선 두 개의 해결책만큼 여기서도 더 끔찍하고 공격적이며 혐오스러운 가능성이 존재한다는 명백한 이유 때문에 우리가 이 문제에 매여 있을 수는 없다.

문제는 구조적인 것 때문이 아니라 우리 상태의 비참함 때문에 발생한다. 예외적 상황이 아니라면 그것은 둘 중 한 가지 경우일 것이다. 그것은 하나님의 말씀을 잊어버린 국가가 말씀으로 되돌아가라는 자연적 훈계이거나, 다른 하나의 경우 하나님의 말씀을 고백하는 사람들이 그 국가에 소수로서만 존재한다면 그것은 말씀의 영향력을 확대하기 위해 열심히 일하라고 하늘이 준 계기다.

정부의 양심에 따라 하나님의 법이 어떻게 작동하는지에 대해서는 결론 부분에 제시될 것이다.

III. 자신만의 독특한 방법과 사회적 영향력 아래서

§34 죄의 실체

프랑스의 저자 쥘 미슐레(Jules Michelet)는 교육에 대한 그의 훌륭한 저서에서 아주 타당한 관찰을 드러냈다. 그는 "삶의 가장 큰 차이는 죄의 실체를 인정하거나 부인할 때 발생한다. 당신들은 선택해야 한다. 당신들이 오른쪽으로 가서 그것을 인정하는가 아니면 왼쪽으로 가서 그것을 부정하는가에 따라 당신은 완전히 다른 나라에 도착할 것이다"라고 말했다.[6]

우리는 이 진리를 인정한다. 정치에 있어서도 마찬가지다.

만약 인간이 죄인이라면, 영구적인 정의의 원칙이 인간의 죄악에 의한 생각으로부터 유래한다는 것은 의심의 여지가 없고, 법의 기초를 제시하기 위한 직접적인 하나님의 말씀도 당연히 필요하다. 그러나 만약 사람들이 단순히 덜 성숙한 피조물이라면, 그들의 정의감은 비록 완전히 분명하지 않지만 그럼에도 옳고 신뢰할 만하며 사람들의 말 속에서 정의를 구할 수 있기 때문에 하나님의 특별한 말씀은 필요하지 않을 것이다.

이와 같은 차이는 정치에서 행위의 규칙으로 하나님의 말씀을 받

---

6   Jules Michelet, *Nos Fils* (Paris: Librairie Internationale), 1870, 10. 카이퍼는 이것을 풀어 쓰고 있다.

아들이는 것에 관해 동의하는 사람들 가운데서도 나타난다. 거기서 여러분은 로마 가톨릭이나 황제교황주의에서와 마찬가지로 처음에는 죄의 실체를 고백하고 나서 다음에 잊어버리는 사람들을 발견할 것이다. 반면에 프로테스탄트 정치의 지지자들은 이 사실을 계속해서 마음에 새긴다.

만약 당신이 죄의 실체라는 엄청난 사태를 무시하면서 계속 나아간다면, 당신은 신정주의자들처럼 시민 생활에 관해 하나님의 말씀이 계시하는 확고하고 정확하며 예리한 지식을 죄인들도 상당히 얻을 수 있다고 여길 것이다. 그렇다면 당신은 영적인 지도층이나 법정의 신학자들의 무리가 이러한 원칙을 확립하도록 허용해주는 것이며 법학자들의 엄격한 손가락이 정의의 여린 싹을 짓밟게 만드는 것이다.

만약 여러분이 이것을 원치 않고 당신들이 죄인들, 즉 왕좌에 있는 죄인들, 의회에 있는 죄인들, 자신의 학문 속에 있는 죄인들, 투표 기표소와 국가 안에 있는 죄인들을 상대한다는 사실에 주의한다면 여러분은 좋아하든지 그렇지 않든지 그 자체로 완전한 하나님의 말씀이 결코 완벽하게 이해될 수는 없다는 사실을 솔직하게 인정하게 된다. 왜냐하면 하나님의 말씀은 죄인들만을 찾아내기 때문이다. 여러분은 말씀 속에 계시된 정의의 원칙과 법률을 확고한 확신으로 제정하거나 모든 시대와 모든 국가를 위해 제정하는 것이 불가능하다는 것을 인정할 것이다.

이것 때문에 우리는 아무것도 보증해주지 않는 "확실성"이라는 환상으로 눈멀기를 거부하고, 차르나 교황이 목표했던 것보다는 더 평범한 결과에 만족하며, 그 말씀이 정부에 있는 사람들의 양심에 행사하는 효과를 잠잠히 받아들인다.

§35 노동의 분업

"정부 안에 있는 사람들"이라는 표현은 모든 공직자들을 거느린 주권자(the sovereign)를 의미한다. 이것은 공무원과 관료들의 위계질서를 포함한다. 그들은 때때로 양심이 우둔할 수도 있는 통치자를 설득하는 위치에 있을 수 있고, 통치자가 스스로 발견할 수 없는 하나님의 말씀에 순응하는 법을 만들기도 한다.

그것은 또한 생기가 없는 법일지라도 영원한 정의의 원칙으로 법의 해석과 집행에 영감이 넘치게 하는 양심적인 모든 공무원들을 포함한다.

그것은 또한 모든 부처에 있는 전체 정부를 포함한다. 그것은 점진적으로 신성한 정의감을 키우는 전통을 형성할 수 있다. 이 감각은 새로운 공무원을 선택할 때 기준으로서 도움을 주며 새로운 세대가 정부 부서를 다스리기 위한 일반적인 개념을 유지하는 데 도움이 된다.

물론 우리는 모든 공무원이 자신의 임무를 수행할 때 성경을 참고해야 한다고 생각하지는 않는다.

그런 피상적인 생각은 우리의 마음으로부터 동떨어져 있다.

모든 공무원들이 집에서 성경을 읽고 내면에서 자신의 영혼을 위한 양식과 자신의 삶의 임무를 위한 양식을 발견하는 것은 탁월한 일이다! 그러나 바른 원칙을 찾고 그것을 공직에서 자신의 구체적인 부분에 적용하기 위해 하나님의 말씀을 찾아내는 일은 일반적인 공무원의 능력을 넘어선다.

그것은 배어본 의회(Barebone's Parliament)의 경우처럼 약간의 시험 기간 후 해산하는 병적인 취미 생활로 끝난다.[7]

그래서는 안 된다. 모든 사람은 자신의 위치에 머물러야만 한다.

우리 정치인들 가운데 법학자, 정치철학자, 그리고 사상가들에게 이 막중한 임무가 부여된다. 그들은 의회에서 자신들이 지키려는 원칙들이 하나님의 말씀으로부터 유래하는 특징을 지닌다는 것을 드러내기 위해 학자적 열정을 품고 열심히 노력해야 한다.

실질적인 정치인, 대중 지도자들, 여론 주도자들은 그런 원칙으로 무장하고 현 상황에서의 부정의에 대해 끊임없이 비판해야 하며 하나님의 법을 보호하면서 상황을 개선하도록 도움을 주어야 한다.

마지막으로 공무원과 관료들이 그런 범주의 아이디어로 인도되고 그런 분위기를 접한 후에는 이런 높은 원칙에 관한 영감을 잃지 않기 위해 양심적으로 자신의 일을 하는 것보다 그들에게 부과되는 더 높은 요구는 있을 수 없다.

교회와 언론   §36

결론적으로 여러분이 하나님의 말씀의 영향력이 공무원의 양심에 작동하는 방법을 질문한다면, 우리는 직접적인 영향력과 간접적인 영향력을 구별해야만 한다.

계서제에 있어 최고의 단계에 위치하는 정부의 공무원이 사적인 연구 혹은 내각에서 자신들이 공적인 국정 운영의 책임 있는 체계라고

---

7   배어본 의회 또는 "성스러운 의회"는 1653년 영국에서 설립되었다. 이것은 정치적 경험이 부족하거나 전혀 없는 사람들에 의해 운영되었으며 크롬웰이 잉글랜드, 스코틀랜드, 아일랜드의 국부를 보호하는 귀족으로서 반년이 지난 후에 자리를 내주면서 끊임없는 싸움이 해결될 기미를 보이지 않게 만들었다.

옹호하는 것을 하나님의 말씀으로부터 도출했다면 그 영향력은 직접적이다.

그에 반해 간접적인 영향력은 다양한 형태로 나타나는데, 교회, 언론, 대중 여론, 그리고 세계 여론을 통해 행사된다.

나중에 우리는 교회의 범위와 한계에 대해 토론할 것이다. 여기서 우리는 교회의 소명에만 관심이 있다. 교회는 자신의 교인들 중에 정부에서 일하는 사람들에게 특별한 영적 관심을 기울일 것이 요구된다. 교회는 또한 건전한 신학적 연구를 육성하여 정치 이론가들이 하나님의 말씀을 연구할 수 있게 해야 한다. 그리고 마지막이지만 중요한 것을 언급하자면, 시민 사회는 그리스도인에게 관심을 갖지 않지만 교회는 한쪽으로 치우친 영성의 근본적 오류에 저항해야 한다.

이어지는 주제는 언론이다. 언론은 국가와 정부 간 일종의 중재인이고 비공식 통역관이다. 만일 언론이 당신에게 매일같이 당신은 그리스도와 별개로 정치에 참여할 수 있고 당신의 지식을 의지하며 하나님의 말씀을 거부해야 한다고 제안한다면, 이것은 공무원들의 양심을 무디게 할 것이고, 그들은 스스로 선택한 길에서 방황하는 것을 좋아하게 될 것이다. 그러나 만약 일간 신문이 반복적으로 하나님의 말씀에 입각한 기사를 게재하고 정치 영역에서 말씀의 원리를 권고하며 신령한 원리에 대한 의무를 왕과 나라들에 상기시킨다면, 정부에서 일하는 사람들의 양심이 처음에는 충격을 받고 화를 내겠지만, 오래지 않아 하나님의 법은 그들이 심의하는 동안 차츰 영향력을 얻게 될 것이다.

제3의 공간에서 "공공 여론"(public opinion)은 공무원의 양심에 강력하게 영향력을 행사한다.

만약 사람들이 심각하다면 정부가 가벼운 마음을 가질 수 없다. 만약 통치자가 하나님의 말씀으로 통치되는 것을 허락하지 않는다면 하나님을 찾는 사람들을 통치할 수 없다.

국가의 정신과 정부의 정신은 별개의 것이다. 그러나 그것들을 서로 밀폐시켜 차단할 수는 없다. 그들은 서로 관통한다.

그러므로 만약 어떤 정부가 하나님의 말씀에 대한 요구에 따라 제정한 법들이 꺼림과 저항에 맞닥뜨릴 것을 안다면, 그 정부는 사라지거나 그 시대의 우상들 앞에 굴복하고 싶은 유혹을 받을 것이다. 반대로 대중가요, 대중의 말, 기도의 날과 국가 공휴일, 청원과 선거가 사람들로 하여금 진지함의 수준을 높이고 국가 생활을 고상하게 하며 전능자를 찬양하도록 권장한다면, 그것은 자동적으로 정부에 동기부여를 제공할 것이다. 국가를 만족시키거나 하나님의 계명을 한 번 더 묻는 정도에 그치겠지만 말이다.

세계 여론 §37

마지막으로 너무 자주 간과되는 요소인 세계 여론[8]을 거론하겠다.

런던, 파리, 베를린에 사는 사람들이 생각하고 고심하며 믿는 것은 그것이 무엇이든 우리를 포함하여 전 유럽의 언론과 문헌에 엄청난 영향을 미친다. 당신은 문자 그대로 공공 여론이 이동하는 것을 관찰할 수 있고, 큰 국가가 주도권을 잡는 순간 우리 대륙의 작은 국가들에서 우세하던 견해가 다른 견해로 뒤바뀌는 것을 관찰할 수 있다. 최근의

---

8   원래는 유럽 여론(the opinion of Europe)이다.

5월법(May Law)[9]과 국가 절대주의의 경우를 생각해보라.

그리고 이것은 전적으로 자연스러운 것이다. 우리나라의 영향력 있는 사람들은 거의 해외로부터 온 책들만 읽는다. 그들 연구의 도움은 해외로부터 온다. 그들이 즐기는 문학도 마찬가지다. 그들이 모방하는 모델도 그렇다. 우리나라의 주도적인 신문조차 프랑스, 독일, 영국의 주요한 언론들이 함의하고 있는 것의 메아리이며 그 이상의 내용을 거의 내포하지 않는다. 우리의 클럽, 여성 사교 클럽, 고등학교에서 우리 마음을 지배하고 사로잡는 것은 언제나 외제품이다. 진실로 우리 마음에서 고유한 삶은 너무나 작다. 그것은 크기에서 작고, 종종 질적으로는 더 작다. 해외로부터 불어오는 강력한 흐름에 대항할 수는 없다. 우리는 단지 그 흐름에 따라 표류한다.

이 흐름은 거의 전부 그리스도에 역행하기 때문에 일반적인 사고 방식이 점차 쇠퇴하며, 공무원의 양심에 선한 영향력을 끼치기보다는 악한 영향을 미치는 것 또한 당연하다.

그러나 이와 반대로 이러한 강력한 흐름이 하나님의 말씀의 방향을 순수하게 따라가는 장면을 상상해보라. 그때에는 공무원에게 막대한 영향을 끼칠 것이다. 가장 잘 파급된 영향력은 곧 엄청난 힘으로 드러날 것이다.

정치, 언론, 그리고 국제 관계에 있어 그리스도인들의 총체적인 의무가 무엇인지 제시하는 것은 틀림없이 가장 중요한 연구를 위한 소재를 제공한다. 그러나 그것은 이 책의 영역을 벗어난 것이다. 양심의

---

9   5월법은 독일의 가톨릭 신자와 사회주의자들을 겨냥한 그들을 억압하는 법률이다. §13n19 를 보라.

자유와 독립적인 학문의 자유를 침해하지 않으면서도 정치적인 삶에서 하나님의 말씀이 진정한 영향력을 행사하도록 방법을 제시하는 것이 우리 반혁명파의 임무다. 만약 우리가 그런 노력에 어느 정도 성공한다면 우리가 받을 보상은 엄청날 것이다.

제4장

정부

제4A조

기독교 국가든지 하나님이 없는 국가든지 정부는 하나님의 종이며 그분의 이름을 영화롭게 할 의무가 있다.

I. 국가는 도덕적 유기체다

§38   정부는 지배권을 가진다

반혁명당은 "오프르헤이트"(Overheid)의 현실을 인정하면서 우리나라의 헌법에 "오프르헤이트"라는 용어가 계속 나타나는 것을 소중하게 생각한다.[1]

이 호칭은 라틴어로부터 그 용어를 빌려왔고, 이는 우리 조상들이 "재판관"이라고 부르던 것을 의미한다. 즉 지역에서 명령하고 복종을 요구하는 권리를 가진 힘이다. 그러므로 국가의 수반으로 있는 왕조차도 "연방 국가의 첫 번째 공무원"[2]이라고 부르는 비참한 제도처럼 일군의 관료들, 지명된 사람이나 공무원들의 위계질서가 아니라 그것은 우리가 존경하는 "우리 위에 둔 권력"이다.

공화국의 대통령조차도 일단 선출되면 자신을 위해 투표한 사람이 아니라 하나님으로부터 기인하는 권위에 의해 활동한다.

문제가 되는 것은 권위의 원칙이다. 만약 공무원이 공공 서비스에 있어 일종의 탁월한 종이라면, 즉 병원의 의사와 간호사처럼 국가의 서비스에 동원된 유용한 사람이거나, 좀 더 현대적인 이미지를 사용하

---

1   "오프르헤이트"(독일어의 Obrighkeit)는 카이퍼가 여기서 정부가 사회 위에 있음을 강조하기 위해 사용한 용어다. 종종 "재판관"으로 번역된다. 여기서는 "정부"로 번역했다.
2   이는 프랑스 혁명 시기에 입법의회에 의해 지명된 루이 16세를 지칭한다.

자면, 요리사, 웨이터, 가정부 같은 직원들과 함께 일하는 큰 호텔의 지배인인 경우 권위의 문제는 없을 것이다.

그때 권위는 고용, 배치, 합의, 계약의 문제이고, 정부라는 높은 위상의 그림자는 남아 있지 않다.

한 국가 안에서 같이 살아간다는 것은 대인 관계의 네트워크를 형성하는 것이고, 동료들과의 파트너십을 구축하는 것이며, 어떤 상황에서도 함께 모이고 연합하면서 국가를 형성하는 독립적 개인들의 집단이다.

결국 질서가 있어야만 하기 때문에 사람들은 복종한다. 사람들은 자기 보존을 꾀하는 만큼이나 자기 통제력을 발휘하여 복종하는데, 그렇게 정해졌기 때문이 아니라 유감스럽게도 어쩔 수 없기 때문에 그렇게 한다.

반대로 반혁명주의자들은 국가를 도덕적 유기체라고 인정한다. 그들은 국가의 생활에서 나타나는 다양한 관계는 합의에 의해 발생한 것이 아니고, 선한 목적을 위해 우리와는 별도로 우리를 지배하는 힘에 따라 정해지는 것이라고 간주한다.

유기체로서의 국가 §39

살아 있는 모든 것은 유기체이고, 유기체의 특징은 모든 부분, 구성원, 연결 부위, 연대들이 밖으로 드러나기 전에 잠재적으로 유기체 안에 존재한다는 것이다. 모든 것들은 전체의 힘이 나타나는 고정된 형태에 따라 점진적으로 펼쳐지고 이동한다. 마찬가지로 이런 구성원 속에 작동하는 힘과 그런 힘들을 다스리는 법들은 살아 있는 것의 의지나 기여도에 상관없이 확고하게 확립되어 있고, 그런 자발성과 함께 그것들은 아무리 환경이 바뀌더라도 동일하게 나타날 것이다.

유기체가 창조된 목적이 물질적이고 세속적이며 소멸되는 것이 아니라 고상하고 고결하며 신성한 목표에 있다면, 그 유기체는 도덕적 물질이다.

예를 들어 인간의 심장이라는 장기는 스스로 선택한 것이 아니라 물려받은 요소들로 구성되어 있기 때문에 유기체다. 그것은 힘을 가지고 활동하며 자신도 모르는 사이에 법을 지킨다. 만약 상황이 좋다면 모든 부분들이 하나의 목표를 향하게 될 것이 틀림없다.

그러나 또한 인간의 심장은 "도덕적" 유기체다. 심장이 형성되고 그것에 힘이 부여된 목적은 지나가는 즐거움이나 잠깐의 화려함이 아니다. 그것의 목적은 하나님의 거룩한 것 안에 뿌리박고 있는, 삶의 경계를 훨씬 초월하는 어떤 과정이 되는 것이다.

같은 방식으로 우리는 국가를 유기체로 간주한다. 무엇보다도 사람들과 그들의 정체성, 그들의 연관성과 궁극적인 관계, 사람들이 살아가는 정부와의 관계를 포함하여 그 속에서 야기되는 모든 사회적 능력, 그리고 반드시 고려되어야 하는 모든 물질적 환경 등은 우연히 모인 것이 아니라 처음부터 서로를 의지하고 자신들의 성질로 인해 함께 있게 된 것들이다. 뿐만 아니라 국가가 복종하는 법은 임의적으로 결정될 수 없고, 필수적인 수정을 제외하고는 국가의 성격에 따라 결정된다.

그러므로 정부에 따라 특색을 나타내는 국가라는 생명체는 단순한 합계가 아니고 살아 있는 전체다. 가족과 친척, 도시와 마을, 비즈니스와 산업, 도덕, 예의, 그리고 법적 관습은 기계적으로 결합된 것이 아니다. 인간의 신체의 세포 집단처럼 자연적 충동에 의해 유기적으로 형성되었고, 쇠퇴하거나 일탈할 때조차도 일반적으로 더 높은 충동에 순응적이다.

그러나 결코 간과될 수 없는 것은, 더 높은 것을 추구하는 권력 의지는 모든 것을 서로에게 적합하게 만들고 "도덕적 목적"을 위해 설계되었다는 것이다.

국가는 단지 거기에 있는 것이 아니며, 국가는 존재하는 것이다.

국가는 그 자체로 목적이 아니다. 반대로 국가의 생명력은 더 높은 질서의 공동체적 삶을 준비하기 위한 수단이다. 그 삶은 이미 시작되었고 언젠가 하나님 나라에서 영광스럽게 나타날 것이다.

그 나라에서는 완벽한 조화가 있다. 개인을 위한 최대의 자유와 공동체적 삶에 관한 최적의 발전 사이에서 나타나는 긴장이 거기서는 하나님에 대한 찬양과 경배로 바뀔 것이다.

그것을 준비하고 그 나라의 도래에 기여하기 위해, 정부는 이제 더 높은 형태의 공동체 생활을 제공할 사명을 가지고 있다. 그것은 가정 생활이 할 수 없는 일이다. 즉 그것은 인간이 가능한 한 가장 자유로운 방식으로 자신의 잠재된 장점을 사용할 수 있는 사회적 생활을 보장하는 사명이다.

도덕적 유기체로서의 국가 §40

물론 모든 것에는 단계가 있다.

이 목표가 아주 제한된 정도로만 달성된 국가들이 있다. 다른 것들은 훨씬 발전했다. 생활 여건이 아주 바람직한 수준에 도달한 입헌 국가들이 있다. 그러나 여기서 고려하는 두 대륙에서 가장 잘 통치되는 국가들조차 정부라는 존재가 이상적으로 발전된 형태의 극히 미미한 모습 그 이상을 보여주지 못하고 있다.

그러나 정부가 그 이상(ideal)에 접근하면서 어떤 길인지 알 수 없고 예견할 수 없으면서 익숙하지도 않은 투쟁의 길을 가야 함에도, 국가는 자신이 법에 대해 갖는 존중과 개인에 대한 엄청난 영향력을 통해 이미 부분적이지만 궁극적 목표를 제공하고 있다.

이 마지막 주장이 무엇을 의미하는지는 다음에 설명할 것이다. 현재 우리가 도덕적 유기체로서 국가를 인정하는 것은 정부가 우리에게 권리가 있다는 것을 인정하는 것을 의미한다.

우리 독자들은 이것을 받아들이기 어렵지 않을 것이다. 조직을 만드는 사람들은 어떤 구성원이 가진 권력과 다른 구성원이 가진 권력 사이에 차이가 있다는 것을 인정한다. 잔가지는 자기에게 매달린 잎들에 대해 권력을 가진다. 큰 가지는 잔가지에 대해 그렇다. 반대로 나무의 줄기는 큰 가지에 대해 그렇다. 반면 줄기 내부에서 식물 섬유는 껍질을 지배하고 껍질 밑에 흐르는 수액은 섬유의 형성을 지배한다.

경주마를 예로 들자면 말의 뇌와 신경은 머리를 지배하고 머리는 말의 육중한 몸의 모든 근육을 지배한다.

더 강력한 예를 들어보자면 우리 모두는 개인적으로 우리 몸의 한 부분이 다른 부분보다 더 낫고 더 강하며 더 영향력이 있다는 것을 경험하며, 심장과 머리는 (정상적인 상태에서) 우리의 의지에 따라 우리 몸을 지시한다.

이것을 사회적 기관으로 이동시켜보면 가족 내에서 성장한 아이는 가정의 수장 및 통치자로서의 아버지를 만난다. 아버지는 아이가 태어나기 전에 있었다. 아버지는 아이를 태어나게 한 힘이다. 아이는 자신을 아버지 위에 둘 수 없다. 아들이 아버지 아래 있게 된다.

당연하게도 잘 발달된 국민 생활에 거의 영향을 미치지 못하는 구성원도 있고, 그다음에 어느 정도 영향력이 있는 구성원이 있으며, 그 위에 많은 영향을 미치는 구성원이 있고, 최종적으로 모든 부분에 대해 권력을 가지고 있고 전체를 조정하고 인도하는 방법을 알면서 모든 것을 지배하는 구성원이 있다.

그런 것들 없이 정부는 유기체가 될 수 없다. 그러므로 정부는 도덕적 유기체이면서 정부의 중심에는 권위 있는 정부 기구가 있다는 양대 전제는 정부에게 있어 서로 맞물리는 두 가지 필수적인 진리다.

II. 통치

통치에 대한 소명 §41

정부는 지배권을 행사할 수 있다. 정부는 행정 조직이 아니라 통치 (governing)이다. 그러므로 만약 정부가 통치를 하지 않거나 통치에 대한 소명을 포기한다면, 그리고 정부가 지시하는 권위 및 강제적인 권력을 가지고 행동할 용기가 없다면 그 정부는 근간이 없는 것이다.

반혁명주의자들이 이것을 믿는 이유는 정부 시스템이 이것을 요구하고 무방비의 사람들이 그것에 희생될 수밖에 없기 때문이 아니라, 이 권위를 유지하는 것은 사람들을 행복하게 하고 그것을 포기하는 것은 국가를 고사시키는 것이라는 깊은 확신 때문이다.

그러나 어떤 정부 형태라도 폭력적이며 독재적이라면 완전한 무정부 상태를 더 선호하기 마련이다. 우리 모두가 아는 무정부 상태는 화염병과 노면에 있는 돌덩이를 동반한 혁명뿐만 아니라 내각과 의회에서 발표되는 슬로건 및 견해를 동반한 혁명에 의해서도 이루어진다.

정부(government)는 행정(administration)과 매우 다르다. 점차 쇠락하는 입헌적 상황에 진입하면서 우리는 마치 통치가 권력의 남용이나 없어도 되는 사치품이라도 되는 것처럼 행정을 점점 전면에 부각시키고 진정한 통치는 뒤에 둔다.

이런 변화는 사회를 격상시키지 않으며 오히려 파괴한다. 허약한 아버지를 둔 가족보다 더 불행한 가족은 없다. 그것은 달리는 말에 굴레가 없는 것과 유사하다. 이와 유사하게 말하자면, 권위 없이 내버려진 사람보다 더 불쌍한 사람은 없다. 그것은 국가적 힘의 중추 신경에 점점 더 맥이 빠지는 것과 같다. 정부가 높은 권위에서 손을 떼는 것은 국가가 가진 의무감의 뿌리를 뒤흔들고 국가의 도덕적 에너지를 중단시키는 것이다.

대부분의 사람들은 독립적으로 도덕적인 생활을 유지하지 못한다. 혹자는 이것을 한탄할지도 모른다. 그러나 그것이 사실을 수정하지 못한다. 자신의 욕망을 따르고 물질적인 것을 추구하며 전체적으로 높은 수준의 이해를 조금도 고려하지 않는 죄성, 그것이 이 좋은 나라 대다수 주민들의 원동력이자 동기이다. 단지 국가의 작은 핵심층만이 "하나님을 위해" 자신들의 의무를 다하는 경지에 이른다.

하나님의 직접적인 권위에 대한 복종은 어디서나 사람들 가운데서 예외적인 고귀한 마음이기 때문에 정부를 통한 권위의 매개 형태가 없어서는 안 되고, 그것은 모든 의무감을 느슨해지지 않게 한다.

의무감의 해이는 한 국가의 생애에 있어 다른 모든 문제의 모태로서 즉시 나타나는 문제라는 것을 잊어서는 안 된다. 만약 "무엇을 하라"는 거룩한 원동력 또는 "무엇을 하지 마라"는 거룩한 동기가 약해진다면 국가는 자신의 도덕적 범위를 상실할 것이고, 강하고 유익하며 훌륭한 기질을 박탈당하고 말 것이다. 삶은 유지되어야 하고 해결책은 찾아져야 하기 때문에, 삶에 대한 전혀 다른 관점으로의 유쾌하지 않은 전이가 발생하게 되고, 그러한 전이는 쾌락에 대한 사랑으로 기우는 관능적인 본성, 학문과 문화에 대해 과대평가하는 지나친 마음 가운데서 국가의 도덕적 입장을 뒤집어 버리게 된다. 오늘날 우리나라는 "대중오락"과 "대중 교육" 같은 한심한 구호에서 발견하는 개탄할 만한 과정을 관통하고 있는데, 이것들이 한심한 이유는 인간의 본성을 무시하기 때문이다.

독재   §42

그러므로 반혁명당은 권위의 회복을 촉구한다. 정부는 다시금 권위를 확립해야 하다. 우리는 통치권을 행사하는 정부의 개념으로 돌아가야 한다. 이러한 개념은 주민들이 자신들의 도덕적 품성을 유지하기 위해서 반드시 필요한 것이다.

반혁명당은 독재를 시작하기 위해서가 아니라 독재를 견제하기 위해서 이것을 촉구한다. 잘 양육된 아이는 부모가 어떤 일을 하라고 명령할 때 그것을 성가시거나 모욕적인 것으로 간주하지 않는다. 아이는 독재가 아니라 부모가 정당하게 행사하는 권위에 반응한다. 그것은 아이들에게 분노가 아니라 의무감을 유발한다.

그러나 언제 그들의 가슴이 분노로 가득차고 그의 얼굴에 유혈이 낭자하게 되는지를 아는가? 그것은 부모들이 부재중이고 그의 상급자가 아닌 형제가 그에게 군림하려 하며 그에게 권력에 대한 욕망을 분출하고 그를 열등한 자이자 하급자로 취급할 때 일어난다. 그들은 혐오와 원한에 찬 정의감으로 그것에 저항할 것이다. 이것이 독재라는 것을 그들은 안다. 최악의 독재, 그것은 결코 동거할 수 없고 하지도 않을 악이다.

이것이 바로 우리가 정치 영역에서 마주치는 슬픈 상황이다. 통치하는 정부의 부재 가운데 우리 사회의 어떤 "동료들"이 자신들을 좋아하지 않는 다른 "동료들"을 지배하려고 음모를 꾸민다. 그들은 우월하고 강하며 건방지기 때문에 다른 사람들을 억압하고 압제하며 탄압한다.

정부가 잃어버린 권력을 시민들 중에 가장 비양심적인 집단이 획득한 후에는, 그들이 모든 면에서 그들과 동등한 관계로 간주되는 동료 시민들에게 그 권력을 행사하고 있다. 어쨌거나 여기서도 모종의 통치가 행해지고 있다. 이제 단지 정부의 신성한 권위는 정당 독재라는 비신성한 권위에 의해 타락한 방식으로 작동한다. 정당한 권력에 따른 지배가 도덕성을 조성하기는커녕 국민성을 타락시키고 시민들 간에 싸움을 붙이며 혐오와 분노의 불꽃을 공급한다.

이런 상황을 종식시키고 그런 참을 수 없는 무자비함이 미래에 다시 도래할 여지를 없애기 위해 우리 정당은 "정부"라는 이름을 감당하면서 정부답게 행동할 수 있는 그런 정부를 요구한다. 그것은 우리를 지켜보고 있다는 사실을 인정하는 권력을 요구한다. 왜냐하면 우리는 그것이 모든 사람을 감독하고 지배 집단과 피지배 집단에게 공정하고 동일한 수단으로 강제적인 힘을 원칙적으로 느끼게 한다는 것을 알기 때문이다.

정부, 하나님의 종 §43

그러나 우리는 단지 하나님의 종으로서 통치하는 정부를 갈망한다.

정부는 우리를 지배하지만 하나님 아래 있고, 그러므로 우리와 마찬가지로 하나님께만 복종한다. 그분은 하나님이기 때문에 그분만이 자신으로부터 나온 권리를 주실 수 있고, 그때만 강제력이 있다.

그러므로 공무원은 우리에게 그냥 완벽한 보통 사람들이다. 본질적으로 그들은 조금이라도 국민들보다 우위에 있다고 말할 수 없고, 천박함에 있어서는 일용직 노동자들이나 거지와 비슷한 수준이다.

이런 이유로 인간인 우리는 죄인인 통치자가 보통 사람들과는 다르고 더 나으며 고등적인 피조물이라는 모든 관념들을 거부하고 그에 맞선다. 우리는 군주나 총독이 하나님의 신령한 법을 지키지 않고 자신들이 사적으로 삶의 다른 규범을 따르는 것을 받아들이는 것에 반대한다. 우리 선조들처럼 우리는 지상에서 가장 강력한 통치자조차도 한 개인으로서 마음대로 행동할 수 없고 법의 지배 아래 있다는 확고한 신념을 저버리기를 거부한다.

오직 하나님만이 명령하실 수 있다. 하나님 스스로 권위를 인간에게 부여하고 그의 거룩한 심판대 앞에서 책임을 맡기는 경우에만 인간은 명령할 수 있다.

하나님의 은총에 따라 가족의 수장으로서 권위가 부여된 남편과 아버지는 명령할 뿐 아니라 그렇게 하지 않을 수 없다. 바다의 선장은 "내 배의 주인은 하나님이고 그다음이 나"라고 말할 수 있다. 만약 어떤 왕이 음모나 대중적 갈채에 의하지 않고 자신과 자신의 국민들이 인정함에 따라 왕위에 있게 된다면 "하나님의 은총으로 나는 왕이다"라고 말할 수 있다.

III. 국가의 종교

§44   국가의 종교

정부는 모든 나라에서 언제나 틀림없이 하나님의 종이다. 모든 시대에서 모든 통치자들과 권력자들이 원하든 원치 않든 하나님을 의존한다는 점에서 정부는 하나님의 종이다. 정부는 하나님으로부터 권력을 부여받고 그분의 계획에 봉사한다.

그러나 만약 우리가 중앙위원회[3]의 의도를 잘 이해한다면 "하나님

---

3   카이퍼는 초기 단계 반혁명당 중앙위원회의 의장이었고 이 책에서 서술된 반혁명당 강령의 초안을 작성했으며 동시에 최종안의 저자였다.

의 종"이라는 용어를 사용하는 우리 강령의 취지는 단순한 의존을 넘어선다. 그 말은 정부가 하나님을 섬기는 자신의 소명을 인정해야만 하고 하나님께 순종하는 종처럼 행동해야 함을 강조한다. 그러므로 분명하게 추가할 것은 "기독교 국가 즉 하나님을 부정하지 않는 국가에서는, 정부는 하나님의 종이며 그의 이름을 영화롭게 할 의무가 부여된다"는 조항이다.

중요한 점은 "기독교 국가 즉 하나님을 부정하지 않는 국가"라는 첨언이다.

국민들이 참 하나님에 대하여 이방인으로 남아 있는 국가에서는 단어의 좁은 의미에서의 하나님을 섬기는 정부에 대해 거론할 여지가 없다. 오직 국가의 종교만이 개인적인 신앙 속에 뿌리박은 의도에 따라 자신의 임무를 수행할 뿐이다. 바로 이 점이 아직까지 충분히 강조되지 못한 반혁명당 체제 전체에 대해 하나의 연결고리가 된다.

우리가 자유주의자를 면전에서 만나 아주 진지하고 또 어느 정도는 정당하게 "우리와 합류하지 왜 별개의 정당을 만드는가? 결국 당신들도 우리와 같은 것을 원하지 않는가?"라는 말을 듣는 것은 이상한 일이 아니다.

그는 당신을 경계하면서 "여러분의 독단적 전제와 역사관은 극단적으로 우리와 반대다"라고 서둘러 덧붙인 후에 "그것이 실질적으로 근본적인 반대를 선언하는 것은 아니며 왜냐하면 우리가 그런 것처럼 여러분도 자유, 해방, 원칙적인 정치에 찬성하기 때문이다"라고 말을 이어갈 것이다.

이것에 대한 우리의 대답은 언제나 이중적이다.

우선 의심의 여지없이 우리의 요구는 많은 점에서 자유주의자들의 이론에 동의한다. 그러나 학교 문제[4]의 경우 적용에 있어 자신들의 원칙을 짓밟는 그들의 "실천"(practice)에는 동의하지 않는다.

둘째, 속담에 있듯이 두 사람이 동일한 것을 말한다 해도 그것이 언제나 동일한 의미를 가진 것은 아니다. 자유주의자들과 반혁명주의 자들을 구분하는 것은 언제나 종교였다.

예를 들어보자. 해전에서 동일한 방식으로 만들어진 두 대의 전함 (Ram)이 서로 침몰시키기 위해 부수고 공격한다. 두 대의 전함이 모델에 따라 동일한 설계자에 의해 동일한 조선소에서 건조되었다는 사실에는 변함이 없다. 두 괴물에 동력을 공급하는 엔진은 동일한 양식이고 동일한 공장에서 만들어진 것이다. 심지어 이 전투함들이 탑재한 대포마저도 동일한 주조(鑄造) 공장의 금속을 동일한 주형에 부어 만들었다. 그러나 이 두 배는 극단적으로 서로를 반대한다. 왜냐하면 그들은 깃대에 다른 깃발을 게양하고 옷깃에 다른 배지를 달고 있는 함장이 함교에서 지휘하고 있기 때문이다.

동일한 방식으로 자유주의자들에 의해 진수된 배와 우리가 열심히 준비하는 배는 완벽히 동일하게 보일 것이기 때문에, 어떤 사람은 이를 분간할 수 없다. 그럼에도 불구하고 우리가 신앙이라는 명백한 색깔을 보여주는 깃발을 올렸으므로 그 둘은 배에 게양된 깃발 때문에 죽음을 각오한 전투를 치를 것이 요구된다.

---

4   자유주의 정부는 일반 학교에 공적 기금과 관련한 특혜를 주었고, 폭넓게 지지받는 다른 학교들에 대해서는 자립하도록 내버려두었다.

기독교적이 아닌 국가적 차원에서의 종교

그러나 사람들은 이것을 이해하기를 거부하는 것 같다. 우리가 정치 영역에서 종교에 관해 말할 때 그것은 구원의 신비에 관한 우리의 신앙고백과 아무런 관계가 없다. 그것은 전적으로 정치적 개념으로서의 의미를 가진다.

정원사가 자신의 식물들이 뿌리내린 토양의 성질을 고려하지 않고 정원을 돌보는 일은 없다. 농부가 자신의 소가 풀을 뜯는 땅의 성질을 고려하지 않고 우리를 위해 건강한 일상의 상품을 준비할 수는 없다. 건축가가 자신의 건물이 들어설 곳의 토양 유형을 고려하지 않는다면 튼튼하고 잘 건축된 집을 지을 수 없다. 마찬가지로 국가가 뿌리내리고 정의가 확립될 영적인 토양을 고려하지 않는다면 정부는 국가를 번성시킬 수 없고 국가 안에서의 정의 또한 마찬가지다. 기독교 국가에서 정의로운 국가 체제의 기반이자 국가 생활의 기초가 되는 영적 토양은 종교라고 할 수 있다.

"정의로운 국가 체제의 기반"은 실로 종교다. 오늘날의 정치인들이 정의로운 국가[5]를 확립하는 것이 중요하다고 말할 때, 그들은 정의의 중심축이 어디인지를 말할 솔직함(honesty)이 요구된다. 하나님의 법에 관한 이전 장에서, 실재하는 죄에 사로잡힌 사람들에게 종교에 관한 시험보다 정의─정의의 영원한 원칙에 따를 때─에 관한 더 나은 시험은 없다.

---

5   정의로운 국가는 원본의 "rechtsstaat"를 번역했고 이는 "법치국가" 또는 "법의 지배"로 번역된다.

그러나 두 번째로 현재 종교는 또한 사람들이 뿌리내리고 있는 토양이 된다. 물론 이것이 사람들의 외향적인 모습인 신체, 음식, 기후 등을 말하는 것은 아니다. 종교가 이런 것들과도 관련되어 있다는 사실은 전염병이나 콜레라가 창궐하는 동안에 즉각적으로 나타나게 된다. 그러나 이런 모든 것들은 배타적으로 하등한 동물적 삶의 측면과 관련된 것으로서, 사람 대 사람의 관계에서는 결정적이지 않는다.

숭고하고 양심적이고 도덕적인 삶을 기반으로 진보한 국민 혹은 민족이 출현한다.

이제 두 가지 중 하나다. 하나는 사람들이 자동적인 도덕성의 기초 위에 서 있는 경우로, 그 도덕은 종교에 뿌리박지 않고 번성할 수 있다. 다른 하나는 살아 계신 하나님으로부터 비롯되는 도덕성의 동기를 고백하는 것이다. 전자의 경우 인간의 가장 깊은 토대는 철학이고, 후자의 그것은 종교다.

§46 살아 계신 하나님을 믿는 것

어느 누구도 하나님에 대한 믿음을 천명하면서 동시에 하나님이 아닌 다른 것에 삶의 중심을 두는 것은 불가능하다는 것을 인정한다.

모든 사람은 "하나님"이 "가장 깊은 근원", "삶의 원천", "제1의 원인"을 의미하다고 인식한다. 그러므로 우리는 숭고하고 양심적이며 도덕적인 삶을 풍성히 누리게 하는 근거, 기초, 지형 등이 하나님이 거기 계시며 모든 곳에서 활동하신다는 믿음과 일치한다는 것을 감히 인정하지 않는다면, 그것은 전능한 하나님의 신적인 특성을 지워버리는 것이다.

이와 같은 믿음과 종교적 신념은 정부가 국가를 통치하는 정치적 유기체의 중추 신경이 되므로, 반혁명당은 이와 같이 주장한다.

당신이 살아 계신 하나님을 믿지 않는 사람들과 거래를 해야 한다고 상상해보라. 그러므로 믿지 않는 사람들은 자신을 위하여 제정한 법에 복종하고 자신이 제정한 법령을 따를 의무가 부여되었다. 무엇이 그와 같은 사람들을 정부에 복종하게 할 이유가 되었을까?

논의를 인정하지 않으려고 이교도 국가를 들먹이지 마라. 법에 대한 그들의 복종은 우상들에 대한 그들의 믿음에 달려 있다. 당신은 그런 우상들에게로 돌아가기를 원하지 않는 것은 분명하지 않은가? 실제로 이런 국가들이 그들의 신을 버렸으나 살아계신 하나님을 받아들이지 않았을 때 로마뿐만 아니라 아테네에서의 모든 권위는 붕괴되었고 사람들을 통제할 수 없게 되었다는 것을 당신에게 상기시킴으로써 이러한 예는 당신의 등을 돌리게 할 것이다. 그리고 당신은 "현대 계몽 국가들"의 사례 중 우리가 목격한 것들로부터 많은 것을 배울 수는 있지만 거의 위로를 받지 못한다. 즉 그들 마음의 만족에 따라 통치할 기회를 가진 공인된 무신론자들에게 의한 정부, 예를 들어 상퀼로트(Sansculottes)와 코뮈나르(Communards) 하의 정부들[6]이다.

그러므로 종교가 사라졌을 때 단두대와 총살형 집행 같은 폭력 외에 사람들의 동의를 강제할 어떤 것도 남아 있지 않게 된다. 그것은 폭력이기 때문에 통치할 수 없다. 기껏해야 그것은 나폴레옹이나 티에르

---

6   상퀼로트(Sans-culottes)와 코뮈나르(Communards)는 프랑스의 가장 극단적이 이데올로기 정당이었고, 1793-1794년 공포정치와 1871년 파리 학살에 책임이 있다.

(Thiers)[7] 같은 더 큰 폭력이 정치적 괴물들을 파괴할 때까지 투쟁하고 싸운다. 이 모든 예로부터 종교 외에 체제 확립을 강화할 만한 다른 것이 없다는 논리적 결론이 도출된다. 사람들이 존중해야만 하는 법, 권리, 정의의 원칙이 있고 사람들이 복종해야만 하는 정부를 정한 하나님이 있다는 믿음은 필수적이다.

만약 그 요소가 국가의 양심에서 사라진다면 통치는 생각하지도 마라. 만약 그 요소가 있기는 하지만 약하다면 통치는 어려워지게 된다. 오직 종교적 요소가 국가 생활의 원동력인 곳에서 강한 정부가 존재할 수 있다. 그때에 정부가 국가에 기대하면서 찾을 수 있는 것은 다음과 같다. (1) 공직자로서 그들은 자신을 높이지 않으면서 법의 준수를 강조할 것이고, 하나님이 자신들의 권위에 부여한 한계를 존중할 것이다. 그리고 (2) 의무감으로 두려움 없이 사람들이 법을 준수하는 경향을 기대할 수 있다. 하나님을 위하여 법에 복종하는 의지, 그것이 바로 정의가 번성하기 시작할 수 있는 공적 정신(public spirit)이다.

이런 조건들은 정부가 높은 의미의 "하나님의 종"으로 통치할 수 있기 위해 필수적인 것이다. 그래서 우리는 정치에서 종교의 깃발이 하나의 기독교적 맥락만 포함한 것이 아니라는 것을 입증했다.

---

7   공포정치의 종말과 1795년 이후 나폴레옹의 등장으로 인해 정국은 새로운 국면을 맞이했다. 아돌프 티에르(Adolphe Thiers)는 1871년 파리코뮌을 진압한 베르사유 정부를 주도했다.

IV. 기독교 국가

그리스도인, 비그리스도인에 맞서다 §47

국가는 "도덕적 유기체"다. 그래서 모든 다른 유기체처럼 국가는 "대표"를 가진다. 우리는 이 대표를 정부라고 부르고 정부는 권위와 통제권을 행사한다. 유기체와 대표는 상호 관계 속에서 하나님에 의해 배치되었다. 그러므로 국가는 전능하신 하나님을 존중해야 할 뿐 아니라 정부는 "하나님의 종"으로만 드러나야 한다.

이런 주장에 이르러, 만약 종교적 믿음이 국가의 중심에 있지 않다면 국가에게 도덕적이고 숭고한 개념의 문제는 존재하지 않을 것이라고 이전 장에서 설명했다. 우리는 또한 이 맥락에서 "믿음"은 "종교적 고백"을 말하는 것이 아니고 하나님의 뜻과 본질에 기반을 둔 영원하고 흔들리지 않는 원칙이 있다는 확고한 의미와, 그 관계에서 사람들이 정부에 복종해야만 한다는 뿌리 깊은 신념을 말하고 있다는 것을 보여주었다. 이 복종은 정부가 강압적 순종을 위해 폭력을 사용하기 때문이 아니고, 그렇지 않으면 공공질서가 무너지기 때문도 아니며, 전능하신 하나님이 인간에게 이 순종을 확립하셨다는 것이 절대적인 이유다.

최소한 당분간 위의 주장이 우리 나라에 적용된다는 것은 우리가 "기독교 국가"라고 주장하는 것이 어떤 의미로 정당화되는지 설명함으로써 입증될 수 있다.

그것은 어렵지 않아야 한다.

국민으로서 우리나라 사람들은 여전히 종교를 고려하기도 하고 그렇지 않기도 하다. 만약 네덜란드 국민이 종교를 중요하게 생각한다면 자신의 마음속에 누구도 불교, 이슬람교, 혹은 유대교를 생각하지는 않는다. 그들이 생각하는 유일한 종교는 기독교다.

그것은 문제를 단순화시킨다.

그것 때문에 우리는 다음과 같은 질문에 직면한다. 우리의 국가적 생활이 전능하신 하나님을 부정하는 형이상학적 추정에 의존하고 있는가? 아니면 그리스도인들이 부여하듯이 그것이 영광과 경외 속에 계신 하나님을 영화롭게 하는 근본적 믿음에 의존하고 있는가?

이것은 여론 조사 또는 어떤 의견에 동의하는지 인원수를 세는 것으로 결정될 수 있는 문제가 아니다. 도덕적 유기체의 경우 인성과 신념의 문제는 더 고귀한 부분에서 결정되며 고귀하지 않은 부분은 무시된다는 규칙이 적용된다. 믿음을 위해 순교자가 화형대에 오를 때, 그의 상상과 지성을 포함한 전 인간성과 몸의 지체들은 "아니요"라고 말한다. 인간은 고통으로부터 움츠러들고 불을 피하며 죽음으로부터 뒷걸음치게 되기 때문이다. 그래서 인간은 숭고한 원칙을 존중하면서 숭고한 법에 복종하는 도덕적 의지만이 "예"라고 대답한다. 비록 모든 다른 고귀하지 않은 부분들이 반대하더라도 순교자는 자신을 죽음에 내어준다. 그 광경을 목격한 모든 사람들은 이 사람, 즉 이 "유기체"가 가장 영광스러운 방식으로 자신의 기독교적 성품에 대해 증명하는 것을 기뻐한다.

마찬가지로 국가라는 도덕적 유기체가 숫자상으로 그리스도와 개인적 관계가 없는 소수, 다수 혹은 절대 다수를 포함하고 있는가는 아무런 상관이 없다. 우리가 여기서 고려하는 문제에 대한 답을 얻기 위해서는 국가 전체를 앞으로 나아가게 하는 좀 더 숭고한 국가 구성원들의 추진력에 주목하여야만 한다.

생명에 대한 국가의 고귀한 접근을 지지하는 그리스도인 §48

우리는 모든 국민 또는 국가와 관련된 문제에서 더 "숭고한 구성원"들이라고 할 수 있는 지성인 그룹 또는 자기만족적인 귀족을 우선적으로 고려할 수 없다. 여러분이 원한다고 해도 "국가의 지식인 계층"[8] 또한 마찬가지다. 국가는 지적 유기체가 아니라 도덕적 유기체다. 그러므로 국가는 도덕적 기준으로 고귀하거나 그렇지 않은 구성원들을 구분한다.

로테르담의 에라스무스(Erasmus)는 얀 드 바크르(Jan de Bakker)[9] 보다 천 배는 더 학식이 있었다. 그러나 국가를 감동시킨 대변인은 인문주의의 황제가 아니라 부든(Woerden)이라는 변변치 않은 동네 출신의 신부였다. 한 세기 후에 등장한 휴고 그로티우스(Hugo Grotius)는 요하네스 보흐르만(Johannes Bogerman)[10]보다 최소한 2배는 더 지적이다. 그러나 "국제법의 아버지"라고 불리는 그로티우스는 국가 생활의 흐름

---

8 이 부분은 네덜란드 자유주의자들이 사용한 표현이다. 이것은 자신들을 포함하여 국민 중 계몽된 영역을 의미한다.

9 얀 드 바크르(Jan de Bakker)의 네덜란드 이름은 요하네스 피스토리우스(Johannes Pistorius, 1499-1525)이고 가톨릭 신부였다. 자신의 프로테스탄트 믿음을 위해 화형대에서 불타 죽은 북네덜란드의 첫 번째 순교자였다.

10 요하네스 보흐르만(Johannes Bogerman, 1576-1637), 주도적 칼뱅주의 목사였고 성경 번역가였다. 도르트(Dort) 국제종교회의 의장으로 복무했다(1618-19년).

밖에 있었다. 이후 등장한 스피노자는 의심의 여지없이 기민성과 사고의 대담성에서 비치우스(Witsius)[11]를 훨씬 능가했다. 그러나 그는 비치우스가 그렇게 황홀하게 대변했던 국가적 열망과는 거의 관계가 없었다. 같은 방식으로, 오늘날 그리고 그 이후로도 우리 가운데 그리스도를 부인하고 계시를 비판하는 자기만족적인 사상가들이 지식과 학식에 있어서는 더 우월할 것이다. 그러나 이런 사실은 국가 생활의 흐름이 그리스도로부터 이탈하여 철학에서 흘러나온다는 것을 결코 입증하지는 않는다.

이 점을 확인하기 위해 다른 징후들이 점검되어야 한다. 국가는 숫자 같은 총량이 아니라 통합적 전체이자 유기체다. 그리고 이 유기체는 현재 있는 그대로가 아니라 그것에 각인시키고 특징을 형성시킨 수세기 전의 과거의 삶과 연관된다. 국가의 입장에서 공휴일을 바라보는 관점, 국가 생활의 기저를 대변하는 국가(國歌)의 관점, 오늘을 이끄는 추진력, 그리고 국민들 사이에서 유행하는 생각의 관점에서 국가를 바라보고 이를 이해해야 한다.

(모두 정직하게 생각해서) 이 기준을 승인할 수 있다면 다음 질문을 하는 것이 허락된다. 저지대 국가들의 국민들이 그들의 이교도적 우상들을 버리면서 그들의 상징으로 십자가를 채택했을 때, 그들은 야만적인 상태를 벗어나서 국가적 공동체로 발전하지 않았는가? 복음을 위한 투쟁 가운데 스페인에 대항하는 전쟁이 축성(祝聖)되었을 때, 이 요소들은 강력한 국가적 통일성을 일으키지 않았는가? 이 땅을 뒤흔든

---

11 헤르만 비치우스(Herman Witsius, 1636-1708)는 홀란트의 제2종교개혁 혹은 청교도 개혁의 목사요 신학자 였고, "언약신학"을 숙고하는 저자였다.

모든 강력한 소요 사태는 언제나 그 중심에 기독교 신앙의 이해에 바탕을 두고 발생하지 않았는가? 우리 시대에는 1813년과 1830년의 사건[12]을 경험했거나 위협적인 세력 또는 전염병의 위협이 다가옴에 따라 공포에 사로잡히게 된 우리 국민들은 그것들이 현실이 되기도 전에 하나님께 부르짖지 않았던가? 빌드르데이크(Bilderdijk), 다 코스타(Da Costa), 베이츠(Beets), 그리고 튼 카트(Ten Kate) 같은 최고의 시인들은 그리스도를 부인하기를 거부한 사람들이 아닌가? 그리고 위대한 시와 동일한 흐름에 있는 톨른스(Tollens)와 드 히네스테트(De Genestet)의 시구(詩句)는 언제나 종교적 감성의 심금을 울리지 않았는가? 또한 1853년의 반(反)가톨릭 운동과 1878년 이후의 학교 문제, 특히 1878년 당시의 대국민청원은 기독교 신앙을 위해 투쟁하는 가운데 논쟁의 여지가 없는 증거를 제공했고, 성경은 국민적 삶을 가장 깊게 흔들지 않았는가? 그리고 마지막으로 신자가 아닌 사람들에게서조차 가정생활, 결혼, 자녀들을 양육할 의무, 여성의 존엄, 그리고 유사한 개념들에 관한 보편적인 관념들은 판 하우튼(Van Houten)[13] 같은 철학자의 괴짜 도그마보다 그리스도의 근본적인 법에 더 가깝지 않은가?

만약 위와 같은 여러 질문들에 대한 부정적인 대답이 거의 떠오르지 않는다면, 그것은 우리의 사례가 국가 생활의 기독교적 특징에 부합한다는 점을 입증한 것이 아닌가?

비록 불신앙이 오늘날보다 더 깊이 침투하고 끔찍한 규모의 배

---

12 1813년은 프랑스 점령의 종료를 나타내고 1830년은 벨기에 혁명의 발발을 나타낸다.
13 사무엘 판 하우튼(Samuel van Houten, 1837-1930)은 의회의 진보적인 구성원이었으며, 다른 것 중에서도 산아 제한에 관한 전파자였다.

교가 일어난다 할지라도, 언론과 의회에 있는 자유주의의 리더십이 이전의 생활 방식을 현대적 생활 방식으로 바꾸는 데 성공하지 못하고 새로운 영으로 가득 채우지 못하는 한, 기독교적 특징은 감소하지 않은 채로 남아 있게 될 것이다.

우리는 오해를 막기 위해 두 가지를 지적하고자 한다. (1) 우리는 정치적 관점에서 이 문제를 보고 있고, 의도적으로 그리스도의 교회와 그것이 미치는 영향, 교회 세례의 실행, 그리고 국가 생활에서 교회의 뿌리내림에 대해서는 말하지 않았다. (2) 우리의 정치적 관점에서 우리 국가의 기독교적 특징에 반대되는 논거로 종종 사용되는 유대인 시민들의 존재는 고려 대상에서 제외할 수 있다. 개인적 차원에서의 유대인은 국가가 도덕적 유기체로 간주될 때가 아니라 숫자로 간주될 때만 중요하다.

제5장
세속 국가는 없다

제4조

기독교 국가, 즉 하나님이 "부재하지 않은" 국가에서 하나님의 종으로서 정부는 그분의 이름을 영화롭게 할 의무가 있다. 따라서 (a) 국가에서 복음의 자유로운 영향력을 침해하는 행정과 입법은 제거되어야 하고, (b) 국가의 영적 형성에 직접적으로 관여하는 것을 금지하고(정부는 이런 일에 전적으로 무능하다), (c) 영원한 것에 대한 그들의 견해에 상관없이 모든 교파나 종교 공동체 그리고 더 나아가 모든 시민을 동등하게 취급해야 하고, (d) 사람들의 양심을 인정한다. 그것이 채면을 잃지 않음으로써 스스로의 힘을 제한할 수 있다는 전제 하에 말이다.

I. 세 가지 체계

§49 종교에 대한 무시

우리는 정부가 하나님의 종이라는 것을 살펴보았다. 이제 우리는 다음 질문을 하게 된다. 하나님의 종으로서의 임무를 충실히 감당하기 위해서 정부는 무엇을 해야 하고 무엇을 하지 말아야 하는가?

우리의 강령이 추구하는 대의에 따라 정부는 하나님에 대해 직간접적인 의무를 진다고 우리는 대답한다. 직접적인 의무는 소극적인 것과 적극적인 유형이 있다. 소극적인 것으로서 정부는 (1) 복음의 영향력, (2) 사람들의 영적 형성, (3) 사람들이 경배를 선택하는 방법, (4) 사람들의 양심에 대해 구속되지 않는 자유를 허락할 의무가 있다. 적극적인 것으로서 정부는 (1) 법과 질서를 유지하고, (2) 맹세를 존중하며, (3) 한 주에 하루를 하나님께 드릴 의무가 있다.

우리 모두는 이렇게 간략한 제시만으로도 자유주의자들이 수립하기 원하는 국가와 우리 반혁명주의자들이 열망하는 국가 간에 극명한 차이가 드러난다는 사실을 잘 알고 있다. 이것은 자유주의자들이 무엇을 원하는지에 대해 여러분이 시간을 내어 잠시 생각한다면 잘 알 수 있는 것들이다. 그들의 국가는 하나님이 없는 국가 즉 "세속국가"(secular state)다.[1]

---

1 원문은 "Hun Staat los van God, een etat athee"이다.

이것은 모든 자유주의자들이 하나님에 대해 무관하고 불경스럽기를 원한다는 것을 의미하지 않는다. 그들의 견해에 따르면 종교는 내면생활의 영역이고 국가는 정치권력을 사용하여 이런 내면생활과 모든 관계를 맺는 것을 가급적 피해야만 한다는 것을 의미한다. 그들은 정부 안에서 하나님이나 종교 혹은 교회에 대해 언급되지 않는 지점에 도달한 후에야 비로소 상황이 이상적일 것이라고 느낀다. 그런 종류가 남아 있는 모든 흔적들은 무엇이든지 점차 제거될 필요가 있으며 "하나님의 은총으로"와 같은 왕도는 사라져야 한다는 것이다. 의회의 개회사에서 하나님의 인도를 구하는 것도 그렇고, 법안을 상정하기 전에 하나님의 축복을 위한 기도도 사라져야 한다. 주일 성수 및 교회와의 모든 연관도 사라져야 하고, 맹세와 그 외의 기타 사항도 그래야 한다.

이것은 보수주의자들뿐 아니라 자유주의자들에게도 적용된다. 그들이 말하는 것이 아닌 그들의 원칙이 지시하는 것을 보면 그 원칙들은 하나님을 섬기는 것이 아니다. 기껏해야 모순의 결과 또는 정당의 이익이나 토마스 홉스의 이론 때문에, 그들은 전능하신 하나님이 "대중에게 두려움을 일으키는 보이지 않는 경찰"로서 도움을 주기를 허락할 뿐이다.[2]

이러한 정치 체제의 기본적 오류는 하나님이 실제로 존재하시는지를 사람들이 알 수 없고, 그래서 종교에 대한 어떤 객관적인 것도 확립

---

2 영국의 정치철학자 토마스 홉스(Thomas Hobbes, 1588-1679)는 종교를 보이는 권력에 대한 "경외"로 정의했다. 그러므로 그는 "시민 사회가 도래 또는 바르(Warre)에 의한 시민 사회의 방해가 있기 전에는 탐욕(Avarice), 야망(Ambition), 욕정(Lust) 등 다른 강한 욕망에 대항하여 평화 조약을 맺을 수 있는 아무런 힘이 없었다. 보이지 않는 권력에 대한 경외는 그들 모두를 예배하게 만들었으며, 배신하는 자에 대한 복수자로서 두려워했다. Thomas Hobbes, *Leviathan*, ed. A. R. Waller (Cambridge: Cambridge University Press, 1904), 1.14.96.

될 수 없으며, 기껏해야 인간의 내면생활의 전체 특징 중에서 국내적이고 종교적인 영역은 주관적이고 개인적인 것에 속한다는 주장이다.

현대적 주관주의는 종교적 감성이 음악적 재능처럼 어떤 사람들에게 더 강한 개별 능력에 속한다는 거짓 이론이다. 그 이론과 관련해서 인간이 하나님을 생각하는 것을 확인할 수 있을 뿐이며 하나님의 존재 또는 그분이 누구인지에 대해서는 확인할 수 없다는 것은 거짓 생각이다. 이런 사고방식에는 하나님이 없는 정치 체제로 귀결되는 논리적 필연성이 수반될 수밖에 없다. 이것은 의회 회의실에 기도실이나 전국적 기도일이 더 이상 없는 제도다. 그것은 국가의 모든 것은 국가"로서" 살아 있는 하나님을 무시해야만 한다고 처방을 내리는 제도다.

§50 국가 교회

그러한 제도를 반대하는 입장에서, 반혁명당은 종교가 주관적인 동시에 모든 객관 중에서도 으뜸이라고 주장한다. 그리고 하나님이 존재하시며 우리는 살아 계신 하나님과 관계를 맺고 있다는 지식은 확고하게 확립되어 있고 우리의 감성과 상관없이 인정되어야 한다고 주장한다. 전체로서 사람들의 도덕적 조직인 국가 역시 이런 모든 도덕적 삶의 토대와 근원을 무시할 수 없다.

반혁명당은 이런 주장에 대한 근거를 계시가 아니라 자연 신학 위에 두는데, 국가적 유기체에서뿐만 아니라 창조 가운데 특히 인간 가운데 하나님이 보이신 것으로부터 수집된 하나님에 대한 지식 위에 근거를 둔다.

이것은 의식적으로 개혁주의 신학자들의 전통을 따른다. 그들은 하늘의 왕국에 포함되지 않는 것들에 대해서 이러한 자연 신학을 고수하고 있다. 동시에 한 가지를 더 추가하면 반혁명당은 종교에 관한 막스 뮐러(Max Müller)의 최근 강의 시리즈를 통해 제기된 이 견해를 전적으로 지지한다.[3]

계시에 의한 것이 아닌 하나님에 대한 이런 자연적 지식은 모든 사람에게 강제적으로 적용된다. 제1의 지식에 관한 확실성은 제2의 지식이 요구하는 초자연적 깨달음을 요구하지 않는다.

이런 이유로 비고백적(non-confessional) 정부는 제2의 계시가 아니라 제1의 하나님에 대한 자연적 지식을 공식적 행위 규칙으로 받아들이는 의무가 있을 뿐만 아니라 절대적이고 직접적인 법적 권능으로 받아들인다.

어떤 상황에 있어 하나님의 계시된 지식이 요구하는 것을 절대적 확신과 함께 결정할 수 있는 탁월하고 초자연적인 기관이 있다면 계시에 기반을 둔 정부가 가능하다. 그러나 그런 기관은 없다. 만약 그런 기관이 없다면 국가가 영적이거나 그렇지 않다면 종교가 세속적이어야 한다.

따라서 가톨릭이 시도했던 것처럼 어떻게든 그런 기관의 실존을 요구하는 것은 참혹한 실패를 맛보게 되며 국가와 교회는 함께 타락한다. 서로 다른 성질을 가진 요소들은 결코 혼합될 수 없다.

국가는 하나님 나라가 아니고 하나님 나라는 정치적 생활의 한계로 인해 국가와 밀착될 수 없다. 우리는 절대적으로 이런 의미에서 기

---

3   Max Müller, *Voorlezingen over de Wetenschap van den Godsdienst* ('s-Hertogenbosch: Van den Schuyt, 1871). 영문으로는 *Lectures on the Science of Religion* (New York: Charles Scribner, 1872)가 있다.

독교 국가를 부활시키려는 모든 시도를 거부하므로 단호하게 로테 (Rothe)[4] 같은 사람에게 등을 돌린다. 그의 이론에는 모든 경계선이 없어서 교회가 국가 속으로 흘러들어가고 국가가 하나님 나라 속으로 흘러들어간다. 그것은 분명한 생각을 모호하게 하고 진부한 마음을 일으켜 무의식적인 삶과 불안정한 느낌의 신비에 매몰되게 한다. 그러한 상황은 일어나지 않아야만 한다. 우리는 우리가 하는 일에 지식, 생각, 이성을 사용해야만 하고, 우리의 사고의 법칙은 그런 무질서한 혼란을 용인하지 않을 것이다.

§51 국가와 교회는 밀접한 관계를 가지며 각각은 자신의 원칙에 뿌리박고 있다

국가는 현 세대를 목적으로 하고 있고 기껏해야 인류의 영원한 가정(家庭)을 준비하는 중요성을 가질 뿐이다. 반면에 하나님 나라는 그 목적과 성격이 미래의 시혜에서 출발해서 영원한 것을 위해 세속적인 것을 사용한다.

이것은 두 개의 다른 기본 생각을 일으키고 점차 그들 각자의 길을 따르므로 우리의 마음에 혼란을 일으키게 해서는 안 된다.

정부는 직접적으로 자연적 삶에 뿌리박고 있고 엄밀한 의미에서는 하나님에 대한 자연적 지식만이 있다. 하나님 나라는 초자연적 영역이고 하나님에 대한 초자연적 지식이 어둡지 않게 비치는 곳이다.

---

4   리처드 로테(Richard Rothe, 1799-1867)는 독일 신학자로서, 역사는 점차 경건이 도덕으로 대체되고 교회는 기독교 국가로 대체되며, 결국에는 보편적인 절대 신정 정치가 구현된다고 가르쳤다.

하나님에 대한 자연적 지식 덕분에 정부는 (1) 하나님이 계신 것, (2) 이 살아 계신 하나님이 창조된 모든 것들의 운명을 다스리신다는 것, (3) 이 모든 통치의 섭리는 정의를 갈망하고 부정의의 원수이며, (4) 죄는 인간들 가운데서 활동하고 있으며 그것에 대한 위로부터의 관여를 통해서만 죄로부터 구원을 받을 수 있다는 것을 안다.

하나님에 대한 이런 순수한 자연 지식에 근거하여 국가는 공적인 활동에서 하나님을 존중하고, 국가의 기록에서 하나님의 거룩한 이름을 부르며, 맹세를 존중하고, 그분에게 안식의 날을 헌정하며, 고난 기간에 국가적 기도의 날을 선포하고, 무력을 사용해서라도 정의를 실천하면서 복음의 자유로운 전개를 허락하게 된다.

따라서 다음 세 개의 체제가 존재할 수 있다.

(1) 자유주의자들의 하나님 없는 국가가 있다. 그들은 자연적이고 계시적인 하나님에 대한 지식을 거부하며 그들의 모토는 "하나님을 무시하라"다. (2) 로마 가톨릭 및 일관성 없는 프로테스탄트의 신정 국가가 있다. 그것들은 하나님에 대한 자연적이며 계시적인 지식 위에 직접적인 국가 존립의 근거를 둔다. 결국 국가가 활동적인 하나님 나라의 기획자로서 기능한다. 그 예로는 중세 시대와 부분적으로는 프로이센을 들 수 있다.

그리고 최종적으로는 (3) 개혁주의 혹은 청교도 국가로서, 정치적이면서 하나님을 존중하는 국가다. 그것은 하나님에 대한 자연적 지식 위에 직접적으로 국가의 근거를 두므로, 정부는 하나님에 대한 자연적 지식의 영역에서는 하나님의 종으로 적극적으로 행동하게 되고, 하나님에 관해 계시된 지식의 영역에서는 수동적으로 나아가게 된다. 예를 들어 미합중국에서 정부는 한편으로 기도하고 기도의 날을 선포하면

서 제7일을 준수하는 반면, 유럽에 있는 다른 어떤 나라보다도 교회에
대해서는 더 중립적인 방식으로 행동한다.[5]

II. 개혁주의 정치 원칙의 발전

§52 **신앙 무차별론**

공적 영역에서 우리와 자유주의자들 사이의 보편적 차이점은, 자유주
의자들은 의심을 갖고 모든 삶의 표현에 있어 종교를 위험한 침입자로
간주하는 반면, 우리는 종교를 존재와 영향력에 높은 가치를 부여하는
가족의 구성원으로 간주한다는 점이다.

　자유주의자와 우리는 모두 정부가 "영혼의 구원"과 관련된 문제에
가능한 한 관여하지 않아야 한다고 판단한다. 그러나 자유주의자들은
정치가 종교보다 우월하다는 관점에 이러한 판단의 기초를 두고 있고,
우리는 종교가 정치보다 우월하다는 확신에 근거하고 있다.

　우리의 반대자들은 국가에게 종교에 대한 비간섭(noninterference)을
권고한다. 왜냐하면 간섭이 정부를 타락시키기 때문이다. 우리도 비간

---

5   저자 노트: 몇몇 개혁주의 신학자들에 의해 주장되는 "교회 내에서" 하나님의 종으로서의
정부의 개념은 여기서 고려될 수 없다. 왜냐하면 그것은 순수 혈통의 주민으로 구성된 국가와, 법
과 질서를 유지하기 위한 경찰력을 가진 교회를 원하는 국가에서만 유효하기 때문이다.

섭을 권고하는데 그것은 정부가 가장 거룩한 영역에 개입하는 것이 종교를 타락시킨다고 보기 때문이다.

자유주의자들은 비록 기독교 신앙을 무시하지는 않더라도 낮게 평가하지만, 우리는 그런 신앙마저도 사랑하고 존중한다. 자유주의자들은 가능한 한 좁은 영역에 종교를 가두기 위해 자제(abstention)를 권고한다. 우리는 가능한 한 순수하고 강력하며 폭넓게 신앙의 신성한 영향력이 작동하게 하기 위한 자제를 권고한다.

그 결과 자유주의자들은 무신론자들에 맞추어 자신들의 정부 형태를 조정한다. 물론 우리는 대부분의 자유주의자들이 무신론자들이라고 가정할 만큼 어리석지는 않다. 그것이 그들의 사적인 삶에 해당되지만 정치에 있어 그들의 이념은 무신론적이다.

그들의 정치적 이상은 전적으로 무신론자들로 구성된 국가에서 가장 멋지게 충족된다. 골치 아픈 모든 종교적 문제는 사라진다. 모든 양심적 반대자들에 대한 문제와 모든 아이들을 위한 엄격하게 중립을 유지하는 공립 학교에 대한 반대 등이 사라진다. 순수하고 강력한 자유주의 조류의 안정적인 파동에 어떤 분열도 없다.

개혁주의 원칙 §53

자유주의자와는 대조적으로 우리는 정치적인 삶과 국가 생활이 일치하는 방식으로 국가를 조직하길 원한다. 우리나라는 무신론자의 국가가 아니고 기독교 국가이기 때문에 우리는 국가에 실질적으로 그 상황과 대응하는 구조가 부여되길 원한다. 그리스도인이 아닌 무신론자에게는 그리스도인들이 집처럼 편안하게 느끼는 국가 구조가 예외적이고, 무신론자가 이런 구조 속에서 살아가기는 하지만 확실히 예외적인 존재라는 부인할 수 없는 사실을 그리스도인뿐만 아니라 무신론자들은 지속적으로 상기하게 된다.

이런 입장을 취하면서 우리는 정부의 형태가 맹인, 농아, 혹은 장애인들을 위해서가 아니라 보고 듣고 걸을 수 있는 보통 시민들을 위해 설계되어야 한다는 명백한 사실로 나아간다. 정부가 무신론자들을 위해 가급적 최고의 생계 보장을 추구하듯이 맹인, 농아, 장애인들을 위해서도 통치가 아니라 언제나 예외적인 생계 보장을 추구할 것이다.

(우리는 부인하지만) 만약 종교가 국가적 홍보로부터 이득을 취하는 경우가 있다면, 우리가 국가로 하여금 종교적 홍보와 관계하는 것을 허용함에 따라 그것이 심지어 무신론자들을 괴롭히는 것이 될 수도 있다. 만약 역사가 신앙을 확산시키고 순수하게 지키려는 국가의 개입이 효율적이라는 것을 가르쳐준다면, 모든 것 중에서 가장 으뜸인 하나님의 영광과 죄인의 구원은 잠시도 머뭇거리지 않고 국가 권력을 호출할 것이다. 하나님의 존엄과 그의 이름의 영광이 정부 형태나 의회의 이익을 훨씬 능가하므로, 만약 국가의 강제가 그 존엄을 더할 수 있다면, 그것을 머뭇거리는 것은 죄가 된다.

유사하게 영혼의 구원, 죄인의 구원, 죄악된 인간이 더 높은 천국에 입성하는 것은 엄청나게 거룩한 명분이므로, 만약 국가의 개입이 이 목적의 달성에 도움이 된다면, 우리는 모든 정치적 이해관계에 곧바로 굴복한다.

그러므로 아무도 우리가 소극적으로 우리의 의도를 숨기거나 혹은 우리에게 낯선 이론을 건성으로 받아들인다고 의심할 수는 없다. 아니다. 우리는 결코 삶의 수레바퀴를 부수지 않을 것이고 그 수레바퀴를 전복시키길 원하는 모든 혁명에 단호하게 반대한다.

정상에 있는 것은 정상에 머물러야 한다. 우리에게 전능하신 하나님의 이름은 국가라고 불리는 피조물을 포함하여 모든 피조물 위에 높이 서야 한다. 그것들 모두는 그분께 영광과 찬송을 함께 제공하는 단순한 도구들이다.

강압은 이롭지 못한 것을 증명한다 §54

그러므로 만약 국가의 강압이 도움이 된다면(만약 개인의 국내 생활이 참견을 받지 않을 수 있다면) 우리는 한시도 국가의 개입을 피하려 하지 않을 것이다.

우리가 이에 대해 뒷걸음질 치는 이유—사실 우리의 모든 힘으로 그것에 반대하고 아직도 이 일에 국가의 개입에 희망을 걸고 있는 사람들을 우리 마음대로 할 수 있음에도 반대하는 것—은 죄 많은 사람들을 구원하는데 정부가 개입하는 것이 언제나 하나님의 영광을 드높이고 경건의 삶을 번영하게 하는 것이 아니라 오히려 그것을 훼손하는 것이라는 압도적인 증거 때문이다.

모든 사람들에 대해 모든 지역에서 모든 방법을 통해 어떤 상황에서도 이것은 수세기 동안 시도되었다. 이것은 대부분 진지하고 열렬하면서도 정교하게 동기를 숨긴 채 시도되었다. (세르베투스가 아닌 이단들 중에) 희생자들조차도 비록 그 적용의 정당성에는 이의를 제기하지만 그 정책의 공정성은 인정받고 있다.[6]

---

6   미카엘 세르베투스(Michael Servetus, 1509/11-1553)는 제네바에서 장 칼뱅의 시기에 화

이런 모든 시도에 대해 의심의 여지 없이 결과는 통탄스러웠다. 하나님의 이름은 영광을 상실했고 영혼의 구원은 차단되고 방해받았다. 국가의 종교적·도덕적 삶은 진보하지 못하고 퇴보했다. 복음은 영향력을 얻기는커녕 그 영향이 최저로 떨어졌다.

우리가 질문할 수 없는 역사로부터 얻는 한 가지 교훈이 있다면 바로 이것이다. 만약 우리가 확실히 알아야 할 한 가지가 있다면, 많은 귀중하고 거룩한 피의 대가로 그러한 지식을 얻었는데, "강압은 모든 고등한 삶의 본성과 충돌을 일으키고 특히 기독교 신앙의 본질과 격렬하게 충돌한다."

§55 개혁주의 이론과 실제

이런 이유로, 우리는 하나님의 도움으로 이런 중요한 사항에서 스스로 더 일관성 있게[7] 우리의 입장을 발전시키면서, 우리의 정치적 선조들이 따르던 행동 노선에서 우리 자신이 벗어나는 것을 보게 된다. 실질적으로 그들은 다분히 절제되고 완화된 방식이 아니고서는 그 노선을 거의 따르지 않았다. 그러면서도 이론적으로 그들은 그것을 언제나 좋고 건전한 것이라고 권고했다.

벨기에 신앙고백서(the Belgic Confession)[8] 제36조에서 볼 수 있는 것

형당한 것으로 유명하다.

7   저자 노트: Het Calvinisme, *oorsprong en waarborg onzer constitutioneele vrijheden* Amsterdam: B. van der Land, 1874. ET: "Calvinism: Source and Strong hold of our Constitutional Ciberties," in *Abraham Kuyper: A Centennial Reader*, ed, James D. Bratt (Grand Rapids: Eerdmans, 1998) 279-317.

8   참조는 시민 정부의 과업을 묘사하는 말이다. "정부의 과업은 공공영역을 돌보고 감사하는

처럼 그들의 체제가 혼합 인구 집단의 나라들에 적용되자마자 가톨릭이 구상하고 도입해서 오늘날까지 유지하는 체제로 다시 전락하고 만다. 이 이론을 근거로 해서 17세기 후반 마르시우스(Maresius)[9]는 정부의 의무는 다양한 제한에도 불구하고 이단자들을 처형하는 것이라고 상기시켰다.

그러므로 이것을 더 이상 반박할 필요는 없다. 역사학도들은 우리의 부끄러움이 아니라 우리의 근시안적인 것과 무분별함에 대해 언급하는 이야기에 익숙할 것이다.

실제로 모든 개혁주의 국가들, 교회들, 정부들, 교회법학자들, 그리고 최선두에 있는 푸치우스(Voetius)는 비록 그들이 이론적으로는 이를 고수했지만 이런 체제에 저항했으며 반대 운동을 전개했다.[10]

결국 그 체제의 요구에 따라 행동하는 것은 처음부터 드문 예외였다. 가톨릭에 저항하는 포고령을 내린 정부조차도 단지 종이 허수아비에 불과했다. 스위스, 홀란트, 스코틀랜드, 그리고 미국 등 개혁주의 국가들의 종교사로부터 나타나는 것이 무엇인지 질문을 받는다면, 그에 대한 대답은 이론에 대한 예외가 점진적으로 증가했고 양심의 자유와 종교의 자유가 모든 방면에서 점차 존중되기 시작했다는 것이다.

것에 제한되지 않고, 우상과 적그리스도의 거짓 경배를 제거하고 파괴하기 위한 거룩한 사역으로 확대하고, 그리스도의 나라를 높이는 것이다. 벨기에 신앙고백서(Belgic Confession), 제36장 시민 정부(The Civil Government). 1905년 카이퍼는 자신의 교파에서 이 말을 없앴다. 이후 대부분의 자매 교회들이 그 방식을 따랐다.

9   사무엘 마르시우스(Samuel Maresius, 1577-1673)는 저지대 국가에 있는 왈롱(Walloon) 교회의 목사였고 흐로닝은 대학의 조직신학 교수였다.

10   헤이스베르트 푸치우스(Gijsbert Voetius, 1589-1676)는 우트레흐트 대학교의 교수였던 유능한 개혁파 신학자였다.

종교적 문제에 있어 개혁주의자들이 인간의 권위에 끝까지 저항
하려는 의지를 가지고 있었기 때문에 이런 일이 "나야만" 했다. 독립파
들의 열정 덕분에 17세기의 영국 혁명이 개혁주의의 나무로부터의 성
숙한 열매인 양심의 자유를 고취시켰다는 것은 아무리 강조해도 지나
치지 않다.

우리는 이 점에 대하여 사실을 숨기거나 후퇴 신호를 보내지 않고
도 우리 조상들의 불완전한 정치 이론과 단절하며, 그들이 제네바, 영
국, 그리고 부분적으로 우리나라에서 저지른 일을 비난한다. 자신들의
원칙과 반대로 그들은 잘못된 이론의 힘에 따라 행동했다. 우리는 전
적인 신뢰와 확신으로 다른 원칙 즉 "국가는 단지 기독교의 발전을 위
한 자유만을 허락한다"는 것을 받아들인다.

III. 하나님의 말씀을 위한 자유로운 전개

§56   복음을 위한 자유

우리가 알듯이 정부는 계시된 종교의 영역 외부에 있다. 정부는 자연
적인 하나님에 대한 지식만을 가지고 있지, 직접적이거나 초자연적인
지식을 가지고 있지는 않다. 이것은 초자연적인 계시에 대해서 정부는
소극적인 의미의 의무만을 부담하고 자연적 지식의 힘에 대해서는 적

극적인 의무를 준수해야만 한다는 것을 의미한다.

하나님에 대한 이런 자연적 지식 덕분에 정부는 이 지식이 충분하지 않고 초자연적인 계시를 전제한다는 것을 알게 된다. 정부는 자신이 통치하는 대상이 더 높은 질서에 따른 존재이고, 하나의 생명을 위해 창조되었으며, 정부가 제공하는 것 이상의 다른 지도, 도움, 빛이 필요한 "인간"(human beings)이라는 것을 알게 된다.

전통적으로 그리스도인들의 정부는 이 높은 빛이 공자(孔子), 부처, 혹은 다윈이 아니라 오직 예수 그리스도, 혹은 영원한 복음에서 발견된다는 것을 안다. 그러나 정부는 어떤 방식으로 복음이 사람들에게 전달되고 또 복음이 사람들에게 어떤 의무를 부과하는지에 관한 질문에 결정적인 답을 제시하지 않는다. 정부는 대답할 능력이 없다. 복음은 그 영역 밖에 있고 그것을 초월하기 때문이다. 그리고 정부는 다른 사람들의 답을 채택할 수도 없다. 그런 답들은 다양하고 정부는 그 답들 가운데서 선택할 영적인 능력이 없기 때문이다.

그러므로 이런 이유로 우리는 정부가 복음에 대해서만큼은 단지 소극적으로 행동한다고 인정한다.

정부는 복음을 편애해서도 안 되고, 복음을 차별해서는 더더욱 안 된다. 정부는 존경과 자비의 태도를 지녀야 한다. 그러나 경건한 존경심으로 정부는 자신이 할 수 없는 것을 어떤 것이라도 하기를 거부하는 자비가 있어야만 한다. 따라서 우리의 강령은 매우 정확한 견해로 네 가지 다른 의무에 대해 말한다.

(1) 복음은 자유롭게 선포되어야 한다.

정부는 복음의 선포를 방해해서는 안 된다. 말씀의 선포에 어떤 제한과 방해도 없어야 한다. 복음의 모든 대리인들을 정부의 모든 부서에서, 그리고 복음의 적이 아니라 친구이기를 원하는 공무원들에게서 볼 수 있어야만 하다. 그들은 하나님의 말씀을 방해하지 않고 도리어 길을 열어야 한다.

정부는 직간접적으로 이 규칙을 어길 수 있다.

우리 정부는 1816년 직접적으로 국가의 중심부에 있는 강력한 단체인 네덜란드 개혁교회의 후견인이 되면서, 한때 활기를 띠었던 조직에 절대적인 무기력을 일으켰고 관료적인 구속으로 그것을 질식시키려 했다.

우리 정부는 우리 대학들의 거의 모든 학과에 복음에 대한 공격자들을 우선적으로 임명함으로써 직접적이고 충격적인 방법으로 이 일을 저질렀고 모든 복음주의 대학의 설립을 불가능하게 만들었다. 이 일에는 지식인 계층뿐 아니라 고위 공직자들도 복음의 전개를 방해했다.

마찬가지로 정부는 침착하고 분명한 행동을 통하여 간접적인 방법으로 복음의 확산을 방해했다. 실제로 공직자들의 무례한 행동을 통해 도처에서 복음에 대한 자유로운 통행을 제공하지 않는다는 인상을 주었다.

이것은 용인될 수 없다. 이것은 바뀌어야만 한다. 우리는 호의나 방해를 요구하지 않는다. 정부는 하나님의 말씀이 자유롭게 전개될 수 있는 환경을 제공해야 한다.

(2) 정부는 반(反)복음을 도입하거나 보호해서는 안 된다.

복음은 공개적으로 기독교를 공격하거나 인본주의 종교 또는 다른 신념 체계와 균형을 맞추는 두 가지 방법 사이에서 전투를 벌이게 된다.

국가가 후자를 선택할 때, 그것은 더 이상 기독교 복음의 적이 아니다. 그것은 중립적인 것으로 간주되지만, 그러나 실제로는 그리스도의 복음의 능력을 무너뜨린다. 그것은 공개적인 공격이지만, 그러나 은밀하고 애매하며 위선적인 방식으로 동일한 목적을 달성한다.

우리나라가 이러한 상황에 도달했다는 것은 말할 필요가 없을 정도다. 모든 사람들은 대도시에서의 지식인과 학자들의 모임에서 역사성에 기반을 둔 기독교(historic Christianity)를 예수가 베들레헴에서 태어났던 시대에 로마와 아테네의 교양 있는 사람들 가운데서 유행했던 생각들과 매우 유사한 일종의 철학적 도덕으로 대체하고자 시도했음을 명명백백하게 알 수 있다.

우리의 체제에 따르면 정부는 역사성에 기반을 둔 기독교에 대항하는 이러한 음모에 완전한 자유를 줄 수밖에 없다. 그러나 동시에 정부는 이것을 유감스러운 것으로 간주해야만 했으며 결코 찬성하지 않았어야 했다. 그것만이 유일하면서도 적절한 입장이어야 한다.

그러나 우리 정부는 처음부터 역사성에 기반을 둔 기독교의 적들 편에 서 있고, 실질적으로 영향력이 있는 모든 자리를 그들에게 넘겨 주었으며, 입법에 점점 더 그들의 생각을 포함시켰고, 마지막으로 공립 학교에 의한 기독교 체계의 붕괴를 추진하기 위해 수많은 지방정부와 국가의 재정을 마음대로 사용하였다.

(3) 종교적 문제와 관련해서는 모두에게 동일한 권리가 있다.

정부가 복음에 얼마나 공감하든지에 관계없이 정부는 복음을 수호하기 원하는 설교자를 추방하거나 구속하려는 시도를 허용해서는 안 된다.

만약 유대인이 기독교의 메시아에 대해서, 무슬림이 성령에 대해서, 다원주의자가 창조에 대해 이의를 제기하기를 원한다면, 혹은 이 문제와 관련하여 실증주의자가 거룩한 모든 것은 믿음에 달려 있다는 핵심 주장에 대해 이의를 제기하길 원한다면, 그러한 모든 것에 대해 그렇게 할 자유가 부여되어야 한다.

자유롭게 하라. 일단 정부가 잡초를 뽑기 시작하면 밀을 가라지로 오인하기 쉽기 때문이다. 자유롭게 하라. 기독교의 적대자들은 공격을 당하면 자신들이 공정하지 않게 공격을 당했고 단지 폭력에 굴복한 것에 불과하다고 자랑할 수 있기 때문이다. 무엇보다 자유롭게 하라. 기독교 자체는 다른 진영의 챔피언들과 지속적인 결투가 필요하며 엄격한 도덕적 전투에서 승리함으로써 스스로의 도덕적 우월성을 증명해야만 한다.

동일한 심정을 가진 사람들과의 유대 관계는 자유롭게 남아 있어야 한다. 그런 유대 관계가 교회나 종교 단체 또는 사회의 이름을 가지는가에 관한 문제조차 정부에게는 중요하지 않아야 한다. 비록 무신론자들이 교회를 설립하기 원할지라도 관용해야만 한다. 특별한 보호까지는 아니더라도 금지 또는 억압이 없어야 한다. 발생하고 성장할 여지가 있는 것들은 그렇게 하도록 허용되어야 한다. 비기독교의 영적인 삶이 주는 본질적 공허함을 입증하는 영광을 취하기 위해, 비록 기독교적인 순교가 필요하다고 하더라도, 신자들은 그런 일들을 내버려둘 필요가 있다.

우리는 신자들과 비신자들에게 똑같이 자유를 허용하는 것을 회피하지 말아야 한다. 그렇지 않으면 우리가 기대기 원하는 힘은 믿음의 힘이 아니라 다른 힘으로 발현되어 나타난다.

그리고 만약 이 모든 것이 복음의 반대자들에게 유효하다면, 복음을 선포하는 중에 발생하는 다채로운, 때로는 기괴한 양태들도 용인되어야만 한다.

침례교가 어빙파보다, 어빙파가 아르미니우스주의보다 혜택을 받아서는 안 된다. 정부는 교회가 어떤 표어와 신조를 나타내는가에 상관없이 한쪽 교회로 치우쳐서는 안 된다.

개혁교회에게 허용되지 않는 것이 로마 가톨릭에 허용되어서는 안 된다. 우리가 관용하지 못하는 권리에 대한 억압, 부과, 그리고 통제 등을 가톨릭이 받아서도 안 된다. 비록 로마 가톨릭이 자신이 당한 것보다 열 배 정도 더 우리를 화나게 하고 조롱할지라도[11] 우리는 침착을 유지하는 것이 마땅하며 계시적 종교의 영역에서 정부의 불간섭을 규정하는 우리의 원칙으로부터 조금도 벗어나지 않아야 한다.

11　카이퍼는 1853년 3월 교황칙서를 생각했을 것이다. 그것은 교황이 네덜란드에서 주교의 위계질서의 회복을 선포했고 얀슨주의(Jansenism)을 거대한 해충이라고 말할 뿐 아니라 성 빌리브로르트(Willibrord)와 보니파스(Boniface)에 의해 설립되고 번성했던 교회들에 심각한 손실을 끼친 칼뱅주의 이단들에 대해 맹렬히 공격할 것을 말했으며 "적대적인 사람이 주님의 귀중한 포도원을 파괴하기 위해 자신의 최선을 다했다"고 언급했다. 초기 영국에서 그 사건은 격렬한 반교황 운동을 몇 달 동안 이끌었고 결국 정부의 사퇴를 이끌었는데 그 정부는 자신들의 교회를 조직하려는 가톨릭의 헌법적 권리의 존중을 저버리지 않으려 했다.

마지막으로 사적인 생활과 시민 의식에 관하여, 모든 시민은 영원한 것에 관한 자신의 견해와 상관없이 동등한 대우를 받아야 한다. 즉 예를 들어 아무도 단지 자신이 믿거나 믿지 않는다는 이유로 어떤 공직의 임명에 배제되어서는 안 된다. 또한 정치 영역에서의 핸디캡인 무신론자의 영적 무지를 제거하려는 수단이 선서라는 사례를 통해 발견되어야 한다. 동일한 맥락에서 대학의 지도 위원으로서 우리 신조를 따르는 사람들이 체제에서 배제되는 것은 옳지 않다. 최근 자유주의 언론에 의해 지지되는 이 체제는 맹렬한 옹졸함의 수치스러운 흔적을 지니고 있다.

(4) 양심은 침해되지 않아야 한다.

표현의 자유, 신앙의 자유, 경배의 자유가 있어야 한다. 그러나 무엇보다 이런 모든 자유의 뿌리는 양심의 자유다. 이에 대한 광범위한 주제는 독립된 법조문을 필요로 한다.

IV. 양심의 자유

양심: 스스로의 영역에서 절대적인 §59

양심은 국가가 절대 넘을 수 없는 경계선이다.

국가 권력의 제한은 하나님의 뜻 안에 있다. 정부는 하나님이 양도한 만큼의 권력을 가진다. 그 이상도 그 이하도 아니다. 만약 정부가 양도된 권력을 사용하지 않고 남겨두거나 양도되지 않는 권력을 가로챈다면 죄를 범하는 것이다.

제한이 없는 유일한 권력이 있는데 그것은 하나님이 행사하시는 권력이다. 그래서 전능하신 하나님으로 불린다. 마치 한계가 없는 것처럼 권력을 행사할 권리를 국가에게 부여하는 사람은 국가를 신격화하고 국가의 전능성을 최우선시하는 죄를 짓게 된다. 그것은 수사적인 어법에 불과한 것이 아니라 순전히 논리적 개념을 표현하는 것이다.

우리가 더 이상 "하나님"이 아니라 "그분이 창조한 제도"를 말하는 순간, 우리는 이미 권력의 분배가 일어났음을 시사하는 것이다. 하나님은 모든 종류의 제도를 창조하셨고, 그것들 각각에 일정한 권한을 부여하셨다. 다른 말로 하자면, 그분은 자신이 양도해야만 했던 권력을 분배하셨다. 그분은 하나의 기관에 모든 권력을 부여하지 않으셨지만, 그러나 각각의 기관에 자신의 본성과 소명에 부합하는 특정한 권력을 부여했다.

공유지를 분할할 때 개인 소유의 작은 땅이 생기는 것처럼 그것은 경계를 창조하는 권력의 분배였다. 그러므로 만약 권력의 문제가 만질 수 있는 물질적인 것과 관계된다면 국가 권력의 한계에 대해 논란의 여지는 없을 것이다. 하나님은 단 한 번 자신의 각 기관의 경계를 정하셨다. 그분은 우리에게 그 경계에 대한 설명도 하셨다. 그래서 싸움이 일어날 때마다 (우리가 그러한 방식으로 싸움을 방치한다면) 우리는 "신령한 등기소"에 문의함으로써 그 문제를 해결할 수 있을 것이다.

그러나 실제에 있어서는 그렇지 않다.

우선 다양한 실체, 하나님께서 사신의 창조의 능력으로 만드셨고 그분이 분배하신 권력을 부여받은 인간은 거의 모두 전체 또는 부분적으로 도덕적 본성을 지니고 있다. 구별되는 과학의 삶, 구별되는 예술의 삶, 구별되는 교회의 삶, 구별되는 가족의 삶, 구별되는 마을 공동체의 삶, 구별되는 농업의 삶, 구별되는 산업의 삶, 구별되는 상업의 삶, 구별되는 자선의 삶, 그리고 이런 목록은 수도 없이 많다.

이런 모든 실체들 그리고 다른 많은 조직들 바로 옆에 국가 제도가 있다.

그 조직들 위가 아니라 옆에 있다는 말이다. 왜냐하면 이 각각의 조직들은 "영역 주권"(sphere-sovereignty)을 가지며, 국가로부터 주어진 것이 아닌 하나님으로부터의 직접적인 선물로서 마음대로 할 수 있는 권력이 부여되었기 때문이다.

아버지는 국가로부터 받은 선물이 아니라 하나님의 은총에 따라 자신의 자녀들에게 영향력을 행사한다. 국가가 가질 수 있는 유일한 권리는 기껏해야 만약 어떤 아버지가 하나님이 자녀에게 준 권리를 손상시키기를 원한다면 하나님이 의도했던 상황을 회복시키기 위해 아버지가 하나님으로부터 받은 권력을 성문화(成文化)하는 것이다.

그리고 정부만이 공권력을 가진다는 사실에 의해 국가는 모든 다른 조직들과 구분된다. 반면에 모든 다른 조직은 사적인 성질을 가진다.

다음에 우리는 이에 대한 다른 성향을 논의할 것이다. 지금은 오직 정부만이 분쟁 중일 때 조직과 개인에게 정의롭게 보이는 것을 강요할 권리가 주어졌다는 것만으로 충분하다. 동시에 정부는 이런 조직들과 개인들이 자신들의 본질적 삶의 과업을 소홀히 할 때마다 개입해서 가능한 한 그것을 많이 실현하게 할 의무를 가진다.

양심: 국가 주권의 제한 §60

실제로 조직 및 개인이 관련된 태만에는 세 가지 실례가 있을 수 있다.

그중 하나는 자신의 경계를 벗어나서 다른 것에 해를 끼치는 것이다. 그 경우 정부는 해를 끼치는 침입자를 밀쳐내야 한다.

다음으로 그중 하나는 다른 조직이 사용하지 않고 방치한 것을 제공하는데, 그 경우 정부는 단지 무질서와 혼란만을 경계하면 된다.

최종적으로 하나 혹은 그 이상의 조직은 다른 조직이 제공하지 않는 것을 방치한다. 그때 정부는 만약 그것이 필수적인 문제라면 어떻게 끼어들지, 그리고 그 사이에 정부는 일시적인 개입이 필요한 사안에 대해 시민들의 힘을 어떻게 자극할지를 고려해야만 한다.

이것으로부터 정부는 정상적인 그리고 비정상적인 이중의 업무가 있다는 결론을 얻는다. 정상적인 업무는 자신의 영역을 개발하는 것이다. 비정상적인 업무는 이웃 영역이 스스로 경작하지 않는 경우에 그것을 돌보며 그들이 스스로를 소홀히 한다면 보살피는 것이다.

그러므로 초기 사회에서 국가는 거의 모든 것을 해야만 한다. 시민들의 에너지를 일깨우는 조치에서 정부는 점점 더 비정상적인 활동으로부터 벗어나려 할 것이다. 시민의 에너지가 전방위적으로 일어나고 국가가 더 이상 아무것도 하지 않으면서 시민이 자신에게 양도된 분야에 대해 배타적으로 집중할 수 있는 기회를 창조할 수 있을 때, 비로소 상황은 정상이 될 것이다.

만약 국가와 다른 조직들 간의 분쟁에 판결을 선언할 고위 판사가 있다면, 그리고 만약 그 판사가 동시에 자신의 판결에 대한 집행을 강제할 권능을 가지고 있다면 대리인(*negotiorum gestio*)[12]에 관한 이런 문제는 없을 것이다.

그러나 지구상에 그런 판사는 없다. 이런 분쟁에서 정부는 자신의 인과 관계를 판단하는 판사다. 이것은 정부가 종종 잘못을 저지르는 불공정 대우와 권력의 남용이라는 근원을 제공한다.

죄악된 사람으로 대표되는 정부는 종종 폭력으로 강제하기 위해 배타적인 특권을 남용한다.

정부는 (1) 자신이 다른 조직에게 권한을 부여할 능력이 있는 듯이 행세함으로써, (2) 조직들 간의 분쟁에서 자신들에게 공감하는 당사자를 선호함으로써, (3) 자신들이 단지 잠정적 관리인에 불과한데 점진적으로 소유주처럼 행사하는 세 가지 방법으로 권력을 남용한다. 이러한 세 가지 방식의 남용을 해결하려면 양심의 자유에 절대적이면서 완전하게 기대는 것 외에는 어떤 치료제도 없다.

---

12 *Neogotiorum gestio*는 네덜란드법에 알려진 대리인을 말한다. 이 자는 어떤 원칙의 혜택을 위해 원칙을 대신하여 활동한다. 여기서 언급하는 것은 비정부 영역에서 정부의 잠정적인 역할이다.

정의감은 이것을 해결하는 데 도움이 된다. 그러나 최근 우리나라에서 더욱 명백해진 것은 정부가 이 성스러운 감각조차도 무디게 하는 자의적인 임시변통을 가지고 있다는 점이다.

헌법 역시 이를 해결하는 데 도움이 된다. 그것은 모든 시민권의 헌장(憲章)이다. 그러나 우리는 어떻게 헌법의 해석이 헌법을 무력화시키는 신비한 공식으로서 기능하는지에 대해 잘 알고 있다.

여론 역시 도움이 된다. 그러나 5월법 그리고 사회주의 관련 법안들은 어떻게 한 명의 강력한 정부 지도자가 3년이라는 기간에 한 나라의 여론을 뒤집을 수 있는지에 대해서 명백하게 보여주었다.[13]

그러므로 국가 권력에 대항하여 절대 꺾이지 않고 지배되지 않는다고 궁극적으로 증명된 유일한 지지대는 양심뿐이다.

양심은 결코 강제되지 않는다 §61

양심은 인간의 삶에 가장 친숙한 표현이다. 양심은 하나님으로부터 직접 자신의 권한을 부여받았다는 것을 알고 있다. 양심은 단지 잠정적인 관리자인 정부가 소유주처럼 행동할 때마다 정부를 괴롭히기를 멈추지 않는다.

양심이 가지고 있는 이러한 탁월한 성향은 순간순간 하나님의 거룩한 실존이 인간의 영혼을 직접 만지신다는 사실로부터 기인한다. 자신의 양심이 성채(城砦) 속에 물러나 있을 때, 사람은 전지전능한 하나

---

13 여기에서 카이퍼는 1870년대 동안 독일의 비스마르크 정부 아래서의 억압적 법안을 말하고 있다. §13n22를 참조하라.

님이 그 성의 정문에서 그를 지키고 있다는 것을 알게 된다. 그러므로 자신의 양심 속에서 그 사람은 난공불락이다.

그럼에도 불구하고 만약 정부가 감히 폭력을 남용한다면 그 끝에 나타나는 결과는 순교자의 죽음일 것이다. 그리고 그 죽음 속에서 정부는 패배하고 양심은 승리한다.

그러므로 양심은 인간의 방패이자 모든 시민 자유의 뿌리이며 국가가 행복을 누리는 원천이 된다.

확실히 우리는 우리가 죄악으로 가득 찬 상태에서 양심과 관련하여 두 가지 잘못이 일어난다는 것을 잘 알고 있다. (1) 사람은 위선적인 핑계로 자신의 양심을 잘못 사용한다. (2) 사람의 양심은 양심이 원하는 것을 그릇 판단한다. 그래서 우리가 잘 알고 있듯이, 권세 있는 자들은 신뢰할 수 없는 양심에 대한 굴복이 정부의 존엄을 깎아내리는 것이라고 말함으로써 이 마지막 저항의 보루를 들끓게 만드는 이런 상황을 이용하기를 좋아한다.

그럼에도 불구하고 우리가 이 문제의 현실에 맞닥뜨리지만, 한 번 선한 양심을 억압하는 것보다는 열 번 잘못된 양심을 피하는 것이 낫다.

양심 자체를 침해함으로써 기행(eccentricity)을 금지시키는 국가보다는 몇몇 기인들이 양심의 자유를 남용함으로써 잠시 우스꽝스러운 충격을 주는 국가가 열 배는 더 낫다.

그래서 성스럽고 반박의 여지가 없는 우리의 최고 격언은 다음과 같이 해석된다. 신민(臣民)이 자신의 양심에 호소하자마자 정부는 거룩한 것에 대한 존경을 가지고 뒤로 물러난다.

정부는 결코 강제하지 않는다. 선서를 강요하거나 군복무를 강제하지 않고, 강제적으로 학교 출석이나 백신을 맞을 것을 강요하지 않으며, 그 어떤 것도 강제하지 않는다.

자유를 수호하고자 조국을 위한 전쟁을 치르게 되었을 때, 국가의 독립은 제복을 입은 수많은 양심적인 평화주의자들[14](pacifists)이 있는 것보다 국가 안에 굳건한 양심이 존재한다는 사실로 인해 열 배 정도 더 안전할 것이다.

우리의 강령은 단 하나의 예외를 두고 있는데, 만약 그것이 고결하다는 추정이 결여되지 않았다면, 양심에 대한 호소는 존중되어야 한다. 그것이 부당하지는 않은 것 같다. 다만 사기꾼, 무모한 악당, 비열한 인간은 양심에 호소할 권리를 가져서는 안 된다. 이 점이 양심의 자유의 한계로서 받아들여지지만 그것이 불공정한 것은 아니다. 만약 당신이 양심의 자유라는 기본적 권리를 향유하기 원한다면 수치스러운 것은 무엇이든지 포기하라고 요청하는 것은 결코 지나친 일이 아니다.

---

14 원문은 "수많은 메노파 병사들이 있는 것"으로 되어 있다.

제6장

"하나님의 은총으로"

제5조

우리는 정부가 하나님의 은총으로 다스려야 한다고 확언한다. 그리하여 정부는 하나님으로부터 통치권을 부여받고, 선서를 요구할 권리를 가지며, 주의 날을 자유롭게 지키기 위해 기존의 주일에 관한 법을 개정한 후에는 사람들을 위해 그날에 대한 운송 회사의 완전한 혹은 부분적인 활동의 중단을 명시해야 할 뿐만 아니라 모든 분야에서 그것이 실행되도록 할 의무가 있다.

I. 법의 관점

§62 정부는 하나님의 법을 인정한다

우리의 강령 제5조는 정부에게 세 가지 의무를 부여한다. 그것은 통치권을 행사하고, 국가 체계의 결속을 위해 선서한 것을 유지하며, 주의 날을 자유롭게 지키는 것이다. 그것은 또한 세 가지 의무를 행할 능력이 "하나님의 은총"에 따른 통치로부터 유래한다고 단언한다. 첫 번째 의무부터 시작해보자. 국가의 첫 번째 의무는 하나님의 은총으로 통치권을 행사하는 것이다. 이 말을 요약하자면 정부는 하나님의 법을 인정해야만 한다는 것이다.

본성과 소명에서 정부는 은총이 아니라 법적인 관점으로 바라보도록 정해졌다. 만약 정부가 법적인 영역을 포기하고 목회적 돌봄과 정서의 영역을 침해한다면 그것은 국가에 헤아릴 수 없는 피해를 입히는 것이다. 그것은 정부가 그리스도의 교회에 성직자들과 하나님 나라의 일꾼들을 선출하는 것을 가로채는 것만으로 그치지 않을 수도 있다. 그런 침해는 헌법과 은총의 언약으로부터 유래하는 개념을 혼합함으로써 정의와 법의 의미를 희미해지게 만든다.

그러나 프랑스 혁명 이념의 확산 이래 모든 법은 단지 관습적이고 법에 대한 복종은 단지 자발적인 동의의 결과이므로, 법을 위반한 자를 교정하고자 무거운 처벌이 필요한 것은 아니라는 생각을 장려하기 위해 정부가 더 많은 행동의 자유를 가져야 한다는 것도 받아들일 수 없다.

두 출발점은 정부가 자신의 영역에서 주권적이지 못하게 하고 모호함을 통해 정의감이 둔해지고 약해지게 만들며 정부의 권위가 위엄과 존중을 잃게 만든다. 확실히, 하나님 나라에 관한 설교도 필요하고, 범법자에 대한 교정 프로그램도 있어야만 한다. 그러나 그 어느 것도 정부의 일은 아니다.[1]

정부는 자신의 소명과 명예로운 과업이 있고 이 독특한 소명을 위해 독립된 영역 및 독립된 삶의 분야가 위임되었으며, 그 목적을 실현하기 위해 독립된 기구가 설치되었다.

그래서 정부의 입장은 다름 아닌 법의 입장이다. 때문에 정부는 자신의 권위에 근거하여 통치하는 것이 아니라 하나님의 법인 하나님의 은총에 따라 통치한다.

더 특별한 도덕법 §63

"하나님의 법"이라는 것은 십계명이 아니라 죄에 빠지기 전에 사람 속에 스며들었던 보편적인 도덕법을 의미한다. 그것은 타락 후 약화되었음에도 불구하고 가장 무자비하고 타락한 사람들 가운데조차 강하고 예리하면서도 분명하게 말한다. 바울은 "율법 없는 이방인이 본성으로 율법의 일을 행할 때에는 이 사람은 율법이 없어도 자기가 자기에게 율법이 되나니, 이런 사람은 그 양심이 증거가 되어 그 생각들이 서로 혹은 고발하며 혹은 변명하여 그 마음에 새긴 율법의 행위를 나타내느

---

1   대부분의 카이퍼 시대의 사람들은 전과자들에 대한 교정과 갱생 프로그램은 구호 단체의 관심사라는 데 동의했다.

니라"²라고 쓰고 있다.

법관에 관한 그의 탁월한 신학 논문에서 칼뱅 역시 이방 땅에서조차 정부는 이런 하나님의 보편적 법을 인정하고 그것을 자신의 지침으로 삼는다고 지적했다. 십계명에 계시된 법적인 관점을 공식적으로 정부에게 두는 것이 얼마나 실행이 불가능한지는 우리의 과거 신정주의자들이 "너희는 탐내지 마라"³는 열 번째 계명을 위반한 경우에 정부가 적용하려고 제안한 처벌이 무엇이었는가를 회상해보면 분명히 알 수 있다.

뿐만 아니라 우리가 제3조에서 말했던 것을 고려하면, 한 사람이 정부에게 계시 혹은 보편적 자연법을 인정하는 업무를 맡겼는지는 우리에게 전혀 중요하지 않다. 결국 기독교 국가에서 그리스도의 교회가 종교적 양심을 인정하는 정도에 따라 사람들의 마음속에 있는 도덕법이 명령하는 바는 십계명이 차지하고 있는 높은 관점에 따라 정화되고 선명해질 것이다.

그러나 비록 교회에 출석하는 인원이 줄어듦에 따라 이것이 점차 사실이 아닌 게 될지라도, 이는 실용성에 근거하여 유일하고 온전한 통로에서 이탈하도록 우리를 유혹해서는 안 된다.

정치적 문제에서 여러분은 공식적으로, 그리고 한 몸으로서 정부를 가졌는지를 분명히 결정해야 하고 "계시된" 진리의 해석자이자 수호자로서 행동해야 한다.

그러나 당신이 어떤 선택을 하든지 일관성이 있으며 그에 따라 행

---

2   롬 2:14-15(저자의 강조).
3   여기서 카이퍼의 요점은 이단들을 처벌해야 할 시 행정관의 의무에 관한 전통적인 개혁파의 이해에 관한 이전의 논의와 연결된다.

동해야 한다. 당신이 정부가 하나님의 계시된 지식을 유지할 권한을 부여받았다고 생각한다면 정부에 모든 계시를 이양하라. 십계명뿐만 아니라 복음, 그리고 하나님 나라의 확장에 관한 모든 권한을 정부에 이양하라. 다른 말로 엄격한 신정주의와 로마 가톨릭의 정치 원칙으로 돌아가라.

만약 당신이 그것을 원하지 않는다면, 원칙적으로 거부한다는 것을 어중간하게 표현하지 마라. 대신 양심적이고 단호하게 반대 입장을 선택하고, 당신이 어려움에 직면할지라도 그것을 고수하라. 정부는 하나님의 계시된 지식(직접적이지 않고 단지 개인적 양심을 경유하는)이 아니라 하나님에 대한 자연적 지식에만 책임이 있다는 것을 인정하라. 그리고 명백하게 정부가 시내산의 법이 아니라 로마서 2장에 따라 모든 사람의 양심을 강조하는 더 깊은 도덕법의 옹호자로서 행동한다는 것을 말하라. 십계명은 단지 신적인 약속에 동의하고 복음을 강화시키며 이스라엘의 필요와 연결된다.

그러므로 정부는 도덕법을 인정해야만 한다. 그러나 시내산 계명이라는 가장 구체적인 형태로서의 도덕법에 대한 지지는 오늘날 특히 선호되는 "사람들의 승인"이라는 형태로서의 도덕법 수준에 머물러야 한다.

그것은 "하나님"의 법이기 때문에 명령하고 강제하는 힘이 있다. 정부가 법을 인정해야 하지만 그것은 단지 "하나님의 은총"에 따를 때 가능하며 이것이 우리의 강령에서 상기시키고자 하는 것이다.

요약하면 우리는 다음의 주장을 유지해야만 한다. 하나님의 종으로 활동하는 정부는 법적인 관점에 자신의 가치를 두어야 하고, 보편적인 도덕법의 지침에 따라 하나님의 은총으로 통치하는 위임 권한에 대해 법적인 권위를 인정해야만 하며, 공무원이 자신들의 양심에 따라 그것을 인정하는 한도 내에서만 계시된 진리에 대해 책임을 진다.

§64 하나님의 영광과 교회와 왕국의 유익을 위하여

우리는 법적인 관점을 인정하는 정부의 업무에 대해 특별한 강조점을
둔다. 그것은 하나님 한 분만 영화롭게 한다.

그 관점은 다음과 같이 말한다. 당신은 자신의 주인이나 주관자가
아니다. 당신 위에 힘이 있는데 그것은 당신의 도덕적 삶에 관여하고 법
을 제정하는 데 있어 당신의 기쁨을 따르지 않고 변하지 않는 영원한
법의 기준을 따른다. 그 기준은 당신이 당신 자신에 대해 책임질 것을
요구하고 만약 당신이 그 기준에 불순종하면 벌을 준다. "너는 사람이고
나는 너의 하나님이다"[4]라고 말하는 것은 대단히 실질적인 메시지다.

뿐만 아니라 이 관점은 하나님 나라를 위해 전 생애를 준비하게 한다.

법은 "우리를 그리스도에게로 이끄는 교사"[5]이다. 만약 정부가 열
렬하게 법적인 관점을 고수한다면 사람들의 영혼은 결국 그들을 시내
산 계명의 완전함으로 향하도록 만들고 그들을 일깨워서 자신들의 죄
와 비참으로터 구원해주시길 탄원하게 만들 건전한 두려움에 압도될
것이다.

결국 교회는 정부가 교회에 주기를 원하는 특전보다 이 특별한 정
부의 사무를 통해 자신의 위대한 임무를 더 잘 완수하게 된다. 만약
정부가 법에 대한 존중이 이 땅에서 소생하도록 하고 모든 것을 통제

---

4   겔 34:31.

5   갈 3:24.

하는 신성한 권리에 대한 인식이 사람들의 양심 속에 뿌리내게 할 수 있다면, 확실히 사람들은 하나님에 대한 두려움을 받아들이고 모든 거짓된 경건과 최소한의 미덕을 버림으로써 마음속에 다른 숭고한 열망이 일어나게 될 것이다. 그 열망은 복음에 동조하게 하고 화해에 목마르게 할 것이다.

마지막으로 사람들이 과소평가하지 말아야 할 것이 있다. 정부 스스로 하나님의 법에 따라 법을 지지하고 하나님으로부터 온 권리에 대한 존중을 강요한다면, 그것은 높은 권력이 명령하고 낮은 권력이 복종하는 법적인 관점을 국가적 생활에 깊이 새기는 것이다. 무의식적이면서 자동적으로 가정의 규율이 회복되고 부모에 대한 존경이 깊어지며 상급자를 존중하는 태도가 개선되고 젊은 세대의 노인들에 대한 공경심이 상승하게 된다. 한 마디로 정부가 "하나님의 법"으로서 법을 인정하기를 멈추었기 때문에 잃어버리고 작동하지 않았던 힘과 에너지가 사회생활의 모든 유대 관계에서 다시 일어나게 된다.

III. 선서

선서는 혁명을 지지하는 헌법에 부합하지 않는다 §65

선서는 자유주의 모델을 따르는 국가에는 부합하지 않는 것이다. 그러나 반혁명적 헌법에는 선서가 포함되어 있다.

실제로 대부분의 자유주의 헌법은 선서를 유지하고 있다. 그러나 그것은 모순이다. 그것은 한 체제의 폐해로부터 떠나왔지만 과거의 일상을 꼭 붙잡는 것과 같다. 결국 자유주의자들은 항상 선서를 적게 하려고 노력한다. 우선 그들은 기념식에서 선서하는 것을 생각 없고 불손한 것으로 깎아내린다. 그들은 상당히 많은 경우를 그렇게 여기며, 수많은 공무원들에게 선서는 무의미한 것이 되었다. 그들은 이제 선서를 행하는지 여부를 선택할 수 있어야 한다고 주장하기에 이르렀다. 만약 이 과정이 계속되는 중에 지금 법전에 규정되어 있는 것처럼 선서 또는 "약속"이라는 원칙이 유지된다면, 선서는 점차 실제적인 이익을 잃게 될 것이고 법전에 규정된 "과거의 편협함"은 역사적 유물들의 박물관으로 이전하게 될 것이다.

만약 누구도 방해하지 않는다면 직접적으로 자유주의 원칙에서 그런 결과가 나올 수 있는데 그 이유는 간단하다. 그 출발점은 국가의 원칙에서 "하나님을 제거하는 것"이다. 하나님의 이름을 들먹이는 여지를 만드는 것은 명백히 불합리하고 내적인 모순이며 체제의 조화에 반하는 범죄다.

그러나 또 다른 이유가 있다.

우리가 한 번 이상 보여주었듯이 자유주의 국가의 기본적 개념은 계약이다. 자유주의 국가는 개인의 자유의지를 출발점으로 삼는다. 그것은 펠라기우스(Pelagius)를 정신적 대부로 존중하고 아르미니우스(반펠라기우스학파)와 그로티우스를 학문적 후원자로 둔다. 국가는 계약으로부터 발생하고 정부도 그렇다. 결합의 기초는 계약이다. 봉사의 직책도 계약에 달려 있다.

그래서 이런 종류의 국가에서는 개인의 의지와 말이 모든 것의 기원이다. 그럼에도 한편으로 분명 자유주의 국가는 모든 가능한 법적 관계의 토대로 보이는 사람들의 의지의 표현인 말에 최우선적인 중요성을 부여하지 않는다. 다른 한편으로 부차적인 관심사들에서는 여전히 선서를 통한 확증을 필요로 하는 사람들의 말에 대한 불신을 드러낸다.

그러므로 우리의 헌법과 정치 체제는 선서에 대한 여지가 계속 남아 있을 뿐 아니라 국왕과 국민 사이의 유대가 선서에 의지할 정도다. 우리의 헌법은 자유적이지 않고 분명히 반혁명적이다.[6]

선서는 반혁명적 헌법에 있어 필수 요건이다 §66

우리가 그런 것처럼 정부가 하나님이 정한 한계 내에서, 그리고 그분의 숭고한 왕권에 대한 책임감으로 사람들 가운데 신적인 정의를 지지하기 위한 하나님의 종으로서 권력을 가진다는 것을 인정한다면, 정부와 국민들 간의 관계는 둘 다 동시에 하나님 앞에 서 있는 관계라는 결론이 난다.

법정에서 국가는 피고와 피해자의 관계에 참여할 뿐 아니라 동시에 하나님과의 관계에도 참여한다. 그리고 판사는 하나님의 정의를 인정하게 된다. 마찬가지로 원고 혹은 증인은 국가와의 관계에 참여할 뿐 아니라 동시에 그에게 제한된 권리를 준 하나님과의 관계에 참여한다.

---

6   이것은 군주가 즉위하기 위해 헌법을 지지한다고 선서하는 것에 대한 암시다.

마찬가지로 정부가 군인 혹은 공무원과 충성 서약을 집행할 때 혹은 왕이 입헌적 군주로서 자신을 국민들과 결속시킬 때, 그것은 계약을 마무리 짓는 문제일 뿐 아니라 하나님께서 이 관계에 부여한 모든 의무를 완수하기 위해 서로가 자신을 구속하면서 하나님에 의해 지시된 관계를 인정하는 문제다.

그러므로 법정에서, 그리고 정부와 국민 간 관계의 확립에 있어, 두 당사자 간 관계의 기초에는 살아 계신 하나님과 두 당사자들 간의 관계가 언제나 변함없이 존재한다. 이것이 바로 양 당사자들이 숭고하게 살아 계신 하나님과의 이 관계를 자신들의 행동의 기초로 인정하면서 그들이 자신들을 서로 결합하기보다 마음을 아시는 하나님과 결합하는 것이 선하고 바르고 정의로운 이유다.

따라서 우리는 선서를 받아들일 뿐 아니라 국가를 결속시키는 것으로 그것이 유지되기를 요구한다.

§67 맹세하지 말라는 계명

맹세하지 말라는 예수의 계명[7]은 시민의 선서와 아무런 관계가 없다. 그 계명은 예수의 제자들의 좁은 사회에 내려진 것이었고 선서가 결코 받아들여지지 않는 교회에 대해서는 유효하다. 그러나 국가와 관계된 시민 사회에서 선서 금지는 유효한 것이 아니다. 예수 자신도 가야바 앞에서 선서하셨다.[8]

---

7 마 5:33-37.
8 마 26:62-64.

이것이 다르게 해석될 여지는 없다.

만약 선서가 사람이 하는 일에 대해 살아 계신 하나님께 책임을 지면서 진행하겠다고 상호 간에 그 사실을 상기시키는 것이라면 교회 안에서 선서는 당연히 문제가 되지 않는다. 즉 사람이 하나님의 면전에서 있는 것을 아주 잘 인식할 것으로 기대되는 영역에서는 그렇다. 그러나 선서는 무질서하고 육적인 것이 거룩하고 영적인 것과 서로 섞여 있는 시민 사회에서는 제거할 수 없다. 많은 사람이 하나님과 교감하지 않는다는 것을 지속적으로 상기시키는 모든 소송과 범죄 사례가 등장하는 법정에서는 더욱 그렇다.

재세례파들에게는 당연하겠지만 선서를 금지시킨 실수가 국가와 교회를 혼란에 빠뜨렸다. 그러나 국가와 교회를 두 개로 나누어진 삶의 영역으로 구분하는 우리에게 이 실수는 용서되지 않는다.

선서와 무신론자 §68

우리는 아래 단서 아래 선서가 유지되어야 한다고 강력하게 촉구한다.

(1) 선서는 가능한 한 엄숙하게 집행되어야 하고 그 사람이 살아 계신 하나님을 믿는지에 대해 선서를 하는 사람에게 묻고 나서 선서의 의미를 분명하게 설명하는 짧은 양식을 읽는 것이 최소한 선행되어야 한다.

(2) 선서는 가장 중요한 경우에만 집행되어야 하고, 남용하여 그 힘과 중요성이 강탈되지 않아야 한다.

(3) 하나님과 그분의 말씀에 대한 존중으로 선서하는 것을 불법적으로 간주하는 교파와 협회의 회원은, 설사 선서에 대한 그들의 이

해가 잘못되었다 해도, 선서를 약속으로 대체하는 것이 허용되어야만 한다. 가령 (a) "하나님과 그의 말씀을 존중할 목적으로" 선서를 정죄하는 사회 법규를 만드는 사람들, (b) 개인적으로 "자신이 속한 사회와 동일한 근거로" 이 반대를 공유하는 서면 선언서를 제출한 사람, (c) 만일 그에게 선서를 할 자유가 주어졌다면 그 선서가 그를 구속했을 동일한 방식으로 그가 하는 약속이 구속력을 가진다는 서면 증언을 제출한 사람들이다.

(4) 무신론자들, 즉 자신들이 살아 계신 하나님을 믿는다고 무조건적으로 선언하지 않는 예외적인 사람들은 선서를 하지 않아야 하고 (3)항에서 예시된 약속도 하지 않아야 하지만, 다음 방식으로 다루어져야 한다. 무신론자는 필요한 경우에 국가의 요구를 만족시키기 위해, 그가 사회적으로 명망이 있는 인물에 의해 대변될 준비가 되어 있음을 선언해야 하고(그 인물 또한 국가의 검증을 받아야 하며, 그가 관련 당사자를 충분히 그리고 오래 알고 있었음이 확인되어야 한다), 또한 그 인물은 이 문제와 관련하여 그 무신론자가 진리에 대한 사랑을 가지고 있음을 의심할 이유가 전혀 없음을 선서로써 보증할 수 있어야 한다.

우리의 의도는 어떤 식으로든 무신론자의 경우가 예외적인 것임을 보여주는 동시에, 국가의 유익을 위하여 비신자의 경우에는 신앙을 가진 보증인이 항상 필요하다는 것을 보여주는 것이다. 이것은 공정한 것이다.

결국 무신론자들은 "극소수"다. 플리머스 형제단과 다른 기독교 교파들을 제외하면 인구 통계는 어떤 교회에도 속하지 않는 사람들이 우리나라에 기껏해야 200-300명인 것을 증명한다.

그리고 만약 많은 무신론자들이 교회에 숨어 있다고 우리에게 지적한다면 그 대답은 "하나님을 경배하는 모습을 하고 있는 부정직한 무신론자는 진리를 사랑하고 자신의 말을 지키는 자라는 신임을 받을 자격이 아예 없다"는 것이다.

그러므로 우리는 무신론자의 숫자가 상당하다고 믿지 않는다. 너무 적어서 그들을 위한 예외 규정을 만드는 수고를 굳이 할 필요가 없다. 그러나 거의 아무것도 하지 않기보다 우리는 시민들 중 이 예외적인 집단조차도 국가의 명백한 권리와 자신들의 사적 이익을 가능한 한 최대로 조화시킬 수 있도록 방법을 제시한다.

III. 안식일 휴식

안식일을 위한 사회적 동요 §69

정확하게 말해서 우리의 강령은 주일 문제를 사회적 문제와 연계시키지 않고, 이 장에서는 하나님에 대한 정부의 책임과 관계된 문제로 다루고자 한다.

휴식을 위한 날이라는 개념은 무신론 국가에서도 전혀 낯선 것이 아니다. 휴식이 없는 노동은 무신론자들도 점차 고갈시킨다. 능력이 한계에 달할 때 당신은 본능적으로 힘을 회복하는 자연적 수단으로 휴식을 취한다.

유일한 불일치는 사람이 제6일, 제7일, 혹은 제10일 중 어떤 날을 한가하게 보내야만 하는지에 대한 것이다. 잘 알려져 있듯이, 프랑스 혁명은 사회생활에서의 유독한 바이러스로서의 성경적 흔적의 모든 마지막 산물까지 제거하기 위해 실제로 한 주를 10일로 만들어서 "너희는 6일 동안 일해라"라는 규정을 9일 노동으로 바꾸었다.

그런 "무위"(idleness)의 날은 자유주의자들 중에서도 극좌파들이 다시 유행을 선도하고 있다. 반세기 동안 "안식일주의"에 대한 조롱에 탐닉하고 공식적인 주일에 분노하던 독일의 사회민주주의자들과 아르트 아드미랄파(Aart Admiraals),[9] 그리고 우리나라의 많은 사람들은 주일에 일을 멈추는 것에 관한 감정적 기사들 곧 우리나라의 대체적으로 자유주의적인 일간지들이 기발하고 새로운 지혜의 탁월한 예라고 치켜 세우는 기사들을 쏟아내고 있다.

우리는 이 운동에 아무런 공감이 되지 않는다고 고백해야 한다. 하나님을 경외하는 것보다 몸을 돌보는 것을 더 중시하는 사람들은 우리가 그들의 숭고한 생각을 다소 낮게 본다고 해서 우리를 나쁘게 여겨서는 안 된다. 그러한 사람들이 박물관을 방문하거나 가족의 삶을 풍요롭게 하거나 문화에 참여한다고 언급하면서 휴식일의 긍정적인 측면을 덧붙이는 것은 우리에게 어떤 도움도 되지 않는다. 이런 모든 현대적 장식들은 단지 더 많은 공연, 더 많은 행렬, 더 많은 음악회, 그리고 더 많은 술집으로 이끌 뿐이라는 것이 증명되었다. 하나님과 별

---

9   아르트 아드미랄(Aart Admiraal, 1833-78)은 자유 사고가이고 반기독교 저널 「다흐라트」 (Dageraad)의 정기적 기고자였다. 『주일 준수』(Zondagsviering, 1877), 『카이퍼 박사는 네덜란드 국민을 대표하지 않는다』(Dr. A. Kuijper is geen vertegenwoordiger van het Nederlandsche volk, 1875)의 저자다.

개로 추구되는 높은 영감은 "영적인" 이슈가 아니라 "세속적인" 이슈다.

하나님을 위해 주일을 기뻐하라 §70

한 측면으로는 오직 우리만이 이 새로운 동요를 인식한다. 그것은 우리가 정부가 기반을 두고 있는 "하나님에 대한 자연적 지식"으로부터 주일 성수를 추론하는 것이 옳음을 보여준다. 그것은 제7일에 안식하라는 계명이 사람의 모든 창조 속에 뿌리내린 것임을 보여준다. 바울은 "세상이 창조된 이래 하나님의 보이지 않는 것들이 분명히 보이고 창조된 것들에 의해 알려졌다"[10]고 쓰고 있다. 다시 한번 우리는 창조의 구조로부터 사람이라 불리는 이 피조물이 일곱째 날에 안식하기를 주님이 원하신다는 것을 보았고 우리에게 알려졌다는 것을 안다.

뿐만 아니라 낙원으로 거슬러 가는 전통 덕분에, 안식에 대한 오늘날의 기억은 실제로 모든 사람들 가운데 살아 있다. 그 결과 안식일을 엄격하게 지키는 사람들이 가장 활동적이고 건강하다는 사실이 드러난다. 우리가 알고 있듯이 시내산의 율법에 따라 안식일을 거룩하게 지키라는 계명은 하나님의 비밀에 근거한 것이 아니고 주님이 6일 동안 하늘과 땅을 만들고 제7일에 안식하셨으며 자신의 형상을 따라 사람을 만드셨다는 사실에 근거한다.

이에 대해 정부가 제7일을 준수하는 이유는 하나님에 대한 의무가 있기 때문이라고 우리는 주장한다. 그 제7일이 일요일이라는 것은 역사의 결과다. 역사의 통로를 거치면서 우리나라는 기독교 국가가 되

---

10 롬 1:20.

었다. 그리스도인에게 부활의 날은 그리스도 안에서 새로운 생명의 상징이라고 할 수 있는데, 일요일 이외의 다른 날에 안식의 제7일을 제정하고자 고려하는 누구든지 역사와 우리의 국가적 성격을 위반하는 것이다.

그러므로 일요일이 아니라 토요일을 신성시해야 한다는 유치한 반대는 우리에게 전혀 영향을 미치지 못한다.

설사 우리 정부가 공식적으로 특별계시인 성경을 기초로 삼는다고 선언한다 하더라도(실상 그렇지도 않거니와) 개혁주의 국가가 알아야 할 것은 제4계명에서도 의식법은 폐지되고 도덕법만 남았다는 사실이다. 그리고 우리는 다음 세 가지 근거로 공식적인 주일 준수의 기반을 삼기 때문에 위와 같은 언급은 생략해도 된다. (1) 하나님에 대한 자연적 지식, (2) 기독교 국가의 역사, (3) 마지막으로 십계명을 포함한 하나님의 말씀이 공무원의 양심에 대해 미치는 영향력이 그것이다.

그러므로 주일을 거룩하게 함으로써 국가가 우선적으로 살아 계신 하나님에 대한 경배의 행동을 수행하고 그 후에 사람들의 이해에 따른 행동을 강조하는 것은 중요하다.

하나님을 높이는 것은 언제나 사람들의 이익에 도움이 된다. 그러나 현재의 이슈를 정의하자면, 모든 것은 혁명이 그랬던 것처럼 삶의 수레를 뒤집는 데 달려 있지 않고, 최상에 속하는 것 즉 하나님의 영광을 가장 높은 곳에 두느냐에 달려 있다.

§71 주일 준수 원칙의 적용

일단 정부가 주일 준수에 대한 이런 입장을 취하고 나면 다음 질문은 이것이다. 국가가 이 의무를 이행하기 위해 무엇을 할 수 있는가? 우리는 다음 제안들을 권한다.

(1) 직장과 가정에서 교회의 일이 방해받지 않도록 제7일을 자유롭게 두라. 정부 스스로 사람들에게 영적인 양식을 주는 것은 불가능하다. 그러나 그렇게 할 수 있는 사람들에게 기회를 제공하는 것은 바로 정부가 행해야 할 의무의 일부다. 그것은 하루를 구별하여 드리는 것을 요구하는데, 곧 아무것에도 방해받지 않고 관심을 다른 곳으로 돌리게 하지 않는 날이다. 그러면 사람들은 전심으로 그것에 자신을 바칠 수 있다.

주요한 목적은 육체적 안식이나 가정생활이 아니고 사람들 가운데서 신앙심의 성장이다. 휴식은 따라올 것이다. 그러나 그것을 맨 앞에 두어서는 안 된다.

육체는 자동적으로 휴식하게 될 것이다. 그러나 만약 신앙심의 원천이 국가의 중심에서 고갈되기 시작한다면 공허한 주일로 인해 가족의 삶이 세워지기보다 오히려 파괴될 것이다.

그러므로 주의 날을 떼어내라! 이것이 법정 공휴일 정책이다.[11] 미국의 제도에서처럼 국가가 그날을 소유할 수 없고 그날에 대해 어떤 관할권도 없다는 것을 인정하는 날을 의미한다.

그날이 하나님께 봉사하기 위해 구별되었듯이 다른 엿새 동안은 사회에 봉사하는 데 쓰인다.

---

11 카이퍼는 법원의 휴정일의 원칙에 대해서, 법원이 개정하지 않고 어떤 법적인 업무도 없는 날을 말한다.

(2) 정부의 명령으로 모든 국가 업무를 그만 두게 하라. 정부는 사람들로 구성되어 있고 사람들을 고용한다. 그리고 그 사람들은 또한 하나님과 관계를 가진다. 만약 국가가 일 그 자체를 쉬도록 하는 데 주도권을 가지고 있지 않다면 사람들에게 안식을 줄 수 없을 것이다.

정부 기관들, 국유 철도, 군대 및 무장 병력은 어떤 일도 하지 않아야 하고 경찰도 최소한의 일을 해야 한다. 그런 사람들의 기관들은 단순한 도구로 사용되어서는 안 되고 하나님께 대한 의무를 가진 인간으로 존중되어야만 한다.

이것이 절대적 의미로 가능하지 않다는 것을 우리는 안다. 또한 우리는 주일날 전화나 우편 서비스의 갑작스런 중단이 강한 저항에 맞닥뜨리게 될 것을 안다.[12] 그러나 모든 것은 현상유지 즉 적용의 방식과 관계되며, 우리가 추구하는 최종 목표가 "절대적 자제"는 아니다.

(3) 정부의 허가 아래 일반적으로 열리거나 주일의 목적에 위배되는 모든 행사를 폐쇄하라.

영화 상영, 여행, 쇼, 카지노와 음악회 등은 주일에 속한 것이 아니다.

비슷하게 집창촌, 도박, 알코올 소비의 허가는 주중 엿새 동안 허가를 받은 사람에게만 적용되고, 주일 역시 그렇다. 예배를 드리는 동안만 폐쇄하는 것은 아무 의미가 없다. 예배 시간은 주일의 일부분만을 차지하며, "교회 먼저 그 다음 술집"이라는 근저의 생각은 기독교 정부에는 어울리지 않는다.

---

12 당시 대도시에서 우편은 하루에 2회 혹은 3회씩 매일 배달되었다.

(4) 대중의 품위와 도덕을 규제하는 법은 일반적인 것보다 더 엄격하게 집행하라.

소란 일으키기, 평화 깨트리기, 대중 모임, 그리고 거리에서의 싸움은 주일에는 어울리지 않는다.

술 취한 상태에서 거리를 어슬렁거리기, 공공장소에서 외설적 노래 부르기, 수치를 모르는 매춘 호객 행위 같은 것들은 결코 관용되어서는 안 되며 주일에는 특히 더 그렇다.

국가는 공적 영역을 위한 규칙이 있어야 한다. 사람들이 개별적으로 하나님께 책임이 있는 가정이 아니라 국가의 책임에 해당되는 공적 영역 말이다.

(5) 정부의 허가 하에 작동하는 모든 산업 현장 또는 상업 시설에서의 주일 노동은 금지하라.

이것은 많은 공장들이 일으키는 소음과 소란, 많은 상점들의 불쾌한 진열, 교회 가는 사람들의 인파를 통과해서 지나가는 금방 도살된 고기로 가득한 수레들의 뻔뻔함, 그리고 노동자들과 노점상들의 계속되는 활동 때문에 일어나는 일반적인 어떤 다른 불편들에서 벗어나기 위해서도 그렇게 해야만 한다.

그러나 이것은 탐욕스런 고용주들로부터 노동자들의 이익을 지켜야 할 정부의 책임 때문에, 그리고 모든 인간을 위해 하나님에 의해 제정된 법령 때문에 더욱 그렇게 해야만 한다.

(6) 시민의 양해를 구하고 대중 교통수단의 운행을 줄여라.

하나님에 대한 경외심을 조성하는 일은 평온을 요구한다. 당신은 평온을 만들 수는 없고, 오히려 주일에 당신이 모든 방향으로 사람들이 흩어지는 것을 허용할 때 평온은 파괴된다. 그리고 월요일 아침 사람들은 휴식을 취하지 못해서 더 피곤해진다. 그러면 여러분의 주일은 대중들을 축복하지 못하고 자신들의 감각을 잃게 하며 그들로부터 규율과 질서가 멀어지게 한다. 만약 현재의 주일 관련 법안이 이 숭고한 기준을 충족시키지 못한다면 그것은 확실히 폐기되어야만 한다.

물론 사려 깊고 계획적이며 점진적인 변화만이 이 영역에서 습관과 관습의 변화를 기대할 수 있다. 이런 관점에 따라 주일을 준수하기 위해서는 노동자에게 추가로 반나절의 휴식 시간을 더 주어야 한다. 그러나 우리는 사회적 문제를 토론할 때 이 문제를 다룰 것이다.[13]

마지막으로 덧붙일 것은, 기독교적인 휴일 제도가 역사적인 관점에서도 권할 만한 사안이라는 점이다. 그러나 우리는 그것을 주일 준수와 동등하게 두는 것을 꿈꾸지는 않는다.

---

13 카이퍼가 1901년 수상이 된 이후에 한 첫 번째 행위는 자유 대학교 법학 교수로 재직하면서 일요일 입법의 역사를 방어했었던 티믄 드 프리스(Tiemen de Vries)에게 새로운 주일법안에 대한 초고를 부탁한 일이다.

제7장
정부 형태

제6조

어떤 정부 형태에 대해서도 그것만이 유일하게 실용적이다라고 말할 수는 없지만, 그럼에도 이전 세기의 공화국에서부터 우리나라에서 점진적으로 진화한 입헌군주제를 네덜란드에 가장 적합한 정부 형태로 인정한다.

§72   모든 정부 형태는 실용적이다

우리는 정부 형태에 관한 필요한 언급들을 하나의 항목에서 다루고자
한다.

우리가 지적하려고 하는 모든 것은 다음 두 가지다. (1) 어떤 형태
의 정부를 선택하는지는 상대적으로 중요하지 않다. (2) 입헌군주제는
우리나라가 선호하는 형태다.

첫 번째 사항에 관하여 반혁명당은 정부 형태 그 자체가 중요한 것
이 아니라 하나님을 존중하는 민주주의, 공화주의, 혹은 군주제가 가
능한지에 관한 것과, 정부 형태가 국민들의 진정한 행복에 도움이 되
는지를 입증하는 것이 중요하다고 늘 주장했다. 이런 확신은 하나님
의 전능하심에 대한 확고한 믿음에서 나오며 역사의 교훈이 이를 증명
한다. 하나님의 절대적 권능은 그분이 선택하는 수단에 대해서도 존중
되어야만 한다. 결국 모든 것은 그분이 선택하는 수단이 아니라 그분
이 의도하는 목적에 달려 있다.

정부가 아니라 하나님이 우리의 진정한 통치자시고 왕이시다. 군
주제에서 통치자가 수상, 의원, 혹은 공무원의 호칭을 가진 공직자들
을 통하여 자신의 통치권을 행사하는 메커니즘 자체가 중요하지 않듯
이, 위대하고 신성한 군주제에서 만유의 주님이 자신이 권한을 부여하
였거나 임명한 왕, 강력한 영주, 혹은 시민 대표의 호칭을 가진 종들을
통해 우리에 대한 자신의 통치를 행사하신다는 사실도 크게 의미를 둘
일은 아니다.

경험이 이것을 증명한다. 번창하고 융성했던(지금도 여전히 그러한)
군주국가가 있는가 하면 정체된 군주국가도 있고 군주제가 재앙이자

고통인 곳도 있다.

공화제도 마찬가지다. 찬란하게 빛나는 공화국이 있는가 하면, 비참한 모습을 보여주는 공화국도 있고, 또 사람과 땅을 파괴시키는 공화국도 있다.

이와 유사하게 민주주의도 당신에게 아테네의 영광, 오늘날 스위스의 약함, 그리고 파리코뮌의 공포를 번갈아가며 상기시킨다.

위와 같은 사실은 이런 흥망성쇠의 어떤 것도 정부 형태에 기인한 것이 아니라 통치하는 사람들, 통치 받는 사람들, 그리고 통치를 쉽거나 어렵게 만드는 환경에 달려 있다는 결론을 확증한다.

교조주의자들 §73

이런 이유로 우리는 교조적인 충성파들에게, 그리고 이보다 더 참기 어려운 교조적인 민주주의자들에 대항해야만 한다.

교조적 충성파들은 군주제가 하나의 국가 수반과 유전적 계승을 보장한다는 이유로 그것을 유일하고 건전한 정부 형태라고 간주한다. 그들은 인간의 가치를 약화시키는 형태의 신적 권리라는 개념에 열광하는데, 이를 통해 왕실의 사람들에게 인간의 가치를 넘어서는 영예를 부여할 수 있기 때문이다.

인식하지는 못하겠지만 그들은 노예스러운 아첨과 유연함의 정신을 배양했다. 궁궐의 생활 방식을 감히 비판하지 못하면서 궁궐에 있는 사람들을 흠모하는 그들은 위로부터 사람들을 모독하는 도덕적 퇴폐주의를 조성한다. 무의식적으로 그들은 권위에 대해서 일종의 군국주의를, 그리고 사회의 필요에 대항해서 부의 숭배를 고취시킨다. 이것은 남자다운 시민 정신을 해칠 뿐이다.

그러나 더 나쁜 것은 교조적 민주주의자들이다. 그들은 여러분에게 당신의 나라 혹은 어떤 곳에서도 모든 시민적 질병의 만병통치제인 거룩하고 보편적인 민주주의 국가를 받아들이지 않는 한 상황은 결코 좋지 않으며 개선되지도 않을 것이라는 인상을 주기 원한다. 이 체제는 전적으로 자기만족적인 혁명 원리의 논리적 결론이고, 사람들에게 모든 권위를 떨쳐버리는 것 그리고 그들 자신이 창조한 것과 자신들의 국가를 영구화하기 위해 계속 창조할 것 외의 다른 지침이나 지도자들을 존중하지 말라고 가르친다.

우리는 이러한 교조적 민주주의와는 아무런 관계도 없고 이 세상에 있는 어떤 것도 그렇다. 그것은 우리 적들의 현현(incarnation)이다. 그것의 원리는 하나님을 경외하는 고귀한 본성과는 결코 아무런 관계가 없다.

칼뱅은 만약 자신이 선택해야 한다면 귀족 정치를 선호한다고 적고 있다. 왜냐하면 "죄의 관점에서 권위는 한 사람의 손에서보다 다수의 손에서 더 안전하기" 때문이다. 그런데 비록 칼뱅이 자기 시대의 절대군주제에 대항하여 귀족정을 우위에 두었지만 실제로는 우리 시대의 완화된 군주제를 염두에 두었을 것이라는 데 우리는 동의한다.[1]

---

1   John Calvin, *Institutes of the Christian Religion*, Vol. 2, ed. John T. McNeil, trans. Ford Lewis Battles (Philadelphia: Westminster, 1960), 4.20.8.

우리나라를 위한 정부 형태

이제 두 번째 주장—우리나라에 선호되는 정부 형태—을 다루면서, 우리는 "국왕"(king)이라는 호칭을 채택하기보다는 차라리 헌법적으로 더 나은 보증을 수반하는 "스타트하우드르"(stadtholder)라는 전통적인 호칭 속에서 연속성을 발견한다는 사실을 주저하지 않고 말하겠다.

우리는 호칭에 너무 많은 비중을 두지 않는다.

벨기에, 바이에른, 뷔르템베르크, 작센(Saxony), 그리고 우리나라 같은 작은 나라들은 왕위의 화려함에 비해 크기가 너무 작다. 뿐만 아니라 왕이 소유해야만 하는 왕실의 모든 부와 화려함은 일반 사람들의 표준에는 거의 맞지 않는다. 국왕이 거주하는 수도의 국민들은 다른 도시의 국민들에 비해 도덕적 기질이 떨어진다. 그리고 특별히 우리에게 비중있게 다가오는 것은 만일 오란녀 가가 자신의 역사적 외관을 계속 유지했더라면 오란녀라는 위대한 이름은 더 탁월하고 역사적이며 신성한 광채를 얻었을 것이라는 점이다.

그러나 1813년의 사람들, 그들이 주도한 국가에서, 그리고 국가의 부름에 응한 오란녀 대공 스스로도 그것을 각각 다르게 평가하기 때문에, 반혁명당은 우리의 입헌적 왕위에 전적인 공감을 확대하는 데 전혀 어려움이 없다. 우리가 오늘날 현 상태를 수정하려는 모든 시도는 오란녀 가를 모독하고 국가의 체제를 함부로 변경하는 것이며, 그러므로 국가에 대해 범죄를 저지르는 것이다.

뿐만 아니라 오늘날 지배적인 생각을 고려하자면 공화국은 자동적으로 혁명적인 형태로 드러나고 즉각적으로 정당에 의한 정치로 퇴보하기 때문에 우리에게 건전한 정부를 제공해줄 수 없다. 이것은 사람들 속의 이미 약화된 정의감을 더욱 약화시킬 것인데, 정의감은 사람들에 의한 생존 가능한 정부를 수립하기 위해서는 필수 조건이다.

그리고 누구든지 진심으로 우리나라에서 민주적인 정부 형태를 꿈꾸는 어리석은 사람은 민주주의는 강한 공적 정신(public spirit)이 없이는 불가능하고 일종의 정치적인 공적 정신은 네덜란드 사람들의 국민성과 역행한다는 것을 완전히 간과하고 있다.

감사와 애정을 가지고, 정치적·역사적 믿음에 의해 태어난 우리는 하나님께서 우리에게 오란녀 가를 허락하시는 동안에는 오로지 입헌군주제만을 지지하는 사람들과 행보를 같이할 것이다.

우리 역사에서 게르만족의 지배 아래 있을 때 조상들은 인민민주주의(people's democracy)로 그들 자신들을 다스렸다. 우리 역사의 최고의 시기에 그들은 공화국을 유지했다. 오늘날 우리는 입헌군주제를 지지하는데, 이것을 선호해서가 아니라 과거의 잘못과 역사의 결과가 우리를 여기서 시작하게 만들었기 때문이다.

그렇다면 군주제는 권력의 행사에 있어 "헌법적"(constitutional)이어야 한다. 그 이유는 성격과 본질에서 헌법적이기 때문이다.

그러나 그것은 입헌"군주제"로서 왕은 단지 명목상이 아니라 실제 주권을 소지하였고, 자국민들을 위한 법을 제정할 수 있으며, 정당 독재가 정의를 위반할 때 자신의 장엄한 방패를 가지고 정의를 보호할 수 있다.

오늘날 베를린에서 유지되는 독일의 군주제 개념은 우리에게 낯설다. 17세기 스튜어트 가(家) 사람들과 같은 과장된 주장이 여기서는 토착화될 수 없다.

우리나라에 뿌리내린 왕실 숭배 같은 모든 잘못된 왕당주의로의 시도는 필사적으로 저항해야 한다.

우리의 영광스러운 공화국 설립의 아버지이며 스페인 펠리페 2세의 절대주의적 군주제에 대항하여 우리 시민의 자유를 대변한 오란녀 가는 시민 사회를 지키면서 애국주의의 상징인 떡갈나무 이파리로 장식된 황금 머리띠를 두른 왕관 외의 다른 왕관을 네덜란드에서는 쓰지 않을 것이다.

흐룬 판 프린스트르르(Groen van Prinsterer)는 언제나 이것을 강조했다.

행복하게도 우리의 강령은 동일하다.

우리는 결코 다르게 말하지 않았다.

최근 국민청원²(the People's Petition)의 경우, 최근 (보수주의자들과 자유주의자들에 의해) 우리가 비헌법적 방법을 사용하는 것으로 생각해서 심지어 쿠데타를 모의한다고 의심하려 든다면, 이렇게 신중한 네덜란드 사람이 반역적 의도를 가졌다고 감히 의심하는 사람은 네덜란드인이라는 자신의 자부심을 손상시키는 것이다.

---

2 1878년 8월 국왕에게 제출된 국민청원(Volkspetitionnement)은 국왕에게 한 달 전 양 의회를 통과한 초등학교법에 국왕이 재가를 하지 말 것을 요청했다. 청원자들은 오란녀 가의 왕이 비록 그렇게 할 의무는 없지만 양심의 자유를 보호하기 위해 그렇게 할 권리가 있다고 믿었다. 그러나 왕과 그의 보좌관들은 왕실 거부권이 헌법적 관행과 맞지 않다고 결정했다.

제8장

헌법

제7조

기독 역사적 원칙에 따라 우리의 정치적 제도의 개혁을 법적 수단을 통해 성취
하기 위해 1848년 개정된 헌법을 출발점으로 삼는다.

I. 헌법 승인

§75 헌법은 필요하다

우리는 헌법을 승인한다. 그러나 그것을 개혁하기 위해서다.

우리는 헌법을 승인한다. 그 이유는 헌법이 이전의 것보다 우수하다고 간주하기 때문이고 대체적인 조항이 우리가 헌법에 선서를 하는 데 방해가 되지 않기 때문이다.

반혁명당 또한 헌법을 원한다. 소위 헌장이 아니라 진정한 의미의 헌법을 원한다. 모든 국가와 사람들을 위한 모호한 이론이 아니라 네덜란드 사람으로서 우리에게 필요하면서도 우리나라의 역사에 기초하여 탄생한 헌법을 원한다.

우리는 절대적인 의미의 헌법을 선호하지 않는다. 낮은 발전단계에 머물러 있는 민족들의 헌법은 생각할 필요도 없다. 오늘날조차도 러시아에서 헌법은 오르되브르(hors d'œvre)에 불과하다. 쇠락하는 시기에 헌법을 도입한 터키는 전 유럽의 웃음거리가 되었다.

더구나 헌법이 아니라 헌장에 승인을 부여하는 사람들이 있다.

모두가 알듯이, 둘의 차이는 헌장이 절대군주에 의해 승인된 것이라는 점이다. 군주에게 헌장을 승인할 의무가 있지는 않다. 순전히 친절함으로, 군주는 자유롭고 자발적으로 자신이 생각하기에 적절한 선에서 자신의 권력을 제한하고 자신의 신하들에게 허용(그것을 철회할 권한을 가지므로 단지 잠정적이다)하여 왕실 유흥에 어울리는 어느 정도의 여유를 즐긴다.

반대로 근본법(Fundamental Law) 또는 헌법(Constitution)은 두 당사자들이 자신들의 권리를 기반으로 그들의 관계에서 발생하는 각각의 권리와 규칙을 승인한 것이다. 그러므로 역사의 과정 중에 그들의 투쟁의 결과로서 자신의 영역에서 서로를 제한하는 경계에 도달한 주권의 담당자와 인민의 대표들이 그 영역에서 두 개의 개별적인 권력으로 자신들을 발전시킨 것이 아니라면 헌법의 문제는 있을 수 없다.

그러나 역으로 우리나라 같은 곳에서 살고 있는 여러분은 헌법을 가져야만 한다. 우리나라에서 사회는 더 이상 거의 무의식적인 원시적 상태에서는 살아갈 수 없고 자기 의식적인 발전의 단계에 도달했다. 여기서 모든 요소들은 어디서 주권적 권한이 끝나고 사회 영역의 주권이 어디서 시작되었는지를 제시하는 경계들을 적절하게 반영하고 있다. 호의로 주어지는 헌장(a granted Charter)으로 돌아가려는 모든 시도는 국가와 역사를 배반하는 것이다.

1815년 및 1840년의 것보다 나은 1848년 헌법 §76

비록 우리가 헌법 없이 살아가는 것은 생각할 수 없지만 1815년 또는 1840년의 헌법으로 되돌아가기를 원치 않는다.

1815년의 헌법을 통해 우리에게 넘어온 권리와 자유의 목록은 완전하지도 않았고 원칙의 문제에서는 1848년의 목록들보다 순수하지도 않았다.

그것은 우리의 과거의 특권과 비교하여 우리의 국가적 권리와 시민의 자유를 확대시키기보다 오히려 축소시켰기 때문에 불완전했다.

그것은 국민들을 아주 비성숙한 것으로 간주했고 비록 논조에서는 그렇지 않지만 취지에서는 네덜란드 국가의 정치적 특징보다는 독일 헌법(Verfassungen)을 더 따랐다. 때때로 인식하는 것 이상으로 그것은 우리 국가의 정치적 구조를 와해시키는 데 기여했고, 혼란의 상태로 우리를 이끌었다. 오늘날 쓰라린 경험이 우리에게 가르쳐주듯이 국가의 에너지는 나라를 동원하거나 정당 독재[1]의 악을 피하기 위한 무의미한 노력에 사용되었다.

우리가 감시하게 인정하는 것은 우리의 첫 번째 왕의 탁월한 자질이 초기에는 거기에 수반되는 많은 악을 완화시켰다는 것이다. 그러나 빌름 국왕의 부인할 수 없는 많은 좋은 점들이 그가 추구한 다소 의문의 여지가 있는 정책들과 대비된다는 사실에 관해서는 침묵할 수 없다. 아무튼 정치적 진보가 없었던, 특히 프랑스 지배의 정치적 그림자 이후의 삼십 년은 입헌적 정부를 작동시키려는 우리의 능력을 추락시켰고 이는 여전히 회복시키지 못한 상처[2]다. 그러므로 1848년 헌법 체제 하에서 우리가 행복하지 않았다고 생각하는 것은 잘못이다. 왜냐하면 우리는 초기의 공공연한 절대주의적 헌법에 대해서도 상당한 지지를 보냈기 때문이다.

만일 우리가 선택할 수 있는 상황에 놓인다면, 개인적으로 나는 우리가 1815년 헌법을 거부하지 않을 리가 없다고 생각한다. 그것은 국가의 자유로운 발전에 부적절할 뿐 아니라 이롭지도 못했기 때문

---

1   이 글은 1878년 7월 9일 쓰였고, 의회에서 당시 토론이 진행 중이던 초등교육법에 대항하는 인민청원을 위한 준비 기간이었다.
2   프랑스의 지배는 1795년부터 1813년간 지속되었고 빌름 1세는 1814년부터 1840년까지 국왕이었다.

이다. 최소한 우리는 1815년 헌법 아래서 가장 극심한 공격이 우리나라의 기독교에게 가해졌다는 사실을 잊어서는 안 된다. 자신의 조직을 갖춘 기독교적 요소의 부흥은 지속적으로 방해받았고[3] 뒤늦게 깨달았지만 적극적인 목적이 없었던 1806년의 공립 학교는 자유롭게 그리스도를 경배하는 자유 학교가 아니라 중립적 정부 학교의 모태가 된 것이 증명되었다.[4]

그러므로 우리의 불만의 근원은 1815년 헌법이 수정되었다는 사실이 아니라 그것이 더 좋은 정신에 따라 수정되지 않았다는 데 있다.

헌법에 규정된 것들은 그대로 보존되어서는 안 되었고, 그것은 지금 우리가 가진 것보다 더 나은 것으로 대체되었어야 했다. 삼십 년 동안 흐룬은 더 나은 것을 가로막았던 정신과 싸우는 데 최선의 노력을 했고, 우리는 그를 충실하게 기념하면서 최선을 다해 동일한 일을 해낼 것이다.

반혁명파는 헌법에 선서할 것이다 §77

그것은 우리가 지시하는 세 번째 지점으로 우리를 인도한다. "대체적으로 그 조항은 우리가 헌법에 선서를 하는 데 방해가 되지 않는다."

---

3   거의 10년 동안 개혁 교단의 예배는 강제적으로 무너졌고 교회는 군대의 숙소로 제공되었다. 목사들은 벌금형을 받거나 구속되었다.

4   1806년의 교육법안은 초등 공립 학교의 보편적 목적으로 기독교적 시민의 가치의 교훈을 도입했다. 그 조항은 1857년과 1878년의 법안에 유지되었다. 기독교적 가치는 곧 성경과 기독교적 교훈과 관계 없는 자립적 도덕의 가치와 동일한 것으로 증명되었다. 카이퍼는 그런 가치를 가르치는 것은 아이들에게 기독교적 가치를 존중하는 동기와 그 가치를 보존할 힘을 박탈한다는 흐룬 판 프린스트르르의 주장에 동의했다.

반혁명파는 또한 어떤 심적 유보도 없이 양심적이고 믿음을 가지고 헌법에 선서할 수 있다.

반혁명파는 심지어 대다수 무신론자들보다 더 그렇게 할 수 있다.

결국 모든 권위의 근원으로서의 전능하신 하나님에 대한 고백은 분명하고 강하게 우리의 헌법과 뒤섞여 있다. 우리는 무신론자가 장관, 의원, 혹은 공무원으로 헌법에 선서하면서도 여전히 자신이 보기에 정직한 사람으로 남아 있는 상황을 상상할 수 없다.

우리 헌법 속에 있는 상당히 많은 탁월하고 직극적인 반혁명적 요소에 덧붙여 모든 반혁명파가 맹세할 수 있다는 주장은 다음 세 가지 고려 사항에 근거한다. (1) 선서는 그것이 다시 수정될 수 있다는 조항을 배제하는 것이 아니라 포함시킨다. (2) 헌법의 적용은 그 본문에 구속되는 것이지, 헌법의 자유로운 해석에 구속되는 것[5]은 아니다. (3) 우리의 정치적 신조는 결코 헌법의 기본 취지를 반대하지 않는다. 이 세 가지 고려를 간략하게 설명하겠다.

§78 개헌 가능성

무엇보다 1848년 헌법은 다시 개정될 수 있다. 그것이 실제 개정될 수 있는지는 여러분이 아니라 다른 요인들에 달려 있다. 그러므로 만약 당신이 헌법에 선서한 후 헌법에 반대하기 위해 헌법에 선서함으로써 얻게 된 영향력을 포함한 모든 영향력을 사용하더라도 당신은 부도덕

---

5 10년 후 자유주의자들은 의회 회기 중 비정부 학교를 위한 공적 기금이 반드시 비헌법적인 것은 아니라고 인증했다.

한 행동을 하는 것도 아니고 자기모순을 초래하는 것도 아니다.

1847년에 자유주의 후보들은 자신들이 선출되자마자 분명히 1840년 헌법을 무시할 목적으로 그 헌법에 선서했다. 그러나 아무도 그들의 행동을 비난할 꿈도 꾸지 않았다.

오늘 우리는 동일한 상황에 놓여 있는 자신을 발견한다.

우리 역시 1848년 헌법에 원한을 품고 크게 반대한다는 것을 숨기지 않는다. 우리에게는 숨겨 놓은 의제가 없다. 우리를 선서하게 한 사람이 누구든지 우리가 그것을 내버려둘 계획이 없다는 것을 알고 있다. 헌법이 시행되는 가운데 우리가 그것에 순응하는 동안 기회가 주어졌을 때 그것을 마감하기 위해 헌법 자체가 정한 방법을 사용할 절대적 권리가 허락된 것이 틀림없다.

헌법 해석이 아니라, 헌법 자체 §79

둘째, 우리는 헌법에 대해 선서를 하는 것이지 헌법에 대한 어떤 사람의 해석에 선서하는 것이 아니다.

또한 반혁명파는 양심적으로 헌법을 수정할 수 있는 자신의 권리와는 별도로 제194조[6]에 대해 맹세할 수 있다. 왜냐하면 자유주의자들이 의미를 부여하는 이 중요한 헌법 조항에 대한 해석이 반혁명파를

---

6   제194조(자유로운 사립학교를 지지하는 흐룬과 그의 동료들은 그것을 "비참한 조항"이라고 불렀다)를 포함하는 조항은 다음과 같다. "정부는 모든 곳에서 적절한 공립 초등교육을 제공한다." 이 조항은 어떤 종류의 비정부 학교에 대한 정부 지원을 금지하기 위해 인용되었고, 때때로 주민들이 자식의 아이들을 위해 단지 사립 학교만을 이용하는 지역에 수업료가 없는 한 교실 학교 설립을 정당화하기 위해 당국에 의해 이용되었다.

구속할 수 없기 때문이다.

우리의 맹세는 일반적으로 제시된 문제에 관한 그 조항에 대한 역사적 해석에 대해서도 구속되지 않는다.

어떤 보고서나 연설문, 혹은 팸플릿에 등장하는 선언들이 실상은 불확실한 투표에 의해(그 투표가 아니었다면 그러한 선언들이 결코 법으로 제정되지 못했을 것인데) 승인되었다는 정황을 고려하지 않고서 그런 선언들에 대해 역사적 해석을 제시하는 것은, 설사 역사의 왜곡은 아니라 할지라도, 허점이 너무 많아서 어떤 선서로도 그 틈을 다 메울 수 없는 역사를 제시하는 것과 마찬가지다.

우리가 지배적인 것들에 대항하여 "우리의" 역사적인 해석을 할 수 있는 명백한 권리를 향유하는 한, 선서를 하는 엄숙한 순간에 우리는 우리의 저항을 불러일으키는 문자(reading) 자체가 아니라, 우리가 참이라고 생각하는 해석을 염두에 둘 자유가 있다.

§80 헌법의 기본적인 취지는 여전히 부분적으로 반혁명적이다

셋째, 우리는 헌법의 기본적 취지에 전적으로 반대하지 않는다.

우리의 상황은 로마 가톨릭과는 전적으로 다르다. 우리에게는 어떤 오류에 의한 "교서요목"(Syllabus)[7]도 존재하지 않는다. 우리 헌법에는 그 "교서요목"을 비난하는 한 개 이상의 조항이 건전한 정치적 아이디어로 인정되며 보호받고 있다. 다른 사람들처럼 어떻게 우리의 로마 가

---

7   이 참조는 비오 9세의 1864년 회칙에 첨부된 오류에 대한 교서목록이다. 이것은 세속적 자유주의에 의해 주장된 8가지 명제를 비난한다. §31 참조.

톨릭 정치인들이 헌법에 대한 맹세와 함께 "교서요목"에 대한 충성을 병행하는지 이해하지 못한다. 우리가 그 교황 문서의 부정적 특징에 대해 전적으로 고려한다 해도 그렇다. 실제로 만약 우리가 "교서요목"을 지키고, 그럼에도 불구하고 헌법을 집행하고 따를 의도로 그것에 선서한다면 우리는 그 선서를 진실하지 않은 것으로 간주할 것이다.

그러나 이것이 우리의 상황은 아니다. 1848년[8] 개정 이후 헌법은 자유주의적이라기보다 반혁명적인 많은 요소를 담고 있다. 자유주의가 여전히 나타나지만 실질적으로 그 안에 국가의 절대성에 대한 흔적은 어디에도 없고 대부분 온건한 형태로 나타난다. 그리고 불순한 원칙이 생기는 곳은 대부분 입법에 의해 시행될 수 없는 정책과 연관되었지만 관행으로 통제된다.

II. 헌법 개정

적절하고 바람직하게 §81

우리가 희망하는 것은 (1) 기독 역사적 원칙의 정신에 따라, (2) 법적인 방안을 마련한, (3) 일반적인 헌법 개정이다.

---

8 이후 판에서 저자 노트: 그리고 1887년.

여러분들이 알다시피 가톨릭을 추종하는 국민은 일반적인 개정에 대한 우리의 갈망을 공유하지 않는다. 그들은 1848년에 자유주의자들의 도움으로 현재의 헌법을 통과시켰고, 그들 자신들을 위한 법적인 이익을 보장하고 국가에서 개신교적 요소가 발전하지 못하게 함으로써 헌법에 의한 주요 저항들을 "자신들의" 견해와 일치시키는 데 신경을 썼다. 자연스럽게 우리 가톨릭 정치인들은 자신들의 존재감을 부각시키기 원했고 유리한 입장을 지키기 원했다.

이러한 이익이 헌법 개정에 관해 가톨릭이 보여주는 완고한 반감을 설명하기에는 여전히 충분치 않다. 뿐만 아니라 의심할 여지 없이 좋지 못한 시기임을 고려할 때, 가톨릭 정치인들은 새로운 틀로 헌법을 재구성하는 것이 불신자들로 하여금 헌법 조항을 더 급진적으로 만들게 할 수 있고 로마 가톨릭이 1848년 획득한 동일한 권리를 반혁명파가 다시 빼앗을 기회를 제공할 수 있다고 하면서 두려워한다.

그 두려움이 우리에게는 근거가 없어 보인다.

반혁명파들의 경우, 사람들은 우리가 "모든 사람들에게 동등한 권리"를 축소하는 것이 아니라 강화하기를 원한다고 알고 있다. 우리나라의 후미진 곳에서 때때로 과거처럼 우리 국가의 공식적인 개혁주의적 특징을 회복하는 것에 대한 목소리가 제기되고, 로마 가톨릭을 보통법(common law) 바깥에 두자는 목소리도 있지만, 그럼에도 불구하고 돌이킬 수 없는 과거의 길 잃은 목소리는 언제나 약해지게 된다고 그들에게 확언할 수 있다. 원칙적으로 우리의 영향력 있는 정치인들은 그런 것들을 반대하며, 그것들은 일반적인 정치 유형의 토론에 있어 거의 비중이 없다.

더 급진적인 정신으로 헌법이 개정되는 것은 아닌가 하는 두려움에 대해 우리는 정치적 풍토가 그런 방향으로 가는 경향이 있다는 것을 인정한다. 그러나 1848년 헌법을 참고하여 수동적인 저항을 통해 이런 위험을 피할 수 있다고 정직하게 믿고 있는지 묻는 것은 합법적이다.

우리는 극단주의로 기울어지는 경향을 멈출 수 없고 모든 수동적인 저항은 궁극적으로 패배를 받아들여야만 할 것이다. 반대로 우리는 행동을 취하고 제도에 대항하는 제도를 만들면서 중요한 순간에 발언권을 얻고, 처음부터 토론에 참여하면서 현안을 제시하는 데 도움을 준다.

헌법 개정이 임박했고 그것이 확실히 더 급진적인 의미일 것이라는 데 우리와 가톨릭이 일치하기 때문에, 우리는 개정으로 이어지는 운동에 처음부터 참여하는 것이 바람직하다고 생각하고 결정을 내릴 때 급진주의자들이 독점하는 것을 거부한다.

부분적이 아닌 전반적인 개정 §82

바람직한 헌법 개정을 위해서는 우리가 부분 개정의 생각을 버리고 전반적인 개정을 선호한다고 선언한 것은 사실상 편의의 문제다.

그러나 만약 세 번 혹은 네 번의 개정을 통해 헌법에서 최악의 장애를 제거하는 것이 가능할 것 같으면 우리는 만족스러울 것이다.

그러나 한 세기의 1/3이 한 발짝도 전진하지 못하고 지나가버렸다.[9] 전반적인 정치 상황은 이해관계의 조합을 통한 심각한 정치적

---

9   이후 판에서 저자 노트: 1887년의 개정은 실제 아무것도 가져오지 않았다.

행동만을 허용하므로, 우리는 "한꺼번에 더 나은 부분"에 우선순위를 둔다.

또 다른 이유는 갈망하는 다양한 부분적 변화들 사이에는 필연적인 연관이 있기 때문이다. 깊이 있는 토론들을 통해 우리는 종종 헌법의 정신이 무언가 잘못되고 있다는 것과, 실제로 모든 중요한 조항들에서 이런 결함들이 느껴지는 것을 인식한다. 이것에 더하여 성문 헌법에서 흠이 있는 문구는 거대한 자유재량의 구멍을 반복적으로 남기기 때문에, 우리의 생각에는 사람들이 이 때문에 헌법의 전반적인 개정을 더 선호한다는 사실을 인정할 것이다.

§83 쿠데타 금지

두 번째, 우리가 법적 절차를 통한 개정 이외에 헌법 개정을 요구하지 않는다는 조항이 전혀 의미없고 불필요한 추가 조항인 것은 아니다.

우선 우리가 종종 혼란스러워하는 "반동혁명파"(counterrevolutionary)는 쿠데타가 허용된다고 생각한다. 뿐만 아니라 어떤 측면에서는 헌법을 위반하지 않고는 헌법 개정을 생각할 수 없는 것처럼 보이기도 한다.

첫 번째 문제에 답하면서 우리는 반동혁명파가 아니고 왕과 왕의 백성들에 대한 선서를 위반한 것을 증오한다고 선언한다. 그러나 우리는 국왕의 양심이 지배적인 집단의 당파적인 해석에 책임을 지지 않는다는 것을 인정하고, 헌법 가운데 의문스러운 것에 대해 국왕의 양심이 어떤 의미로 그리고 어느 정도로 책임을 지는지는 국왕 스스로 결정한다는 것을 인정한다. 그러나 헌법이 분명하고 투명하면서도 모

호하지 않은 언어로 말한 결과로서 헌법에 대한 선서를 위반하는 행위
는 우리의 눈에 범죄가 된다.

두 번째 주제는 골치 아픈 질문이다. 헌법을 위반하지 않고 결정적
인 헌법 개정이 가능하다는 것을 어떤 식으로 증명할 수 있을까? 토르
베크(Thorbecke)[10]가 헌법에 채워 놓은 자물쇠는 너무 단단하게 녹이 슬
어 있어서 그것을 다시 여는 것은 폭력을 사용하지 않고서는 불가능한
것인가?

정상적인 상황에서 이에 대한 우리의 답은 "그렇다"이다. 개정을
위해 상하 양원의 2/3 의석을 기대하는 사람은 꿈을 꾸는 것이다. 개
정은 현재 권력을 가진 사람들의 권력을 감소시키는 결과를 낳을 것
이다.

우리는 이 주제에 대해 말을 낭비할 필요가 없다. 정상적인 시기에
그것은 일어나지 않는다.

그러나 만약 당신이 1848년 헌법 개정에 찬성표를 던진 사람 중
에 실제로 그것에 찬성한 사람은 10분의 2도 안 된다는 사실을 기억
한다면, 만약 당신이 모든 국가들이 때때로 격변을 경험하고 그것이
그들 앞에 있는 모든 것을 휩쓸어 가는지를 역사의 교훈으로 배운다
면, (1848년 그랬던 것처럼) 어떻게 외적인 소란이 정상적인 국내 관계를
총체적으로 혼돈으로 몰아가는지를 목도했다면, 분명히 우리는 정상
적인 방법으로 진행되지 않는 때에도 확실히 법적인 절차를 거쳐 헌법

---

10 요한 루돌프 토르베크(John Rudolph Thorbecke, 1798-1872)은 레이던 대학교의 법학교
수였고 자유주의자들의 지도자였다. 1848년 헌법의 주요 기안자다.

개정이 일어날 수 있다고 생각한다.[11]

§84 기독 역사적 의미에서의 헌법 개정

"기독 역사적 원칙과 일치하면서" 추가로, 우리는 어떤 경우에도 우리에게 특권적 지위를 부여하는 의미에서 헌법의 재구성을 고려하고 있지 않다.

한 당사자가 헌법에다가 자신에게 유리한 특권을 명기하는 데 성공하거나 그 나라의 근본법이 자신의 정치적 제도를 법제화하자마자 정치적 삶의 핵심이 변질된다.

우리는 여기서 주의 깊게 구별해야 한다.

반혁명당은 확실히 이 나라의 모든 시민들이 동일한 마음을 가진 칼뱅의 영적 자녀들이 되는 것을 보고 싶어 하는 그런 국가관을 가지고 있다. 그러나 우리 당은 또한 공정하고 공평한 국가 질서가 정치적으로 혼합된 국민들을 위해 존재해야만 한다는 생각을 가지고 있다. 전자가 아니라 후자를 우리는 헌법에 이식시키길 원한다. 우리는 전적인 확신을 가지고 이것을 요구해야 한다고 믿는다. 왜냐하면 혼합적인 특징을 가진 국민들에게 지속 가능한 생활양식을 제공해주는 올바른 법률체계가 점진적으로 발전할 수 있는 곳은 개혁주의 국가밖에 없다고 믿기 때문이다.

우리가 염두에 두는 것은 어떤 특권도 없는, 단지 모든 사람을 위

---

11   1848년 3월, 파리, 베를린, 비엔나에서 있었던 대중 봉기는 헤이그에 있는 정부 각료들을 충격적인 공포로 몰아넣었다. 보다 자유주의적 헌법이 그 직후에 채택되었다. §25n13을 보라.

한 동일한 권리다.

우리는 당분간 단지 무신론자들에게만 예외를 둔다. 무신론자의 경우는 청각장애인과 시각장애인의 경우와 같다. 그들은 법이 수용하지 못하는 예외다. 네덜란드의 법률은 정상적인 사람들에게 맞추어졌고 청각장애인과 시각장애인에게 자신들의 정치적 장애를 보상해주는 어떤 조항도 없다.

치료될 수 없는 병자들, 불구자들, 정신병자들도 동일하게 유효하다. 헌법은 모든 네덜란드인이 공직에 진출할 수 있다고 선언한다. 그러나 시각장애인이 장관이 되거나 신체 장애인이 전투를 수행하는 장교가 될 수 있는가?

그런 것이 무신론자들에게는 더 심각한 상황이다. 그러나 시각 장애인, 청각 장애인, 그리고 신체 장애인보다 무신론자들은 그 수가 훨씬 적다. 만약 하나님을 믿는 사람들에게는 법규가 적용되지만 예외가 예외로 남아 있다면, 우리의 입법이 무신론자를 위한 최적의 상황을 창조한 것처럼(선서에 대해 토론할 때 우리가 위에서 보여주었던 것처럼) 우리는 그렇게 무심하게 되기를 원하지는 않는다. 만약 무신론자들의 수가 증가하여 예외가 될 수 없다면 그때에는 사정이 바뀔 것이다. 그러나 우리는 아직 그 단계에 이르지 않았다.

만약 헌법 개정이 착수되고 헌법의 어떤 조항에 역량을 집중할 것인지 질문을 받게 된다면 우리는 간략하게 전국회의(the State General)의 구성, 정부와 의회의 관계, 지방정부의 조직, 국방, 교회와 국가의 관계, 그리고 교육 등과 같은 주제들을 열거할 것이다.

이 영역에서 우리가 보기를 원하는 변화는 우리의 강령의 주요 조항들에 대해 계속적으로 논평함으로써 자동적으로 명백해질 것이다.

역사적이고 종교적이며 철학적인 문제에 대한 우리의 토론은 이제 끝이 났고, 다음 장에서부터는 의회가 다루는 구체적인 것들에 대해 논하기 시작할 것이다.

제9장

대중적 영향력

제8조

이것을 위하여 우리는 유권자와 당선자 사이의 도덕적 연대를 통하여 그리고
우리의 역사와 보조를 맞추면서, 전국회의를 통해 정치권력에 대해 행사되는
대중적 영향력의 정당성이 입증되는 것을 확인하고자 한다.

I. 집중된 국가

§85 국가와 사회

제8조에서 우리의 강령을 기획한 자들은 반혁명당은 전국회의에서 행사된 국가권력에 대한 대중적 영향력이 합법적이며, 우리 역사와 일치하고, 또한 유권자들과 그들이 선출한 사람들 사이에 존재하는 도덕적 연대로 말미암은 것임이 확증되기를 원한다고 기록했다.

이 희망은 세 가지 생각을 포함하는데 그것에 대한 설명이 필요하다. (1) 전국회의는 정부가 아니다. 그러나 집중된 국가(the concentrated nation)다. (2) 전국회의는 우리가 신뢰하는 사람들이 아니라 원칙을 지키는 사람들로 구성되어야 한다. (3) 전국회의는 의회에 의한 정부의 확립을 추구하기보다 정치권력에 대한 대중적 영향력을 확장하는 방향으로 일해야 한다.

첫 번째 주장은 보수주의자들과 자유주의자들이 품은 거짓 헌법 원칙과는 대조되는 반혁명적 원칙을 묘사한다. 두 번째 주장은 보수당과 우리의 차이를 지적한다. 세 번째 주장은 자유주의자들과 우리의 차이를 나타낸다.

프랑스 혁명의 진정한 후손답게 우리의 자유주의자들과 보수주의자들은 전국회의가 본질상 정부에 속하는 권력을 공유할 권리를 가진다고 주장한다. 그들은 우리에게 국가권력은 입법권, 행정권, 사법권으로 나누어져 있다고 가르친다. 한 국가의 정부는 행정권에 대한 배타적인 권리를 가진 반면에, 입법권은 정부와 전국회의 사이에 똑같이 공유된다. 사법권은 정부가 정한 조건에 충족된 독립적인 판사들이 그 권리를 행사한다.

그러므로 이 제도는 입법권 일부와 통치권 일부를 전국회의에 위임한다. 어떤 의미로 전국회의에는 정부의 특징이 부여되었고 정부의 통치권은 통합되는 대신 두 개로 나누어졌다.

당신이 알다시피 이 중요한 실수 역시 현재의 헌법에 영향을 미친다. 제104조는 "입법권은 왕과 전국회의가 공동으로 행사한다"라고 규정되어 있다. 그것은 우리가 가능한 한 빠른 기회에 수정할 것을 시도해야 하고 국가가 관심을 가져야 하는 가장 치명적인 조항이다.

전국회의가 정부의 공직을 차지한다는 것은 거짓이고 전적인 소설이며 모든 건전한 개념을 완전히 뒤집는 것이다. 그런 부자연스러운 혼합은 정부와 사람들에게서 그들의 구체적인 특징을 도둑질하는 것이며 그들의 적절한 관계를 비틀어 놓는 것이다.

주권과 국가의 이중구조 §86

이것을 이해하는 것은 어렵지 않다.

전국회의가 통치권을 잡고 결국 정부처럼 활동하자마자 그것은 자신의 행동을 견제하지 않으면 안 되는 구성체가 된다. 그것은 국민들의 권리를 보호하는 대신 자동적으로 국민의 희생을 대가로 자신의 권력을 확대하고자 할 것이다. 결국은 왕으로부터 국민들의 명분을 변호하기 위해 설치된 조직이 점차 자신의 의회 권력을 위하여 왕과 국민에 대항하는 명분으로 빠져들어가는 것이다.

결과적으로, 강력하고 독재적인 의회 정부 외에는 아무것도 남지 않게 되고 그것은 대표가 될 수 있는 모든 권리를 박탈당한 국민들을 지배할 것이다. 차이점이라면 초기에 정부는 왕이었으나 이제는 당수 (黨首)다. 그는 자신의 전제정치와 당에 대한 독재를 가리기 위해 왕의 이름을 사용한다.

그러나 반대로 정부의 권위 역시 약해진다.

신하들은 그들의 왕을 숭상하고 시민들은 주권적 조직을 존중 힌다. 그들은 기꺼이 왕에게 복종한다. 그들은 자신늘의 상급자들을 인정하고 신성한 권위를 짊어진 사람들에게 복종한다.

그러나 정부가 주권자와 선출된 대표의 혼합물이 되어 내적으로 분리되고 거짓으로 가장한 권위로 처신할 때, 그런 거짓된 정부에 대한 존중은 국민들의 마음속에서 사라질 수밖에 없다.

더 심각한 것은 속임을 당한 국가의 중심에는 그런 배반자들에 대항하는 통제할 수 없는 증오감과 복수에 대한 억제할 수 없는 외침이 일어난다는 점이다. 국민의 권리를 지지할 것을 약속했던 사람들은 권력의 자리에 앉게 되자 권리를 양도했던 사람들을 희생시키면서 새로운 양식의 독재에 이르게 되고, 자신들을 위한 더 많은 권력을 얻는 데 관심을 두면서 국민들을 배신한다.

만약 당신이 검사의 공격적인 주장에 대항하여 공정하고 정직하게 당신의 사건을 변호하라고 변호사를 선임했는데 그 사람이 자신의 이익을 불리기 위해 검사와 공모한 것이 드러났다면, 당신은 그에게 귀 기울이는 것을 중단하고 가능한 한 빨리 그 사람을 해고하지 않겠는가?

전국회의에 대한 이런 잘못된 자유주의적 개념은 두 가지 측면에서 우리 정치를 타락시켰다. 첫째, 정부에 대한 국민들의 지지를 박탈했다. 둘째, 영향력의 원천을 구성하는 국민들의 존경심을 정부로부터 박탈시켰다.

그래서 이 점을 대중들에게 분명하게 지적하고, 국민의 권리를 보호하는 것 대신에 정부에서 활동하기를 원하는 전국회의가 자신의 의무를 저버리고 우리가 존중하는 모든 주장을 박탈시킨다는 것을 모든 사람에게 인식시키기 위해 반혁명적 언론과 의회의 반혁명적 의원들로 이루어진 우리의 협력자들이 최선을 다해야 한다는 것은 아무리 강조해도 지나치지 않다.

우리 지지자들이 분명히 해야 할 것은, 우리가 자신의 사명을 저버린 전국회의에 대한 신뢰를 가차 없이 직접적으로 무너뜨릴 때, 우리가 "하나님이 정하신 높은 권력"에 정당한 경의를 표하는 것은 잘못이 아니라는 점이다. 그리고 그 단순한 이유 때문에 "당신이 선택한" 변호사가 당신에게 가능한 한 필요한 만큼의 권력만을 가져야 하듯이 전국회의 역시 하나님의 정하신 높은 권력에 대해서 그렇게 해야 한다.[1]

동시에 그런 오류를 제거한 후 우리 지지자들은 반혁명적 사고가 더욱 강하게 뿌리내리도록 하기 위해 이 관계의 건전하고 적절한 개념이 무엇인지를 국민들에게 인식시켜야 한다. 건전하고 적절한 개념은 전국회의에 국민의 권리를 지지하거나 혹은 집중된 국가의 특징을 부여하는 것이다.

---

[1] 카이퍼는 롬 13:1을 언급한다.

반혁명적 원칙에 따르면 그 문제는 다음과 같다. 국민이 있고, 국민 위에는 그 국민들 외부의 힘, 즉 하나님이 임명한 정부가 있다.

이 정부는 주권적이고, 그 주권은 절대로 나눌 수 없다.

우리나라에서 왕은 주권을 행사하는 지위에 있기 때문에, 법을 제정하고 정의를 집행하며 행정력으로 통치하는 것은 오로지 왕뿐이다.

만약 왕이 대리인을 임명하여 그가 사신을 대리하는 기관으로서 그 일을 하도록 위임한다면 이것은 조금도 원칙에서 벗어난 것이 아니다. 단지 왕만이 그 나라에서 법이 법으로서 기능하게 하는 통치자로 남고 정의가 정의되게 하며, 질서를 제공하고 나라 전체에 복종을 요구한다.

확실히 물리적이고 도덕적인 의미에서 이런 주권적 정부의 권력은 "그것에 통치받는 국민의 조건"에 구속된다.

그것은 의사가 환자를 다루는 것과 유사하다.

만약 어떤 의사가 아직 말할 수 없는 작은 아이의 병상에 호출되었다면, 그가 이 아이를 상담해야만 하는 것은 틀림없다. 그는 자신의 질문을 할 것이지만 아이는 대답하지 않는다. 그는 말할 수 있다. 그러나 그가 맡은 환자를 이해하지는 못한다. 그래서 그의 보살핌에 맡겨진 대상의 상태를 미루어 보아 그는 자신의 책임에 따라 상의하지 않고 자신이 생각하기에 옳은 일을 독재자처럼 할 것이 틀림없다.

그러나 만약 그 의사가 성인을 다루는데 질문도 하지 않고 그의 환자가 자신의 느낌, 증상, 그리고 그가 복용하는 약의 효과들에 대해 그에게 말하는 것을 고려하지 않는다면 그것은 극단적으로 무책임한 것이다.

그리고 어떤 의사가 성인일 뿐 아니라 사람, 신체, 질병, 그리고 약에 관해 여러 가지를 아는 병자를 치료하는 경우에 그는 자연스럽게 그의 말을 듣고 상호 간 대화를 위해 침상을 방문할 것이다.

이는 바로 정부와 국민 사이의 관계를 살펴볼 때와 같다. 어떤 국가적이고 정치적인 생각이 없는 비성숙한 사람은 절대 통치자에게 지배당할 뿐이고, 형식적 의미의 헌법을 유린하는 행위는 자신에게서 책임의 일부를 면제시키는 무모한 시도일 따름이다.

그러나 만약 국가가 정치적으로 성장해서 스스로를 볼 수 있고 경험한 것을 이야기할 수 있다면 독재는 터무니없고 따라서 정부는 어떤 정책을 감당하고 조정해야 할지를 알기 위해 국가에 귀를 기울이지 않을 수 없다.

그리고 최종적으로 만약 어떤 정부가 우리나라에서처럼 엄청난 진보를 만든 국민과 관계를 맺으면서 국민의 상황, 질병, 과거와 미래에 대해 생각할 수 있다면, 그런 국민을 고려하는 것에서 한 걸음 더 나아가 국민과 협상하는 것은 자연스러운 것이다.

지금 이런 것을 할 수 있기 위해서 국민들은 "기관"(organ)을 가져야만 한다. 의사는 당신의 다리 혹은 팔이나 당신의 신체 부위 각각에 질문하지 않고 "당신"에게 할 것이다. 그는 모든 신체 중에서 말하는 기관에 해당하는 당신의 입에 귀를 기울일 것이다.

유사하게도, 정부는 시민들에게 일대일로 묻지 않고 통일체로서 국가에 물을 것이다. 국가는 폭넓게 분산되어 있고 너무 커서 스스로 행동할 수 없기 때문에 자신의 대표 기관인 전국회의에 권력이 집중되어 있고, 그것은 정부가 자신이 인식하고 생각하는 것, 그리고 자신이 믿기에 가장 바람직한 것이 무엇인지를 알린다.

그것이 정당하고 정상적인 하나님의 정의와 국민들의 복지가 일치하는 것을 보장하기 위해, 전국회의의 구성은 먼저는 국가가 인식하는 것을 충실하게 표현할 수 있는 것이어야 하며, 다음으로 그것은 왕에 대한 국민의 존경과 자유에 대한 국민의 믿음의 대변인이 될 수 있는 방식으로 정부와 관계해야 한다.

현재 우리는 그런 전국회의를 가지고 있지 않기 때문에, 우리의 전국회의가 자신의 본질과 목적으로부터 한참 떠나 있는 것에 대해 원칙적인 비판을 가차 없이 내놓는 것이 모든 반혁명파들의 의무다. 마침내 그때에 그것이 국가적 양심의 분노 아래 굴복할 것이고, 진정한 역사적 형태의 적절한 전국회의가 국가를 대신하여 말할 수 있는 자유로운 무대가 열릴 것이다.

II. 원칙의 전달자

§88   명령적 위임, 신임 받는 사람

전국회의는 정부가 아니고 하나님이 정한 최고 권력도 아니며 행정부의 일부도 아니다. 그것은 행정부의 지지자이면서 최고 권력의 그다음 권력이며, 정부 반대편에 선 국가의 권리와 자유의 지지자다. 우리의 첫 번째 주제는 그렇게 작동한다.

우리의 두 번째 주제는 다음과 같다. 전국회의의 구성원은 신뢰를 불러일으키는 "명예로운 사람"이라는 이유로 선출되어서는 안 되고 "원칙을 지키는 자"라는 이유로 선출되어야 한다.

우리나라에서 모든 보수적인 사람들은 언제나 토르베크(Thorbecke) 부터 가장 보수적인 언론 편집자에 이르기까지 그중에서 신임 받는 사람을 찾았다. 그러나 모든 반혁명당은 원칙의 전달자를 요구한다. 그 사이에 제3의 가능성을 상상할 수 있다. 급락해 가는 자유주의는 소위 "명령적 위임"(imperative mandate)이라는 것을 언급하기에 이르렀다.

어떠한 오해라도 방지하기 위해 우리는 이 세 가지 용어가 각각 무엇을 의미하는지 정의할 필요가 있다.

명령적 위임은 강제명령(enforcement order)과 같은 것이다. 여기서 그것은 전국회의의 의원은 국민의 위임자로 말하고 소리를 내는데 자신의 확신이 아니라 유권자들이 그에게 지시하고 위임한 것에 따라 말한다. 그러므로 위임 있는 통치권은 결정된 모든 이슈들이 선거 이전에 유권자들에게 알려지는 것을 전제하고, 클럽이나 공식 회합에서 유권자들은 자신들을 대신하여 이런저런 이슈들과 관련된 것인지를 고려하여 투표한다. 그때만 유권자들은 이 결정을 무조건적으로 존중하면서 집행할 수 있는 후보자를 선택한다. 또한 여기서 전제할 것은 만약 선거 때에 유권자들에게 알려지지 "않은" 문제가 일어난다면 선출된 대표는 자신이 어떻게 투표해야 하는지 알기 위해 자신의 위임자들과 상의한다는 점이다. 실제로 이것은 대표자가 필요한 경우에는, 자신의 양심을 거슬러 국민들이 명령하는 정신에 구속되어 투표하는 것을 전제한다. 그것은 자신의 양심을 거스르는 것이 명예롭기 때문이 아니라 위원회의 위원은 단지 기관 혹은 기구일 뿐이며 양심을 가지지 않기 때문이다.

이 접근과 바로 반대되는 것이 보수주의자들이 선호하는 "신임 받는 사람"(trusted men)이라는 접근인데, 토르베크의 글에서 발췌한 다음의 어구에서 완벽하게 나타난다. "유권자와 어떤 유대도 없다." 이 제도에 따르면 유권자가 해야만 하는 것은 자신들의 지역이나 혹은 어디서든지 독립적인 재산과 존경받을 만한 인격, 그리고 인식 능력을 가진 후보자를 발견하는 것이다. 이것은 후보자가 일반적으로 잘 알지 못하지만 그의 감정이 자신의 유권자들의 생각과 같은 방향으로 기울어 있다는 것을 전제한다. 유권자들은 정치적 문제에 대해 조금의 이해도 하지 못했다고 간주되며, 착한 아이들처럼 그들은 자신들의 높은 관심들을 대리인의 높은 지혜와 통찰에 맡긴다. 그러므로 어떤 사람이 선출되기 전에 그 사람이 무슨 생각을 하며 무엇을 원하는지를 묻는 것은 절대적으로 부적절한 것이다. 이런저런 점에 관해 그에게 어떤 성명을 끌어내려 하거나 그를 강요하는 것은 말할 것도 없다. "종은 그의 주인이 명령하는 것에 동의한다"라는 문구는 이런 시대착오적 제도의 구식 좌우명이다. 이 제도에서 유권자들과 상의하거나 대화하는 것은 금지된다. 이 문제를 제대로 고려해보자면, "영향을 미칠 수 있는 대화"라는 개념은 결코 어떤 정치적인 견해도 가지거나 표현할 능력이 없는 정치적으로 미성숙한 유권자라는 개념과 모순된다.

§89 원칙의 전달자

이런 두 제도에 동의할 수 없는 반혁명당은 의회의 의원은 "원칙의 전달자"이고 자신의 유권자들과 "도덕적 연대"를 맺을 것을 요구한다.

여기서 중요한 가정은, 나라의 미래에 대한 지배권을 두고 서로 논쟁하는 상호적이고 배타적인 정치 원칙이 있다는 것이다. 뿐만 아니라 유권자들은 대화와 공적인 연설, 회합, 정치적 저술, 그리고 국가 사무가 어디를 향해야 하는지에 관해 그들의 여론을 형성하는 일간 언론을 매개로 하여 이런 원칙의 일반적인 본질을 인식하고 있다. 최종적으로 유권자들은 그 사람이 이런 여론의 대변인으로 행동할 것이라는 점이 사전에 또는 선거 운동 기간에 알려진 후보자에게만 자신들의 신뢰를 줄 것이다.

수용된 여론이 어떤 방식으로 그 나라의 법에 반영될 것인가는 그에게 달려 있다. 이것은 유권자들의 능력 바깥에 놓인 문제다. 국민들은 정치적 감각은 있지만 입법에 관한 전문성을 가진 것은 아니다. 그리고 대표자가 유권자들이 원하는 것을 목표로 삼고 있고, 유권자들이 의도한 것 그리고 유권자들이 진정으로 간직하는 원칙에 따라 미리 정해진 의도들이 명백하다면, 그 대표자는 자신의 유권자들과의 도덕적 연대를 전적으로 존중하고 있다.

그러나 만약 대표자가 선서와 양심에 따라 선출된 이후 신념이 변하여 자신의 유권자들이 기대했던 것과는 다르게 의회에서 투표하는 것을 발견했다면, 그 사람은 유권자들을 만족시키기 위해 이런 변화를 설명하거나 혹은 자신의 의원직을 사퇴함으로써 도덕적 신뢰의 신성한 특질에 대한 존중을 보일 의무가 있다.

흐룬 판 프린스트르르(Groen van Prinsterer)의 충고에 따라 반혁명당은 엄격하게 이 제도를 계속해서 고수했다. 반혁명당은 여론의 형성이 의회에서뿐만 아니라 국민들 사이에서도 발생한다고 주장한다. 모든 선거에서 당의 주요한 이슈에 대한 분명한 생각이 형성되었고 당의 신성한 원칙은 투표소에서의 결정에 맡겨졌다.

당은 당이 추천한 후보자들에게 자신들의 주요 이슈들에 대해 공개적으로 선포할 것을 요구했다. 그러나 우리 당은 알려진 후보자들에게 그런 선언을 요구하지 않는다. 흐룬(Groen)은 검증이 필요 없다. 그들의 견해가 출판이나 언론을 통해 널리 알려진 후보자는 검증 없이 검열을 통과한다. 말을 많이 하지는 않지만 자신의 투표 양식을 통해 이런 입장을 보여준 의원 역시 통과한다.

그러나 우리 당은 국민들에게 알려지지 않은 새로운 사람을 후보자로 다룰 때, 즉 정치 투쟁에서 주요 이슈들에 대해 분명하게 말하지 않은 사람 또는 좋은 평판은 가졌으나 어떤 것도 확실하지 않은 사람을 다룰 때 이러한 입장을 견지한다. 최근 1877년 델프트(Delft)에서 이를 분명히 했는데, 최고의 교육을 받은 사람이 명백히 선언하기를 거절하자 우리 당은 그에 대한 지지를 철회했다.[2]

반혁명당은 당선인과 유권자 사이의 도덕적 유대를 철저하게 고수하므로, 흐룬 판 프린스트르르(Groen van Prinsterer)에 따라 "이 연대를 거부하는 것은 입헌적 국가에서 정치적 삶의 가장 핵심 부분을 파괴하는 것"이라고 인정하는 것에 잠시도 주저하지 않는다.[3]

---

[2] 카이퍼는 여기서 스타르 누만(O.W. Star Numan)을 언급하고 있다. 법학 박사이고 상원 의원이었던 그는 델프트(Delft)에서 반혁명에 공감하는 후보로서 1877년 6월 선거 이전에 몇몇 구체적인 점에서 원칙에 선언하기를 거부했다.

[3] 1860년대 몇몇 출판물에서는 흐룬은 자유주의 역사가와 대중주의자(publicist) 로베르트 프라윈(Robert Fruin, 1823-1899)에 대항하여, 의회 의원이 "지시나 상의 없이" 앉아야만 했던 헌법 조항은 선거 기간 동안 유권자들에게 선거에 대해 그들이 지원할 것이라고 약속한 정치 제도에 대해 물어볼 권리를 배제하지는 않는다고 주장했다.

이런 입장을 취하는 이유는 무엇인가? 간략하고 적절한 우리의 대답은 이것이다. 이런 도덕적 연대가 없다면, 정부 모임에서의 정치적 문화와 국가의 중심에 있는 정치적 관심 사이에는 어떤 관계도 없게 된다.

그런 관계가 존재하지도 않고 존재할 수도 없는 그런 상황이 있다는 것을 우리는 기꺼이 인정한다. 예를 들어 무엇을 할 것인지 결정하는 것은 아체[4] 지역의 행정가들에게 달려 있다. 반혁명당은 아체 사람들의 국가 생활을 언급할 수 없다. 이것은 폴란드에 있는 러시아 사람들, 보스니아에 있는 오스트리아 사람들, 알자스 지역에 있는 프로이센 사람들, 알제리에 있는 프랑스 사람들에게도 동일하게 해당된다. 열망은 이런 피정복 국민들의 가슴속에 있다. 그러나 그것은 혼란스럽고 탈선이 일어나며 무질서해서 그곳 주민들과 그들의 정부가 교차하는 사회는 존재하지만 당분간 겹쳐질 수는 없다.

그러나 우리는 어떤 사람들이 이런 어색하고 원시적이고 비정상적인 상황을 피치자에게 헌법적으로 적용하기를 원한다는 것을 견딜 수 없다. 그들이 가진 특권은 국민과 통치자 사이에 조직이 잘 연계되어 있다는 것이다. 이런 국가들에서 정치라는 기술을 일종의 독과점적 사안으로서 특정 지식인 집단에게만 맡겨두거나, 또는 시민들에게 오로지 그들의 사회적, 국내적 문제에만 관심을 가지라고 요구하는 것은 옳지 않다.

---

4   §275에서 아체에 대한 더 많은 정보를 보라.

반대로 아주 발전되고 성숙한 국민은 많은 추상적 관념처럼 공중에 떠다니지 않고 국가적 생활의 토양에 뿌리내린 확고한 원칙에서 파생된 정치를 가져야만 한다. 결국 우리의 사유하는 정신은 정치사회적·영적인 문제를 다루는 개별 부서가 있는 서랍과 작은 방을 둔 제약사의 수납장 같은 것이 아니다.

우리 마음속에서 모든 것은 서로 연관되어 있고 우리의 가장 깊은 삶의 원칙은 우리의 모든 사고를 쏟아내는 뿌리이며, 그런 사고들은 삶의 어떤 영역에 있더라도 확산된다.

당신의 정치적 생각은 당신의 사회적 통찰과 연결되어 있고, 당신의 사회적 통찰은 결혼과 가족에 대한 당신의 생각과 연결되어 있다. 그런 생각들은 교회에 대한 당신의 견해와 연결된다. 교회에 대한 견해는 영적인 확신과 연결되고, 영적인 확신은 당신 마음과 하나님 사이의 관계와 결부된다.

바로 이런 부정할 수 없는 상호 관계 때문에, 정치를 국가 생활의 원칙이 되는 뿌리로부터 단절시키는 모든 제도는 정부와 의회가 국민들로부터 분리되거나 국민 위에서 통치하는 집단으로 변질시키는 상황으로 이끌고 건강한 국가 생활을 위한 기본적인 조건을 미완성인 채로 내버려둔다.

§91 정치적 타락

만일 이러한 일이 뿌리를 내리도록 방치한다면 그것은 모든 방식으로 우리에게 고통을 가져다줄 것이다. 다섯 개의 해로운 결과들을 지적하겠다.

(1) "원칙의 전달자" 대신에 "신임 받는 사람"을 선택한 정당은 시민 정신을 불어넣을 수 없다. 이것은 보수주의자들에게서 살펴볼 수 있는데, 그들은 결국 무능한 집단이 되어버렸다. 토르베크(Thorbecke)와 같은 자유주의자들도 마찬가지다. 그들은 자신들의 지도자가 죽자마자 의회에서 소수 의석을 가진 집단으로 축소되었고 의회 밖에서는 물론 언론과 지역 사회의 모든 곳에서 위신이 추락했다.

(2) 신임 받는 사람을 전방에 내세우면 의회가 물질적으로는 부유할지 몰라도 지적인 능력에서는 대부분 빈약한 사회 계층의 사람들로 채워지게 되므로 여러분은 정부로부터 과학적 진보의 열매를 얻을 수 없다.

(3) 명목상 헌법에 집착하지만 당선인과 유권자 사이의 모든 연대를 잘라내는 것은 우리 정치인들을 완전한 타락으로 이끈다. 그들은 선거 기간에는 원칙의 전달자인 척 하지만 다른 사람과 경쟁하여 당선되고 나면 기술적으로 자신들에게서 이런 원칙의 잎사귀들을 제거한다.

(4) 이 제도 아래서 사람들은 양심이란 말을 가지고 논다. 그들은 자신의 선거구민들과 상의하지 않으면서 양심에 따라 투표해야 한다고 말한다. 마치 사람들의 가장 간절한 소망에 주목하지 않으면서, 그들의 삶의 원칙과 아무런 관계도 없이 선한 양심으로 사람들의 복지에 도움을 주는 것이 가능한 것처럼 말이다.

(5) 결론적으로 그런 제도는 프랑스 혁명이 발발하기 전에나 가능한 것이었다. 모든 사람이 핵심 가치를 붙잡고 있는 반면, 정치는 어느 정도 투쟁으로 인식되던 때였다. 그러나 프랑스 혁명이 국가와 가족의 삶을, 그리고 이성과 감정을 갈라놓은 이후로 그런 제도는 최악의 모

순이 되었다. 상호 적대적인 원칙 사이의 투쟁은 삶과 죽음의 투쟁이
되었다.

III. 우리의 대중적 자유들

§92 의회 내각

여전히 남아 있는 질문은 다음과 같다. 반혁명당은 어떤 의미로 "국민
의 합법적 영향력"이 확장되는 것을 보기 원하는가?

먼저 우리가 그와 같은 표현을 통해 의도하지 않은 것이 무엇인지
를 친구와 적들에게 말하고자 한다.

한마디로 우리는 의회 내각의 특혜를 우리가 눈치채지 못하게 하
려는 자유주의자들의 계속되는 시도에 저항한다.

우리가 보기에 의회 내각은 순전히 난센스다. 그것은 우리 헌법의
첫 번째 원칙을 뒤집어엎는다. 또 나쁜 것은 그것이 상식적으로 "긍정
적인 대중 자유"로 이해되는 것과 정반대라는 점이다.

우리가 알듯이 의회 내각은 정부의 무게 중심을 왕의 내각에서 상
원으로 옮기는 것을 의도한다.

만약 그런 장관이 내각을 장악하게 되면 상황은 다음과 같이 전개
된다. 자유주의 연합은 상원에서 다수를 차지한다. 이 다수는 의회 바

같의 클럽에서 만난다. 이 집단은 행정부를 소유한다. 집단의 구성원들과 함께 이 행정부는 의안을 고정한다. 다음으로 계획에 찬성한 자들에 따라 행정부는 의회에 진출하여 위원회뿐만 아니라 원내를 장악한다. 행정부는 그 집단이 원하는 대로 말하거나 혹은 입을 다물고, 입법부의 법안에 그 집단이 승인하는 모든 변화를 도입하며, 당 지도부에 대항하는 장관은 퇴임시키겠다는 압박을 가한다.

만약 내각이 이런 의존에 순응한다면 별다른 문제가 발생하지 않을 것이다. 그때는 실제 두 개의 장관이 존재한다. 하나는 숨은 장관이다. 그는 상황의 주관자이고 나라를 통치하며 자신의 뜻을 명령한다. 다른 하나는 공식 장관이다. 그것은 왕을 강압하는 도구로서 일하고 복무한다.

그러나 만약 내각이 그 집단에 반대한다면 그 집단은 지체 없이 불순응한 장관에게 사형집행영장을 발급하고 즉시 그 직위를 종료시킨다.

내각에 위기가 발생할 때 그들이 주장하듯이 왕은 자유주의 그룹의 대표와의 대화를 요구하게 될 것이고 집단에서 결정한 사람이 장관이 될 것이라는 것을 알게 된다.

국왕은 준비된 명단을 넘겨받게 된다. 그가 할 일이라고 문서 아래쪽에 서명하는 것밖에 없다. 만약 그가 다른 사람을 임명하면 그는 계속해서 예산안 거부라는 벽에 부딪힐 수밖에 없을 것이고 결국 국왕은 속수무책으로 굴욕적인 서명을 하게 될 것이다.

강베타(Gambetta)가 과감하게 맥마흔(Mac-Mahon)에게 시도했던 "승복이냐 사임이냐"의 의도가 바로 그것이었다. 그것은 전체 자유주의 진영의 우레와 같은 박수 하에 카페이느 판 드 코펠로에 의해 네딜

란드 땅에서도 처음으로 반복되었다.[5]

§93 정당 주권[6]

반혁명파는 이 전체 제도를 반대한다. 비단 그 제도의 가장 공격적인 형태에 대해서만 아니라, 보다 온전한 형태에 대해서도 반대한다.

우리는 그것이 헌법조문과 헌법 정신에 모순되기 때문에 반대한다. 그것이 우리의 역사적 정체성의 원칙과 불일치하기 때문이다. 그것이 정부의 주권과 네덜란드 사람들로부터 존경받을 만한 오란녀 가를 모독하는 것이기 때문이다.

우리는 그것이 바로 우리 정치 제도의 가장 핵심에 기어들어 거짓 말 하는 것을 허용하기 때문에, 또한 그것이 모든 것을 허구로 만들기 때문에, 그리고 보이는 것과 실제가 별개이기 때문에 반대한다. 마스

---

5   요하네스 카페이느 판 드 코펠로(Johannes Kappeyne van de Coppello, 1822-1895)는 자유주의 진보 진영의 지도자로 보수주의 정부와 타협학교법안을 대체하려고 안달을 냈던 사람이다. 왜냐하면 그것은 "현대적인 세계관과 맞지 않기" 때문이다. 1874년 12월 8일 그는 상원에서 종교적으로 중립적인 공립 학교는 원칙적으로 초등교육에서 독점권을 가져야 한다고 언급했다. 만약 종교적 소수자들이 저항하면 "그 소수자들은 탄압을 받아야만 할 것이다. 왜냐하면 그것은 약품을 못 쓰게 만드는 파리이고 우리 사회에 존재해야 할 어떤 권리도 없기 때문이다"고 말했다. 카이퍼의 대답은 다음과 같다. "의장님, 국왕 폐하의 장관이 존경하는 의원님의 프로그램을 정부의 프로그램으로 발표하고 필요하다면 소수자는 억압 되어야 하고 약품을 못 쓰게 만든 파리는 죽여야 한다고 말하는 날이 도래했다면, 나는 그 사람에게 "네덜란드의 문장에서 자랑스러운 자유의 상징인 사자를 제거하고 그것을 발톱에 양을 쥐고 있는 독재의 상징인 독수리로 대체하시오"라고 말했다. 1874년과 1875년 사이 카이퍼의 상원연설의 발췌문을 인용한 것이다. 강베타(Gambetta)와 맥마흔(Mac-Mahon)에 대해서는 §14의 주를 참조하라.

6   카이퍼는 1878년 7월 국민청원의 실망스러운 결과에 대해 아쉬움을 토로하면서 이 장과 다음 장을 썼다. 그 청원은 카페이느(Kappeyne) 아래 있는 자유주의 정부에 의해 지원되던 초등교육법을 국왕이 거부하도록 설득하는 데 실패했다.

크를 벗고 공공연한 혁명적 운동으로 군주제의 폐지를 제안하는 것이 훨씬 더 나을 것이다.

그러나 우리가 이 제도를 반대하는 가장 큰 이유는 만약 이러한 방향으로 제도가 발전한다면, 국민의 권리는 보호받지 못하게 될 것이고 국가 정책에 대한 국민의 영향력이 다소 마비될 것이기 때문이다.

만약 이 제도가 우위를 얻게 된다면 상황은 결국 다음과 같이 될 것이다. 국가 내에서 유권자들 중 소수를 이루고 있는 자유주의 그룹은 정의롭지 못한 선거 제도의 결과로 의회에서 다수를 이루게 된다. 이렇게 은밀한 다수를 이용하여 그 그룹은 전국회의로 하여금 그들이 국가를 지배하는 데 도움을 주는 일만 하게 하고, 국민의 목소리를 낮추게 하여 이 불쌍한 국민들이 자신의 세금을 희생하도록 변형시킬 뿐 아니라 국가의 역사적 전통과 국익과는 직접적으로 상반되는 낯설고 비현실적인 사례를 좇아 국가를 개조한다.

대중적 특권의 확장   §94

그래서는 안 된다! 우리는 무엇을 해야 하는가?

우리가 믿기에 국민들이 헌법적으로 진보하기 위해서 요구되는 것을 세 가지로 요약할 수 있다. 국민의 정당한 영향력을 확대하기 위해서는 다음 사항들이 진행되어야만 한다.

(1) 우리의 대표는 점차 국가 생활을 순수하게 표현해야만 한다.

이런 점에서 전국회의는 국가성을 띠게 되는 정도에 따라 도덕적 영향력을 얻게 될 것이다.

국민들은 현재 우리의 전국회의 같은 것에 대해 어떠한 존경심도 가지고 있지 않다. 어떻게 국왕이 그런 의회에 도덕적 권위를 부여할 수 있으며, 강제력도 없고 법이 지지하지도 않는데 그 권위를 의회에 양도할 수 있겠는가?

그러나 이 모든 것을 바꿔라. 의회로 하여금 다시 모든 국민을 자신의 지지자로 만들게 하라. 그러면 의회의 도덕적 위상은 어떤 권력의 행사 없이도 자동적으로 국가의 품위와 양심을 거스르는 모든 법안들로부터 내각을 지켜줄 것이다.

전국회의는 선거권의 대대적인 확대와 양원의 구성에 있어 소수파와의 협상을 통해서만 이것을 달성할 수 있다.[7]

(2) 정치적 문제가 아닌 영역에서 정부는 간섭을 줄여야 한다.

아이가 집에 있을 때 엄마는 아이를 위해 모든 것을 한다.

아이가 걷기 시작할 때 엄마의 일은 이미 줄어든다. 아이가 집을 떠날 때 그 아이는 상당한 정도 자신의 흥미를 위해 무엇을 해야 할지 결정하게 된다. 아이가 돈을 벌기 시작하게 되면 부모의 권위와 그 아이가 가족 내에서 갖는 권한 사이에 건전한 분화가 일어난다.

동일한 방식으로 젊은 나라를 다스리는 정부는 국민에게 아무것도 맡기지 않고 모든 일을 하기 시작한다. 국민들이 발전하기 시작하면 정부는 점차 자신이 없어도 쉽게 처리될 수 있는 이런 저런 일을 놓아주기 시작한다. 그리고 이러한 발전이 충분히 성숙한 단계에 접어들면 한편으로 사회적·종교적·국내적·지역적 관심사들과, 다른 한편으로 정부의 권리 사이에 자연스러운 분화가 일어나서 결국 정부는 이전에 짊어졌던 업무들로부터 해방되고 오로지 최종 권위자로서의 역할

---

7   12장을 보라.

만 감당하게 될 것이다.

반대로 자유주의는 상황이 전혀 반대로 돌아가기를 원한다. 자유주의는 국민을 미성숙한 미성년자로 간주하고 국가 권력을 계속해서 확장시킨다.

모든 영역에서의 국가 권력의 획득은 국민들의 영향력의 상실을 의미하기 때문에, 이것이 자유주의자들과 기독교 자유주의자들, 즉 반혁명파들 사이의 차이를 돋보이게 한다. 우리의 목표는 점차 천성적으로 정부의 업무에 속하지 않는 것은 무엇이든지 정부로부터 제거하는 것이다. 처음에 우리가 작성했던 것을 잠시 반복하면, 우리의 안건은 세 가지다. 지역 및 지방자치의 확대, 교육의 자유, 그리고 교회에 대한 자유다.

(3) 정부의 세금 부과는 점점 더 어려워야 하고 국민의 동의와 감독 아래서 예외적으로 가능해야 한다. 그 재정을 어떻게 사용할 것인지 결정하는 것은 국민에게 달려 있다.

이것은 정의와 자유 재량 사이의 간극이 극명하게 나타나는 영역이다. 독재주의와 인민 정부 사이의 경계는 주민들의 지갑을 관통하는 것이다. 만약 정부가 자신이 가치있다고 여기는 것은 무엇이든지 주민의 돈지갑으로부터 얻을 수 있다면 자유는 허구가 된다.

만약 정의가 실현되고 자유가 보장된다면, 정부가 요청하고 국민이 동의한 것을 제외하고는 가계가 자발적으로 국민의 소유를 내놓는 것을 기대할 수 없다.

이것은 언제나 헌법적 국가의 규칙이었다. 예로부터 이것은 우리나라에서도 절대적인 규범이었다.

그리고 이것은 새로운 독재의 침해에 대항하는 보증으로서 그렇게 남아야 한다.

그리고 오늘날 유기적 전체로서의 국민이 아니라 오직 한 그룹과만 상의하여 부과된 세금을 표결에 부치는 일이 반복적으로 일어나고 있으므로, 우리는 역사 및 합헌성의 목소리와 함께 국민의 목소리가 크고 분명하게 들려야 할 시간이 왔다고 믿는다. 우리는 합법적 수단을 이용하여 이 부패한 악을 견제해야 하기 때문이다.

제10장

예산안 거부

제9조

예외적인 상황을 제외하고, 예산 범위 밖에 있다는 이유로 예산안을 거부하는
것은 권력 남용으로 비난받는다.

I. 프랑스 혁명의 제도

§95 정치적 이유에 따른 예산안 거부

우리 시대의 정치적 문제는 전적으로 예산 문제가 중심에 있다.

만약 전국회의가 예산안을 부결시킴으로써 매년 국왕의 의지를 굴복시키는 것이 적절한 일이라면, 솔직하게 말해 이제 우리는 이름뿐인 국왕을 갖게 된다. 그렇게 되면 우리는 명목상으로만 왕이 존재하는 공화국에 사는 셈이다. 확실히 그런 공화국은 우리가 익숙했던 공화국이 아니라 순전히 혁명적인 기원을 지닌 공화국이다. 이곳에서 국왕은 대중적 의회의 대리인이고 의회의 존엄한 대표들에게 책임이 있으며 그들의 법적 권력과 실제적 통제 아래 서 있다.

그러나 그것은 우리나라뿐 아니라 모든 나라의 자유주의자들이 원하는 방식이다. 예산안 의결권은 자유주의라는 배에서는 신성한 최후수단이다. 그들은 만약 입헌 정부에게 마음대로 예산안을 거부할 수 있는 권리가 주어지지 않았다면 그런 정부는 아무것도 아니라고 느낀다.

놀랍게도 끈질긴 보수주의자들은 헌법의 이런 비중 있는 주제에 대해 자유주의자들과 공통 입장을 제시한다.

보수주의가 융성했던 시기에 보수주의를 주도했던 대변인들은 특별히 이 요소가 대중적 자유를 위한 방안에 반드시 포함되어야만 한다고 주장했다. 설상가상으로 그들은 실제로 예산안을 거부함으로써 이것에 관한 그들의 의견을 실질적으로 확정지었다.

우리는 우리나라에서 과거 반혁명파 가운데 흐룬 판 프린스트르르(Groen van Prinsterer)만 홀로 이 이론에 적대적으로 맞섰다는 사실을 숨기지는 않을 것이다. 그는 그의 가장 친한 친구들이 혁명가들의 이론에 유혹을 이기지 못하고 넘어지는 것을 종종 경험해야만 했다.

이 친구들을 그렇게 유혹한 것은 예산안 거부가 국왕이 교체하고 싶어 하는 장관들에 대한 공격이며, 따라서 그것이 국왕에게 맞서는 것이 아니라 왕에 대한 충성의 행동으로 보였기 때문이다.

그러나 외관은 불충(不忠)의 원칙을 숨기고 있었다!

예외적인 경우 §96

우리의 강령 제9조는 당이 "예외적인 상황을 제외하고" 이와 관련 없는 이유로 예산안을 거부하는 것을 비난한다고 명시한다.

이 조항의 의도는 명백하다. 예산안을 거부할 수 있는 권리는 그것을 수락할 권리와 함께 주어졌다. 그러나 거부하거나 수락하는 행위는 그것이 행정의 문제와 관련될 경우에만 합법적이며 재정 상황에 따른 제한을 받는다.

그러므로 그 조항은 예산안 거부를 고려하는 이는 누구든지 자신이 반대할 조항이 무엇인지 장관에게 명시해야만 하고, 만약 장관이 그 문제를 해소시킨다면 예산안을 찬성할 준비가 되어 있다고 명시하는 것을 전제한다. 이것은 무조건적으로 예외적인 상황을 제외한 예산법안에 대한 모든 반대 투표를 비난한다. 이것이 규칙인 것을 입증하려는 것이지 숨기려는 것이 아니다.

국왕은 군사력을 사용하여 쿠데타를 일으키려는 유혹을 받을 수 있고, 자신이 지키겠다고 맹세한 헌법을 노골적으로 위반할 수도 있다. 우리나라의 유력한 정치인들은 더 나아가 국왕에게 그렇게 할 것을 요구하기도 했다. 자유주의 정당은 불안하게 느꼈던지 최근 공식 문서에 이 같은 움직임을 갈망하면서 우리 당의 지도자들을 비방했다.[1]

그러나 무엇보다 놀라운 사실이 있는데, 잘 알려진 덴마크의 고위 성직자인 마르텐슨(Martensen)은 자신의 『도덕론』(Ethics)에서 "특정한 상황 하에서" 쿠데타는 원칙적으로 합법적이라고 쓰고 있다.[2]

그러므로 우리는 쿠데타의 가능성을 고려하지 않을 수 없고, 그런 경우에 정당방위로서 모든 재정적 수단을 거부하는 것은 결코 부적절한 것이 아니라고 생각한다.

나쁜 국왕은 자신이 선호하는 사람들 중에서 부도덕한 사람이 독재자처럼 사람들의 이익을 활용하는 것을 허용할 것이다.

혹은 온전한 정신을 품었는지 의심스러운 장관이 의회를 업신여기는데도 국왕은 그것을 알지도 못하고 알려고 하지도 않는 상황이 발생할 수 있다.

그리고 나서 국민의 대표가 의회에서 행한 의사표시나 혹은 국왕

---

1 모든 그의 국민이 동등하게 교육받을 수 있는 초등교육법을 기각하라는 국민청원을 받으면서, 빌름 왕은 장관들에게 책임 있는 조언을 구했다. 관보로 발행되어 왕에게 제출된 카페이느(Kappeyne)의 보고서에 따르면, 공적 자금을 또한 사립 학교에도 지원하도록 제안함으로써 탄원서는 "매우 순전한 공산주의"를 옹호하였으며, 그리고 양원에 의해 승인된 법안에 서명하는 것을 보류하도록 국왕에게 요청함으로써 탄원서는 네덜란드 헌법 질서의 기초가 공격받고 있고 국왕이 쿠데타를 일으킬 수 있는 길을 열어주었다. 이 보고서는 그대로 N. M. Feringa, ed., *Gedenkboek betreffende het Volspetionnement* (Amsterdam: J. H. Kruyt, 1878), 136-49에 복사되어 있다.

2 H. L. Martensen, *Den christelige Ethik*, 3 vols. (kjøbenhavn: Gylden, 1871-78). ET: Christian Ethics, 3 vol. (Edinburgh: T&T Clark, 1873-82), 1:403-6; 3:228-31.

에 대한 청원 또는 법원에 소를 제기하는 것에 관해서 어떤 방어수단도 없는 그런 모든 "예외적인 상황"에서, 내 생각에 의하면, 예산안의 거부는 의무에 해당한다. 그것은 이론적인 권리가 아니라 정의의 폐지에 상응하는 상황에서 자기 보존의 수단으로서의 기능이다.

예산안 거부는 장관이 아니라 국왕을 공격하는 것이다 §97

그러나 정상적인 상황에서의 예산안 거부는 국왕의 권리 및 더 중요한 정부의 신성한 권리에 대한 근본적인 위반으로서 우리를 공격하는 것이 된다.

만약 마찰이 있다면 의회는 정부의 어떤 장관에 대한 불신임 제의를 통과시킬 것이다. 만약 국왕이 제안한 법안이 마음에 들지 않는다면 의회는 그것을 거부할 수 있다. 그것 역시 국왕에게 그런 장관을 해임할 것을 요구하는 것이다. 실제로 그렇게 할 근거가 있다면 의회는 그 사람에 대한 법적 절차를 개시할 수 있다. 그러나 그것이 정부라는 조직을 멈추게 하지는 않는다.

그것이 한 명 혹은 그 이상의 장관들에 거역하는 것이 아니라 국왕 자신을 거역한다는 단순한 이유만으로 그렇게 되지는 않는다.

어쨌거나 만약 국왕이 장관들 편에 있는데 그것이 단순히 장관을 제거하는 문제라면, 원치 않는 인물의 해임을 요구하는 청원은 국왕을 불쾌하게 하는 것이 아니라 도리어 가장 환영할 만하다.

그러나 만약 국왕이 고의로 그런 제안을 거절하고 의회의 뜻에 반대하여 그 장관직을 유지시킨다는 이유로 예산안을 거부하는 것은 장관이 아니라 국왕에 대한 압박을 시도하는 모습을 띠게 된다.

자유주의적 제도는 헌법에서 예산법의 가장 기본적인 개념과 거의 조화를 이루지 못하는데, 헌법은 예산을 의회의 정치권력에 대한 항목이 아니라 개별적·행정적 규정의 항목에서 다루고 있다(제119-122조).

그들의 혁명적인 제도는 현재의 규칙과도 일치하지 않아서 이러한 어려움을 피하기 위해 그들은 "신용 어음"을 고안했다. 이것은 입헌적 근거가 부족하며 단지 행인들의 눈으로부터 우리 국가 체계가 입은 손상을 숨기기 위한 칸막이 역할을 할 뿐이다.[3]

실제로 자유주의자들 스스로는 예산안 거부를 불편하게 여기기 때문에 이 무기를 전력을 다해 적용하려 하지 않고, 대신에 천천히 추진하여 장관들을 하나씩 낙마시키기를 선호한다. 그래서 내각은 균형을 잃고 고위직이 너무 많아져서 무너지게 된다.

한편 이것으로부터 비롯된 이 거짓된 원칙이 우리 헌법 안에 기어들어왔다는 것을 우리가 부인하기를 원한다고 결론을 내려서는 안 된다. 반대로 우리가 헌법에 반대하는 많은 이유 중에 하나는 바로 그것이 전체 예산 문제를 혼란스럽게 했다는 것이다.

이 시점에서 우리가 보여주기를 원하는 유일한 것은 자유주의 이론이 아직 우리 헌법 조항 속에 전적으로 도입되지 않았다는 점이다. 우리는 이 주제에 관해 헌법에서 원칙의 전형이 아니라 일관성 없는 협상들만 발견했다.

우리 헌법의 양면적인 성격과 자유주의자들과 보수주의자들의 혁

---

3 카이퍼는 여기서 "신용 어음"에 대해 언급하고 있다. 그것은 19세기 초 예산이 아직 공식적으로 확정되지 않았을 때에 정부 지출을 확대하기 위한 일시적인 조치로서 고안되었다. 이 현상에 대해 통찰을 가져다 준 알버트 굿제스(Albert Gootjes)에게 감사한다.

명적인 관행에 반대하는 반혁명파의 입장을 분명하면서도 간략하게 제시하기 위해 우리는 세 가지 작업을 할 것이다. 첫째, 프랑스 혁명의 명백한 의도와 영국 정치인들의 이론을 대조시키는 것이다. 그다음, 이 이론과의 관계에서 가장 우리의 마음을 끄는 이상을 서술하려고 한다. 그리고 최종적으로 반혁명파 제도와 우리 헌법 제도 사이의 관계를 보여주고자 한다.

II. 영국적 관행

경상 세입 §98

예산에 관한 영국적 관행은 무엇인가? 우리가 이 문제를 제기하는 이유는 영국적 관행이 대륙의 입헌 국가들의 관행과 동일하다는 일반적인 환상 때문이다.

이 견해가 얼마나 잘못되었는가를 드러내기 위해 우리는 다음 여섯 가지 사항을 언급하고자 한다.

고정 지출 §99

(1) 영국 국왕은 "경상 세입"을 임의대로 처리하고 "임시 세입"에 대해

서만 의회에 의존한다.

영국 국왕은 경상 세입에 대해서는 의회에 책임조차 지지 않는다. 국왕은 지도나 자문 없이 세금을 징수하고 지출한다.

규모로 볼 때 경상 세입은 점차 임시 세입보다 훨씬 적다는 것을 우리는 잘 안다. 그러나 헌법적 원칙으로 "원조와 자선"에 관한 예산만을 의회가 결정한다는 것은 대단히 놀라운 것이다.

(2) 의회는 불확정 시기에 관한 조항을 통해 그리고 일 년만을 위한 보조금을 통해, 두 가지 방법으로 국왕의 재정 집행에 관여한다.

그러므로 두 개의 지출 장부뿐 아니라 두 개의 수입 장부가 있다. 첫 번째 장부는 의회가 영구적으로 승인한 수입과 지출을 포함한다. 다른 장부는 1년 단위의 수입과 지출을 포함한다.

수입과 관계되는 한 대략 75%가 첫 번째 장부에, 그리고 25%가 두 번째 장부에 속한다. 지출에 관하여 정부는 언제나 국가 부채, 왕실 비용, 사법부의 월급, 그리고 의회의 법안으로 결정된 월급과 급여들을 제공하는 데 필요한 것을 지출할 권한이 있다.

§100 임시 예산

(3) 영국에서 "예산"이라는 용어는 전체 예산이 아니라 아직 승인되지 않은 임시 예산에 대한 장관[4]의 제안을 말한다.

절차는 다음과 같다. 의회는 예산위원회를 소집함으로써 그해 왕실 정부가 기획한 제안을 검토하기 시작한다. 첫 번째 검토되는 사안

---

4   여기서 장관은 재무부장관을 말한다.

은 육군과 해군에 대한 예산이다. 보통, 장관이 아니라 해당 부서의 차관이 전체 위원회에서 이 예산에 대해 설명한다. 육군과 해군에 대한 예산이 하원에 의해 결정되고 난 후 정부는 "원조와 자선"에 대한 지출을 다루기 위한 요청을 제출한다.

"여왕이 승인된 예산안을 이행하는 법"이라고 영국 사람들이 부르는 이 "예산법"(Supply Act)은 예산위원회로 알려진 상임위원회의 손에 달려 있다.

이 위원회의 보고서에 근거하여 하원은 (a) 승인된 예산이 어느 정도 적립기금에 충족되는가, (b) 나머지가 기존의 세금 인상이나 새로운 세금의 부과로 어느 정도 충족되는가(적립기금은 이전에 승인된 모든 세금의 수익금에 해당한다. 원래는 개별적 기금을 형성했는데 이제는 하나의 기금에 통합하여 적립기금이 되었다)를 결정한다.

이 예산법에 의해 세 번째 법안이 왕실 지출을 명시함으로써, 의결을 거치지 않고 왕실은 예산을 각각 지출할 수 있다. 이 법안이 통과되었다면 세출예산법(the Approproation Act)이라고 불렸을 것이다. 그러므로 그것은 계획된 세출이 배정되는 명분을 명시한다. 이 세 가지 법안은 하원을 거쳐 상원에서 통과된다.

이 조직이 예산 수입 및 책정액을 승인하면 정부는 세금을 부과하고 지출할 권한을 가진다.

세출예산법 §101

(4) 이상으로부터 명백해진 것은 영국에서의 예산안 처리가 우리나라에서의 절차와는 크게 다르다는 점이다.

영국의회가 예산안 특히 세출예산을 거부하면, 그럼에도 불구하고 정부는 (a) "경상 세입"의 처리를 임의로 계속한다. (b) 이전 법에 의해 승인된 세금을 징수할 수 있고, (c) 국가 채무, 왕실 비용, 그리고 월급 등에 요구되는 무엇이든지 지출할 수 있다.

다른 방식으로 표현하면 우리나라에서 세입과 세출을 포함하는 전체 예산은 매년 의회의 투표를 거쳐 제출되는 반면, 영국에서는 다른 법에 따라 이미 승인된 세금에 대해서는 매년 승인을 반복하지 않아도 된다는 차이가 있다.

그리고 이런 외관상 발견되는 사소한 차이에서 엄청난 결과가 발생한다. 예산안이 부결되었을 때 영국에서는 행정부가 어느 정도 사무를 계속 수행하는 반면 우리나라에서는 행정이 즉시 그리고 단계적으로 멈추게 된다.

정통한 정부 부서의 담당자들과 함께 세출을 토론하는 관행을 추가해 보자. 결과적으로 영국에서는 예산안이 상정될 때 실질적인 정치적 갈등이 발생하지 않으며 세입위원회가 구성될 때도 거의 없다. 정치는 세출예산법에서 비로소 시작되고 한 명의 장관이 아니라 정부의 권력인 모든 내각을 목표로 한다. 권력은 법적 한계를 벗어나려는 것을 방지하는 방향으로 나아가거나, 혹은 국가의 미래를 위태롭게 하지 않는 방향으로 인도되어야 한다.

§102 반란법

(5) 영국 의회가 과거에 피나는 투쟁의 결과로서 정부에 부과할 수 있는 강제 사항은 예산안에 대한 표결에 거의 의존하지 않으며 주로 전

적으로 다른 법안인 소위 반란법(Munity Act)으로 해결해야 한다.

영국에서는 우리와 달리 상비군이 부분적인 제비뽑기로 구성되는 것이 아니라 급여나 선지급금을 통해 모집된 별도의 군대로 구성된다(민병대도 있지만, 그러나 민병대는 영국 내에서만 복무하고 의회의 개별 법안에 의하지 않고서는 전쟁에 동원되지 않는다).

한편 상비군은 나라 밖에 있기 때문에 대중적 자유에 위협이 될 수 있다. 이것을 방지하기 위해 의회는 1년 단위가 넘어가는 군대의 예산을 승인하지 않을 것을 확립했다. 그래서 만약 한 해의 새로운 군대에 관한 법률이 다음 해에 사람을 소집할 권한을 주지 않는다면 그 이유로 인해 상비군은 해체되고 정부는 무장 해제된다.

(6) 마지막으로 영국 의회는 많은 특권에도 불구하고 아주 드물게 그리고 예외적인 상황에서만 정치적 이유로 예산안을 거부했다는 것을 우리는 기억해야 한다.

웨스트민스터(영국 의회)는 언제나 이런 강력한 무기를 어떤 당파도 무턱대고 제멋대로 활용하는 것을 방지하는 무기로서 존중했고, 자유롭고 신중한 사람들의 손에서 정치적 폭력과 독재의 침투를 방지하는 데 도움을 주어야 했다.

이런 이성적인 예산에 대한 업무를 처리함에 있어 더 나은 상식이 필요했다. 그것은 어떤 원칙을 수반했는데, 의회가 평민들의 의회로 남아야만 하고 정부의 권위와 권력이 오직 국왕으로부터 뿜어져 나와야 한다는 원칙이다.

그리고 주목할 것은 이런 완전히 다른 이론과 실천에 있어 더 큰 차이는 다음과 같은 결과로 나타난다는 점이다. 우리나라에서 상원은 점점 더 스스로를 난처하게 만드는 반면 영국은 전반적으로 자신의 의회를 존중하고 성원한다. 우리 국가는 점점 더 억압적이 되는 반면, 바다 너머에 있는 그곳 국민들의 자유는 늘 확대되고 있다. 뿐만 아니라 우리의 헌법적 관습은 점점 더 왜곡되는 반면, 영국에서는 지속적이고 역사적이며 국가적인 활기 속에서 계속해서 발전한다.

III. 네덜란드에 가장 바람직한 것

§103   국가성

만약 우리가 예산을 처리하는 데 있어 프랑스와 영국의 제도를 선택해야 한다면 잠시도 주저하지 않고 후자의 것을 선택할 것이다. 물론 유서 깊은 관습이 영국의 헌법적 관습에 각인시킨 사항들을 맹목적으로 모방하는 것은 징벌을 불러일으킬 것이라는 점을 즉시 덧붙인다.

국가의 역사적 발전에 대한 존중이란 개별 국가의 독특한 특징에 대해 열린 시각을 갖는 것을 요구하므로 법과 입법의 영역에서 국가들 사이의 모든 모방을 차단한다.

상황이 좋다면 네덜란드 법은 네덜란드 국가 자체의 과거로부터 발전해야 한다. 오늘날처럼 혁명적 활동이 무모하게 국가 발전의 맥락을 단절시켰을 때 다양한 국가들의 예시로부터 일반적인 관점을 빌려오는 것은 허용할 수 있다. 그러나 그때조차도 이런 일반적인 아이디어들은 그 국가의 특징에 맞게 변형되어야 한다.

이것을 명심하면서 우리는 우리나라를 위해 다음 네 가지 사항을 강력히 권고한다.

법 또는 결의안에 따라? §104

첫 번째 사항은 전국회의가 재정적 수단에 대한 승인을 법률이 아니라 결의안의 형태로 해야 한다는 점이다.

우리가 이 점을 전면에 내세우는 이유는 이것이 극도로 중요하기 때문이다. 예산법 제도는 단지 자유주의가 압력을 가하고 있는 전국회의의 잘못되고 비역사적인 거짓된 개념의 결정체일 뿐이다.

프랑스 혁명의 발걸음 가운데 우리의 자유주의자들은 순식간에 네덜란드의 과거 의회를 양원제 입법부로 변형시켰다. 이것이 입법권[5] 을 함께 구성하는 양원 제도다. 둘 다 잘못되었다.

모리스(Maurice)[6]가 정확하게 파악했듯이 우리 전국회의는 복수의 "의회"(chambers)가 되어서는 안 되었다. 만약 이름을 가져야 한다면 "단원제"(a house)여야만 한다. 그것은 국민들의 대표이고 국민의 이익을 위한 민간 회의이며 정부에 맞서서 국민의 권리를 대변하는 자여야 한다.

그렇게 되기 위해서 의회는 독립적 지위를 가져야만 한다. 그리고

---

5 카이퍼는 여기서 헌법 제104조를 언급하는데, 그 내용은 "입법권은 왕과 의회 의원의 연합에 의해 행사된다"라고 쓰여 있다.
6 카이퍼는 아마도 영국의 작가 모리스(F. D. Maurice, 1805-1872)를 언급하고 있는 듯하다.

명예롭게 이런 지위를 차지하고 유지하기 위해서는 의회가 분리되어 있어야 한다. 즉 "자신의 집을 가져야"만 한다.

그러나 프랑스 혁명의 제도에 따르면 의회 그 자체는 정부 권력과 공동의 소리를 내는 자다. 그들은 정부와 공동으로 일하고 같은 사무를 수행한다. 따라서 그들은 정부와 같은 거주지에서 동거한다. 즉 그들은 국가 건물에서 두 개의 방을 할당받은 것이다.

모리스에 따르면 이런 식으로 "방"(Chamber) 그리고 "집"(House)이라는 의회의 이름은 독자적으로 활동히는 집중된 국가라는 의회에 대한 권위적인 "게르만식" 견해와, 세 부분으로 나누어진 주권적 권력의 전달자 가운데 한 장소를 의회에 할당한 "프랑스 혁명적인" 개념 사이의 아주 중요한 차이를 강조한다.

물론 우리는 영국식 의회의 이름인 "집"(House)을 소개하는 것을 꿈꾸지는 않는다. 그러나 우리는 프랑스의 혁명적인 "방"(Chamber)이라는 이름을 폐지하기 원한다. 우리는 과거에 그랬듯이 네덜란드 전통에 따라 주들(States)의 모임으로 머물러 있는 의회를 만들기 원한다. "주"(States)라는 의회의 이름은 아름답고 품위 있는 네덜란드어로서, 우리 대표에 대한 독립적인 지위를 표현한다. 되살려서 말하는 것을 허락한다면 그 이름은 거짓된 자유주의 개념에 대한 지속적인 비난이다. 그러나 그 이름은 또한 의회(States)에 맡겨진 행동 영역과 밀접한 관계가 있다.

자유주의자들의 프랑스식 제도 아래서는 의회(Chamber)가 법률의 제정 외에 아무것도 할 수 없다. 국가라는 하나의 큰 건물 안에는 다양한 층과 객실이 있다. 한 객실은 행정을 준비하기 위해 만들어졌고 다른 것은 국내 문제를 위해, 다른 것은 국방을 위해, 또 다른 것은 사법을 위해 만들어졌다. 같은 맥락에서 여러 개의 회의실이 법률을 제정하기 위해 나뉘어 있다.

그런데 이 마지막 회의실은 우리의 전국회의에 배정되었다. 이것으로부터 전국회의가 할 수 있는 모든 것은 더 많은 법을 만드는 것이고 모든 것을 법률의 형식으로 쏟아내는 것이라는 결론이 나온다.

심지어 어떤 사람은 발의를 하는 것이 합법적인지 의심한다.[7]

국왕에게 상소할 권리, 심위위원회의 설치권, 대법관 지명권, 장관에 대한 탄핵소추권뿐만 아니라 입법으로 이어지지 않는 어떤 활동의 자유도 차단된다. 결국 그것은 프랑스 입법부의 모방이다. 그러므로 모든 의회의 권한과 특권이 법률을 만드는 데 소진될 것이 틀림없다.

이것이 이끌 수 있는 터무니없는 상황은 최근 국가가 왕의 혼인 문제를 처리할 때 명백해졌다. 이것은 왕과 의회가 협력하여 일하지 않는 정반대편의 상황에 관한 것이다.

국왕은 결혼하기를 원했고 자신의 배우자가 여왕의 칭호를 갖기를 희망했다. 어떤 후손이라도 왕가의 특권을 누리고 자신이 죽은 후에 미망인은 국가 연금을 보장받게 될 것이다. 그 상황에서 요구되는 것은, 국가는 제안된 결혼이 국가 이익의 위협으로 간주되지 않는다는 선언이었다.

국가는 전국회의를 제외하고는 그런 제안을 할 수 없다. 국왕은 전국회의에서 자신의 결혼의 동의를 구하는 적절한 법적 절차가 있어야

7　카이퍼는 반혁명당 의원인 크흐니우스(L. W. C. Keunchenius, 1822-91)에 의해 지원을 받는 1866년 9월 27일의 제안을 가능한 한 부정적으로 언급한다. 그것은 식민지 총독을 임명하는 최근 행동에서 정부를 비난했다. 그 제안은 상원을 통과했으나 당시 정부에 의해 국왕의 특권에 대한 침해로 낙인찍히게 되고, 의회를 해산하고 새로운 선거를 실시하는 명분을 제공했다.

만 한다.[8] 그러나 현재로 이것은 불가능하다.

전국회의는 "입법권"의 한 부분을 담당하고 있으며, 그래서 "입법"만을 할 수 있다. 이런 경우에 그것은 법률의 형태로만 동의를 표현하도록 규정되어 있었다. 전체 상황은 터무니없었고 다음과 같은 법률이 통과되는 우스꽝스러운 결과에 이르게 되었다. "우리는 하나님의 은총으로 네덜란드의 국왕인 빌름 3세가 내각에 알리고 전국회의가 상의하여 하나님의 은총으로 네덜란드의 국왕인 빌름 3세에게 발덱(Waldeck)의 공주 엠마가 왕가의 일원으로서의 권리를 포기하는 조건으로 결혼을 허락한다."

그러나 양식이 있는 사람이라면 누구나 간파할 수 있는 이와 같은 불합리는 전국회의의 전체 활동 영역을 왜곡시켰다. 특히 예산안과 관련해서는 더욱 그렇다.

결국, 모든 사람의 감각에 의하면, 법은 명령 또는 금지를 규정하고 있는 법적 조항이다. 그것을 통해 국가 내의 불확실한 법률 관계가 항구적으로 규제된다.

그러나 1년 단위의 예산 관련법 또는 25주 기간의 신용과 관련된 법령에 관한 사례는 어떤 종류의 "법"인가? 그것은 "법"과 무슨 관계가 있는가? 단지 법의 우스꽝스러운 풍자화 외에 무엇이란 말인가?

게다가 보다 주목할 것은, "법"이 법으로서 부여되었다면 그것은

---

8 1877년 여왕 소피(Sophie)의 죽음 이후 61세에 홀로된 빌름 3세는 20세의 발덱 피르몬트(Waldeck-Pyrmont)의 엠마와 결혼했다. 부분적으로 그것은 네덜란드 오란녀 왕가의 연속성을 보증하려는 노력이었다. 살아 있는 두 명의 왕자들 중에 하나는 부적절했고 다른 왕자는 아버지의 보좌를 계승하는 것을 원치 않았다. 새로운 후손을 갖지 못하면 왕위는 룩셈부르크 대공에게로 이양된다.

누구를 위한 것인가? 그리고 법을 어겼을 때 비난받는 사람은 누구 인가? 대답하자면, 바로 네덜란드에서는 단지 한 사람, 관계 장관이다.

그리고 더 어리석고 불합리한 것은 많은 경우에 법은 "이미 법으로 존재하거나" 혹은 헌법 속에 포함된 것을 법으로 제정한다는 것이다. 예를 들어 예산법이 우리의 헌법에 따라 왕에게 이미 승인한 60만 홀 든을 다시 한번 왕에게 승인할 때다.[9]

그러므로 우리의 예산 관련 법들은 실제로 법을 법으로 만드는 모 든 특징을 갖추고 있지 않다는 것을 우리는 조금도 망설이지 않고 말 한다. 그것은 단지 전국회의의 결의일 뿐이다. 그러나 불행하게도 권 력의 위선적인 분립을 유지하기 위해, 그것들은 법률의 형태로 제정 된다.

이런 허구는 또한 제거되어야만 한다. 그것은 우리의 헌법적 관습 이 전국회의가 입법부가 아니라 국민의 대표 기관이라는 것을 인정하 자마자 제거될 것이다.

일단 국민과 통치자가 두 개의 실체라는 사실을 깨닫게 될 때, 우 리는 국왕의 궁전 바로 옆에 혹은 반대편에 국민의 의회가 있다는 것 을, 그리고 국왕과 의회는 근본적으로 다를 뿐 아니라 그들의 권력과 기능은 섞일 수 없다는 것을 본능적으로 알게 될 것이다.

그리고—우리가 이것을 지적할 필요가 있는가?—이 의회들은 한 마디로 법이라는 허구적 형태에 구속되지 않으면서 자신들의 능력 아

---

9   여기서 인용된 금융 수치에 대한 역사적 시각을 제공하면 1880년 1홀든의 가치는 네덜란 드 비숙련노동자 일당의 70% 정도에 해당된다. 이것은 대략 오늘날 미화 66달러 혹은 41파운드 에 상응한다. 그러므로 1880년에 60만 홀든은 거의 미화 39.6백만 달러 혹은 24.6백만 파운드에 상응한다.

래 있는 모든 것을 결정하고 거래할 수 있다.

그때에 그들은 법률의 형식을 빌려 국왕의 입을 통해 더 이상 말하지 않을 것이다. 그러나 그들은 독립적인 결의를 통해 국왕에게 자신들의 생각을 말할 것이다. 그리고 국왕이 "내 왕국의 의회들이여, 나의 결혼 제안이 국가의 이익에 반합니까?"라고 물을 때, 의회 스스로는 국왕이 아니라 관보를 통해 "아닙니다, 전하! 전능하신 하나님이 전하의 결혼을 축복하시기를 기원합니다!"라고 말할 것이다.

그리고 유사하게 국왕이 자신의 장관을 통해 의회에 "내 왕국의 의회여, 짐이 이런 저런 지출을 위해 국고로부터 이 정도를 승인할 수 있겠는가?"라고 물을 때, 의회는 국왕이 아니라 관보를 통해 국가의 이름으로 국왕의 제안을 승인할 것이다.

§105 경상 예산과 임시 예산

우리의 두 번째 주장은 이것이다. 어떤 세입이 징수되고 어떤 세출이 매년 집행되는지 전국회의의 동의를 얻은 후에 법률의 형태로 국왕이 제정하게 하라. 그리고 1년 동안 징수되거나 지출될 것이 무엇인지, 그리고 무엇이 법으로 확립되었는가에 관해 의회로부터 동의를 얻은 후에 국왕이 결의의 형태로 제정하라.

고정 세금은 항구적으로 정부와 시민 간, 시민들 상호 간, 그리고 국가와 다른 국가 간의 관계를 규정한다. 이런 관계가 법률로 확립되는 것은 너무나 당연하며, 마찬가지로 그 관계들은 국가가 합법적으로 동의하지 않는다면 합법화 될 수 없다.

그러나 당해 연도에 추가적 필요 또는 자본과 세입을 증가시키는 신축적인 권리로서 추가 부과가 승인되거나 국채가 임시 가상 자본 (temporary fictional capital)을 창조하기 위해 발행되었다면 사정은 달라진다. 그럴 경우에 그것은 고정 세입의 문제가 아니라 임시 예산의 문제이므로 논외가 된다.

그러나 추가 예산의 경우 결의안의 형태가 법을 대신할 때조차도, 여전히 비싼 대가를 치르고 도입된 국가의 권리들은 국민의 동의 없이 그런 특별한 추가 징수를 할 수 없다고 규정한다. 전국회의의 사전 승인은 그런 결의안이 합법적이기 위한 엄격한 조건이 충족되어야 한다.

다소 동일한 것이 지출에 있어서도 요구된다. 영구적으로 법으로 규정되어야만 하는 고정 지출이 있다. 그리고 항구적으로 금액이 변하거나 혹은 엄격하게 필요하지 않거나 해마다 달라질 수 있는 지출이 있으므로 매년 결정되어야만 한다.

우리는 헌법에 대해서 고의로 침묵을 지켰다. 우리 생각에 헌법은 매년 월급이나 왕실 가족들 그리고 의회 의원들을 위한 최소한의 것들을 정하기 때문이다.

그러나 비록 당신이 그렇게 간주하기를 원할지라도 헌법은 국왕과 의회가 서로를 보증하는 상호 권리의 선언이다. 따라서 국왕은 매년 최소한의 수입이 어느 정도인지 아는 것이 적절하다. 그리고 나서 만약 전국회의의 의원들 역시 국고로부터 보수가 주어진다면(우리 생각에 잘못된 것이다), 그것이 최소한 헌법에 규정되는 것이 적절하다. 그러나 차등적인 월급액은 헌법에서 사라져야 한다. 그것들은 당사자들 간의 계약과 관계가 없기 때문이다. 그리고 언급된 그런 당사자들에 대해서도 표시된 액수는 하한선을 고정해야 하며 초과할 수는 있으나 줄어들어서는 안 된다.

소위 기본법(organic laws)은 다양한 국가 공무원들을 위한 최소한의 고정 급여를 확립하는 업무가 남아 있다. 한마디로 국왕과 제3자들, 즉 군대와 해군 장교들의 급여까지를 묶은 모든 이들을 위한 것이다.

그러나 고정된 지출이 아니거나, 제3자에 대한 책임이거나 또는 최소한을 초과하는 총액은 무엇이든지 매년 결의안으로 결정되어야 한다.

다시 한번 전국회의의 사전 동의 없이는 아무것도 할 수 없다. 그것은 국왕에 대한 국민의 권리이기 때문에 동의된 것 외에는 승인해서는 안 될 뿐 아니라 동의된 것이 정해진 목적에 부합하게 시출될 것임을 알려야 한다.

각각의 장에서 우리는 나머지 (1) 장관이 아니라 "국왕"에 대한 재정적 수단의 거부, (2) 그런 거절의 "조건부적" 성질이라는 두 개의 주제를 논할 것이다.

IV. 네덜란드에 가장 바람직한 것(계속)

§106   국왕의 장관들에 반대하는 행동

우리가 발전시킨 아이디어에 따르면 정부는 항구적 권리를 받았다. 즉 논의되는 법률이 효력을 유지하는 한, 제3자에 대한 법적 의무를 이행하기 위해 필요한 만큼의 정액세를 징수하거나 예산을 집행할 수 있는

권리 말이다. 정규적인 방법으로 제정된 법이 아닌 다른 모든 이유로
재정의 징수와 지출을 위한 것은 매년 전국회의의 동의가 필요하다.

그런 제도 아래 정당한 정치적 명분에 대해 정부가 반대에 직면할
수 있다는 것을 가정해 보라. 그런 경우 반대(이전 장에서 우리가 결론을
내렸다)는 국왕에 대한 반대이지 장관에 대한 것은 아니고 조건적 성격
을 띤 채로 남아 있어야만 한다.

그것은 우리를 제3의 사실로 이끈다. 그것은 정치적인 이유로 국
왕에 대해 예산안을 반대하는 것은 허용되지만, 장관에 대해서는 허용
되지 않는다는 점이다.

물론 본질적으로 우리가 국왕의 장관을 반대하는 것은 아니다. 반
대로 우리 전국회의는 그 사람이나 직책에 대한 편견 없이 국왕의 장
관들을 면밀히 감독해야 하고, 나라에 해로운 원칙을 흠모하거나 국민
들에게 해가 되는 정책을 제안한다면 강력하게 말할 수 있는 용기를
가져야만 한다.

그러나 정치적으로 말하자면, 감시를 위한 도구가 꼭 필요하지만
그것이 국가의 재정과 관련되는 것은 아니다. 전국회의에 주어진 도구
는 (1) 정책 질의의 권리, (2) 예산안에 대한 동의를 보류하는 권리, (3)
불신임안을 통과시키는 권리, (4) 만약 장관이 이전 대책에 대해 몰이
해한 채로 남아 있다면 그 장관의 해임을 국왕에게 건의하는 권리, (5)
장관을 탄핵하는 권리가 있다.

결국 전국회의가 장관을 반대한다면 그에 대한 단 두 가지 가능성이
존재한다. 국왕이 장관을 해고하거나 아니면 그렇게 하지 않는 것이다.

국왕이 그렇게 한다면 장관을 해고하라는 요구는 모두 충족된다.
그러나 만약 그렇게 하지 않는다면 전국회의가 마주치게 되는 저항

은 장관으로부터 나오는 것이 아니라 실제로 국왕 자신으로부터 발생한다는 결론이 도출된다. 만약 그렇다면 투쟁이 공개적으로 일어나게 하라. 한편에는 전국회의와 국민이, 다른 한편에는 내각과 국왕이 있어서 처음부터 그 투쟁이 사람에 관한 것이 아니라 권력의 제한에 관한 것임을 분명히 인식하게 하라.

만약 전국회의와 국왕 사이의 투쟁이 결정적인 단계에 도달하지 않았다면 예산안을 거부함으로써 그 권력에 저항하는 것은 결코 받아들여시거나 의무화되지 않았을 것이다.

차이를 해결하려는 다소 덜 격렬하고 광범위하지 않은 수단이 일어나는 모든 갈등을 위해 이용될 수 있다. 예를 들어 만약 폭도를 대면한 공무원이 그 폭도가 체포에 저항하려는 것이 확실해서 발포를 명령한 것이라면 그것을 누가 어리석다고 간주하겠는가?

그러므로 국왕이 "나는 장관을 후원한다"고 말을 하고 나서야 그 갈등은 권력 투쟁으로 변하는 것이다. 이는 일상적인 수단이 실패한 후 예산에 대한 거부에 의존할 때다. 만약 이것이 맞다면―그리고 우리가 반대하는 것을 거의 상상할 수 없다면, "지출을 위한 예산"을 거부하는 일은 결코 일어날 수 없고, 정치적 문제는 세입을 결정할 때를 제외하고는 위기에 처하지 않을 것이라는 결론이 난다.

물론 이 제안은 증세나 세목을 확대하는 문제와 아무런 관계가 없다. 위기와 갈등의 경우를 제외하고 국왕이 세금을 올리기 위한 새로운 요구에 착수할 때마다 국민의 권리와 자유를 위하여 새로운 조건을 부여하는 것이 언제나 전국회의의 선하고 충실한 의무다. 이는 우리의 의무이며 현 자유주의적 의원들의 의회(Chambers)가 거의 망각하고 있는 바로 그 추억이다.

아, 그렇지 않다. 우리가 반대에 대해 말하는 것은 국민에게 해로운 것이라고 생각하는 일을 수행하려는 국왕에게 재정적 수단을 제공할 것인지의 문제에 전국회의가 직면했을 때 거의 드물지만 생각할 수 있게 하고 때때로 피할 수 없는 경우에 우리는 반대에 대해 언급한다.

우리가 이전에 지적했듯이 이런 상상할 수 있는 상황 가운데서 쿠데타가 발생한다. 더 첨부하면 그것은 파괴적인 전쟁을 감행하려는 의도 혹은 국가적 원칙을 훼손시키기 위한 항구적인 권력의 사용이다.

국왕에 대한 오직 조건부 반대 §107

그럼에도 불구하고 이것은 우리를 네 번째 주장으로 이끈다. 반대는 언제나 조건부여야 한다.

우리가 논의하는 일종의 충돌이 우연이나 장난의 결과로 일어나서는 안 된다. 여러 해 동안 우리나라에서 일상적인 관행으로 예산안을 거부하는 것이 유행처럼 일어났다. 그것은 전국회의를 불신임하게 만들고 필요할 때 정부를 반대할 힘을 높이기는커녕 감소시킨다.

그러므로 우리는 정부에 대한 그런 반대의 첫 번째 조건으로 의원들이 냉정하게 날선 경고를 주어야 한다고 요구한다.

만약 전국회의가 예산 거부를 이유로 국왕과 맞서기를 원한다면, 전국회의는 국왕으로부터 국왕이 희망하는 것을 신중하고 잘 정리된 말로 통지를 받는 것이 공정하다.

그러므로 예산안 거부는 요구사항들이 분명히 표현되는 훌륭한 연설을 제공함으로써 진행되어야만 한다. 그런 연설을 행한 후에 국왕에게 그것을 고려할 시간이 주어져야 한다.

만약 의회가 돈줄을 닫으려고 결정한다면 그것은 통상적으로 위압적인 방식이 되어서는 안 된다. 우리의 제안이 암시하듯이 만약 제3자에 대한 의무가 적어도 방해를 받지 않고 충족될 수 있다면, 많은 위압적인 어조는 사라질 것이고 즉각적인 결정을 강요하는 국가 조직의 갑작스런 정지도 없어질 것이다. 그때 국왕이 공표된 요구 조건을 가지고 국민들에게 갈 기회를 빼앗지는 못하고 전국회의의 요구 사항이 유권자들의 지지를 받는지 여부는 새로운 선거라는 방법으로 확인할 것이다.

그리고 이런 건전하고 존경받을 만한 행동 이후에 국왕이 예기치 않게 자신의 의도를 밀고 나간다면, 내 생각에 전국회의는 저항이 국왕의 도덕적 확신으로부터 비롯된 것인지 혹은 이것이 단지 변덕이나 편견에 불과한 것인지를 조사해야 한다.

그것은 자동적으로 우리가 예산 거부에 부여하는 두 번째 조건으로 이끈다. 즉 "국왕은 자신의 양심에 반하여 행동하도록 강요받아서는 안 된다." 입헌 국가에서조차 국왕은 인간으로 남는다. 그는 로봇이 아니고 인간이다. 그는 우리처럼 열정을 가지고 또한 양심이 있고, 존경받을 것을 요구하는 양심도 가진다.

국왕에게 승인하라고 강제하기를 원한다는 것, 그런 이유로 실행되겠지만, 그가 부정의하게 여기므로 하나님 앞에서 불법인 것들은 "부도덕"하며, 그것들은 극도로 부끄러운 일이다.

그러므로 만약 국왕이 전국회의가 엄격하게 표현한 요구 사항을 양심상의 이유로 "할 수 없다"고 반응하면, 전국회의는 자신들이 승인하지 않는 것을 더 규제하려는 법에 대한 동의를 철회할 수 있다. 그러나 돈이라는 적나라한 권력의 벽으로 왕을 밀쳐서는 안 된다.

만약 어떤 사람이 양심상 반대를 가장하기 위한 수단을 사악한 왕의 손을 이용해 몰래 가지고 들어갔거나 양심상의 반대라고 생각하는 것이 단지 병자의 환각이라고 판단한다면, 주어진 시간 동안 모든 세금 징수를 막는 과도한 권력을 전국회의가 승인함으로써 이 반대를 충족시키는 것은 무엇이든지 간에 아무런 문제가 되지 않는다고 우리는 생각한다.

언제나—이를 조심스럽게 주목하라—전국회의가 신중한 논의 없이 매년 무작위로 변화를 위한 여지를 봉쇄할 것인지를 표결에 부치기로 결정하지 않았다면 말이다. 그런 조치는 왕에게 사전 경고 후, 그리고 3일 동안 각각 세 번의 투표 후에 필수적인 동의를 얻은 상당수 의원들의 주도로도 가능하다.

우리는 더욱더 이 조건들을 강조한다. 왜냐하면 우리의 의도는 권위주의적 변덕이 있는 사람들의 자유를 희생시키려는 것이 아니며 심각한 문제는 심각한 방식으로 다루어야 하기 때문이다. 왕과 국민 양자가 충분히 통지를 받는다면 쿠데타 같은 것은 일어나지 않아야 한다. 먼저 덜 위험한 다른 방법이 모색되어야 한다. 쿠데타를 고려하는 사람들은 그런 행동의 심각성을 분명히 알아야 한다.

우리는 이런 조건들 하에서조차 부정의가 발생하고 국왕이 자신의 양심에 반하여 오해받고 압박을 받는 것을 인정한다. 그러나 그것 때문에 우리 제도가 부적합하다고 간주하는 것에는 의문을 제기한다.

어떤 제도도 완전하지 않다. 그리고 왕이 정직하게 자기 양심에 따라 의회에 저항하는 반면에 의회는 왕의 영향력에 맞서 압력을 행사하는 순간을 상상해보라. 그때 왕위를 폐위시키는 것은 진정으로 대단한 일이 될 수 없다고 생각한다. 그것은 하나님 앞에서 왕의 존엄을 보전하기 위해 그를 희생시키는 것이다. 의회는 동일한 하나님 면전에서 이 최고의 희생을 강요하는 것이 전능하신 분의 축복이라고 간주할 수 있는가를 결정해야만 한다.

§108   현재를 위한 우리의 행동 방침

위의 글은 예산을 다루는 우리의 헌법 조항이 반혁명파의 정치와 차이가 있다는 것을 명백히 보여준다. 왜냐하면 그것은 권력을 혼란시키고 진행 과정에서 심각성을 몰아내기 때문이다. 따라서 우리의 행동 지침이 기존 헌법 조항 아래 있어야만 하는가의 문제는 그다지 중요하지 않다. 그것은 다음 네 가지 특징으로 제시될 것이다.

(1) 당신들의 원칙에 더 알맞은 다른 조항들이 우리 헌법에 포함되도록 끊임없이 요청하라.

(2) 예산에 대한 최종 투표에서 장관의 개인적 정책에 대한 반대를 행사하지 마라. 그러나 다른 법안에서 대정부 질문, 제의, 정부에 대한 담화, 탄핵의 방법으로 하라.

(3) 정부에 대한 저항이 필요하다면 극도로 심각한 상황 외에는 폭력에 의존하지 마라. 모든 다른 방법을 소진한 후에 국왕이 양심을 거스르지 않게 하라.

(4) 만약 당신이 예산에 관한 법안을 거부할 때 압박하거나 압박을 가해야만 한다면, 한두 명의 장관이 아니라 모든 장관들과 연합하여 국왕에게 압력을 가하라.

제11장

분권

제10조

지방자치는 그것이 국가 통합의 요구와 충돌하지 않는 한, 그리고 개인의 권리가 보호받지 못하도록 방치되지 않는 한, 회복되는 것이 바람직하다.

I. 중앙 집권 체제

§109　프랑스 혁명으로 인해 어떻게 나라가 분할되었는가

국가를 보는 두 가지 방법이 있다. 그것은 어떻게 국민을 바라보는가에 달려 있다. 국가는 신의 섭리에 의한 제도로 성립하고 성상해서, 현재의 모습에 이르게 되었는가? 혹은 국가는 어떤 주어진 시기에 다수의 사람들이 좋아하는 대로 그들의 "국가"를 만들려는 다수의 개인들에게 달려 있다고 생각하는가?

　후자의 견해는 프랑스 혁명의 현명한 대다수 사람들의 견해이고 "필요한 부분만 약간 수정하여" 원칙적으로 자유주의자들에 의해 모방되었다.

　혁명가들의 눈에 프랑스는 우리가 인간이라고 부르는 데 익숙한 살아 있는 존재들이 거주하는 세계의 한 부분이다. 그 나라는 나누어지지 않았고 깨어지지 않은 지대였으며, 나뉘기를 원한다면 나뉠 수도 있고 만약 나누어진다면 열 개에서 이십 개의 조각으로 혹은 이십 개에서 팔십 개로 분열될 수도 있다. 고려할 것은 오직 영토의 넓이와 사람의 숫자뿐이다. 그 조각은 결국 거의 동일하게 되어야만 하고, 이것을 달성하기 위해서는 관습과 전통은 무시될 수 있다. 혁명의 가위는 모든 역사적인 칸막이를 가로지른다.

　그 결과는 "구획"이었고, "중앙 행정을 용이하게 하는" 수단으로만 존재할 권리를 가진 단위였다. 주(州)도 아니었고, 나라의 한 영역, 광

장 혹은 독립과는 어떤 유사성도 없는 부분이었다.

그리고 그런 단위들에 직접 행정을 집행하기에는 너무 크다고 드러날 때, 행정 단위들은 동일한 방식으로 하부조직으로 나뉘며 "구" 또는 "구역"으로 이름 붙여진다. 그리고 이런 지역들이 너무 크다고 드러날 때 지역을 나누어서 "동" 혹은 "자치구"로 쪼개고 최종적으로는 나눌 수 없는 단위의 실체에 이르게 된다. 그것은 바로 "개인"이다.

그래서 그들은 처음에는 전 지구의 한 부분을 차지했으나 이 영역은 주로 나뉘고, 주들은 지역으로, 그리고 이 지역들은 자치구로 쪼개지며, 그들은 미래의 모든 계획을 수정하거나 철폐하고 수행할 수 있는 권리를 유보하면서 다수 대리인의 희망 사항에 의존한다.

때때로 고려되었던 유일한 사항은 높은 산의 산등성이 혹은 넓은 강이었다. 만약 경계를 구분해야만 한다면 산과 강은 관료적인 통치에 최고로 부합한다.

그러므로 이 제도를 따라 지역을 분할하는 유일한 이유는 그것이 단일한 행정 주체에 의해 운영되기에는 너무 크다는 것이다. 만약 한 번에 전체에 대해 명령을 부과할 수 있는 엄청나게 재능 있는 관료들이 있었다면 그것은 거의 완벽했을지도 모른다. 그러나 이런 유형의 경이적인 관료는 존재하지 않기 때문에 "분할해서 정복하기"의 정신으로 혁명파들은 나라를 나누어야만 했다. 그래서 그들은 적절하게 통치할 수 있도록 나라를 그런 큰 부분과 작은 부분들로 나누었다.

중앙 집권의 경향 §110

이 제도로부터 (1) 단일한 조치로 전국에 영향을 끼칠 수 있는 것, (2)

기껏해야 전체의 한 "부분"(section)을 다룰 수 있는 것, (3) 일상적인 감독이 필요하며, 따라서 한 사람이 하루에 감당할 수 있는 면적을 초과하지 않는 작은 것 등 세 가지 유형의 행정행위(Administrative actions)가 있다는 결론이 난다. 결국 이 제도는 한편으로 일격에 전국에 적용될 수 있는 일련의 조치들을 허용하고, 다른 한편으로 각각의 지역에 개별 공무원 집단을 필요로 하는 여러 사무를 허용한다.

이런 행정 사무의 분화는 자동적으로 어떤 사무가 중앙정부에서 다루어질지에 대한 문제를 제기한다. 중앙정부의 어깨에 얼마나 많은 사무가 놓여 있는지 혹은 비중앙 조직에 맡겨졌는지에 따라 집중화된 혹은 분권화된 정부도 구분할 수 있을 것이다.

바로 중앙에서 다룰 수 있는 것은 무엇이든지 중앙에서 "다루어야만" 한다는 것이 규칙이다. 낮은 단계에서의 행정은 필요악이다. 만약 국가가 그것 없이도 행정을 제공할 수 있다면 더 좋았을 것이다. 지금 그것을 없앨 수 없기 때문에 단지 지불한다. 그러나 이상적인 것—최고의 경영 즉 추구하는 목적—은 언제나 그런 부차적인 권력의 중심은 제거되고 모든 것을 중앙에서 다루며 전국적으로 하나의 정책 수단으로 주변에 있는 모든 지점까지 중앙의 권력이 펼쳐지는 것이다. 이런 이상에 적합한 이미지는 거미줄이다. 모든 줄이 붙어 있는 정점에 거미가 있다.[1]

그러므로 자유주의자들이 주로 따르는 지도 원칙에 따라 프랑스 혁명 체제는 중앙집권화를 적극적으로 강요한다.

---

1   파리에 교육부장관이 자신의 시계를 보고 "5분 내에 프랑스에 있는 모든 아이들이 수학책을 보게 될거야"라고 말하는 그 날이 왔다.

철도, 우편 서비스, 그리고 전신이 공동체를 가깝게 이어줌으로써 국가의 영향력은 더 멀리 뻗칠 수 있게 되었다. 더 많은 문제들이 자치위원회와 지방정부의 사무실에서 중앙정부의 부서로 이전될 수 있다.

뿐만 아니라 거미를 모방하는 기술이 제2의 천성(nature)이 되었다. 관료제는 효율성이 증가했고 개별 시민들은 점점 더 순종적이 되는 것을 배운다. 지역적이고 국지적인 행정이라는 필요악은 점점 더 좁은 업무에 한정되었다. 그것이 아직 제거될 수는 없지만 점차 중요성을 잃어간다. 불가분리한 하나의 영역 내에서의 단일 "피치자"라는 과장된 이상이 우리가 알아채지 못하는 사이에 점점 가까이 다가오고 있다.[2]

위원회와 행정 부서 §111

일의 성격상 이 제도를 적용하는 것은 두 가지 효과가 있다.

첫째, 하위 정부의 책임자가 중앙정부에 의해 임명된다. 결국 하급 행정가들은 중앙정부의 권력을 확대하기 위한 잠정적인 지원자일 뿐이고 그들이 행정을 제공하지 않는다면 중앙정부의 사무는 중단될 것이다. 혹은 그들은 국가의 영향력을 확대하기 위한 도구다. 그들이 없다면 영향력 확대에 한계가 있다는 것이 입증될 것이다. 하위 정부

---

2 "피치자"(administerd people)이라는 개념은 프랑스의 정치인이자 정치철학자인 피에르 폴 로이예-콜라르(Pierre Paul Royer-Collard, 1763-1845)가 "우리는 무책임하게 관리받는 피치자 (administerd people)이며, 중앙 부처의 장관은 자신이 누구의 부서인가에 따라 스스로 통치권을 행사한다"라는 문장에서 기원한다. Prosper de Barante, ed., *La vie Politique de M. Royer-collard ses Discours et ses Écrits*, 2 vol. (Paris: Didier, 1861) 2:131.

의 직무를 수행하는 공무원은 단순히 국왕의 참모다.

실제로 모든 지역 의회와 자치위원회는 중앙정부에 의해 주도되어야만 한다. 그러나 그것이 불가능하기 때문에 총독이나 시장을 임명함으로써 "국왕은 자신을 증식시킨다."[3] 이 행정 제도의 비밀은 국왕이 동시에 모든 곳에 있을 수 있다는 것이다.

둘째, 이 제도를 적용하게 되면 행정부의 각 부서를 위해 가능한 한 많은 개별 분과가 자연스럽게 만들어지게 된다.

역사적인 국가에서 각 지역은 국방, 선거, 교육과 같은 제도뿐 아니라 동시에 행정, 사법 기능을 담당한다. 그러나 프랑스 혁명의 제도에 있어 이것은 다음 세 가지 완벽한 이유 때문에 절대적으로 금지되었다.

(1) 예를 들어 군사적 문제는 나라의 상당히 비중 있는 부문으로 다루어질 것이므로 매우 작은 규모의 부서로 충분할 것이다. (2) 부수적인 행정은 가능한 한 부수적으로 남아 있어야만 하고 모든 일들을 함께 자신의 통제 아래 두어 너무 강력하게 되어서는 안 된다. (3) 실제 일하는 부서는 그들이 단지 잠정적이고 본질적이지 않다는 것을 분명히 보여주어야만 하고 왕국의 불가분성이 손상을 입게 해서는 안 된다.

이것이 군사와 관련된 문제에서 영역과 명령이 완전히 분할된 부서가 의도적으로 고안될 수 있는 이유다. 사법을 다루는 문제에서 다른 부서가 만들어진다. 여전히 다른 배치가 정부의 개별 부서를 위해 채택되는데, 이는 논의가 되고 있는 부서의 성격에 맞춘 것이다.

---

3   "Le roi se multiplie!"

명백하게 초기 출발점을 제외하고 이 제도에서 자치(self-rule) 또는 국민발안제(popular intiative)의 여지는 어디에도 없다. 있을 수가 없다!

개별 시민은 단 하나의 행동만을 남겨 둔다. 그것은 "선거권"이다. 이 제도에서 "시민"과 "유권자"는 완벽하게 유사하다.

개별 시민은 의지를 제공하고 주권은 그것을 마음대로 이용할 수 있는 위치에 놓인다. 그러나 이것은 전체 제도의 치명적 약점이다. 이 동일한 개인들은 이런 의지를 매 4년마다 한 번씩 사용할 수 있다. 그리고 그들이 제공한 모든 권력이 갑자기 다른 사람에게 넘겨지고, 투표자 자신들은 의지 없는 존재로 전락하고 손과 발이 묶이며 행정 단위라는 노예적인 호칭이 수여되는 것 외에 권력 행사에 있어 다른 결과가 따라오지는 않는다. 시민은 나라의 주인이며, 그러므로 그들은 투표한다. 그러나 그들의 표가 투표함으로 떨어지자마자 그 사람은 더 이상 주인이 아니고 선출된 사람이 그의 운명의 주인이 된다.

우리는 열정이 달아오르던 초기를 제외하고 이 제도가 엄격성을 결코 적용하지 않았음을 인정한다. 네덜란드의 자유주의자들은 자신들의 계획이 받아들여지기 전에 자신들의 요구를 상당 부분 조절하지 않을 수 없었다. 그러나 그것이 원칙으로부터 벗어나지는 않았다. 그 모델에 대한 수정이 개선이라고 보기보다는, 피할 수 없게 되었다. 작동하는 것이 불가능해지기 때문에 그 모델 자체는 실행불가능하다. 현실에 직면할 때 그것은 고장난다. 그것을 실행하려는 시도는 그 특성이 자연에 반한다는 것을 보여준다. 또한 자유주의 헌법은 가장 온건한 형태라도 언제나 이런 중앙집권적 제도의 전형적 특성을 드러낸다.

유럽의 모든 국가들의 경험에 따르면, 자유주의 헌법은 모든 권력 즉 모든 행정부와 모든 정부 조치에 있어 상당한 정도의 집중을 선호하는 것으로 드러났다.

다음 장은 이 전체 제도와 그것이 수반한 치명적인 결과들이 기독 역사적 전통을 따르는 헌법의 유기적 개념과 어떻게 충돌하는지를 보여준다. 무엇이 반혁명적 입장인지를 나타내기 위해, 우리가 지지할 수 없으므로 원칙적으로 격렬히 반대하는 제도를 우선 제시해야만 했다.

II. 분권화 제도

§113   국가의 유기적 형성

사상의 양식과 혁명적 제도의 주도적인 생각은 아래와 같이 요약될 수 있다.

한 국가는 단일한 땅이다. 그 땅에는 개별적인 존재들이 거주한다. 이 개인들은 가능한 한 하나의 중심으로부터 동일한 방식으로 통치된다. 그것이 가능하지 않은 정도에서 중앙정부는 임시로 지방정부 또는 주 정부의 지원을 받는다. 그러한 지원을 위해 연필선이 그어지는 것처럼 나라는 주, 군, 지역과 자치구, 영토와 관할권을 기준으로 나뉠 필요가 있다.

반혁명파의 제도는 정반대로 그런 제도에 첨예하게 반대하므로 우리는 모든 점에서 이 제도에 단호하게 도전해야 한다. 정확하게 우리 제도의 선을 그어보면 이 이상한 사고방식과 거의 정반대라고 해도 이상하지 않다.

우리가 주장하는 원칙에 따르면 (이민, 식민지, 그리고 간척을 제외하고) 잘게 자를 수 있는 나라를 우연히 생각해내고, 구상할 수 있는 국민을 찾아내며, 그리고 그런 가공된 국민을 위한 행정을 생각해 내는 것은 사실이 아니다.

우리는 최소한 비유목국가 가운데 어느 국가도 부분으로 분리될 수 있는 국민으로 출발하지는 않는다고 주장하며, 모든 역사는 우리의 견해를 지지한다. 반대로 작은 부분이 먼저 등장하고 작은 단위들이 모여서 큰 국가를 형성한다. 그러므로 부분이 국가로부터 생겨나지는 않는다. 그러나 국가는 부분으로부터 생겨난다. 지방은 국가로부터 생겨나지 않는다. 그러나 국가는 지방과 함께 성장하고 밀접하게 관련된 지역으로부터 생겨난다.

그리고 이것은 낮은 단계로 내려갈 때도 사실로 남는다. 통상적으로 지역은 일련의 땅을 점유하고 그것을 분할함으로써 생기는 것이 아니다. 대신에 한 집단의 사람이 이곳저곳에 정착한 후 자발적 또는 강압적으로 정치적 연합이 된다. 지역 공동체 역시 무작위로 지역을 사각형이나 원으로 분할함으로써 생겨난 것이 아니라, 반대로 지역이 이미 존재하던 영지, 영토, 그리고 공동체가 연합하면서 탄생한다.

실제로 만약 우리가 낮게 가족 단위로 내려가면 마을이 가족으로부터 구성되며, 가족이 마을로부터 잘려나간 것은 아니다. 그전에 먼저 가족이 있었고 그리고 나서 마을이 형성된다. 마지막으로 비록 마을이 사라진다 해도 가족은 여전히 있을 것이다. 그러나 만약 가족이 해체된다면 마을 역시 끝나게 된다.

§114   가족과 개인

그러나 이 단계에서 우리는 멈추게 된다.

우리는 더 아래로는 내려가지 않는다. 동일한 생각을 이용하여 가족에서 개인으로 내려가는 것은 과녁을 벗어난 것이다.

당신이 가족에 도달했다면 마지막 고리에 도달한 것이다. 만약 당신이 개인 아래로 이 분석을 계속하길 원한다면 실수하는 것이고 결국 주어진 본성과 상충된다.

몇몇 사람이 함께 살 때 그들은 집단 시설, 막사, 혹은 숙박 시설을 만들지만 결코 가족을 형성하지 않는다. 가족이 되기 위해서는 서로 다른 성(性)을 가진 두 사람만이 이 관계를 시작할 수 있다. 그것은 그들의 의지 및 독립적으로 하나님으로 말미암아 정해진 관계다. 가정은 동일한 하나님의 창조적인 힘에 따라 이 두 사람으로부터 틀림없이 출산을 하게 된다.

그러므로 우리의 기본 단위는 프랑스 혁명의 사람들처럼 개인이 아니라 가족이다.

우리의 분석은 더 이상 진행되지 않을 것이며 그렇게 하는 것이 허용되지도 않는다. 그것은 그가 가족의 일부가 될 것인지가 개인에게 달려 있지 않다는 단순한 이유 때문이다. 그는 싫든 좋든 "출생에" 따라 자신이 존재한다는 사실로 인해 가족에 속한다. 그 유대가 아무리 약할지라도 모든 사람은 어머니가 있고 어머니가 없이는 존재할 수 없다.

가족이 개인으로 전환하게 될 때 우리는 전적으로 사람의 의지 또는 행동에 독립적인 관계를 접하게 되고, 그들이 알지 못하는 가운데 그 존재의 일부로서 그들의 주변에 놓인다. 따라서 가족은 그들을 위해 하나님이 정하신 것이다.

마찬가지로 가족이라는 사회에 도달할 때 우리는 과거에 이미 있었던 조합에서는 생기지 않았던 삶의 영역에 직면한다. 새로운 생산으로, 새로운 출생으로 과거에 없었던 것의 등장으로 형성된 영역에 직면한다.

그러므로 가족은 관계 및 그와 관련된 부분들에서, 우리를 직접적으로 살아 계신 하나님 앞에 둔다. 그것은 하나님의 경이로운 사역과의 부인할 수 없는 대면이므로, 프랑스 혁명의 사람들은 이에 머무를 수 없었고, 가족의 장벽을 뛰어넘어 마침내 나눌 수 없는 "개인"을 찾게 되었다. 그것은 오랫동안 추구했던 인간의 절대적인 "자유"의지에 대한 예찬이다.

혼인 제도 및 어머니로부터의 출생이라는 이중 계명은 반혁명적 정치가 굳건히 세워야 하는 기초다. 그리고 악마적인 세력이 수치스럽게도 "자유 결혼" 및 "피임"이라는 더욱 무신론적인 발명품을 통해 저항하고자 하는 것이 바로 이 두 가지 계명이다.

국가 권위의 한계 §115

우리는 정부의 성격에 대해 이것이 의미하는 바가 무엇인지 거의 지적하지 않았다. 당신이 할 필요가 있는 모든 것은 세 가지 질문을 하는 것이다.

(1) 가족의 바른 질서를 세우기 위한 책임이 가장에게 있는가, 아니면 국가의 수장에게 있는가? 가족의 질서를 유지하는 아버지의 소명은 국가가 명령하지 않고 남겨둔 것들에만 미치는가, 또는 가장이 불미스럽게 가족에 대한 자신의 소명을 소홀히 하는 경우에 정부는 가족에 관여할 권리를 지니고 있는가? 당신의 가정을 다스리는 문제에 있어 당신이 국가를 보완하는가, 또는 국가가 당신을 보완하는가?

(2) 당신은 국가로부터 가정에서 권위를 행사할 권위를 이어받았는가? 혹은 당신은 하나님의 은총으로 이 권위를 가졌는가?

(3) 아버지로서 당신에게 당신의 자녀들에 대한 권위가 주어진 것은 그들이 다수결 투표의 결과로서 이것을 당신에게 부여했기 때문인가? 혹은 당신은 자녀들이 당신에게 자신들의 생각과 성향을 말하기 오래전에 그들의 동의와 상관없이 이 권위를 가졌는가? 그들이 당신을 아버지로 임명했으므로 아버지로서 당신을 물러나게 할 권위를 가지고 있는가? 혹은 당신이 그들의 아버지이고 그들이 출생한 사실로 인해 그들의 의지를 고려하지 않고 그들의 아버지로 남아 있는가?

이 질문에 대한 여러분의 대답은 다음과 같다.

(1) "여러분의 가족에 대해 당신이 국가를 돕는가? 아니면 국가가 당신을 돕는가?" 국가는 내가 가장으로서 의무를 소홀히 하지 않는다면 내 가족에 개입할 수 없다.

(2) "당신은 당신 가족에 대한 권위를 국가로부터 혹은 하나님으로부터 받았는가?" 비록 국가가 없더라도 나는 내 가족의 주관자다. 그러므로 나는 하나님의 은총에 의해 가장의 지위를 부여받았다.

(3) "당신은 당신 자녀들에 의해 임명되었는가? 혹은 당신은 그들의 동의와 상관없이 그들에 대한 권위를 가지는가?" 아버지로서 나는

나의 자녀들에게 명령할 권리를 가진다. 왜냐하면 나는 그들이 아니라 하나님께 책임을 다해야 하기 때문이다.

만약 우리가 이 결론을 가족에서 공동체로, 공동체에서 지역으로, 지역에서 국가로, 삶의 영역의 관계에 관해 우리가 이전에 보았던 것과 연관시킨다면 우리는 두 가지 결론에 이르게 된다. 그 결론은 명백하여 모든 혁명적 제도를 무너뜨린다.

첫째, 중앙정부는 삶의 작은 영역에서 적절하게 처리되지 못하는 일을 떠맡거나 또는 그 일을 처리하게 된다.

만약 모든 일이 국가 내에서 잘 진행되고 있고 사람들이 자신의 의무를 다하며 상황이 정상적이라면, 중앙정부의 사무는 두 가지 배타적인 것으로 이루어진다. (1) 주(州)와 국가의 관계로부터 직접 발생되는 문제들을 처리한다. (2) 권력의 남용이 진행될 때는 언제든지 가족에 반하는 개인의 권리, 지방정부에 반하는 가족의 권리, 그리고 주(州)에 반하는 지방정부의 권리를 보호한다.

그러나 만약 많은 점에서 부차적인 영역들이 통탄할 만큼 활기가 없다는 것을 본다면 중앙정부는 가족, 지방정부, 그리고 주(州)에 개입할 추가적인 권리와 의무가 있다. 그리고 충족되지 않고 남겨진 것, 그리고 계속해서 소홀히 다루어지거나 혹은 거의 처리되지 않은 것은 무엇이든지 참여할 수 있다.

그러나 그런 경우에 중앙정부는 관리인이자 대리인이며 단지 "임시" 관리인이다. 이것은 결정적이다. 임시 관리인은 절대적으로 필요한 것을 수행할 권리를 가진다. 그러나 그의 의무는 자치를 위한 동력이 충분히 생기게 되자마자 다시 물러나는 것이다. 그러므로 그는 관리자로서의 역할을 완수하는 그런 방식에서 동력을 잃지 않고 기운을 더 낸다.

둘째, 고려할 수 있는 분할이 컴퍼스나 줄자에 의해 이루어져서는 안 된다. 그것은 역사와 현실에서 유래해야 하고 각각 생명의 영역에 적절한 활력을 제공하는 데 도움을 주어야 한다.

만약 우선 가족이 있다면 마을이 가족으로부터 생겨나고 그다음 지역을 형성하기 위해 연합하는 자치구가 생겨난다. 그리고 점진적으로 고등 국가 단위를 일으키는 지역의 집단이 생긴다. 그러므로 중앙 정부는 국가 내에서 분할이나 질개를 할 수 없으며, 단지 국가 내의 분할과 분류를 존중해야만 한다.

전형적으로 혁명적 형식인 프랑스 헌법은 "프랑스는 86개의 구획으로 나뉘어 있다"고 기록한다. 반혁명적 정신을 따르는 우리 헌법은 "네덜란드 왕국은 다음과 같은 지역으로 구성되어 있다"고 선언한다.

§116 분권화로의 경향

"나뉘어 있다"와 "구성되어 있다" 사이에는 엄청난 차이가 있다. "원자로 쪼개는 것"과 "유기적 연대의 존중"은 상호 배타적인 제도의 전적으로 다른 뿌리를 표시한다.

만약 내가 다음 두 가지 생각, 다시 말해 첫째로 지방정부, 주 정부, 그리고 가족이 중앙정부를 보완하는 것이 아니라 중앙정부가 지방정부, 주 정부, 그리고 가족을 보완하고, 둘째로 국가가 임의적인 영역으로 잘려질 수 없고 그들 자신의 거주에 관한 권리를 가진 유기적인 삶의 영역으로 구성되어 있으며 역사의 과정을 통하여 서로 연결되었다는 생각을 받아들인다면, 한 순간이라도 그 문제에 대해 생각하는 사람은 분권화를 찬성하는 것으로 정리된다.

그러므로 하나의 중앙정부에 모든 권력이 집중되는 것은 하나님께서 국가와 가족에게 준 계명을 위반하는 것이다. 그것은 국가에 활력을 주는 자연적 분할을 파괴하는 것이고, 그러므로 개인적 삶의 영역과 개인의 에너지를 파괴한다. 따라서 그것은 정부와 국민의 사기 저하를 일으키며 끝날 수밖에 없는 해체의 느린 과정을 불러일으킨다.

"국가적 자부심", "편협한 지역주의", "도시적 우쭐댐", "두려운 평범함" 같은 조롱이나, "인간애", "세계동포주의'라는 고상한 힘", "국가 통일의 불가사의한 신비", "세계의 사람이라는 폭넓은 전망"에 관한 모든 소란에도 불구하고, 우리는 과거의 길을 계속 사랑한다. 왜냐하면 그것은 신령한 제도의 길이기 때문이다. 모든 반혁명적인 설득으로써 우리는 모든 것에 유능하고 모두를 감싸안으며 모든 것이 다 타락한 존재인 국가의 모든 허구성에 반대하여, 우리나라의 고대법에 따라 가족, 지방정부, 주 정부가 하나님이 부여하신 독립을 국가 활력의 원천으로 유지할 것이다.

III. 하위 정부 대표의 임명

§117   분권화를 위한 규칙

이 점에서 우리의 강령은 "주와 지방의 자치는 분권화라는 방법으로 회복되기를" 희망한다. 그러나 이것은 아래 네 가지 원칙의 적용 없이는 달성될 수 없다고 나는 믿는다.

(1) 지방정부와 주 대표의 임명은 지명(指名)이라는 방식으로 이루어져야 한다.

(2) 주와 지방의 범주 내에서 발생하고 끝나는 것은 무엇이든지 주 및 지방정부에 의해 처리되어야만 한다.

(3) 주 또는 지방의 분할은 정부의 모든 부서에서 가능한 만큼 지속되어야 한다.

(4) 행정적 정의(administvative justice)는 더 위대한 독립에 기반을 두어야 한다.[4]

§118   국왕이 임명한 주지사와 시장

현 상태로 자치구의 시장과 지역의 대표는 왕실의 감독관이다. 이것

---

4   나중에 발행된 판에서는 다음의 문장을 읽을 수 있다. "행정적 정의는 분리되어 구성되고 독립적으로 이루어져야 한다."

이 토르베크(Thorbecke)의 소망이었다는 것은 그가 지역 정부의 대표들을 위해 고안한 비네덜란드적인 호칭, 즉 "국왕의 위원"(the King's Commission)으로부터 명백해졌다. 국왕의 위원은 프랑스식으로 하자면 장관 혹은 주지사와 동일하다. 국왕의 뜻과 법을 집행하기 위해 외부로부터 참여하게 되었고 주에 배치된 통치자다.

마찬가지로 우리가 가지고 있는 자치 영역에서 잘못 사용된 네덜란드 말인 시장 혹은 "burgomaster"는 단순히 국왕의 위원이고 국왕의 권리를 감시하기 위해 자치 구역에 배치되었다.

이 제도는 군주에 대한 사랑으로 만들어진 것이 아니다. 주지사와 시장은 실제로 내무부장관이 임명하고, 장관은 일반적으로 자기 정당의 정치적·개인적 이해를 고려한다.

자주 일어나지만 보수당 정권 동안 주지사에 대한 공석이 발생할 때 국왕은 보수당의 우대를 받는 사람을 임명한다. 반대로 만약 시장에 대한 공석이 자유주의자들이 나라를 통치하는 차례에 일어난다면, 최근 즈볼레(Zwolle)와 레외와르덴(Leeuwarden)에게서 나타났듯이 우리는 진보 정당의 지도자들 가운데 높이 평가받는 사람들을 임명한다.

우리는 이것을 비난하지 않는다. 그러나 사실을 기록함으로써 사람들이 군주적 충성이라는 겉모습에 속지 않기 위함이다. 주 정부의 관직은 점차 저명한 정당인을 위한 단지 명예직으로 변해간다. 그리고 더 나쁘게도 100개 중 90개의 시장직이 지역적 공감을 얻지 못하는 원칙을 선전하는 수단이 될 것으로 위협하고 있다.[5]

---

5 1901년 카이퍼가 수상이 되었을 때 그는 강 북부의 자치구중 88%에 대한 연구 및 보고를 명령했다. 그 지역은 압도적인 개신교 지역이었다. 이전의 자유주의 정부는 자유주의적 신념의 시장들을 임명했고 그들 중 다수는 신학적으로 현대주의자이거나 불가지론자들이었다. 동일한

어떻게 주행정위원회(State Deputed)가 주 의회(Provincial States)[6]를 지배하는지 고려하거나 어떻게 그들이 국왕위원회의 밀접한 동료집 단인지 고려할 때, 지방정부라는 이 전체 쇼가 결국은 내무부의 지부 일 뿐이고 열 개의 단단한 줄로 중앙정부에 묶여 있으며 하나의 얇은 실로 지역의 국민들과 연결되어 있다고 확신함에 따라 더 이상의 증 거가 요구되지 않는다.

지역 거주민 대부분은 주도(州都)의 프랑스식 호칭을 가진 위대한 사람이 누구인지 평생 알지 못한다. 그들은 이 호칭을 가진 사람과의 어떤 연관도 느끼지 못하고 그 사람은 주민들의 애정을 받을 여지가 없으며, 그가 누구인지 혹은 그의 후임은 누구인지 그들에게는 전혀 영향을 주지 못한다. 그 무관심은 하급 관리에게까지 이어져 비록 그 지방 사람이 위원에 취임할지라도 아무도 관심을 갖지 않는다.

뿐만 아니라 이 내무부의 하위 부서, 중앙정부의 지부는 거의 아무 것도 할 수 없고, 위로부터 승인된 것 외에는 그것이 수행할 여지가 있 는 일조차도 할 수 없다. 그리고 모든 사람은 우리의 지방자치법이 적 절하게 자치권을 부여하는 데 실패했을 뿐 아니라 자치의 여지도 전혀 남겨놓지 않았다는 것을 알 수 있다. 명백히 처음부터 그 법은 가능한 한 많이 지역 간의 역사적 차이를 없애고 지방자치단체를 중앙정부의 손가락 아래 유지시키면서 정보와 실행 감찰의 기관으로 전환시키기 위해 계획되었다.

모순이 정부가 임명한 교육감 가운데 있다.

6 "States Deputed"는 주 행정위원회를 가리킨다. "Provincial States"는 선거로 구성된 주 의회 를 가리킨다.

우리의 원칙에 따르면 이 계획은 중단되어야만 한다. 지역의 독특한
성격은 무너져서는 안 되고 그 독자성이 유지되면서 발전되어야 하기
때문이다.

우리는 제이란트인(Zeelander) 혹은 프리지아인(Frisian) 같은 간결
한 개념을 "네덜란드 사람"이라는 모호하고 공허한 개념과 교환하는
것을 원치 않는다. 우리 생각에는 제이란트인, 프리지아인, 또는 홀란
트인 등이 되지 않고는 네덜란드인이 될 수 없다. 그리고 자신이 미
들부르흐(Middleburg)나 레이우바르든(Leeuwarden) 혹은 암스테르담
(Amsterdam)의 거주자인 것을 스스로 인식하지 못하거나 어떤 곳이든
지 가족이 뿌리를 내리거나 자신의 일상이 있는 곳을 인식하지 않고서
는 네덜란드 사람이라고 할 수 없다.

이런 종류의 지역주의는 우리를 전혀 놀라게 하지 않는다. 우리는
그것을 환영한다. 왜냐하면 부분적으로 활기찬 생활은 몸 전체의 에
너지를 북돋는 가장 좋은 것이기 때문이다. 그것이 우리가 새로운 방
식의 생각에 따라 "퇴보하는 마을 사람들"로 변형시키는 다른 곳에서
부터 파견된 시장을 원치 않는 이유다. 우리는 또한 식민지에서와 같
은 방식으로 지역을 경영하기 위해 도착한 프랑스식 완벽주의자를 원
치 않는다. 우리는 지역 주민들과 지방의 거주자들이 개인적인 이해당
사자인 지역 혹은 지방정부를 원한다. 그것은 우리에게 해안 간척지를
위한 수자원위원회가 있는 것과 유사하다.

우리가 수자원위원회를 강조하면서 그것을 들먹거리는 이유는 물
관리에 있어 네덜란드는 언제나 독특했고 유럽으로부터 여전히 칭찬

받는 측면이 있기 때문이다.

이것은 우리가 프랑스 혁명가들을 모방하지 않은 한 영역이다. 우리의 물 관리가 우리나라의 명예로운 훈장으로 남아 있는 것이 놀랍지 않은가? 우리의 물 관리에 관한 모든 것은 언제나 다른 이들의 상당한 관심을 끌었다.

§120 주지사 지명

그러나 모든 사람이 보고 만질 수 있는 그런 방식으로 우리의 지역 및 지방의 생활 영역에서 자치의 특징으로 말미암아 활력이 생기게 하는 방법은 무엇일까? 유일한 효과적인 방법이 있는데, 그것은 지역과 지방 당국이 그 영역의 행정 수반을 지명하는 것이다.

우리 주들은 더 이상 영주의 개인적 통치 하에 직접 속하는 영역이 아니다. 그러므로 실제 부지사에 의해 독자적으로 통치될 수 없다. 또한 주들은 연방으로 통합되어 있고 주 대표를 임명할 수 있는 자유주가 아니다. 또한 주들은 통치 위원이 임명되는 식민지도 아니다. 반대로 우리 주들은 자신들의 영향권 내에서 독립성을 가지는 국가의 구성 요소이고 공동의 국가 이익의 경우에만 그들의 독립성을 희생할 것이 요구된다. 그러므로 주들은 지명권이 보통의 이해당사자들에게 있고 임명권은 고등 당국에 남겨져 있는 복합성을 나타낸다.

따라서 우리는 주 의회와 자치위원회 모두 두 명의 후보자를 지명할 권리가 있고 그들 중에서 국왕이 주지사 및 시장을 선택함으로써 임명하기를 원한다.

만약 이렇게 된다면 우리나라의 시장들의 절반이 사라지고 지방정부 출신의 사람에게 자리가 양도될 것을 확신한다. 마찬가지로 어떤 주도 그 주 태생이거나 거주자가 아닌 주지사가 이끌지 못할 것이다.

이것이 우리가 원하는 바다.

그러나 현재 토지 귀족과 부자들의 가족들은 주를 떠나 비록 브뤼셀은 아니지만 헤이그, 로테르담, 암스테르담 등으로 향한다. 왜냐하면 그들은 자신들의 지역에서 점점 더 편안하지 않기 때문이다. 그들이 거기서 할 일은 없다. 아무것도 그들을 지역에 묶어둘 수 없다. 그들의 자녀들을 생각한다면 지역에서는 더 이상 미래가 없다. 이것이 거대한 인구가 있는 곳을 중심으로 그들이 모이도록 조장하고 그들의 삶의 방식을 부풀리며 점점 자손 대대로 풍요와 사치로 인해 파산하게 만든다.

그러나 이 상황을 되돌려서 당신의 지역민들에게 지역적 관심을 가질 수 있게 하고, 지역의 유지들에게 권력과 영향력을 부여하며, 높은 자리가 지역의 재능 있는 사람들에게 돌아가도록 보장하라. 그러면 우리 가족들이 자신들의 지역에 관심을 가질 것이고, 그들이 자신들의 사회적 단체와 연관된 것을 느낄 것이며, 행정 사무에 대한 욕구를 다시 회복하여 원래 그들의 것이었던 명예로운 직책을 그들이 다시 차지하는 것을 여러분은 볼 것이다.

시장 지명   §121

비록 주민들이 선출하지는 않지만 최소한 주민들에 의해 지명될 시장의 영향력은 동일하게나마 중요하다.

현재 도시나 마을은 지역 사람들, 지역 상황, 그리고 실생활에 관해 거의 알지 못하는, 유명하지 않은 젊은 사람이나 낯선 사람이 돌보고 있다. 행정법에 관한 약간의 이론적 지식을 갖춘 사람이 평범한 사람들 위에 군림하기 위해 그곳에 와서는 똑같이 낯선 공중인, 치안판사 등과 손잡고 "식민지"를 해방시키는 것을 과업으로 설정한 모더니즘 집단을 형성한다.

이것은 신뢰를 무너뜨리고 삶의 자연적 질서에 침묵하며 시민 정신을 말살시킨다. 상황이 이런 방식으로 전개될 때 지방정부가 어떻게 운영되든 누가 관심을 가지셨는가?

확실히 당국은 헤이그 출신을 암스테르담 시장으로 임명하거나 암스테르담 출신을 로테르담 시장으로 임명할 만큼 어리석지 않다. 당국은 그런 도시들이 가진 민감성을 고려해야 한다. 그러나 지역 도시 혹은 시골 마을은 잃을 것이 무엇이란 말인가? 그것들은 관리될 수 있다. 거미가 거미줄 속에 파리를 두르듯이 그들은 "고위 당국"의 줄기를 매듭짓는다.

그러나 이 악을 종식시키고 지역민들이 원하는 사람을 왕에게 알리는 권리를 주면, 어떻게 시장(burgomaster)이 진정한 의미를 지닌 주민의 아버지가 되는지 보게 된다. 그는 사람들을 자기 뜻에 따르게 하는 중앙정부의 대리인이 아니라 고위 당국 앞에서 지방정부의 이익을 대변할 수 있는 시민의 사람이다.

IV. 주 정부 및 지방정부의 자치권

우리 지방자치법의 모순 §122

남아 있는 세 가지 주제를 토론하기 전에 우리는 시장 및 주지사의 임명과 관련하여 우리가 제기한 것에 짧은 언급을 덧붙이기 원한다. 그것은 현재 유효한 제도의 모순을 건드린다.

우리가 기억하듯이 현재는 국가의 수장으로서 국왕이 지역과 지방정부의 대표를 임명한다. 물론 이것은 국왕 혹은 중앙정부가 이런 위원들의 급여를 지급해야 한다는 것을 암시하고, 반대로 국왕은 이런 공직자들을 유예하거나 해고할 배타적 권리가 있다는 것도 암시한다.

그러나 이와 반대로 우리의 지방자치법은 시장의 급여가 지방정부의 책임에 속한다고 명시하고 있으며 동법 제60조는 주행정위원회에게 시장의 직책을 유예시킬 수 있는 권한을 부여한다.

물론 우리는 이 조항들에 대해 반대하지 않고, 오히려 반대로 그 조항들이 탁월하다고 간주한다. 비록 이것이 우리의 제도에 적합하지만 자유주의자들이 이 법률의 초안을 작성했을 때 자신들의 의도와는 직접적으로 모순된다.

그러나 우리가 반대하는 것 그리고 이 제도에서 옹호할 수 없는 것은 지방자치법 제95조다. 그것은 만약 지방정부의 수장이 시장과 동일인이라면 자치위원회가 그 단체장을 해임하는 것을 금지한다. 그것은 지방정부의 권한에 대한 변명의 여지가 없는 제한이고, 1848년 이

래로 우리의 모든 입법 속에 비집고 들어온 전형적인 중앙집권화 경향
이다.

§123 하향식 행정

우리의 두 번째 요지는 주 및 지방정부의 영역 내에서 일어나거나 만
들어진 어떤 것도 주 정부 또는 지방정부가 다루어야 한다는 것이다.

이 제안은 분권화 세도에 관한 세2조를 설명한 원칙에서 직접 비
롯된다. 국가의 통일성을 고려할 상황이 아니라면 국가가 손을 대지
않아야 한다는 것이다.

우리는 국가의 통일성이 엄격하게 유지되어야 한다는 확신을 공
유한다. 우리는 연방 상태로 돌아가는 것을 절대적으로 반대한다.[7] 그
래서 법과 국가적 통일성 이전에 주권 혹은 평등을 지지하는 문제가
있을 때마다 우리는 재고의 여지 없이 국가 정부를 지원한다.

그러므로 내무, 국방, 해군, 그리고 식민지 등의 전 부서는 문제가
되지 않는다. 이자 지급, 국가 부채의 연장, 우편 서비스, 국가 철도, 철
도 시스템의 간선 문제도 그렇다. 이와 같이 전체로서 국가가 관여하
는 모든 규제와 감찰위원회도 그렇다.

그러나 이러한 필수적인 것에 관한 열거를 마무리 짓는 것은 직접
적으로 중앙정부의 관할이다. 정부의 거의 모든 부서에서 단지 부분적
으로 정부가 관계하는 것, 그리고 다른 한편으로 주 단위 또는 지방정
부 단위에서 쉽게 다루어질 수 있는 혼합된 형태를 다루는 것에 관한

---

7   카이퍼는 여기서 네덜란드 공화국의 두드러진 정치적 나약함을 언급하고 있다.

문제가 발생한다.

이것을 말하면서 우리는 이차적 관심은 염두에 두지 않는다. 예를 들면 매장 규칙, 빈곤 구제, 부동산 회사, 전당포, 정신질환자에 대한 간병, 간척지 범람, 토탄 캐기, 토지 간척, 해양 수산, 광산 허가, 지역 산업과 농업의 증진, 그리고 유사한 문제들이다. 또한 우리는 넓은 범위의 모든 정부 부서를 포함한다.

그래서 지방 정부는 트램 라인과 순환 도로를 관리해야 하고 주 정부는 지역의 철도선을 관리해야 한다. 반면에 중앙정부는 주 사이의 철도를 관리해야 한다고 생각한다.

작은 간척지, 일반적인 운하, 배수 운하, 그리고 항구는 지방정부 관할이다. 홍수통제위원회, 해안 제방, 상류 유역의 저류, 주요 하천과 상업 항구는 중앙정부 관할이다. 민병연대는 지방정부 관할이고, 연대 조직이 사단으로 구성되는 것은 주 정부 관할이다. 전쟁과 관련되어 지역 부대를 이용하는 것은 중앙정부 관할이다.

초등교육은 지방정부가 관할해야 한다. 사범학교와 중·고등학교는 주 정부 관할이다. 오직 대학만이 중앙정부 관할에 속한다. 이런 사무의 배분은 더 이상의 정의 없이 가장 자연스러운 방식으로 다른 정부의 부서로 확장될 수 있다.

우리는 더 분권화하기를 원한다.

예를 들어 왜 공증 사무소가 국가적 관심 사항이어야 하는지 이해할 수 없다. 왜 지방정부가 직접세와 간접세를 부분적으로 징수할 수 없는가? 왜 경찰은 주정부의 문제가 될 수 없는가? 왜 교회 유지세는 지역적 문제가 될 수 없는가? 왜 형벌을 부과하는 기관이 자치구 또는 지역적인 차원에서 운영될 수 없는가? 활동 영역이 전적으로 국지적인 단체가 지역에서 발급된 헌장으로 충분하지 않은지 이해할 수 없다. 실제 여기서 우리가 나중에 되돌아가야 할 문제를 제기하고 싶다. 왜 정의를 다루고 법과 질서를 유지하며 분쟁과 소송을 해결하는 일들을 정부의 하위 단계에서 담당할 수는 없는가?

특별히 스코틀랜드, 잉글랜드, 미국, 그리고 스위스 같은 칼뱅주의 국가에서는 상황이 그런 식으로 처리된다는 것은 잘 알려져 있다. 오직 로마 교황청 소인을 찍는 라틴계 국가들에서는 부분적으로 고대 영향력의 결과로, 그러나 프랑스 혁명의 형태에 따른 동일한 권력의 새로운 영향력을 통하여, 이런 자연적 관할권이 점차 마비되었으며 중앙 정부로부터 비롯되는 활동만 남게 되었다.

따라서 우리나라에서 분권화의 정체가 서서히 멈추는 일이 일어났고 가장 불가능한 정치적 방식[8]으로 이끌렸다는 사실에 우리는 전혀 낙담하지 않는다. 무엇보다 우트레흐트 동맹(1579)의 임시 헌법에 지속적인 특성을 부여한 것이 잘못이라는 견해에 일반적으로 동의한다. 의심의 여지없는 역사의 증언에 따르면 통일 국가를 반대한 책임이 있는 이 동맹은 오란녀 가(家)를 따르는 정당이 아니었고 그들 계급의 이해를 따르는 리전트(Regent) 정당이었다.

다음으로 우리 제도는 우리를 단념시키기보다는, 불가능한 장치를 가지고 있던 우리 선조들이 기적을 낳을 수 있었다는 사실로 우리를 권고한다. 반면에 깔끔하게 정돈된 국가적 장치를 가졌던 48명의 정치인들은 사반세기의 억척스런 노력 후에 모든 면에서 꼼짝할 수 없게

---

8   카이퍼는 고도로 분권화된 네덜란드 공화국(1579-1795)에 대해 언급을 한다. 불행히도 네덜란드 공화국에는 미국 연방 조항(1777-89) 모델이 들어선다.

되었다.

　더구나 간과되지 말아야 할 것은 우리의 의도가 다음의 안전 장치를 포함시키는 것이라는 점이다. (1) 보통 지역과 지방에서 다루어지던 문제들이 특정한 이슈, 사람, 권리, 혹은 기능의 결과로서 다른 지역의 영역에서는 좋지 않은 영향을 가져온다. 이런 문제들은 중앙정부에 의해 규제될 것이다. (2) 중앙정부는 규칙이 준수되는 것을 확인하고 필요하다면 준수를 강제하기 위해 감독관을 계속해서 파견한다. (3) 중앙정부는 지역 간에 평화적으로 해결되지 않는 분쟁을 해결하고자 마지막으로 호소하는 법정이 된다.

　마지막으로 비록 현재보다 훨씬 더 분권화된 정체(政體)가 혼란과 문제를 일으킬 수 있는 것을 인정하지만 만약 그 대가로 더 많은 시민 정신과 에너지가 일어날 수 있다면 그런 덜 능률적인 기능을 인내하는 것에 만족할 것이라고 솔직하게 인정한다.

　진실로 "로봇"(automaton) 또한 아주 차분한 목소리로 말한다. 그러나 차라리 우리는 때때로 더듬거리는 인간의 무리 가운데 머물 것이다.

주 및 지방정부에 따른 행정 분화　§124

셋째, 정부의 모든 부서에서 국가의 분할은 주 정부 및 지방정부의 영역이 일치해야 한다.

　예를 들어 프랑스의 체계는 교육 제도의 채택에서조차 전체적으로 국가가 각각 분리한 모든 부서에 아카데미(전문학교, 우리의 "아카데미"가 아니라 "학교 구역"으로 이해한다)를 설립하는 상투적인 제도를 적용하고 있다. 지역적 응집성 덕분에 그런 과정이 우리나라에는 아직 침투하지 않았다. 중앙 집권 제도는 주로 국가의 민병대 및 상원 의원 선거와 관계된 것을 제외하고는 성공하지 못했다.

우리 정치인들의 실수는 너무 작은 지역 조합을 계속해서 바꾸는 데 있고 거의 감독할 것이 없는 지역에 감독관 직을 설치하는 데 있다.

특별히 이 혼란의 원인은 드렌트(Drenthe) 지역 때문이다. 주의 깊게 생각해보면 만약 드렌트 지역에 주 지위가 부여되지 않았더라면 1813년과 1848년에 더 나았을 것이라고 결론내릴 수 있다. 실제로 드렌트 주민의 승인을 조건으로 그 결정의 번복이 고려되어야만 한다. 결국 로테르담 같은 하나의 도시보다 더 적은 주민을 위해 지역의 행정 및 감독을 유지하는 데 적지 않은 비용을 부담하는 것은 옳지 않다. 우리의 평가에서 더 주목할 만한 것은 드렌트가 공화국 시절에도 일곱 개의 연합 주에 포함되지 않았었다는 점이다. 일곱 개 주는 홀란트(Holland), 제이란트(Zeeland), 휠드르스(Guelders), 프리지아(Frisia), 우트레흐트(Utrecht), 오프르에이슬(Overijssel), 그리고 흐로닝은(Groningen)이다. 드렌트는 규모가 작아 "부속 주"로서 전국회의에 의해 관리되었다.

드렌트 인구의 왜소함으로 인해 사법은 흐로닝은(Groningen)과 프리지아(Frisia), 수자원 관리는 흐로닝은(Groningen), 공중 위생은 오프르에이슬(Overijssel)이 담당했다. 분명 당국은 이 작은 주를 어디에 맡겨야 할지 당황했고 아무런 이유 없이 한 번은 북부에, 다른 한 번은 남부에 가담시켰다.

만약 드렌트 주민들이 자신들의 고유 사무를 돌보기 위한 비용을 부담하게 된다면, 물론 그때는 다른 주와 통합하는 것은 바람직하지 않다. 만약 정부가 국가 예산으로 그 지역의 합법적 사업을 돌보지 않는다면 그 지역에 대한 모든 강요를 금지해야 한다. 그런 경우에 이 지역은 흐로닝은(Groningen) 또는 오프르에이슬(Overijssel)과 단호하게 합병되어야만 한다.

뿐만 아니라 지역을 합병할 때 최근 우리가 처해 있는 지속적인 불안정은 피해야 한다. 현재 우리는 사법 제도를 5개의 법원(法院)으로, 수자원 관리는 10개의 감독 지역으로, 공중 위생은 7개의 시찰단으로, 재무회계는 24개의 구로, 직접세는 9개 관할구로, 왕실 영토는 6개 부서로, 우편 서비스는 5개 지역으로, 그리고 초등교육은 11개 이상의 지역으로 나누었다.

이것이 질서인가? 이것이 응집력을 높이는가? 모든 시찰단과 부서가 지역 정부와 어떤 유대도 없이 작동하는 큰 잘못에 대해 부분적으로나마 책임이 없는가?

다음으로 군대 조직을 살펴보자. 여기서 우리는 하나의 동일한 연대에 프리지아, 제이란트, 림부르흐, 그리고 다른 주들의 조직이 혼합되어 있는 현 제도를 지지할 수 없으며, 우리는 이 점을 주목하고자 한다. 유기적인 정치적 삶을 위해서뿐 아니라 연합 주둔군으로 인해 때때로 혼란이 일어날 수 있는 위험에도 불구하고 군사적 정신을 유발하고 동원을 용이하게 하기 위해서 우리는 프리지아 연대, 흐로닝은 연대 등을 더 선호한다.

행정적 정의 §125

넷째, 우리는 행정적 정의가 자치적인 성질을 지니므로 그것은 독립적이어야 한다고 믿는다.

현 상태에서 우리의 행정적 정의와 관련하여 정부에는 정당과 판사도 동시에 포함된다. 이 제도는 마을위원회가 임명된 시장에 따라 전적으로 좌우되는 것을 보증한다. 왜냐하면 만약 그들이 시장을 반대하면 주행정위원회가 개입할 것이기 때문이다. 주행정위원회는 국왕의 위원과 내무부의 지지를 받기 때문에, 자치의 문제 즉 자신들을 드러내는 가장 중요한 이슈에서 모든 하위 조직은 실제로 대책이 없다는 것을 의미한다.

여러분이 이러한 기관들의 법령을 제정하는 권력을 위해 어느 정도의 독립성을 지키고자 노력한다고 가정하자. 그러나 그것을 실행하게 될 때, 각 정당은 지역과 지방의 법령들을 편의적으로 해석할 것이다. 그리고 이 법의 해석에 대한 분쟁이 일어날 때마다 정치력이 약한 정당에게는 부담이 될 것이다.

지방정부 간 그리고 지역 간 분쟁이 있을 때 현 제도는 원활하게 작동한다. 그러나 당사자들 중 하나가 고위 공무원이 되자마자 공정하고 독립적인 정당의 확신, 즉 에너지와 의무감을 불러일으키는 일종의 확신은 없다.

그런 이유로 고위 조직과 하위 조직 간 분쟁의 경우에 우리에게는 독립적인 재판관에게 호소할 가능성을 갖추는 것이 필수적인 것 같다. 그러면서 치명적인 사회 안에서 어느 곳엔가 멈출 수 있는 정거장, 즉 중앙 집권적 충동을 억제하여 법이 당신에게 허용한 것을 당신이 가질 수 있도록 만들어주는 지점이 생긴다.[9]

---

9   1892년의 제3판은 "이 가능성은 1887년 완성된 헌법 개정 덕분에 가능하게 되었다"라고 첨부한다.

거기에서 당신은 우리의 주 정부와 지방정부의 자치를 되찾기 위해 필수적이라고 생각하는 것을 가진다.[10] 그리고 자유주의자들의 폭정이 진압되지 않는 한 상당한 정도의 자유를 거두었다고 우리 중 누구도 착각하지 않겠지만, 우리 원칙을 적용하는 데서부터 수반된다는 어떤 결과를 보여주는 것이 우리의 의무다. 비록 우리가 아주 작은 것을 돌려받을지라도 우리 생각에 그것은 더 나은 원칙을 강화하는 것이고 그렇게 함으로써 우리나라에 이득이 된다.

V. 단체에 대한 법적 보호

단체를 떠날 권리 §126

우리의 강령은 "그것이 보호받지 못하는 개인의 권리를 방치하지 않는다"는 명백한 조항 아래서만 분권화를 촉구하고 지역 및 지방의 자치를 요구한다.

　이 점은 매우 중요한데, 진정한 시민의 자유는 이 조항의 실현 여부에 따라 일어서기도 하고 무너지기도 하기 때문이다.

10　독자들은 지금 읽고 있는 글이 1878년 4월부터 1879년 2월까지 「드 스탄다르트」라는 일간지에 처음 실린 것이라는 사실을 상기해야 한다.

결국 자유란 양심의 명령에 따라 사람, 권력, 재산을 처리할 수 있는 것이다. 그런 자유는 명목상 존재한다. 그러나 만약 내가 움직이고 일해야 하는 모든 삶의 영역에서 더 큰 권력이 행사하는 폭력이 나를 옭아맨다면, 자유는 실제로 존재하지 않는 것이다.

이것은 내가 자발적으로 입회하거나 주어진 순간에 내가 떠날 수 있는 삶의 영역에서는 적용되지 않는다. 왜냐하면 그 독재적 폭력에 대한 나의 복종은 의지의 행위이고 개인적 선택의 결과이기 때문이다. 그리고 내가 굴복한 법적인 요구 조건이나 권리의 행사가 나의 자유를 약화시킨다면 나는 나 자신을 비난해야 한다.

어떤 사람이 길드(guild)에 가입할 때 그가 자신의 노동과 상품을 길드의 규칙에 따라 처리하는 것은 말할 것도 없이 당연하다. 어떤 사람이 금주 동맹의 회원이 될 때 그는 술에 돈을 소비할 수 없다는 것이 이치에 맞다. 어떤 사람이 노예 철폐 단체에 가입할 때 그가 인신매매로 이익을 취하지 않아야 한다는 것은 논쟁할 필요가 없다.

이것은 교회에도 적용된다. 확실히 이 관점에서 교회는 일반 단체와 결코 같지 않다. 우리는 어떤 사람이 출생 또는 성례나 할례로 교회에 소속되는 것을 알고 있다. 그러나 어느 때고 그 사람이 교회를 떠날 자유가 있는 한 교회의 강요는 넓게 확장될 수 있을지라도 양심의 자유를 약화시키지 못한다. 결국 내가 자유롭게 떠날 수 있지만 교회에 남아 있기로 결정하는 한 내 양심에 전파된 강요는 내가 참을 수 있고 부분적으로 책임질 수 있는 강요다.

정부가 (1) 그 누구도 단체에 가입할 때 자신의 의지에 반하여 강요받지 않을 것, (2) 자신이 원하는 때에 자신이 회원으로 있는 단체로부터 탈퇴할 수 있을 것, (3) 남아 있는 사람들에 의해 자신의 탈퇴로 괴롭힘을 당하지 않을 것 등을 보장하는 한, 이런 종류의 단체에 관한 개인의 권리와 자유는 완벽하게 안전하다.

그것은 수도 서원(monastic vows)의 경우처럼 종신 서원의 직무에 대해서도 적용된다. 그런 항구적 서원이 바람직한가를 정부가 판단해서는 안 되고, 어떤 사람이 자신의 양심에 의한 강압 이상으로 그런 서원을 하도록 설득될 수 있는가에 대한 가능성을 정부는 감안해야만 한다. 그러므로 그런 일의 자발적 본성을 의문의 여지로 남겨두어야 한다.

그러나 부도덕한 일의 경우 정부는 무조건적으로 즉각적인 탈퇴권을 인정해야 한다. 예를 들어 매춘부가 이전에 한 약속을 근거로 포주가 그녀를 계속해서 그녀의 의지에 반하여 사창가에 머물도록 강제하는 상황은 사람의 정의감에 가해질 수 있는 가장 비참한 모욕 중 하나다. 채무와 관련된 민사 소송에서 이런 종류의 업무는 존재하지 않는다고 선언되어야만 하고, 판사는 받은 선불금을 돌려주도록 피고인에게 명령도 해서는 안 된다.

내부 문제에 대한 불간섭 §127

그러나 단체의 자유에 대한 비타협적인 보호는 위에서 검토된 단체들에 관한 정부의 업무를 끝낸다.

만약 새로운 회원들을 받아들일 때 단체들이 그들 스스로 책임을 진다는 의무 조항에 관한 서면을 그들에게 건네주는 것이 의무에 해당한다면 아마 유용할 것이다. 그러나 만약 탈퇴의 자유가 언제나 보장된다면 이 예방적인 방법조차 불필요한 것으로 보이며, 많은 가입자들

이 헌법 혹은 단체의 정관들의 완전한 의미를 판단하는 것이 불가능
하다는 것은 말할 것도 없다.

권한의 남용을 방지하기 위해 기껏해야 할 수 있는 것은 회원들을
외부 세계와 차단하는 필수 제도를 도입하는 것인데 그들은 독립적인
정부의 공무원이 일 년에 한 번 모든 구성원들에게 그들이 떠날 수 있
는 권리를 알려주도록 허용하는 것이다. 그때 만약 그들이 원한다면
"당신은 이 권리를 사용하기를 원하십니까?"라고 가감 없이 물어보는
것이다.

그러나 정부는 이보다 더 질문하지 않아야 한다.

예를 들어 교회의 자유로운 기능을 제한하기 위해 교회 내부로 들
어가려는 모든 시도는 교회의 권리를 보호하는 것이 아니라 제한하는
것이다. 그것은 정부의 권리가 아니다. 가톨릭교회 같은 강력한 조직
에 관해서조차도 그렇다.

그러나 정부는 가톨릭에 대항하여 단체의 자유에 대하여 비타협
적으로 보호를 하여야만 한다. 만약 필요하다면 마을에 속한 모든 군
대를 임시 숙소로 보내서 서원을 포기한 사람을 기를 쓰고 괴롭히는
브라반트 주의 가톨릭 단체는 통제되어야만 한다. 비록 엄청난 비용을
수반할지라도, 만약 공적인 자유에 대한 위반이 발생한다면 정부는 강
력한 행동을 취해야만 한다.

새로운 형법전(Crimical Code)[11]은 이런 종류의 위반에 대해 심각한
재제를 가해야 한다.

---

11 형법전은 카이퍼가 글을 쓰는 시기에는 입법 준비 중에 있었다. 형법전은 1881년에 완성되
었고 1886년부터 효력이 발생되었다.

그러나 이 하나의 자유가 확인되면 이 문제에서 정부의 권위는 한계에 다다른다. 만약 어떤 사람이 자신의 탈퇴로 고객을 잃거나 친구들로부터 왕따를 당한다면 혹은 자신의 아내가 사랑을 저버린다면, 그런 일은 정부가 고려할 수도 없고, 고려하는 것이 허락되지도 않는 개인적인 결과들이다. 그런 일들은 한 사람이 자신의 확신이 존경을 받겠지만 필요하다면 고통 받을 준비가 되어야만 하는 결과들이다.

정치적 성향을 띠는 공공 법률적 단체들 §128

개인의 자유를 보호하기 위한 정부의 의무는 우리가 생각하는 것과는 매우 다르다. 원할 때 언제든지 탈퇴할 수 있는 영역이 아니라 존재하기 때문에 소속되는 영역이다.

예를 들어 어린아이는 선택할 수 있다 할지라도 아버지의 집 밖으로 나갈 수 없다. 비슷하게 만약 한 주에 거주하지 않는다면 네덜란드에 거주할 수 없다. 어느 지방정부에 거속하지 않는다면 어느 누구도 어떤 한 지역에서 살아갈 수 없다.

가족 관계는 논외로 남겨둘 수 있다. 왜냐하면 한편으로 그것은 미성년자들을 구속하기 때문이고, 다른 한편으로 그것이 지방자치와 직접 관련되지는 않기 때문이다.

그러나 우리는 지방자치의 현실을 직시해야만 한다. 왜냐하면 이전 네덜란드 공화국에서 이 영역의 자치는 너무 무모하게 확장되는 바람에 지방자치권은 문자 그대로 개인을 지배하는 과도한 권력으로 타락했기 때문이다. 그것은 의도된 악이 아니었고 경고 없이 발생했다. 그럼에도 불구하고 그것은 참기 어려운 것이었다.

우리나라도 자유 국가였다. 심지어 문란함에 이를 정도로 자유가 팽배했다. 그러나 그것은 단체들에 대한 자유였지, 인간과 가장으로서 개별 시민의 자유는 아니었다. 시민들은 자신들이 원하는 것을 할 자유가 있었다. 그러나 시민으로서 그것을 할 수 있기 위해서 시민 단체들은 마음대로 "개인"으로서의 시민을 대했다.

이것은 자연스럽게 과두제와 족벌주의로 이끌었고 점차 자유의 가면을 쓰고 대다수를 거의 노예와 같이 무가치한 예속 상태에 내버려 두는 상황을 초래했다. 그것은 국가의 에너지를 파괴했고 시민의 마음 속에 비통함을 뿌렸다.

§129 중재 부서

이런 참을 수 없는 상황에 대한 반발이 18세기 말 프랑스 혁명을 통해 분출되었다. 그것이 진행된 방식을 제외하고서 도덕적으로 말하자면 그것은 완벽하게 정당했다.

우리 시대에 자유주의 집단의 독재가 진행되듯이 하나의 통치 집단에 의한 대중의 폭정은 그 시대에도 거의 참을 수 없었다. 특히 홀란트인들의 국가적 특징은 전통적으로 대중을 지배하기 위해 작은 패거리를 형성하는 것을 좋아했다.

그러므로 이런 악을 이해하고 사람들이 국가의 타고난 힘을 손상시키지 않으면서 단일한 국가와 개인 시민들 중간에 위치하는 이런 조직들의 활동을 제한하기 위한 신중한 정치적 제도와 현명한 법을 도입했더라면 가장 합리적이었을 것이다.

그것을 성취하는 것은 힘들고 고통스러운 일이 요구되었으며, 점진적 발전을 통해서만 바람직한 상황을 달성할 수 있었을 것이다. 그러나 일단 그것을 성취하면 그것은 국가 생활에 엄청난 혜택을 주었을 것이다.

가족, 지방정부, 그리고 지역이라는 자연적 영역은 자신들의 완전한 힘과 기능 가운데 보존되었을 것이다. 동시에 상부에서 그것은 중앙정부의 강력한 간섭에 따라 이런 영역들과 협력하게 함으로써 수많은 혜택을 주었을 것이고, 하부에서는 단체들에 대한 개인의 자유와 권리를 보호하였을 것이다. 더구나 그 나라는 번성했을 것이다.

그러나 길고 어려운 길을 피하게 되면서 프랑스 혁명은 이런 모든 중간 관계를 없애버리고 개별 시민이 중앙정부와 직접 접촉하는 것이 훨씬 더 단순하다고 결정했다. 실제로 그것은 개인을 시민에서 신하로 바꾸는 것이었다.

이것을 위해 단체들의 힘은 심각하게 손상을 입게 되었고 그들은 단지 서비스 기능만을 보유하게 되었다. 즉 전적 의존성이다. 모든 면에서 손상을 입고 자신의 천부적 기관들을 도둑맞게 된 단체들은 활력적인 삶을 개발할 모든 기회를 상실하지 않을 수 없었다.

이 강력한 방법으로 개별 시민은 더 이상 개인에게 해를 끼칠 수 없게 된 단체들로부터 보호받게 되었다. 그러나 동시에 국가는 국가 생활에 더 없이 좋은 조직으로부터 차단되고 단체의 독재로부터 자유로워진 개별 시민들이 의회의 다수라는 더 억압적인 독재의 멍에 아래 놓이는 이중의 손상을 입게 되었다.

결국 우수한 유기체와 더 조잡한 유기체 사이의 차이는 바로 여기에 있다. 예를 들어 불가사리 같은 조잡한 것에서는 주요 기관이 거의 중간 연계 없이 세포에 따라 움직인다. 반면에, 예를 들어 사람 몸 같은 우수한 유기체에서는 정반대 경우다. 모든 원소의 집단들은 뇌와 개별 세포 사이의 중간 연계 역할을 하는 독립적인 기관을 형성한다. 뇌는 당신의 팔 근육을 통제하는 신경과 혈관의 중간 연계를 통하지 않고서는 당신의 팔 근육에 있는 세포에 아무런 영향을 미치지 않는다.

프랑스 혁명은 우리 정치체제를 우수한 유기체에서 조잡한 것으로 떨어뜨렸다. 결국 우리의 정치적 삶의 특징이 점점 더 비인간적으로 변해갔다.

§130 개인과 단체들을 위한 법적 보호

이런 발전에 대응하기 위해, 반혁명당의 정책은 바로 우리의 강령에 제시되어 있다. 우리는 지역과 지방의 생활 영역들이 중앙정부와 개인 가족 사이에서 기능하게 함으로써 마비된 기관들을 소생시키고 고무시킬 필요가 있다.

그러나 이런 생활 영역을 자유화하는 것은 두 가지 조건에 엄격하게 구속되어야 한다. (1) 이 영역들에서 권위가 확립되는 방식이 현재의 국법과 조화를 이루어야 한다. (2) 언제라도 독립적인 판단으로 잘못된 행동과 권력 남용에 대한 수정을 추구할 수 있어야 한다.

가장들은 지방정부에 대하여 이 두 가지를 보장해야만 하고 지방정부 또한 지역 정부에 대하여 그렇게 해야 한다.

그러나 만약 이 조건들이 충족된다면 우리는 자유 행사의 결과를 걱정할 필요가 없다. 복잡한 기계의 부드러운 작동에는 언제나 장애의 여지가 있다. 그러나 자연스럽고 건강한 상호 작용이 다양한 국가 기관들 사이에 일어날 것이다. 자유는—사람들이 그것을 실현할 수만 있다면!—자선의 행동처럼 더 이상 당신 무릎에 던져지는 것이 아니라 자신의 노력을 통하여, 그리고 필요하다면 권력의 자리에 있는 사람들에 대한 단호한 투쟁을 통하여 얻은 더 없는 자부심이고 숭고함이다.

제12장
국가와 내각

제11조

전국회의가 국가에 뿌리를 내리기 위해, 그리고 명목상으로만 국민을 대표하는 것이 아니라 인구 구성에 있어 소수자로 분류된 사람들의 권리가 무시되지 않도록 하기 위해, 반혁명당은 새로운 선거 제도의 도입을 준비하면서 그와 함께 선거권을 가진 유권자의 수를 줄일 것을 요구한다.

I. 과거의 국가와 새로운 "국가"

§131 지방정부 및 지방의회의 역사적 중요성

우리는 이제 선거 제도에 대해 토론하고자 한다.

이전에 우리가 알듯이, 정부의 모든 계층의 국민은 발언권을 가져야만 한다. 국가는 그들의 조언을 받아들이고 국민을 대표해야 한다. 문제는 우리가 정부와 의회를 통하여 어떻게 이 목적을 달성할 것인가, 그리고 선출된 사람들이 어떤 방식으로 다양한 수준에서 서로 소통할 수 있는가다.

여기에 제시된 주요 이슈들을 다소 질서정연하게 다루기 위해 우리는 전국회의의 개념과 역사적 중요성을 지적하면서 시작한다.

"의원들"(States)은 단순한 사람들이 아니라 스스로가 사람들을 대표하는 무리의 사람들이다. 그러므로 선출된 의원들은 그 스스로 대표 기관이 되는 것이 아니라 대표 기관의 대리인들이다. 그리고 그런 국가대표들은 헤이그가 아니라 나라 전역에 있다.

유력 계층으로도 불리는 의원들은 우리의 "계급"(classes)과 유사하다. 그 말은 유사한 배경, 직업, 혹은 지켜야 할 공동 이익을 가진 생계 집단을 의미한다.

이 용법은 모든 연설 속에 살아 있다. 우리는 농업 계급, 사업 계급, 상인 계급 등의 이름을 말하는데, 공공 생활에서 유사한 공동 이익을 지키길 원하는 집단으로 우리가 농부들, 상인들, 장인들을 떠올리는 것을 암시하는 이름들이다.

"의원"과 "정치 계급"(estate)은 동의어다. 유일한 차이점은, 의원은 정치적으로 중요한 위치에 오르고 떵떵거리며 살 수 있는 그런 고위 계층이라는 점이다.

실제로 이 고위 계층은 세 가지 계급으로 귀착되는데 성직자들, 귀족들, 그리고 제3신분인 도시의 부르주아들이다. 농부 계급은 귀족들에 의해 대변된다고 간주되는 반면 상인과 장인은 제3신분으로 간주된다.

세 가지 신분은 귀족에 대항하여 자신들의 권리를 지키고 우두머리에 의해서가 아니라 전체로서 행동한다. 전체 성직자들은 제1조직으로 모이고, 귀족은 제2조직을 형성하며, 도시 주민들은 제3조직으로 알려졌다. 이제 과거의 게르만 관습에 따라 각 계급의 모든 구성원들은 개별적으로 행동할 수 있었다. 그러나 다수가 모이는 불편을 피하기 위해 모두를 대신하여 활동할 대표자에게 권한을 부여하는 것이 관습이 되었다. 그 결과로 의회는 점차 세 계급의 대표들로 구성되게 되었는데, 각자 성직자, 귀족, 그리고 도시민이다.

그들의 이전 기능들   §132

그러므로 원래 "의회"(the States)는 정치적 중요성이 상승한 각 계급으로부터 각각을 대표하는 세 대표단들의 모임을 의미했다.

1579년 우리 7개 주의 의회들이 우트레흐트 동맹에 의해 연방을 체결했을 때 일곱 번의 주 의회 모임으로부터 모든 주들의 공통의 이해를 처리할 중앙 의회를 만드는 것이 필수적이었다. 전체 통합 주들이 "전국적인 것"으로 간주되었기 때문에 중앙 대표단은 전국회의(States "General")라는 이름이 주어졌고, 공국과 지역에서의 의회 모임에 대해 주 의회라는 이름이 통용되었다.

오늘날 일반적인 용어인, 지역과 정치 영역에서 "의회"(State)라는 말은 그 이후의 것이다. 그것은 사람들이 자신의 계급 구성원들과의 유대감뿐 아니라 동포들과의 유대감을 가진 후에야 비로소 발생했다. 사람은 나라를 원래 구분지었던 한 계급의 구성원일 뿐 아니라 사람들이 한 왕국의 주민이라는 단순한 사실에 의해 모두가 속하는 한 국가의 구성원이기도 하다.

일반적으로 그것이 저지대 "의회"의 역사였다. 유사하게 프랑스에서는 "삼부회"(Etats Généraux)가 있었으며 독일은 "계급"(Stände), 영국은 "상원"(Lords)과 "하원"(Commons)이 있었고 스페인은 "국회"(Cortes)가 있었다.

유럽의 모든 곳에서 대표 정부가 유기적인 국가의 조직으로부터 발생했다. 대표 정부는 계급의 분화를 통해 모두가 속하는 한 국가, 즉 왕국으로 발전한다.

예로부터 도덕적 고려사항이 우선시될 때 소속의 권리가 존중받는다는 사실을 덧붙일 필요가 있다. 성직자와 귀족은 숫자상으로 제3신분보다 훨씬 열세다. 만약 연합 의회에서 투표가 머릿수에 따라 결정된다면 그 결과는 시민들이 언제나 자기 뜻대로 결정할 것이고 성직자와 귀족은 그렇지 못할 것이다. 이를 방지하기 위해 영국에서는 성직자와 귀족이 함께 독립된 상원을 만들도록 규정하여, 하원으로 모이는 왕국의 시민 계급이 통과시키기를 원하는 안건들을 부결시킬 수 있도록 했다. 프랑스에서는 세 계급이 각각 한 표만을 가지는 규칙이 확

립되었고, 독일과 스칸디나비아에서는 소수의 억압을 경계하는 참사
회(curia)로 분화되었다.

우리 헌법의 세 가지 정치 계층 §133

우리의 현 정체 아래서 이런 제도의 형태는 유지되었으나 본질은 사라
졌다.

우리의 근본법(Fundamental law)은 오늘날조차 나라 안에 존재하는
사회적 계급을 더 이상 고려하지 않는다. 대신 그것은 국민들을 매우
자의적으로 (1) 가장 많은 세금을 내는 납세자, (2) 20홀든과 160홀든
사이 정도의 직접세를 내는 사람들, (3) 그 정도 아래에 해당되는 사람
들이라는 세 개의 다른 계급 집단으로 나눈다.[1]

이 세 가지 계급 또는 집단 중 첫 번째 숫자는 1,200명 정도이고,
두 번째는 100,000명 정도이며, 세 번째는 1,500,000명 정도다.[2] 그럼
에도 불구하고 어떤 정치적 권리가 없는 세 번째 범주의 사람들을 내
버려두고 첫 번째와 두 번째 범주의 최상위 납세자와 중간 범위의 납
세자들의 손에 정치적 영향력을 두는 것이 적절하다고 고려되었다.

다음으로 1,200명의 최상위 납세자들이 투표에서 중위 납세자들
에게 이기는 것을 방지하기 위해 두 개의 계층을 두 개의 의회로 분리
시키는 과거의 모델을 잘못 모방했는데, 전자에게는 제1의회를, 그리
고 후자에게는 제2의회를 할당하고 각자에게 다른 의회의 결정을 부

---

1 1892년 판에는 "1887년까지"라는 부분을 읽을 수 있다.
2 1878년 글 쓰는 시기 네덜란드의 총 인구는 4백만 명 미만이었다.

결시키는 권한을 부여했다.

이전 경우와 비교하여 이 상황은 명백하게 진전된 것이 없다.

비록 "성직자, 귀족, 시민" 같은 이전의 계급들이 사회적 상황과 더 이상 조화를 이루지 못한다는 것을 부인할 수 없고 점차 국가의 중심 내에서 다른 집단으로 변형되었지만, 현 계급으로 국민을 나누는 것이 상황을 개선시켰다고 말하는 사람은 거의 없다.

세금 산정에 근거한 현재의 분할은 잘못되고 부도덕한 기준을 사용하고 있으며 결국 존재하는 실제 계급은 허구의 계급이 된다. 더 심한 것은 비록 그들의 모임이 전국회의라는 명예로운 이름으로 장식되었을지라도 더 이상 조직으로 활동하지 않고, 면밀히 검토하자면 전혀 자신의 계층과 관련이 없는 계층의 문제를 다루고 있다.

이런 잘못된 제도는 주 의회(the Provincial States)의 경우에도 잘 작동하지 않을 것이 명백하다. 그런 의회에서는 납세자 계급만이 권리가 있기 때문이다. 최종적으로 자치위원회의 경우 어떤 유기적인 관계의 개념도 전적으로 상실되었다. 선거구의 부재 아래서 유권자라고 불리는, 단지 개인의 합은 지역의 정치적 이해에 따라 기울어지는 경향이 있다.[3]

§134 혁명적 원칙의 결과들

우리의 대표 제도는 철저하게 모호하다. 그것은 두 가지 견해 사이에

---

3   다음 문장이 1892년 판에 새로운 구문으로 첨부되었다. "비록 1887년의 새로운 선거법이 이런 악을 완화시켰다할지라도 이 제도는 여전히 과거의 것 세 가지 계급이 남아 있다."

머문다. 이 양면성은 정치적으로 우리 자신을 높이려는 에너지를 제거한다. 그것은 우리가 "유기적" 제도라고 부르는 오래되고 건전하며 역사적인 대표 제도의 "형태"에 머물러 있다. 그러나 그것은 그 과거 형태 속에서 "원자론적" 상태 혹은 개인적 통합이라는 최신 유행의 혁명적 생각으로 빠지게 되었는데 "보통 선거권"이라는 표현으로 드러난다.

혁명적 제도는 국가 속에 계급 또는 집단을 인정하지 않는다. 그것은 국가 속에서 "계급"이라는 하나의 가시적인 유대보다는 다른 정치적 관계, 혹은 사회적 유대가 끊어져 있고 고립된 커다란 개인의 군집만을 인정한다.

이 제도는 각각의 개인이 개별적으로 권리의 완전한 동등성을 가지고, 다른 말로 하면 보통 선거권을 통하여 국가 사무의 집행에 참견할 권리를 가지는 것이 허용될 때 비로소 가장 순수한 표현을 획득한다. 인정하든지 인정 안하든지 이 제도는 원자론적 국가 개념으로 인한 필연적인 결과라고 할 수 있다.

이 개인들이 여러 지역으로 나누어진 것은 편의를 위한 것이다. 그러나 그것은 실로 개인들의 집단적 투표로부터 공동의 이해를 마주해야만 하는 순수한 빛을 부적절하게 굴절시키는 데 기여한다.

나폴레옹의 말에 따르면 그 생각은 "모든 프랑스 사람들에 의한, 하루만에 치러지는, 나라 전역에서 나뉘지 않고 손상되지 않은 하나의 국민투표"(plebiscite)다.

이 관점에서 양원 제도는 전적으로 무의미하고 터무니없으며, 프랑스 국회는 상원의 출현을 허용하지 않을 것이라고 확신한다는 것을 첨부해야 한다.

그 학설에 따르면 제도는 어디서나, 독일 제국에서 비스마르크가 최근에 말했듯이 "모든 독일 국민들이 선출한 하나의 의회(Reichstag)"를 요구하고 있으며, 양원의 설치와 연간 납세에 근거한 대표제는 부적절한 제도다.[4]

그리고 이 제도는 자신의 생각대로 하는 논리를 포함하기 때문에 저항에 아무런 도움이 되지 않는다. 이 문제에서 "전심"은 "건성"을 이길 것이다. 조만간 "하나의 의회 그리고 보통 선거권"이라는 대중의 외침은 더 이상 침묵으로 남을 수 없을 것이다.

그 사이 우리나라의 지유주의자들은 많은 일관성을 위험에 빠뜨리지 않으면서 자신들이 오래된 포도주 부대에 새로운 포도주를 실험적으로 부어서 칭찬받을 만한 지혜의 표본을 제공하고 있다고 생각했다. 그러므로 그들은 비난받을 만한 이중적 생각을 통하여 자신들과 대중들을 현혹시키는 통로로 들어섰다. 사실상 그리고 본질적으로 그들은 프랑스 혁명의 이론을 선택했다. 그러나 과거의 유기적 법의 형태를 고수하고 있다.

그들의 제도에서 이것은 거짓이다.

그리고 이런 경우 언제나 그렇듯이 그런 거짓말에는 무거운 징벌이 따른다. 어떤 축복도 기대될 수 없다. 자유주의자들은 투쟁과 실수의 시간을 보냈고 결국 조소와 무능만을 거두어들였다.

인정할 것은 우리의 현 의회들이 국민의 존경도 받지 못하고 국가에 대한 영향력도 없다는 점이다.

4 　연간 세금의 최소한을 지불한 유권자들을 대표하는 정부 형태는 "센서스 민주주의"(census democracy)라는 이름으로 알려지게 되었다.

II. 제도적 의회

유기적 대표제

우리의 현 대표 제도는 분명 두 가지 사고를 가지고 있다. 기본적으로 그것은 "땅 위에 단지 사람들의 무리[5]"만을 보기 원하는 프랑스 혁명적 개념을 구체화하길 원한다. 그러나 공식적으로 나라를 세 가지 계급으로 나눔으로써 유기적 대표제의 과거 전통을 존중한다. 이 제도가 차츰 내적 필연성으로 인해 과거 형태를 포기해야만 하고 보통 선거제로 가는 중이라는 사실은 명백하다. 동일하게 명백한 사실은 주 의회와 자치위원회들은 벌써 개인들의 원자화에 지배당하고 있다는 것이다.

이 현상을 보면서 반혁명파들은 국가의 이런 혼란을 가능한 한 빨리 멈추어야 한다고 판단한다. 우리의 대표 제도는 국가 안에서 유기적 지도력을 공정하게 다루어야 한다. 그것을 오염시켰던 수반되는 결함들을 제거하면서 자연적이고 점진적인 발전으로 되돌아가야만 한다.

반혁명파들은 이러한 요구의 근거를 국가가 실제로 유기체이며 또 유기적으로만 존재할 수 있다는 사실에 둔다. 국가가 스스로를 개방하는 만큼 그것이 짜는 직물과 조직들은 더 정교해진다. 혹은 만약

---

5   네덜란드어 원문에 있는 "een hoop zielen op een stuk gronds"는 이삭 다 코스타(Isaäc da Costa, 1798-1860)로 덕분에 나온 표현이다.

더 실질적인 방법으로 당신이 표현하기를 선호한다면 반혁명파들은 사회적이고 정치적으로, 개인뿐 아니라 사람들의 "집단"이 집단으로서 그들이 공유하는 것을 방어하는 데 관심을 가진다는 부인할 수 없는 사실에 대한 요구에 기반을 둔다.

문명이 발전된 국가에서 인간 사회는 계급, 집단, 그리고 사람들의 공동체로 구성되어 있다. 개인들은 동일할 수 없다. 왜냐하면 그들이 배경, 취향, 교육, 직업, 재산, 그리고 기본적 믿음에 있어 다르다는 사실 때문이다. 그리고 만약 불공평이 규칙이라면 모든 일반적인 불평등 가운데 공동의 관점 혹은 공동의 이해를 공유하는 집단들이 발생하는 것과, 그러므로 다른 집단에 대항하여 함께 뭉치고 자신들에게 공통적인 것을 방어하기 위해 동기부여가 되는 것은 자연스럽다.

계약 혹은 기분에 의해서가 아니라 국가의 중심으로부터 만들어진 이 집단들은 사람들이 국가라고 부르는 큰 조직의 접합부 혹은 구성원으로 이루어진다. 조직은 접합부나 구성원을 제외하고는 존재할 수 없고 접합부와 구성원들을 통하지 않고서는 자신을 표현할 수 없기 때문에 만약 모든 대중적인 대표가, 국가가 접합부와 구성원들을 통하여 유기적이고 규칙적인 방법으로 자신을 알리는 것을 금지한다면 잘못된 것으로 거부당할 것이다.

그러므로 만약 국가가 유기적인 전체로서 자신의 의지와 성향을 적절히 표명하려 한다면 적절한 전국회의는 주 의회에 의해 선출되어야만 하고, 이 주 의회는 지방위원회(the municipal councils)에 의해, 그리고 최종적으로 이런 지방위원회들은 지역 단체(local coperations)에 의해 선출되어야만 한다.

그러나 이런 지역 단체들은 프랑스 혁명에 의해 산산이 부서졌다. 그리고 이것이 우리의 생각을 실현하는 과정에서 가장 큰 걸림돌이다. 국가 유기체의 이런 주요 구성원들은 아주 천천히 다시 자랄 수 있다.

물론 우리는 의회가 중앙정부를 위해 하듯이 지방정부를 위한 동일한 기능을 가지는 길드라는 일종의 단체를 떠올린다. 길드는 자신들의 공동 이익을 방어하면서 점진적으로 정치적 힘을 획득했던 지방의 조직적 집단이다.

이런 길드의 기원과 의미를 제시하는 것은 대체적인 윤곽에서조차 이 글의 범위를 넘어서는 것이다. 그러나 우리는 길드가 결코 기술과 산업만을 의도했던 것이 아니라는 것을 상기한다. 예를 들어 "시민 방어"라는 잘 알려진 길드의 광범위한 영향력이 보여주듯이 길드는 일반적으로 "공동 목적을 위한 통합된 시민들의 조직"을 지칭한다.

조금씩 길드는 정부에서 단지 그들의 이익과 관계된 일뿐 아니라 더 일반적인 의미에서 지분을 얻는 데 성공했다. 특히 독일의 자유 도시와 플랑드르 및 브라반트 같은 강력한 지역에서 길드의 영향력은 높이 상승하여, 모든 의도와 목적에서 길드는 지방의 권한을 자신들의 통제 아래 두었다. 1573-74년 사이 레이든이 포위 공격을 받을 동안 길드 회의체들과 먼저 상의하지 않고 스페인 적군들과 협상한 판 드르 베르프(Van der Werff) 시장의 잘못은 매우 중대한 것으로 간주되었다.

이런 길드의 질투, 사람들에게 행사하는 압력, 그리고 점진적으로 지방정부를 좌절시키는 방식이 혼란을 일으키며 관용할 수 없는 상황으로 이끌었다는 것을 부인하지 않는다. 만약 다른 한편으로 생각한다면 길드의 활동 덕분에, 그리고 그들의 문제에도 불구하고 우리 시대가 그렇게 향수를 일으키는 왕성한 시민 생활의 발전과 공적 정신이 번영하는 때를 맞이하게 되었다는 것을 부인할 수 없다.

확실히 우리는 18세기 말 길드와 지방정부는 과거의 모습으로 남을 수 없었다는 것을 인정한다. 영광스러운 과거에 대한 터무니없고 불편한 반향으로 길드는 엄청난 시민들의 분노 하에 굴복하지 않을 수 없었다. 그럼에도 우리가 가장 개탄하는 것은, 그 당시에 사람들은 개선하거나 개혁하는 대신 길드를 완전히 없애버리고 고철로 여겨 그것을 팔아치웠다는 것이다. 그런 방식 때문에 사람들은 오늘날 시민 정신의 쇠퇴, 공적 업무에 대한 점진적인 무관심, 그리고 사회의 부자와 가난한 사람들 사이의 증가하는 소외라는 그런 비정한 복수의 혼란스러운 상황을 만들었다.

우리는 이런 악들을 치료할 수 없는 것이라고 생각하지 않는다. 반대로 지금조차도 우리는 상공회의소와 노동자 단체에서 부서진 구성원들을 회복하고 양성하는 국가의 유기적 생명력이 작동하는 것을 본다.

그러나 이것은 시간이 걸린다. 이것은 엄청난 격변이 없이는 끝나지 않을 것이다. 그리고 우리 아이들이 모두 잘 알고 있는 것처럼, 급성장을 겪는 것은 고통스러운 일이다.

그러나 아프게 할 때조차 유기적 조직은 조금씩 성장한다. 만약 헤이그에 있는 우리의 의회가 일을 포기하며 노동법이 하위 계층을 좌절시키는 대신에, 그들의 발전을 고취시킨다면 우리 도시와 지역들이 이전의 역동성을 다시 찾게 될 희망이 있다. 더군다나 귀족들의 계급과 영지에 대한 변화된 지위는 시골 동네와 작은 마을들이 발전에 진입할 수 있게 한다. 이런 주요한 변화의 결과로 지방의 중요성은 그것들이 전성기에 누렸던 것보다 훨씬 더 높은 수준으로 상승할 것이다.

새로운 단체, 지방의회, 그리고 주 의회의 형성 §137

새로운 조직은 변화하는 상황에 적합해야만 한다. 그 목적을 위해서 지방의회는 엄격한 조건 아래 그리고 현명하게 선출된 비율에 따라 공동 이해를 나타낼 수 있는 모든 집단의 사람들에게 영향을 미칠 수 있어야만 한다. 각 집단은 자신의 발언권을 가져야 하지만 다른 집단을 압살해서는 안 되고 그들의 활동을 보완해야 한다. 그리고 그것이 한도를 벗어나지 않게끔 해야 한다.

만약 구성원들 가운데 지방정부 안에 충분한 명문가 회원, 교육받은 사람들, 세습 자산가들, 종교적 사회 시설, 또는 교육자 등의 회원들이 존재한다면 그런 단체를 만드는 것이 가능해야만 한다. 그리고 생산된 것을 준비하고 가공하는 농부들, 생산자들, 그리고 생산된 것을 판매하는 상인들과 작은 사업가들도 마찬가지다. 마지막으로 첨부되어야 하는 것에는 노동위원회, 다수의 노동자들과 장인들, 점원과 가정부들, 대규모 수비대의 장교들이 있다.

엄격한 조건 아래 현명하게 규제되는 비율에 따라 주 의회의 승인을 받고 필요하다면 중앙정부에 상소권을 가진 (소수자들에 대한 어떤 억압도 배제한) 이런 단체들은 자신들 가운데 혹은 자신들의 조직 외부에서 구성원을 선출할 자유를 가지고 지방의회를 구성할 권리를 가져야만 한다. 유일한 예외는 종교적 조직이나 군대 조직이다. 그들은 성직자와 군인들 외부에서 의원을 선출하는 명백한 법이 있기 때문이다.[6]

이런 방식으로 지방의회는 시민들의 유기적 삶을 반영한다. 단순한 마을의 관점에서 이런 유기적인 관계는 극단적으로 단순하다. 도시의 고도로 다양화된 삶에서 그것은 극도로 복잡할 것이다. 그러나 모든 이해 집단과 직종들, 모든 지위와 계급, 마을 혹은 도시 등 모든 지방자치단체에는 지지자들이 있다. 그리고 치열한 경쟁은 협조라는 건설적인 요소로 교체될 수 있다.

다음으로 이런 유기적인 방식으로 선출된 지방의회는 지방의 크기에 비례하여 대표들을 주 의회에 파견할 수 있다. 그래서 더 중요한 지방은 주 의회에서 더 큰 영향력을 미친다.

지방의회에서 주 의회로의 이런 직접적인 이행에는 납득할 만한 이유가 있다. 귀족들 의회는 1795년에 해산되었다.[7] 성직자들은 16세기에 이미 국가 문제에 대한 직접적인 모든 발언권을 상실했다. 그리고 사회의 임금 소득 계층은 아무리 하고 싶어도 주 단위에 포함될 수 없었다.

뿐만 아니라 역사의 이런 부분적인 결과를 되돌리는 것은 바람직하지도 가능하지도 않다. 귀족과 농장 소유자들은 실질적으로 모든 중요성을 상실했고 휼드르스(Guelders), 우트레흐트(Utrecht), 그리고 림부르흐(Limburg) 지역에서 기껏해야 미약한 정치적 존재로 회복되었다. 그러나 만약 헤이그 및 어느 지방의 지방정부에서처럼, 충분히 영향력이 막강한 그런 도시와 지역에 있는 계층의 구성원들에게 지방의회의 의원을 선출할 권리가 주어진다면 그것은 되돌릴 수 없는 과거의 것을

---

6 성직자와 군인은 행정청을 유지하려는 법에 의해 숨겨져 있다.

7 "ridderschap"은 1815년에 복구되었으나 영원히 1850년 주 정부법에 의해 영구 폐지되었다

불필요하게 되돌린 것이다. 만일 그들이 주 의회에서 여전히 질서유지자로 기능한다면 말이다.

그리고 성직자의 경우 고위 성직자는 특히 우트레흐트(Utrecht)와 제이란트(Zeeland) 같은 주에서 큰 영향력을 끼쳤었다. 그러나 무엇보다 프랑스 혁명 이후로 성직과 정치적 개입은 결합될 수 없는 것이 규칙이 되었다. 뿐만 아니라 둘째로 만약 어떤 수적인 힘을 가진 종교 단체가 정치 문제에서 자신들의 대변인으로 전문가를 의회에 파견한다면 교파의 공적 권한은 충분히 지지를 받을 것으로 우리는 믿는다.

전국회의 §138

최종적으로 주 의회는 유기적인 방식으로 자신의 대표들을 전국회의에 파견해야 한다. 이것 역시 상대적인 중요성에 비례하여 이루어져야 하는데 인구의 규모, 납세자 명단 등에 따라 확정된다.

이 대표단은 비밀 선거에 의해 선출되어야 하므로 전국회의는 최고 납세자 혹은 중간 납세자에게 의무를 부담지워서는 안 된다. 선출된 사람들은 그 주의 거주자여야 하고 그렇게 남아 있어야 하다.

이 절차가 전국회의를 탄생시켰고 그 생명선이 국가 생활의 모든 동맥을 가로지르고 있다. 그것은 실제로 "살아 있고, 생각하고, 일하는 국가로" 존재함으로써 진정 국민을 대표한다고 한다.

그러므로 선거에는 세 가지 단계가 있다. 첫째, 단체의 모든 구성원은 도시와 마을위원회에서 그 단체를 대표하는 사람의 선출에 직접 참여한다. 둘째, 지방의회의 모든 의원은 주 의회에서 지방의회를 대표할 사람을 선출할 권리가 있다. 셋째, 주 의회의 모든 의원은 전국회의에 참석할 대표를 선출하는 데 참여한다.

그 사이 우리는 다양한 이해를 위한 이런 유기적 조직(우리의 현 제1의회에 비교된다) 다음에 전국적 의회라는 더 정치적인 성격을 가진 의회(제2의회를 연상시킨)가 있어야만 하는 이유를 검증하기 위해서는 별도의 장이 필요하다.

III. 의회

§139 사회적·정치적 집단

만약 우리 국가와 의회가 지금까지 지적한 대로 구성된다면 우리는 이에 그치지 않을 것이다.

만약 우리가 국가에서 단지 유기적 관계만을 바라본다면 자유주의를 타락시킨 동일한 일방주의에서 멀어지게 되고 사람들 사이에 다른 관계가 있다는 사실을 간과하게 된다.

다음 이미지는 내가 생각하는 것을 나타낸다. 증기선은 후미에 프로펠러가 있는데, 선장은 스팀과 피스톤, 거기서 조종간까지 그리고 프로펠러를 돌리는 축까지 연결시키는 복잡한 전체 톱니바퀴 장치를 이용하여 통제한다. 그러나 증기선에는 또한 방향타가 있어서 조타

수가 손가락으로 핸들의 바퀴살을 움직임에 따라 직접 좌우로 움직이게 할 수 있다. 그 상황들은 또한 국가의 유기성 가운데 존재하는 방식이다.

사람들이 진정한 발전의 길로 나아가게 하는 추진력은 단체, 지방 정부, 그리고 지역의 복합적 유기주의를 따르지 않고는 작동하지 않는다. 그러나 그 추진력이 "국가라는 배"를 움직이는 방향은 가정에서 양육된 삶의 원칙과 전망에 의해 즉각적으로 결정된다.

예를 들어 보자. 면허세를 도입 또는 확장 및 철폐시키는 것에 대한 제안은 사회의 다양한 단체와 집단 사이에 경쟁을 일으키는 이해관계에 달려 있다. 가톨릭 농부들은 농업에 관한 면허를 지키기 위해 도시에 사는 무신론자 또는 가톨릭 신자들에 대항하면서 무신론자 농부들과 연합할 것이다. 반대로 전통적인 도시 거주자들은 농업의 특권적 지위를 지속시키길 원하는 연합을 분열시키고자 근대주의적인 사람들에 합류할 것이다. 이 경우 유기적 관계가 작동하고 단체의 이익 및 지역과 지방의 관계는 반드시 국면을 전환시킨다.

그러나 예를 들어 학교 문제에 대해서는 시골과 도시 사람들의 모든 계급적 유대가 사라진다. 그리고 당신은 전통적인 농부들과 전통적인 도시민들이, 제빵사와 연금생활자들이, 상인들과 교수들이, 모두가 자유주의적인 사고를 중단시키기 위해 함께 일하는 것을 보게 될 것이다.[8] 즉 당신은 어떤 단체의 연대도 의식할 수 없지만 그 결정이 마음과 가정에 생기를 불어넣는 정신에 따라 직접 영향을 받는 사실을 발견할 것이다. 이것은 학교 문제의 경우에 더욱 그렇다. "교육

---

8   카이퍼는 생명을 향한 걸음에서 시작되어 서명된 1878년 7월 국민청원을 언급한다.

단체", "학교 교사 길드"는 거짓 원칙을 강화시키느니 차라리 해산할 것이고, 전통적인 교사들은 자신의 일에 대한 임금 상승을 희생할 것이다.

§140 두 유형의 의회

수많은 예가 강화하고 있는 사실은 정부가 두 가지 유형의 결정을 한다는 것이다. 그것은 제도적 관계에서 국가가 관련된 결정, 그리고 정부가 국가를 인도하는 정신적 방향과 관계된 결정이다.

이 특징을 무시함으로써 우리나라의 혁명 이전의 정체(Polity)는 이름에 어울리는 모든 이상주의적 정치 성향을 약화시켰다. 제도적으로 존재하기만을 소망하므로 국가가 정신적 통일을 표현하기 위한 합법적 기관이라는 것을 부인했다. 반대로 현재의 헌법은 전국회의에 배타적으로 정치적 특징을 부여하는 걱정스러운 실수에 빠져 있고, 배타적인 정치적 권한을 위해 선출된 사람들에게 상세한 문제들을 맡기고 있다.

이것은 "스팀 프로펠러"와 "핸들"이 상반된 목적으로 작동하게 했고 우리 의회들에게 점진적으로 혼성적인 특징을 부여함으로써, 한편으로는 너무 정치적이어서 단체의 이익을 반영하지 못하고 다른 한편으로는 너무 이익 지향적이어서 원칙의 정치를 위한 가슴을 가지지 못한다.

그 결과는 예상했었다. 헌법의 오류 덕분에 나라의 정치와 집단적 이익이 같이 무시되었다. 그것을 인식하지 못한다면 그리고 그것에 관해 어떤 것을 할 수 없다면, 우리는 우리의 정체가 절름발이임이 드러나는 막다른 길을 가게 된다. 그리고 인도네시아에서뿐만 아니라 여기서의 국익은 부실 경영과 나쁜 정책으로 말미암아 소진된다.

이런 악을 반전시킬 단 하나의 방법이 있다. 국가는 두 가지 목표(즉 삶의 원칙을 확립하고 이익을 증대하는)에 기여하고 노력해야 한다. 그러므로 국가는 두 가지 목표를 달성하기 위해 두 가지 방식으로 자신을 표현하도록 한다(즉 이익이 걸려 있을 때는 집단적으로, 삶의 원칙이 걸려 있을 때는 직접적으로). 그런 국가는 이중의 대표를 제공하는데, 집단적으로 선택된 것과 직접적으로 선택된 것이다.

부인할 수 없는 것은 우리 나라는 계급과 단체로 나누어진 결과 자유주의, 칼뱅주의, 그리고 가톨릭 요소로 나누어질 때와는 아주 다른 집단인 것으로 분석된다. 마찬가지로 이런 세 가지 요소의 경계가 계급과 집단의 경계에 바로 영향을 미친다는 것은 아무도 부인할 수 없다. 이런 집단화를 동시에 반영하는 이중의 대표 양식은 아무도 생각할 수 없다.

그러나 만약 이것이 그렇다면 결론은 두 가지 중 하나임이 틀림없다. 두 집단화(정치적인 것과 집단적인 것) 중 하나만을 공정하게 대하는 대중 대표체를 만들거나, 혹은 다른 편을 존재하지 않는 것으로 취급하는 것이다. 혹은 국가에 존재하는 이중 집단화를 반영하는 이중 대표체를 만드는 것이다. 후자의 경우는 전국회의를 두 가지 분과로 나눈다. 이전 장에서 토론된 집단적 의회 다음에는 인민들이 직접 선출한, 정치적으로 위임받은 통치권을 가진 의회를 둔다.

그러므로 그 정치적 의회는 전문가 계급, 납세자 집단, 유명한 사람들의 계급, 또는 어떤 단체에 의해서가 아니라 통일체로서의 국가에 의해, 전체로서의 나라에 의해, 인민 그 자체에 의해 선출되어야 한다.

§141   가장들을 위한 선거권

잠시 동안 보통 선거, 즉 모든 성인 남성의 선거권은 국가가 스스로를
표현하는 자연스러운 도구가 아닐 수 있다는 의문이 발생한다. 그러나
그것은 단지 잠시 동안에만 그렇다.

만약 그렇게 생각하는 것을 멈춘다면 당신은 즉각적으로 프랑스
에서와 같은 선거권의 형태를 생각할 것이다. 그것은 약 8백만 주민들
에게 선거권을 주지만, 2천 8백만의 나른 주빈들의 선거권을 부인하
는 것으로서 그 자체로 "보편적"이라고 부를 수 있지만 결코 그런 것이
아니다.

공동체의 반 이상인 모든 여성을 배제하면서 시작되었던 보통 선
거 제도(A system of universal suffrage)는 이미 "보편성"(universality)에 관한
이상한 메시지를 전한다. 만약 당신이 남겨져 있는 1/2이라는 큰 부분
을 밀쳐두고, "작은 1/4"에게, 혹은 그중 "다수"인 남성에게만 제한함
으로써 실제로는 "1/8"에게 결정을 맡긴다면, 심각하게도 이 높이 칭
송받는 "보편적" 선거권은 설명할 수 없을 만큼 "배타적"이고 제한적인
것이 되어 고통스런 저항의 여지를 남기게 된다.

그러나 그건 아니다. 선거권이 가장들 혹은 그와 동등하게 선포된
사람들, 즉 국가를 국가로 만드는 작은 세포 또는 작은 영역의 수장,
대변인, 그리고 자연적인 대변인들에게 주어진다면, 그 선거권이 진
정으로 보편적일 수 있다. 결국 임대한 방 안에 있는 고독한 사색가가
아니라 가족이라는 사회에 속한 사람들이 국민의 정신을 지배하는 사
고를 육성한다. 고독한 철학자는 이후 그 생각들을 정리할 수 있을 것
이다. 시인은 그것을 노래로 해석할 수 있고, 정치인은 입헌적 이론 속

에 그것을 표현할 것이다. 그러나 학자들이 가르친 것이 아니라 사람들의 입술로부터 학자들이 엿들은 "언어가 인민의 정신"인 것처럼, 인민들에게 생기를 불어넣는 정치 의식도 마찬가지다.

무의식적으로 인식하지 못하는 가운데 전체로서 인민들은 진심으로 그 정신을 구체화한다. 그리고 이런 내면적 삶이 사유의 세계의 결과를 전달한 후에야 전문가들은 국가의 심장 속에 성숙된 것을 법률적 형태로 해석하기 시작한다.

그러므로 우리는 "국가적 선거권", "보편적 선거권"을 요구한다. 즉 아무런 제한 없이 모든 가장들에게 그것을 부여하는 진정으로 보편적이 될 수 있는 토대 위에 놓인 선거권을 요구한다.

제한 철폐 §142

이 마지막 조건에 주안점을 둔다.

사람이 나이가 최소한 어느 정도 되어야 한다거나 읽고 쓸 수 있어야 한다는 등 누군가 선거권에 부가한 제한은 우리에게 완전히 불필요한 것처럼 보인다.

만약 국가가 충분히 나이가 들었고 현명한 사람에게만 결혼하여 가정을 다스리는 것과 자녀 양육을 허용할 수 있는 것으로 간주한다면, 이런 국가는 다음 단계에서 동일한 사람이 너무 젊기도 하고 현명하지도 않아서 그가 소망하는 국가가 나아가야만 하는 영적 방향을 결정하는 데 소리를 낼 수 없다고 간주할 권리가 없다.

읽고 쓰는 기술은 확실히 귀중한 것이다(그리고 우리 반혁명파 사람들은 자유주의 지지자들보다 훨씬 더 많은 독서를 한다). 그러나 그것이 절대적으로 마음과 정신의 고귀함을 보장하는 것은 아니다. 실제로 글을 읽고 쓰는 능력은 사람의 삶의 방향과 아무 관계가 없다. 우리는 읽고 쓰는 것에는 능통하지만 확고한 정신적 방향이 없는 수많은 사람들을 지목할 수 있다. 반면에 읽고 쓰는 것에 서툴지만 나아가기를 원하는 길이 "선한지 악한지"를 판단하는 데 탁월한 수많은 사람들을 알고 있다.

모든 이런 추가적인 자질들은 자유주의 시장터에서 비롯되고 우리의 제도 속에 결코 결박될 수 없는데, 그것들은 기본적인 전제와는 관련이 없다는 단순한 이유 때문이다. 바로 국가 성신을 형성하는 요소로서 가장의 자질이다.

그러나 우리는 매춘굴이나 술집 같은 추악한 비즈니스를 경영하는 사람들에 대해서는 예외를 적용하길 원한다. 그리고 빚을 갚지 못하여 유죄 판결을 받고 적절히 가정을 다스릴 수 없는 것으로 판명된 모든 가장들 또한 그렇다. 최종적으로 독립 판사에게 유죄 판결을 받은 모든 사람들도 그렇다.

§143 차등 선거

결론적으로 그런 대중 투표가 진정한 국가 생활을 표현하기 위해서는 희망 사항이지만, 가장의 자질과 연관된 다른 자질을 가진 사람들이 한 표 이상을 행사할 수 있는 권리가 주어져야 한다.

이것에 대해서는 할 말이 많다. 그것이 일반 생활에서 세상이 돌아가는 방법이기 때문이다. 교수는 임금 소득자보다 국가 정신의 형성에 더 큰 영향력을 행사한다. 공장주는 노동자보다, 목사는 블록공보다, 그리고 판사는 항만근로자보다 그러하다.

그러므로 만약 어떤 사람이 가장이 되는 것 이외에 자선 단체의 대표이거나, 자선 단체의 무보수 돌봄이, 대학 학위를 가진 학자, 작업장의 관리자, 부동산의 소유주, 교회의 목사, 단체의 원로, 학교 교사, 법원의 판사라면 최소한 이런 측정할 수 있는 영향력을 투표에서 중요하게 다루는 것은 완전히 정당하고 원칙적으로 요구된다.

우리는 다른 영향력이 때때로 더 강력하다는 것을 잘 알고 있는데, 그것은 어떤 공적인 범주에 포함되는 것도 아니며 재능 혹은 특성과 연관된 것들이다. 그러나 이것들은 분류될 수 없고 그러므로 측정될 수 없다. 명확하게 측정할 수 있는 요소들로 무시되어서는 안 된다. 단지 다른 요소들이 분류 불가능하다는 이유로 말이다. 만약 제도가 도덕적 자질에 우선순위를 두고, 우리 지적인 시대의 경향을 따라 단지 대학 졸업자들을 선호하지 않는다면, 제도에 그런 것들은 포함되어야 한다. 결국 대학 졸업자들은 조금의 도덕적 영향력도 없고 우리나라의 자선 단체에서 일하거나 기독교에 봉사하는 사람들과 비교하여 어떤 비중도 없는 게으르고 어리석은 사람들을 포함한다.

그러므로 가장이 되는 것 외에 이런 측량 가능한 자질을 소지한 정도에 따라 그 사람은 하나, 둘, 셋 혹은 네 표의 추가 선거권을 가질 자격이 있을 것이다. 이것은 우리가 희망하지 않는 불합리한 결과, 즉 가장 수가 많은 계층이 사회에서 가장 교육을 잘 받은 계층과의 투표에서 이기는 위험을 피할 수 있다.

그리고 만약 그렇게 직접적으로 선출된 정치적 의회가 먼저 조직된 단체의 기관들과 협력할 수 있다면 그들 각자는 자신들의 구조에 따라 권력이 주어지고, 그 둘을 합치는 것은 국가 자체의 근간을 형성하는 전국회의를 만든다. 그것은 국가가 실제로 존재하는 방식을 반영

하면서 사람들이 정부를 신뢰하고 존중하도록 격려할 충분한 도덕적
권위를 가지게 된다.

IV. 선거 제도

§144   제도적 의회의 선거

이제 전국회의의 두 개 지부를 선출하는 규칙에 대하여, 우리는 제도
적 의회에 관해 간단하게 세 마디만 언급할 것이다.

(1) 각각의 길드와 단체는 자신의 선거 규칙을 세워야 한다. 그러
나 상위 조직은 그런 규칙을 승인해야 하고 만약 그것들이 법이 확립
한 길드 선거의 일반 조항을 위반했다면 받아들이지 않아야 한다. 그
리고 단체 혹은 길드는 다수 집단에 의한 개인 및 소수자들의 권리침
해 방지를 목표로 세워야 한다.

그 규칙은, 길드와 단체의 유지에 도움이 되는 모두가 동등한 기
초 아래 투표할 수 있어야 한다는 것이다. 그러므로 그 투표는 학자들
의 사회에서는 학위를 획득했거나 출판을 통해 자신의 능력이 입증된
사람에게 주어져야 한다. 유사하게 부동산협회는 면허를 가지거나 그
직업에 활동적인 사람에게, 귀족 계층에서는 자신의 가계를 증명할 수
있는 사람에게 발급해야 한다. 다른 규칙으로, 투표는 비밀 선거가 되

어야 하고 과반수를 얻어야 승자로 선언한다. 그리고 최종적으로 어떤 부정에 관한 불만을 접수하기 위해 소청위원회가 설립되어야 한다.

(2) 예를 들어 우리 주요 하천의 조선소의 경우에서 알 수 있듯이, 여러 도시에 흩어져 있는 단체와 길드는 엄격한 기준에 따라 주 의회에 직접 자신들의 영향력을 행사할 수 있는 기회를 가져야 한다.

(3) 선출된 의원들은 "자신의 선서와 양심에 따라 아무런 상의 없이" 투표해야 하는 반면, 그들이 대표하는 단체, 위원회, 그리고 의회는 의원들이 자신들의 편의대로 한다고 생각될 때마다 대표로서의 권한을 철회할 수 있다.[9] 그들은 또한 특별한 이해를 보호해야 할 필요가 있을 때 일시적으로 그들의 대표를 전문가로 대체할 권리를 가진다.

기존 선거 제도에 대한 비판   §145

정치적 의회의 선거와 관련하여 더 많은 이야기를 할 필요가 있다. 물론 이 의회의 주요 목적은 가능한 한 충실하게 국가의 정신적 성향, 삶에 대한 전망, 국가의 사고 체계, 그리고 국가의 원칙과 방향을 반영하는 것이다.

그것은 의회와 관련하여 소수자들이 의회 이외에서 다수자들에게 지는 일이 결코 일어나서는 안 되는 이유다.

이것이 현 선거 제도에 대해 우리가 반대를 극복하기 힘든 이유다. 현재는 다수가 소수를 연속해서 두 번 이기는 상황이 되었는데, 먼저는 소수의 투표가 사표가 되는 각 선거구에서, 그리고 선출된 다수가

---

9   카이퍼는 헌법 제82조를 인용하고 있다.

소수를 열외로 취급하는 의회에서 그렇게 되었다.

이것이 허용되어서는 안 된다. 이것은 명백하게 정의롭지 못한 것이다.

대표 제도에서 만약 다수가 소수를 두 번 이상 이기도록 허용한다면 그것은 단순히 소수를 제거하는 것이 된다. 예를 들어 만약 9천 명의 반혁명파와 1만 명의 자유주의자 투표자가 있는 세 선거구가 있다고 가정하고, A구역에서는 3,500명의 자유주의자들이 3,000명의 소수 투표자를 제거하고, B구역에서는 3,600명의 자유주의사가 나머지 3,000명을 영(zero)으로 만들고, C구역에서만 3,000명의 반혁명파가 그 구역을 공유하고 있는 2,900명의 자유주의자를 이겼다고 생각할 수 있다. 이미 이 단계에서는 10:9의 비율이 2:1의 비율로 축소되었다.

그러나 의회에서 다수가 소수를 다시 한번 이길 힘을 가질 때 소수는 완전히 나가떨어지는 것으로 끝난다. 두 가지 단계에서의 2:0 비율이 과거 10:9의 비율을 대체한다.

이 시나리오는 소수가 정치적 의회에 들어가기 전에 다수에게 머리를 숙이도록 만들며, 모든 제도 가운데 진정한 거짓, 주요한 죄, 그리고 명백한 부정의를 감춘다. 곧 현재 우리의 정치적 삶을 쇠약하게 하고 국가의 통치에서 중간 계층의 충격을 마비시키면서 민감하게 느껴지는 부정의다(비록 언제나 분명히 이해되지는 않지만).

다수는 소수를 한 번만 이겨야 한다. 이것이 다르게 정리될 수는 없다. 하나의 패배가 두 번의 연속적인 다른 패배를 가져오게끔 하는 것은 정치 생명의 그 중심에 지배와 독재의 문을 여는 것으로, 선거 결과가 원한과 혐오를 일으켜 악으로 되돌아오게 된다.

이 제도를 포기함으로, 같은 성향의 유권자 집단에게 헌법에 설정된 정해진 기준에 따라 자신의 사람들을 선정하는 권리와 힘을 제공하는 제도를 우리는 훨씬 더 선호한다. 선거 방법은 다음과 같다.

투표자의 수를 (위에서 설명된 축적된 투표자를 포함) 500,000명으로 가정할 때 우리는 5,000표를 획득한 모든 후보자는 선출되었다고 선언하는 것이 헌법에 명시되기를 원한다. 처음에 우리는 기껏해야 100명으로 구성된 전국회의가 있었고, 인구가 증가하고 투표자의 수가 확대되는 정도에 따라 의원의 수 역시 비례하여 증가했다.

500,000명의 유권자 가운데 투표장에 나온 사람은 450,000명을 넘지 않았기 때문에, 집에 머물렀던 사람들은 대표가 될 수 없고(완전히 공정한 것이다) 선거가 뜨겁게 경쟁적인지 조용한지 그 정도에 따라, 전국회의는 70명, 75명, 80명, 85명, 혹은 90명의 의원으로 구성된 것이 실제적인 결과였다.

이 방법은 잘 작동했고 압도적으로 공정했다.

결국 아무도 전국회의가 80명 혹은 85명으로 구성될지 미리 아는 것에 특별한 관심이 없었다. 그러나 모든 사람은 가능한 한 많이 자신과 비슷한 성향의 후보자들을 의회에 보내는 데 관심이 있다. 그리고 만약 대중적 명분을 위해 자신이 수고하지 않고 그것에 대해 어떤 생각도 하지 않고 그것을 위한 어떤 열정도 없는 일부 사람들이 있다면, 왜 선출되었다고 선언되기 위해 필요한 득표 수 가운데 이렇게 집에 머물러 있는 유권자들을 고려하는 제도가 세상에 필요한가?

우리의 제안에 있어 헌법은 혐오 조항을 포함했을 뿐 아니라 기준만을 정한다. 삶 그 자체 만큼이나 탄력적인 그 기준이 국가 생활의 정확한 거울인 전국회의의 길을 막고 서 있을 수는 없다.

여기서 분명하게 짚고 넘어가야 할 것은 어떤 소수자도 억압받아서는 안 된다는 것이다. 인구가 증가함에 따라 개리맨더링[10]으로 정당에 음해를 가하는 기회가 있어서는 안 된다. 선거에서는 사람들의 관심이 자신들의 후보자가 이기지 못할 것이라는 확신 때문에 약해지지 않는다.

이런 종류의 선거는 국가 전역에서 동시에 5년마다 실시되어야 한다. 모든 선출된 의원들은 강제 구금, 사임 또는 사망의 경우에 개별적으로 대신할 사람을 지명할 권한이 있어야 한다.

예를 들어 이 단계는 선거 당시에 투표자들이 그 의원을 대신할 사람을 지명하면 이를 방지할 수 있다. 그러나 이것은 너무 복잡하고 불필요해서 도움이 될 것 같지 않다.

결국 정치적 의회의 모임에서 무엇보다 중요한 것은 사람들의 정치적 신념이다. 따라서 어떤 사람은 "내 사람이 아니다"라고 여길 수도 있고 혹은 어떤 상황에서 자신을 대신하여 동일한 생각을 말할 수 있는 사람이 될 수도 있다.

이 절차는 보궐 선거의 필요를 없애며 중요한 선거를 앞두고 발생하는 공석을 방지한다. 이것은 3개월 동안 전 국가를 떠들썩하게 하는 투표 문제에 대한 정치적 개입의 에너지를 유보시킨다. 이것은 중요한 문제에 대해 순간의 흥분을 충분히 발산하게 하면서 국가에 자신의 의

---

10 카이퍼는 권력에 있어 정당에게 특혜를 주기 위해 선거구를 어설프게 손대는 것에 대해 언급한다.

사를 말하게 한다.

투표자들의 편의를 위해, 그들에게는 동시에 다음과 같은 권리가 부여되어야 한다. (1) 공식적인 투표 용지 위에 자신이 미리 이름을 적어간 용지를 붙일 권리, (2) 각 투표에 있어 오직 한 사람만 인정하고, 위로부터 계수하여 다른 사람에 의해 이미 선택된 사람은 제거된다는 이해 가운데, 자신들이 원하는 많은 사람을 기표할 권리.

이 방법대로 규정한다면 24시간 내에 500,000명의 투표를 포함하여 전국적 선거를 끝내고 그다음날 아침까지 결과를 계산하는 것이 가능하다. 각 집단들의 후보자 명부는 사전에 알려졌고, 헤이그나 암스테르담에 설치된 선거중앙본부는 그날 저녁에 득표수의 총계를 내고 결과를 발표하기 위해 각 지역 선거구로부터 그 수치를 보고하는 전신(電信)을 받을 필요가 있다.

이 절차에 소송을 제기할 만한 유일한 반대는 전체 1,200개의 지역구로부터 4만 혹은 5만의 투표용지가 사용되지 않을 수 있고, 각각 1만, 2만, 3만, 혹은 4만 표를 획득해서, 당선되었다고 인정하기에는 너무 적은 표를 얻은 다양한 후보자들이 선출되었다는 것이다.

그러나 이러한 반대 역시 표면적이다. 만약 승리를 기대했으나 당선된 후보자가 없는 집단이 자신들 후보자의 이름을 기입하는 것만 허용되고 그들이 제2의 정당 선택을 하지 못한다면, 그들의 총 투표수는 다른 당에 가서 합산될 것이다.

우리가 지지하는 선거 제도의 이점 §147

그러므로 선거의 아주 단순한 원리는 다음의 혜택을 보장하는 것이다.

그것은 (1) 소수자의 권리를 완전히 보장하는 것, (2) 인구가 증가함에 따라 지역 경계를 다시 조정하거나 혹은 다른 부도덕한 연합을 통한 모든 정치적 음모를 종식시키는 것, (3) 국가의 지배적 원칙을 가장 순수하게 표현한 사람들을 선출하는 것, (4) 모든 보궐 선거가 사라지는 것, (5) 후보자가 선출될 수 없다는 불안감이 더 이상 투표자들의 에너지를 소진시키지 않을 것, (6) 활동을 위한 사람들의 열광과 영감이 최고조일 때 선거를 실시하는 것이다.

마지막으로 한마디 더 첨부하겠다. 우리의 원칙은 정부가 아니라 의회가 선거를 통제할 것을 요구한다.

우리가 알고 있듯이 만약 의회가 정부의 일부가 아니고 그 옆에 서 있으며 만약 사람들의 권리와 자유를 보호하기 위해 필요한 경우 정부에 맞설 수 있다면, 어떤 식으로든 현 정부가 선거에 영향을 미치는 것이 불가능해야 한다는 결론이 도출된다.

내무부장관 혹은 어떤 중앙 관료라도 선거 과정에 대해 아무것도 말해서는 안 된다.

선거 결과를 검증하는 것은 선출된 단체의 업무에 속한다. 가능한 불법에 관한 분쟁을 심리하는 것은 독립적 법원의 책임이다. 최종적으로 선거 과정을 관리하는 것은 전국회의 위원회의 사무에 속한다. 이 위원회는 매년 추첨으로 임명되어야 하고 회기가 끝난 후에도 유지되어야 한다. 그것은 새로운 전국회의가 합법적으로 활동할 수 있도록 선거를 감시할 새로운 위원회를 선출한 후에 해산된다.

최종적으로 단체의회 혹은 정치적 의회에 대한 해산권은 국왕에게 있다. 단체 조직의 경우 국왕은 주 의회와 지방의회를 위한 새로운 선거를 명령할 아주 중요한 권리를 가진다.

정부와 의회가 충돌할 때뿐 아니라 의회를 위한 선거가 실시될 때, 국가의 장래를 위해 결정적이지만 아직 대중들에게 알려지지 않은 어떤 문제나 법안을 정부가 상정할 때마다, 우리는 그것을 비밀로 하지 않고 국왕이 해산하기를 원한다.

V. 잠정 규정

조사 단위 낮추기 §148

헌법이 개정되지 않는 상태에서 현존하는 부정의를 완화시키기 위해 당분간 무엇을 해야 할 것인지의 문제가 남아 있다.

유감스럽게도 상원은 고려 대상이 아니다. 의원들이 가장 높은 납세자들 중에서 주 의회에 의해 선출되는 한 아무것도 할 수 없다. 이런 경직된 조직의 조합에서 만들어질 수 있는 유일한 변화는 주 의회가 선출되는 방식을 변화시킴으로써 실현되어야만 하고, 그다음에야 상원의 모습이 바뀐다.

이런 이유로 우리의 강령은 우선 조사 단위를 낮추는 것을 달성함으로써 소수자의 헌법적 권한뿐 아니라 정치적 중요성의 회복을 추구해야 한다. 헌법 제139조에 따르면 조사 단위는 연간 직접세가 20에서 160홀든에 해당되어야 한다. 그러나 그것은 전국적인 단위에서는

20홀든으로 낮출 수 있고, 그것이 바람직하다.

그럼에도 불구하고 우리는 후자의 선택을 추천하지 않는다.

그 조문을 조심스럽게 읽으면 비록 문자로는 아닐지라도 그 조항의 의도가 전국에 획일적인 조사를 배제하고 있다는 것을 분명하게 보여준다.

그러므로 우리는 생활비가 "보통"인 모든 지방정부에 대해 20홀든의 단위를 부여하는 것을 선호한다. 좀 더 부유한 홀란트(Holland), 프리지아(Frisia), 그리고 흐로닝은(Groningen)에 대해서는 그 수치가 21홀든으로 올라갈 수 있고, 2만 명 이상의 지방정부에 대해서는 고정된 기준에 따라서 그 수치가 또 올라갈 수 있으며, 암스테르담은 결국 40홀든이 된다.

그러나 이 때문에 지방정부에 대한 단위 수치가 10홀든, 19홀든, 20홀든 등으로 낮아져야 할 이유는 없다. 제139조에서 지방정부 선거를 위한 단위 수치가 반으로 감소된다고 규정할 때, 그것은 선거법에서 인용된 것이 아니라 헌법 제76조에서 인용된 수치를 나타낸다. 그리고 제76조는 하원과 주의회에 대한 조사 단위는 20홀든에서 160홀든 사이여야만 한다고 규정한다. 논리적 결론은 다음과 같을 수밖에 없다. 지방 선거를 위한 조사 단위는 10홀든과 80홀든 사이에서 결정되어야 한다. 그러므로 특정 지역에서 하원을 위한 지역 선거 조사 단위가 20홀든이라고 가정하면, 헌법이 관계하는 한 그 지방의 조사 단위가 15홀든이라면 아무런 문제가 없고 혹은 20홀든에서도 괜찮으며, 규정된 제한 안에서 엄격하게 정할 수 있다.

그러므로 우리는 지방 유권자를 위한 조사 단위를 어느 정도 비례로 감소시키는 것이 적절하고 현명한지에 대해서 결정하지 않은 채로 남겨둔다. 그것은 지방의 상황에 달려 있으며 틀림없이 각 지방정부가 개별적으로 판단한 것이다. 한 가지만 묻겠다. 선거에서 실제로 겉보기 이상의 감소가 있었다. 흐룬 판 프린스트르르(Groen van Prinsterer)의 유명한 선언은 다음과 같다. "개인의 선거권이 잘못된 지형에 놓여 있다면 나는 토르베크(Thorbecke)보다 1흘든 낮게 값을 부르는 것을 두려워하지 않을 것이다."[11] 그것이 또한 우리의 견해이기도 하다.

부도덕한 비즈니스 §149

그럼에도 불구하고 조사 단위(census)를 낮추는 것은 이미 충족되었을 우리의 희망 사항의 끝이 아니다. 다른 세 가지가 첨부될 수 있다. (1) 최근 부도덕한 비즈니스에 부여된 특권이 폐지되는 것, (2) "적절하게" 배운 사람은 선거권을 얻는 데 더 많은 기회가 주어질 것, (3) 지역 구분이 수정될 것.

(1) 부도덕한 비즈니스

어떤 사람에게 아편을 제공하는 약국이라는 오명을 씌우는 경우가 아니라면 순수하든 희석되었든 간에 알코올 판매는 그 자체로 부도덕한 비즈니스라는 것에 즉각 동의한다.

그러나 아편 소굴은 그것이 존재하고 소비를 촉진시키는 남용 때문에 결국 부도덕하게 되는 것처럼, 술집들은 확실히 그것들의 근원이

---

11 1848년 신헌법에 의해 최근 도입된 직접선거에 대한 투표자 자질에 대한 언급과 관련하여 1849년 12월 11일의 연설에서 인용된 것이다.

자 기회를 제공하는 사회적 악이라는 오명을 덮어쓰고 있다.

그러므로 우리나라에서 사람들의 고통을 수입의 원천으로 삼는 1만 개 이상의 술집 주인들이 국가의 통치권을 보너스로 받는다는 것은 잘못되고 꼴사납고 비난받을 만하다는 것에 의문의 여지가 없다.

이들 대부분의 지지를 받는 자유주의 집단은 이런 사회적 불행으로부터 정치적인 혜택을 받는 것을 부끄러워해야만 한다. 우리 생각에 확실한 것은 만약 주점 운영을 위한 면허의 발급을 중지했다면 소위 중립적인 공립 학교는 오래 전에 소멸되었을 것이고 현 선거권 하에서조차 자유주의 정당은 나라에서 군림할 수 없었을 것이라는 점이다. 상기해야 할 점은 전체 자유주의 유권자는 33,000명을 넘지 못했고, 그런 작은 수에도 술집 주인들의 부대는 여러분이 추산하기에 기껏해야 5,000개 정도지만 큰 변화를 만든다.

이런 이유로 우리는 자유주의자들에게 도덕적으로 고결한 입장을 견지하도록 요청할 것이며, 누구든지 네덜란드에서 술집을 경영하는 사람들에게 국가 단위의 선거에서 선거권을 주는 참을 수 없는 상황을 끝내기 위해 협조할 것을 요구하는 바다.

바람직한 결과는 두 가지 방법으로 달성될 수 있다. 면허에 대한 세금을 고정된 주소를 가진 모든 비즈니스와 직업에 대한 주민세로 전환함으로써 종업원을 4/5 정도로 감축할 수 있다(즉각 국가의 수입에 혜택을 주는 감축이다). 혹은 "마술사, 거리 음악가, 곡예사 등을 예외로 하고"라고 적혀 있는 검열법 제3조는 "알코올 성분을 포함한 증류 음료수를 목적으로 크고 작은 시설을 유지하는 모든 사람들뿐 아니라"로 쓸 수 있다.[12]

만약 이것이 실행된다면 이런 음료를 팔기 위해서는 모든 다른 곳에서처럼 개별적인 허가권이 발급될 수 있고 세금을 미리 납부하도록 함으로써 현재의 검열법보다 훨씬 더 많은 세입을 산출하는 동시에 도덕적 검열을 행함으로써 이 악을 줄이는 데 기여할 수 있다.

학위를 가진 사람들   §150

(2) 교육받은 사람들

우리의 견해에 따르면 국무위원이 국세 수입 조사에 포함되지 않는 일이 일어나는 데 반하여 철물상 혹은 넝마주의가 선거권을 가지는 것은 옳지 않다. 이것은 참을 수 없다. 가능한 한 이런 부정의를 완화하기 위해서 우리는 "직함을 가질 권리"에 대한 법을 원한다. 당신은 이것이 허영에 대한 세금이라고 부를지 모른다. 그러나 국고에 반가운 세입을 제공하는 것뿐 아니라 사회적 지위, 서열 혹은 전문적 학위를 가진 모든 사람들에게 만약 자신이 원한다면 선거권자가 되는 기회를 제공하는 것이다. 요구되는 모든 것은 선거법에서 지방정부의 국세수입 조사 수치와 동일한 세금을 징수하는 것이다(공정하게 하기 위해 국가 재정으로 지불되는 추가적 직접세는 감소시킨다).

만약 그런 임시 입법이 불쾌하다면, 변호사, 의사 등을 면제하는 검열법 제3조를 공격하는 것이 된다. 그러므로 그것은 그들에게 자신들의 전문직을 실행하기 위한 면허증에 대한 대가를 지불하게 한다. 비록 이 의무가 그것을 지불할 능력이 없는 사람들이나 그 특권이 가치가 없다고 생각하는 사람들에게 부과된다는 점이 문제가 되기는 하

---

12 이 조항은 효과적으로 술집 주인의 선거권을 빼앗아간다.

지만, 그것이 그런 사람들에게 다른 직접세에 대한 감세를 제공하지는
않는다.

그러므로 첫 번째 처방은 우선권을 가진다. 무엇이 선택되든 그들
이 수입 조사의 범위에 들게 함으로써 영향력 있는 사람들에게 선거권
을 부여하는 목표가 달성된다면 우리는 이에 만족할 것이다.

§151   구역 분할

(3) 구역 분할의 수정

우리는 하원뿐 아니라 주 의회에서 이런 변화를 보기 원한다.

둘 중 하나로 아주 작은 혹은 아주 큰 구역을 만드는 것이다. 그러
나 무엇이 선택되든 혼합 제도는 근절되어야만 한다. 자유주의자들의
공격적이고 무책임한 당파적 활동은 가증스럽고 변명의 여지가 없다.
예를 들어 그들은 세 개의 의석을 가진 스네이크(Sneek) 선거구를 만들
어서 도시의 동쪽 끝에서부터 남부와 서부의 끝까지 반혁명파의 힘을
무력화시키려 했다. 반대로 그들은 가톨릭 후보자의 선출을 막기 위해
제이븐베르흔(Zevenbergen) 지역에 한 의석을 만들었다.

만약 단일 지역으로 제안된 암스테르담, 로테르담, 그리고 헤이그
같은 도시들을 작은 선거구로 쪼개는 파리의 제도를 채택하는 정도로
선거구들이 모든 곳에서 만들어진다면 임시 대책으로는 좋은 것이다.
혹은 만약 복수의 지역이 제안되어 단일 지역이 영구히 소멸되고 모
든 정당 모의를 불가능하게 하는 분할이 만들어지면 훨씬 더 좋은 일
이다. 얀 헤임스케르크 전 장관(Heemskerk Azn)[13]의 탁월한 제안은 그런
계획에 도움을 주는데, 그것은 사법적 구역의 계획된 분배를 따르지

않고 45,000명으로 나누어진 인구 수치가 나타내듯이 각 구에 가능한 한 많은 의원들을 승인한다는 단서를 달고 현재의 구(區)를 항구적 선거구로 변경한 것이다. 그리고 30,000명 이상의 초과 투표는 모두 인정하는 반면, 30,000표 미만의 초과 투표는 인정하지 않는 제도가 제정될 필요가 있다. 최소한 이 견해에 따르면 정당에 대한 모든 음모와 광신을 영구히 배제하고 걱정 없이 인구 성장을 고려할 수 있게 한다.

물론 우리는 간접세를 직접세로 전환시키거나 직접세를 확대시키거나 직접세를 다른 부류의 사람들에게 전가시키는 세수 제도에 대한 변화를 간과하지 않고 있다. 이것 역시 간접적으로 투표자들의 수에 상당한 변화를 가져왔다. 그러나 우리가 실수하지 않는 한 만약 세수 개혁이 아직 태어나지도 않은 유권자들의 반가운 어머니로서 잘못 사용된다면 그것은 우리 경제의 타락을 초래한다. 결국 세수 제도에 대한 최선의 규제를 고려할 때 선거권을 확대하는 것이 지침이나 목표가 되어서는 안 된다.[14]

---

13   얀 헤임스케르크(Jan Heemskerk Azn, 1818-97)은 실용적인 보수파 정치인으로 1874-1877년 사이 1883년-1888년 사이 수상으로 복무했다. 그가 아브라함의 아들을 상징하는 확장성은 자신을 자신의 사촌인 Jan Heemskerk Bzn(Bysterus Heemskerk의 아들, 1811-80)과 구별된다. 사촌인 얀 헤임스케르크는 1849-72년 상이 대부분의 기간 제2의회 의원이었다.

14   마지막 문구는 이후 편집본에 첨부되었다. "다행스럽게 1887년 헌법 개정으로 거의 모든 규제가 사라졌다. 추가 조항에 언급된 것은 영구적인 구속력이 없다. 오래지 않아 선거권의 실질적인 확대가 일어날 것은 틀림없이 예측된다. 선거 문제가 영구히 끝날 것이 전적으로 충분하다." 선거 개혁을 휩쓸던 법안이 1894년에 상정되었다. 그러나 그것은 반혁명당을 카이퍼 하의 진보진영과 로만(Lohman) 하의 보수진영으로 분열시켰다.

제13장

교육

제12조

우리는 정부가 교육을 제공해 달라는 요청을 (시민사회의 자발적인 활력의 부족으로 인해 필요한 경우를 제외하고는) 국가가 거부하기를 원한다. 필요한 경우 국가는 공립 학교들이 종교적 또는 반종교적 이념을 선전하는 데 오용되는 것을 방지하기를 원하고, 그리고 우리는 모든 시민들에게 종교적 또는 교육적 견해에 상관없이 교육 문제에서의 동일한 권리를 원한다.

I. 학교, 반교회 단체

§152   학교의 주요 목적

반혁명당은 종종 학교 문제에 관해 다양한 각도에서 상세하게 설명해
왔다. 따라서 교육이라는 주제에 관해 별도로 장을 만들어 설명하는
것은 거의 불필요한 것처럼 보인다.

　여전히 모든 최선의 정치적 주체와는 별도로, 우리의 원칙과 관련
해서 이 주제를 간략하게 토론하는 것은 유익할 것이다. 이것이 우리
의 강령에서 주저 없이 12조에 관해 언급을 생략하지 않은 이유다.

　한 나라의 학교들은 점진적으로 얻게 된 교육 수준을 다음 세대에
전달하는 것을 목적으로 삼아야만 한다는 것을 처음부터 언급하고자
한다. 고등학교, 중등학교, 초등학교, 군사 학교, 예술 학교, 음악 및 무
역 학교 등 모든 학교들은 이 목표를 발전시켜야 한다. 이 목적이 부족
하거나 이를 무시하는 학교는 존재하는 모든 권리를 박탈당한다.

　이것은 자체적인 것이든 혹은 다른 학교들과의 비교에 의한 것이
든 학교에 대한 평가가 진짜 중요한 것을 놓칠 수 있다는 것을 보여
준다.

　왜냐하면 국가의 미래가 다른 무엇보다 공립 학교 즉 초등 교육에
달려 있다고 많이 말하지만 사람들의 미래는 고등 교육에 훨씬 더 좌
우되기 때문이다.

　세 가지 요인이 이것을 설명한다.

(1) 대부분의 사람들에게 적합한 교육은 교실 수업이 없이 진행될 수 있으며, 필요한 경우에는 가정이나 상점에서 훨씬 더 효과적으로 이루어질 수 있다.

(2) 국가의 지적 우월성은 주로 보다 더 훈련된 구성원으로부터 창출된다.

(3) 교육받은 사람들은 한 국가에서 일반적으로 지배적인 영향력을 끼친다.

역사에 따르면 이 분석은 확실하다. 역사는 대학의 번영이 언제나 초등학교의 번영보다 앞서갔다는 사실을 보여준다. 예를 들어 우리나라에서 국가적 활력의 최고조는, 초등 교육이 미발달한 반면 우리 대학들이 꺼지지 않는 탁월성을 드러낼 때 달성되었다. 더군다나 일반적인 시민들이 겉보기에 좋지 않은 환경에서 살아갈 때 무역, 상업, 그리고 산업은 오늘날보다 더 왕성하게 번성했다.

초등 교육의 효용성 과장 §153

그러므로 초등 교육의 가치는 과장된 것 같다. 그것은 시대정신이 요구하는 것을 제공할 수 없다. 초등학교들은 대중 교육의 수준과 국가적 활력의 수준을 높여준다고 생각한다. 그것은 많은 사람들이 예상하듯이 사람들의 오류, 편견, 그리고 죄 등을 종식시킬 것처럼 여겨진다. 만약 모든 아이들이 "적절한 초등 교육"을 받을 수만 있다면, 사람들이 꿈꾸듯이, 모든 미래의 사람들은 건전하고 재빠르며 순수한 마음을 가질 것이라고 꿈꾼다. 지금 소수의 집단만이 혜택을 누리는 제한된 문명의 축복과 교양은 보편적 대중들에게 흘러갈 것이다. 퇴폐적이고 타락했으며 야만적인 것 대신 대중은 가장 바람직한 이상을 향해 더 높이 나아가리라고 기대하는 것이다.

그러나 결과에 대한 쓰라린 실망은 그 꿈을 산산조각나게 했다. 그것에 관해 조금도 알지 못하거나 정치적 "자랑 혹은 찬사"를 단순히 따라가는 사람들은 여전히 꿈을 꿀 수 있을 것이다. 그러나 그것을 잘 알기 때문에 심사숙고하는 사람들은 확실히 그 꿈이 산산조각이 되어 날아가버렸다.

자랑이나 찬사는 초등학교에 대한 과장된 칭찬이 실패로 끝난다는 것을 더 이상 숨길 수 없게 한다. 지나치게 비싼 초등 교육에도 불구하고 우리가 지적으로 실패하고 점차 활력을 잃어가며 도덕적으로 퇴보한다는 것은 초기에도 일반적으로 인식되고 있었다.

그럼에도 불구하고 이런 사실은 몽상가들을 부추겨서 만약 오랫동안 대규모의 처방이 적용된다면, 그리고 학교에 더 많은 돈이 투자된다면, 만약 교육에 더 많은 가치가 부여되고 학교에 있는 시간이 더 길어진다면, 결과가 달라졌을 것이라는 결론에 이르게 될 것이다. 그러나 실용적이고 분별 있는 사람들은 이 방식을 따르는 것이 궁극적으로 모든 젊은이들을 학교에 보내는 데 성공하고 그들에게 지식을 주입해서 실제로 그들을 똑똑하게 만들지만, 업무 능력에 있어서는 실력이 없는 사람들이 배출될 것을 인식하기 시작했다.

§154   과거보다 더 큰 가치

그럼에도 불구하고 이것으로부터 초등학교의 중요성이 떨어진다고 추론하는 것을 경계해야 한다.

반대로 우리의 미래는 상당한 부분에 있어 초등학교의 복지에 달려 있다. 이것은 그 진가만으로도 사실이다. 모든 어린이들은 읽고 쓰고 연산하는 기능을 습득해야만 한다. 더군다나 모든 어린이들은 우리 나라에서 무슨 일이 일어났는지, 죄인의 구원을 위해 하나님이 무슨 일을 하셨는지 등의 역사에 대해 소상히 알고 있어야 한다. 마지막으로 모든 어린이들은 가정에서의 양육보다 더 좋은 것을 제공하는 교실 환경에서의 도덕과 훈련에 익숙해져야만 한다.

이것을 소중하게 생각하는 것은 칼뱅주의자들에게는 당연하다. 그들은 보통 사람들이 하나님의 말씀을 읽기를 원하고, 낮은 계층의 사람들이 교회와 나라의 역사를 알기를 원하며, 훈련과 질서의 연대를 강화하기를 원한다.

그러므로 우리의 선조들은 "공립"과 "사립" 학교를 제공하는 것에 실패하지 않았다. 지금까지도 학교에 대한 우리와 우리 반대자들의 관심을 보자면(만약 당신이 핵심에 집중하고 가용한 자원을 고려한다면), 여러분은 의심의 여지 없이 눈에 띄는 차이를 발견할 것이다.

그러나 오늘날 초등학교가 정상적인 상황에서 더 높이 평가되는 이유가 있다. 우리는 이 이유들 중 세 가지를 지적하고자 한다.

첫째, 이 시대에 우리를 이끌어가는 바쁜 생활은 깊으면서도 지속적으로 생각할 수 있는 시간을 주지 않는다. 조용하고 사색적이며 잘 기억하는 요소들이 우리의 모임, 대화, 우리의 서신, 심지어 사적인 비밀대화에서조차 사라지고 있다. 그 자리는 산만한 요소들이 차지했다. 모든 생각들이 더 빠르게 떠오르고 사라지는 만큼 우리는 귀보다는 눈을 더 많이 사용하지 않을 수 없다. 왜냐하면 귀는 순간적인 것만을 포착하는 반면 눈은 원할 때마다 기록되거나 인쇄된 (따라서 영구적인) 이미지 혹은 인상들을 수용하는 능력을 가지고 있기 때문이다.

둘째, 가정에서의 교육과 교육에 대한 교회의 영향력(최소한 장로교에서)은 차츰 약해진다. 직기(織機)가 사람들의 생활 구역을 공장으로 옮겼고 그로 인해 아이들이 깨어 있는 낮 시간 동안에 아버지는 집밖에 있다. 더 부유한 가족들에게는 유치원이 아버지의 역할을 대신하기 시작했는데 그것은 이교도 문화 가운데 있었고 이슬람에서도 여전히 있는 것이다. 부모들이 밖으로 나가야 할 명백한 필요는 일반적인 것이 되었고 가정 교육은 최소한 절반 정도로 삼소했다. 교회의 무력감과 무관심에 더하여 아이들의 교육에서 학교가 차지하는 비중이 훨씬 더 커졌다.

셋째, 천재성은 우리나라와 무관하므로 국가들 간의 경쟁에서 우리가 뒤처지지 않기 위해서는 외국을 모방하는 것만 남았다. 그러므로 이런 "모방"에서 우리 아이들이 진보할 수 있도록 돕는 가장 유익한 방법인 학교 없이는 우리는 아무것도 할 수 없다.

비록 우리는 공립 학교가 오늘날 과대평가되었다고 주장하지만, 여전히 지금부터 우리는 이 과대평가된 수단의 해체에 대해 항의하는 첫 번째 반대자일 것이다. 그것은 오늘날 분위기를 잡는 사람들의 열광적인 열의에 동조해서가 아니라, 어린이에게는 다른 더 나은 대안이 없고 당분간 가정과 교회는 이런 결핍을 보충할 에너지가 없기 때문이다.

§155 협력의 영역

이런 맥락을 고려할 때 공립 학교는 우리나라에서 다툼거리가 될 필요가 없다. 네덜란드 가톨릭조차도 비록 그들이 자신들의 교회에 기댈 여지가 좀 더 있기는 하지만 우리가 위에서 설명했던 범주의 학교에 대해 공공연하게 반대하지는 않았다. 반대로 자유주의자들, 반혁명파들, 가톨릭들, 그리고 보수주의자들은 모두 주어진 환경(확실히 이것들은 우선적으로 고려될 가치가 있다)에서 우리의 초등 공립 학교의 교실 수업과 관련된 시설들이 대중 계몽의 수준을 높이기 위해 대규모로 조직되고 관리되어야 한다는 것에 동의한다. 따라서 만약 다른 요인이 작용하지 않는다면 다른 어떤 것보다 교육 영역에서 우리나라와 국민들에게 유익을 끼치기 위해 공동의 노력을 기울일 여지가 있다.

이용할 수 있는 재정적·지적 자산을 고려한 그런 노력의 목표는 본질적으로 하나님의 법에 따라 어린이의 교육과 성장을 위해 제시된 다른 방법들과 조화를 이루면서 공립 학교들이 가능한 한 잘 작동되도록 하는 것이다. 또한 학교는 어린이가 궁극적으로 생계를 유지하고 재능을 개발할 일터와 조화를 이루며 작동해야 한다. 최종적으로 학교는 이 땅에서 최대 80년이나 90년을 살아가야 하고 또 다른 곳에서 최소 80세기에서 90세기를 살아가야 하는 영적인 존재로서 어린이 자체의 특성과 조화를 이루며 작동해야 한다.

결국 초등학교의 주요한 특징은 교실 수업이라는 점을 잊어서는 안 되겠지만 그것이 교육의 전부는 아니다. 그것은 기껏해야 상대적으로 작은 부분에 속한다. 학교 외에 학교를 넘어서 가장 중요한 교육은 부모들, 후견인들 혹은 고용된 돌봄이들이 맡고 있다. 교회의 책임인 또 다른 부분이 있다. 친구들, 사회의 관습, 국가의 역사에 달려 있는 다른 부분이 있다. 그리고 최종적으로 특별히 잊지 않아야 할 것은 살아 계신 하나님으로부터 직접 어린이의 영혼에 미치는 유효적인 작용이다.

그러므로 학교는 도구 자체가 아니라 도구의 일부다. 모든 다른 부분들과 조화를 이루는 가운데 학교가 어린이의 마음의 생기를 왜곡하고 압박하기를 멈추는 대신, 영원한 인간성, 즉 아이 속에 있는 인간성을 위하여 제시된 선을 따라 규칙적으로 작동하게 할 때 비로소 학교는 좋은 것이고 자신의 목적에 부응하는 것이 된다.

§156 모더니스트들의 분파적 학교

지금까지 우리는 학교가 양육 및 교육의 다른 부분들과의 조화 속에서 작동하는 것을 전혀 보지 못했다. 반대로 모든 사람이 엇갈린 목적으로 일하고 여러 목적들의 조화를 가져오려고 생각하기보다는 각 부분을 내버려두려 한다.

사람들은 이런 식의 경향이 있어 풍기 문란, 알코올, 산업, 무역, 상업, 그리고 우리의 해운업에서 거두어들인 형편없는 결과들을 엄폐하려고 한다. 그리고 학교를 개선하기 위해 다른 사람들과 협상하거나 합의하기보다는 마치 자신들이 그것들을 보지 못한 것처럼 행동한다.

이 사실은 학교 문제 이면에 다른 것이 작동한다는 것을 명백히 보여준다. 초등학교에 대한 관심 바깥에 있는 진정한 동기는 사람들을 교육시키는 것이라기보다 특정한 방향으로 그들을 교육시키려는 것이다. 공립 학교를 발전시키려는 지지자들은 학교를 목적으로서가 아니라 목적을 위한 수단으로 본다.

이것은 실제 상황이다.

사회로부터 기독교적 흔적을 제거하고 프랑스 혁명의 원칙에 보조를 맞추어 학교의 얼굴을 바꾸기 위해 1789년 이후로 노력했던 사람들은 백성들의 마음이 성경에 기록된 말씀을 통해 자신을 드러내신 하나님으로부터 단절되지 않는다면, 그들에게 어떤 진보나 진전도 있을 수 없다는 것을 점진적으로 깨닫게 되었다.

이제 그런 마음들은 가정, 교회, 그리고 학교에서 주로 형성된다.

따라서 혁명당은 지속적으로 가정의 정신을 세속화하고 교회를 시대에 뒤처진 것으로 보이게 만들며, 최종적으로 학교로부터 성경을 추방하기 위해 노력했다.

그러나 대부분의 가정들은 "해방"의 길을 따르기를 원하지 않으며 교회들은 생명을 유지하기 위해 로마 가톨릭 혹은 엄격한 개혁주의로 되돌아가려는 것이 점점 더 명백해졌다. 그래서 혁명당은 아주 자연스럽게 모든 어린이들의 마음으로부터 이런 불편한 이념들을 지우려는 목적으로 학교에서 기독교와 투쟁하는 데 모든 가용한 힘을 집중하고 네덜란드의 어린이[1]들의 삶 중에서 6년의 기간을 이용하기로 결정했다.

그러므로 공립 학교는 반교회단체가 되었다.

공립 학교는 우리 어린이들에게서 성경적 세계관을 밀어내고 펠라기우스(Pelagius), 루소(Rousseau) 등의 세계관에 물들게 하려는 강력한 제도다. 성경이 추방된 학교는 말씀을 받아들이는 사람을 대항하며 하나님의 말씀에 저항하는 사람들에게는 공격 무기일 뿐 아니라 방어 무기가 되었다.

그래서 "성경이 있는 학교"라는 구호가 최근 전국적으로 일어날 때 공포가 그들의 마음을 사로잡았다. 그것은 사람들의 마음으로부터 일어났고 "많은 강물 소리"[2]처럼 전국에 진동했다.

---

1 초등학교는 1-6학년으로 구성되어 있다.
2 계 1:15을 보라. 이 구절은 1878년 인민청원의 다른 문구에도 사용되었다.

II. 돈 문제

§157 수입과 지출

우리의 첫 번째 고충은 "당신들이 사람들을 교육시키기 원할 뿐 아니라 특정한 방향으로 교육시키길 원한다는 것"이다. 우리가 첨부하는 두 번째 불만은 "당신들이 공정한 경쟁이 아니라 오로지 당신의 방식, 즉 돈의 영향력을 통해 그것을 얻기 원한다"는 것이다.

그 상황은 다음과 같다.

국가에는 지적인 발전의 흐름이 있는가 하면 경제적 영향력의 흐름도 존재하고, 각각 나름의 측정 기준이 있다.

일반적으로 만약 한 국가의 경제 상황이 나빠진다면 학교에 대한 지출도 하락하게 되고 반대로 학교에 대한 지출이 상승한다면 돈의 흐름 역시 그곳에 몰린다는 이해 아래서, 흐름에 따라 충족하게 될 측정기가 가리키는 숫자는 두 측정기에서 동일하고, 그것은 그대로 머물러 있어야 한다. 따라서 그 수위는 두 측정기에서 나란히 변화한다.

만약 그 수위가 다르다면 수입과 지출 간의 자연적인 관계가 무너진다. 그 과정은 "비정상적"이 되고 최소한의 기교를 가지고 최대한의 부정의와 정당의 독재가 남용될 수 있는 거짓된 상황이 발생한다.

보통 사람(생활 보호를 받는 사람은 제외한다)이 아이 당 5홀든을 초과하는 학교 등록금을 지불할 수 없고, 중상 계층은 25홀든 정도를 쓸 수 있으며, 더 부유한 사람들은 100홀든 이상을 쓸 수 있는 상황을 가정해 보자. 반면에 전반적으로 고려해서 부유층은 연간 250홀든 정도의 대학 등록금을 쓸 수 있다고 가정하면, 이것으로부터 도출할 수 있는 결론은, 약 200명 정도 아이들을 위한 초등학교는 1,000홀든 미만의 비용이 들고, 100명 정도 학생을 위한 중등학교는 2,500홀든, 50명의 학생을 위한 고등학교는 5,000홀든, 그리고 5,000명의 학생을 위한 대학 혹은 사관학교는 약 100,000홀든의 비용이 든다.

이런 가정 하에서 교육 제도를 유지하는 데는 어떤 어려움도 없으며 교회와 민간 자선 단체는 가난한 사람들을 지원하기만 하면 된다(등록금을 지불하는 학생 수가 적어 적자가 증가하는 아주 작은 지방은 예외로 한다).

이전에 그러했듯이 우리가 이해하기로 "필요에 처한" 사람들이란, (1) 초등학교의 경우 가난한 과부와 저임금 노동자들로, 그들을 위한 학교는 교회 집사 혹은 개인 기부자에 의해 설립되었다. (2) 중등학교의 경우 자신의 자녀들이 초등 교육 이상을 원하는 하위 중산층 가운데 숙련 노동자들이 지불할 수 있는 그 이상을 지출하기는 어려운 자들을 의미한다. (3) 대학의 경우 저임금 공무원 및 목사 등을 의미하며, 그들의 필요는 학비 보조금과 장학금으로 충족된다.[3]

등록금을 납부할 학생이 부족한 결과로 발생한 적자는 작은 마을 학교의 경우에는 영주의 기부로, 라틴어 학교의 경우에는 지역위원회의 투표에 의한 보조금으로, 드벤트르(Deventer), 하르드베이크(Harderwijk), 그리고 프라느크르(Franeker) 같은 미등록 대학교를 위해서는 지방 보조금으로 등록금이 보전되었다.

그럴 때조차도 정부가 직접 교육 기관에 제공한 여분의 기금은 부

---

3   카이퍼는 교육의 다른 수준은 다른 사회적 계급을 의미한다고 가정했다.

자들을 위해 구호를 제공하는 것이 될 수는 없음을 인정한다. 그러나 이 문제 외에도 우리 교육 제도에서 일반적인 관계는 정상적으로 고려 되어야만 하고, 그러므로 경제적 상황이 건전해야 한다.

§158 적자

그러나 수입과 지출의 그런 동일한 수준은 어디에서도 찾을 수 없다. 우리 학교들의 학문직 수준이 상승하는 것에 반비례하여 기금의 수준 은 하락했다. 그 둘 사이의 정상적인 관계에 대한 의문의 여지는 없다. 특별히 지난 몇 년간 부모들의 금전적 능력과 아이들의 학교 등록을 위해 허용되는 지출 사이에는 필연적인 관계가 존재한다는 생각이 동 시대인들의 주도적인 발언 가운데서 약화되었다.

명백한 수치는 거역할 수 없는 힘에 따라 이와 같이 이끌려갔다.

점점 증가하는 교육비를 고려해 보자. 교육비가 워낙 높게 상승하 여 모든 비용을 보전하기 위해 초등학교는 25홀든, 중등학교는 100홀 든, 고등학교는 500홀든, 대학교는 최소 3,000홀든을 지불해야 한다. 대부분의 부모들은 이 만큼을 지불할 수 없다.

만약 그 비용이 부과된다면 30만 명의 학생들이 중퇴하고, 중학교 는 1/2로 줄어들며, 고등학교도 수가 줄어들고, 대학교는 소규모 사교 모임으로 축소되고 말 것이다. 더군다나 잊지 말아야 할 것은 학생 등 록의 감소는 자동적으로 아이 및 학생 당 비용의 엄청난 증가를 초래 한다는 점이다. 예를 들어 레이든 대학교는 백만장자의 아들들만이 학 생으로 남아 있을 것이다.

그러므로 만약 우리의 교육 제도를 유지하기 원한다면 우리는 각 단계의 학교들에 더 많은 재정을 부담해야 한다. 그런 지원이 없다면 교육 제도는 현 시점에서 명맥을 유지하지 못할 것이다. 학문적 수준이 한 단계 더 상승하여 인간의 두뇌가 감당할 수 있는 최대치에 이르게 되면, 그 단계에서는 "보조금으로 살아가는" 일에 익숙해져야 할 것이다.

국가의 강제 또는 자발적 기부 §159

필요로 하는 여분의 재정은 두 가지 방법으로 충당할 수 있다. 국가의 강제 또는 자발적인 기부다. 이런 선택에 직면해서 우리가 할 수 있는 가장 좋은 충고는, 당신이 모든 다른 자선 방식에 대해 따르는 동일한 규칙을 여기서도 따르라는 것이다. 개인적 자선이 우선시 되어야 하고, 정부의 구제는 의무가 소홀히 되며 개인적 원조가 충족되지 않은 경우에만 뒤따른다.

이를 지지하는 두 가지 논거가 있다.

첫째, 강압적이든 자발적이든 돈은 사람들의 지갑으로부터 나와야 한다. 만약 네덜란드가 미국에서처럼 한동안 아주 가치가 없는 땅을 소유했다가 학교가 세워진 후 가치가 상승했다면 그런 땅을 학교에 기부하는 것은 확실히 허용될 만하고 칭찬할 만한 것으로 간주될 것이다.

만약 세금 수입이 충분하여 모든 정상적인 정부의 재정이 지출된 후에 정부 재원에 흑자가 발생한다면, 우리는 "그것을 학교에 우선 지출하라"고 말할 것이다.

그러나 우리가 모두 알듯이 우리 국가는 그런 부러운 위치에 있지 않다. 국가의 일상적인 지출을 보전하기 위해 시민들은 자신들의 지갑을 열어야 하고, 다른 용도로 사용했어야 할 자금을 국가에 넘겨주어야만 한다.

그래서 당신이 교육 예산에 첨부될 필요가 있는 1천만에서 1천 2백만 홀든을 세금 수령인이 걷게 하든지 아니면 개인 모금자가 내게 하든지 결국에는 아무 차이가 없을 것이다. "결국 국민들이 그것을 납부한다!"

둘째, 수령인에게 납부하도록 하는 것은 강압에 의한 도덕적 문제점이 있다. 자발적으로 주는 사람은 원칙에 따라 주고, 희생을 하며, 사랑으로 기부하는 것이다. 반면에 마지못해 주는 사람은 왜 해야 하는지 묻지 않고 강제에 대한 이유를 묻는다. 그 사람은 넘겨줄 때에 불평하고, 그렇게 하는 것이 자신의 영혼을 누그러뜨리지 못하고 냉담하게 한다.

이 문제점은 주도권을 약화시키고 사람들의 에너지를 엉망으로 만들며 자유의 정신을 무너뜨림으로써 사회에 복수하게 한다.

그러나 동시에 만약 우리 정부가 돈줄을 닫아버리면, 1천만에서 1천 2백만 홀든이 자발적인 기부로 모금될 것이라는 가정에 솔깃해한다면 당신은 속고 있는 것이다.

최소한 현재까지 그것은 환상이다.

프랑스 혁명의 원칙이 거의 한 세기 동안 국가의 도덕심과 도덕적 에너지를 무너뜨렸기 때문에, 자기 스스로 서는 것에 익숙하지 않은 이 사람들이 갑자기 목발을 던지고 도전하며 일어서는 것은 문자 그대로 기적을 필요로 한다.

그것은 일어날 것 같지 않다. 그것은 작은 "기드온의 무리"에 속한 사람들 가운데서 일어난다. 학교 투쟁(school struggle, 1848년에서 1917년 사이 네덜란드에서 종교 학교에 관한 공적 자금 조달의 균형에 관한 역사적 갈등을 의미한다—편집자 주)에 대해 하나님께 감사하도록 자발적으로 훈련된 무리는 노력을 강화하는 능력을 발전시켰다.[4] 그러나 자유주의와 보수주의의 오류에 취하여 중독되고 자신의 자원을 의지할 힘을 상실한 정체된 대중들 가운데서는 일어나지 않는다.

만약 정부가 갑자기 물러난다면, 그 결과로 (1) 로마 가톨릭의 편협한 학교들이 계속해서 번성할 것이다. (2) 정통 개신교의 학교들은 살아남을 것이다. (3) 부자들의 학교는 현재대로 남을 것이다. (4) 거의 모든 자유주의자들의 아이들(부유한 자녀들은 예외다)은 알맞은 학교가 없어서 결국에는 거리로 나가게 될 것이다.[5]

정부 학교, 보조금, 또는 부모 지원금 §160

그러나 우리의 분석이 현 정부의 행동에 어떤 변명도 제공하지 않는 것을 주목하라. 반대로 우리는 무조건적으로 정부의 행동을 거부한다. 여기에는 이유가 있다. 정부는 두 가지 방법으로 부족분을 공급할 수 있다. 부족분은 학교 또는 부모들이 보전한다. 첫 번째 선택은 오늘날 관행이다. 두 번째는 유일한 도덕적 선택이다. 다음 이유들이 그것을 매듭짓는다. 정부가 학교 이사회의 비용을 지원할 때 이사회는 부모들을 위해 등록금을 낮춘다. 이런 형태의 공적 원조는 그것을 누릴 권

---

4   사사 기드온에 대해 언급하면, 그는 사사기 7-8장에서 이스라엘의 적들에 대항할 300명의 용사들을 이끌었다.
5   1900년까지 학교 출석은 강제가 아니었다.

리가 있는 가난한 사람들에게 혜택을 줄 뿐 아니라 큰 수입을 얻는 부자들도 혜택을 누린다. 모든 정직한 사람은 이것을 비난받을 만하다고 간주할 것이다. 이것은 심한 반감을 일으키고 어떤 상황에서도 정당화될 수 없다.

반면에 만약 정부가 부모들 몫의 등록금을 지원한다면 그것은 세 가지 상대적인 혜택을 생산한다. (1) 정부는 부모들이 가난한지, 더 가난한지 혹은 매우 가난한지에 따라 "일정 부분", "상당 부분", 혹은 "등록금 전액"을 지원할 수 있다. (2) 등록금을 지불할 수 있는 부모들은 아무것도 받지 않는다. (3) 이것은 누가 자녀들의 교육을 위해 기꺼이 희생할지, 그리고 누가 너무 수줍어서 자녀들을 위해서 간청하지도 않을지를 밝혀준다.

정해진 규칙에 따라 누진적으로 감소하다가 궁극적으로 소멸하는 이런 종류의 보조금 제도는 사람들의 에너지를 자극하고 부모들의 의무감을 촉진시켜 유일하면서 진정한 자발적 원칙이 깊이 뿌리내리게 함으로써 우리의 전체 국가에 그림자를 드리운다.[6]

§161 불공정 경쟁

그런 결과가 도출되는 제도는 바로 혁명가들이 원하지 않았던 것이다.

---

6 이후 판에서의 저자 노트: 물론 마케이(Mackey) 장관의 1889년 교육법이 지원금(subvention) 제도를 피해갔다는 것은 후회스러웠다. 그 이유는 우리 세금 제도의 개탄할 만한 상태에 있었는데 국가를 위해 일한 부모들의 분류를 결정하는 세금 평가가 비현실적이었다. 그것이 비록 모든 보조금 제도의 위험한 특징은 가능한 한 최대로 중립화된다는 평가에도 불구하고 이 법안이 보조금 제도를 따른 이유다.

그들이 추구하는 노선의 끝에는 전적으로 국가가 지불하면서 모두가 무료로 이용할 수 있는 학교라는 개념이 자리하고 있다. 결국 그들은 교육에 대한 어떤 직접적인 보조금에 대해서는 동의하지 않고 대신에 교육을 위해 배정된 공적 자금이 "전반적인 교육"에 혜택을 줄 것이라고 주장할 것이다.

이 정책은 사람들의 자유의 정신, 정의감, 그리고 자부심을 파괴한다. 그래서 자신이 원하는 대로 유순한 대중들을 다룰 수 있는 권력집단에게 굴복하도록 만든다.

이 정책은 강압의 영역 즉 이교도의 영역을 확대하고, 사랑의 영역 즉 기독교의 영역을 줄어들게 한다. 그래서 이 정책은 (그들의 주요 표적인) 교회에 타격을 준다.

이 정책은 정부가 거의 모든 계산서를 지불하기 때문에 정부가 학교를 경영하고, 그래서 학교가 정치인들의 불화의 열매가 된다는 개념에 자동적으로 이르게 한다.

마지막으로 이 정책은 철저하게 정의롭지 못한 수단으로서, 사립학교를 파산으로 내몰아 그들의 수중에 있게 한다. 그들은 학문적 수준에서 약간의 등급을 올리고, 상응하는 비용을 상승시키며, 사립 학교가 고사될 때 비로소 그것을 그만둔다.

따라서 초등, 중등, 고등학교에 대해 정부가 지출한 모든 재정은 국가의 도덕적 에너지, 정의감, 그리고 자유의 정신에 대한 대가로 지성인 정당의 혜택을 위해 징수된 세금이다.

그러므로 이 문제에 관한 혁명당과 반혁명당 간의 차이는 다음의 방식으로 요약될 수 있다. 비록 지원금이 필요하다 해도 반혁명당은 모든 형태의 국가 지원금과 요구에 반대하며, 국가의 지원은 헌법 제

195조에 근거해 빈민 구제에 대해서는 인정하지만 제194조에 근거한 교육에 대해서는 결코 인정하지 않는다.

III. 아버지, 교회, 교사, 그리고 정부

§162   아버지와 교회

세 번째는, 누가 학교를 통제할 권리가 있는가, 누가 그것을 설립하는가, 누가 그것을 경영하는가, 즉 학교를 유지하는 것이 누구의 비즈니스에 속하는가에 관한 문제다.

학생(물론 이 맥락에서는 고려하지 않음)을 제외하고 학교와 관련된 것은 아버지, 교회, 교사, 그리고 정부다.

(1) "아버지"(혹은 부재 시 어머니, 잠시 돌보는 사람 혹은 안내자)는 하나님에 의해 자신의 자녀를 양육할 업무를 이어받아 하나님을 두려워하고 법을 존중하며 가능성을 개발하여 자신의 삶의 과업이 이승에서 시작하여 향후 계속될 수 있도록 준비시킨다.

(2) "교회"는 아버지가 할 수 없는 것을 한다. 교회는 이 세상 속에서 살아가지만 이 세상에 속하지는 않는 삶의 영역, 그런 자신만의 고유한 영에 의해 생동감을 부여받는 삶의 영역으로 아이를 받아들인다(혹은 구성원 됨을 인정한다).

거룩한 세례를 통해 교회는 신비로운 방법으로 어린이를 살아 계신 하나님과의 교통으로 이끈다(포괄적인 의미가 아니라 성경에 따라 삼위일체의 구체적인 의미에서).

가능하면서도 이를 실행할 수 있는 권위를 부여하기 위해 교회는 증인 앞에서 약속한 아주 적극적이고 분명하게 정의된 약속이라는 방법을 통해 아버지에게 교회가 만족스럽게, 교회의 교리 안에서, 삶과 세계에 대한 교회의 전반적인 접근법으로 자녀를 양육할 의무를 지운다.[7]

양심의 평안을 위해 그런 약속은 아버지가 교회의 회원으로 남아 있는 동안만 구속력이 있다는 것을 우리는 확실히 동의해야만 한다. 그러므로 그 아버지는 자신이 떠남으로써 아이를 교회 공동체로부터 탈퇴시키고 그 자신은 약속으로부터 해방되는 결과를 초래한다. 그러나 약속의 합법적인 위반 가능성은 아버지가 교회로부터 탈퇴하지 않는 한, 그 교회가 아이의 교육에 대해 명확한 발언권을 가진다는 것을 강조한다. 교회는 그런 아이가 세례의 약속에 따라 양육되고 교회의 마음과 정신으로 인도되는 것을 확실히 할 수 있다.

만약 거룩한 세례를 주는 그리스도의 교회가 세례 시에 아이의 아버지에게 일반적 지식을 제공하는 것과는 별도로 아이가 일련의 공식, 사실, 그리고 노래를 배우도록 약속할 것을 요구하는 경우에는, 만약 학교 당국이 특별한 종교적 훈육을 위해 일정 시간을 떼어놓을 것을

---

7 카이퍼는 여기서 유아 세례에 관한 개혁주의 예전 형식에 대해 언급한다. 유아 세례는 "부모에게 자녀들이 분별할 수 있을 때 앞서 언급한 신조(교회에서 가르치는 신구약성경을)에 따라 (당신이 부모이든지 증인이든지) 가르쳐 지키게 하고, 또는 그들이 최선을 다하여 가르침을 받도록 돕는 것을 약속하고 의도할 것인지"를 요구한다.

보장한다면, 교회는 확실히 학교를 고려하지 않을 것이다.

그러나 그렇지 않다. 상황은 전적으로 다르고 실제로는 정반대다. 거룩한 세례로 맺은 약속은 모든 부분에 있어 그리고 영구적으로 교육의 전부를 구속하는 상태를 수반한다. 따라서 아버지는 법과 명예에 따라 자기 아이의 교육에 대한 교회의 역할을 인정할 의무가 있다.

§163　교사

(3) 초등, 중등, 혹은 고등이든 "교사"는 마찬가지로 교육에 대한 독립적인 권리를 주장할 수 있다.

교사는 광석을 탄광으로부터 캐내는 대학뿐 아니라, 원재료를 생산하는 중등학교, 그리고 학생들에게 생산된 것을 적용하는 법을 가르치는 초등학교에서도 학문성을 대변한다. 모든 세 가지 단계에서 방법과 내용은 전달된다.

이전 시대에 의해 생각되고 의식적으로 경험된 것과 연관된 인간의 생각은 자신의 법과 원칙에 따라 살아가는 개별적인 세계를 창조하기 때문에, 학문이 있는 사람—이 경우는 선생님, 강사 그리고 교수들이다—은 피고용인처럼 대우받아서는 안 되고 학문적 기준에 따라 업무를 담당하는 지위가 보장되어야 한다.

확실히 그 자리는 오늘날 사람들이 인식하듯이 그들에게 어떤 이단 사상을 품거나 모든 교육적 유행을 따르는 허가권을 주는 것은 아니다.

반대로 선생님들, 강사들, 그리고 교수들은 자신들이 수락한 업무에 묶여 있다. 아버지는 다음과 같이 묻는다. 내 아이를 자신들의 교실로 데리고 가서 "나와 같은 정신으로" 그 아이를 가르치는 사람들이 있을까? 여기서 정신은 그가 정의한 것이다. 정직한 사람으로서 그 사람은 자신이 교회에 준수하기로 약속한 조건이 무엇인지를 첨부할 것이다.

이것을 알고 있는 교사, 강사, 그리고 교수는 자신의 직업적 양심을 따르는지, 그리고 자신의 기술로서 그 자신이 그 "정신 안에서" 가르칠 수 있는지를 판단해야 한다. 만약 그 사람이 자신이 그것을 잘 할 수 없다고 결정했다면, 가르치는 사람으로서 자신의 직업을 유지하는 것은 자유이지만 그 사람이 우리 학교에 속할 수는 없다. 만약 그 사람이 자신의 길에 장애가 없다고 결정한다면, 정직한 사람으로서 그 사람은 자신이 한 조건을 엄격하게 완수할 수 있다고 선언하면서 또한 자신이 교육적 방법과 교과 과정 자료에 대한 자신의 전문적 선택에서는 그 학생의 아버지에게 구애되지 않는다고 주장할 것이다.

정부 §164

마지막으로 (4) 정부는 마땅히 교육에 대한 발언권을 가진다. 정부는 자신의 권한 범위 내의 국가 생활에서 국가의 지적인 발전이 다른 나라에 뒤처지지 않도록 반드시 돌보아야 한다. 뿐만 아니라 정부는 나라의 역사가 국민들에게 국가로서의 도덕적 사명을 계속해서 기억하게 하는 데 주의해야 한다. 끝으로 정부는 아버지와 자녀 또는 교회와 교육 기관 사이에 이해 충돌에 관한 분쟁이 일어날 때마다 법규 혹은 법원을 통해 개입해야만 한다.

정부는 법적 질서의 기관이고 국가적 통일성의 담당자다. 그러므로 우리 생각으로는 정의 또는 국가 이익에 관한 문제가 세 가지 교육적 단계 중 어느 곳에서 발생하든지 정부는 교육 제도에 대한 발언권을 가져야만 한다는 것은 논란의 여지가 없다.

또한 우리가 정부의 업무에 대해 토론했을 때 종종 정부는 긴급 원조의 기능을 담당해야 하고 사회가 감당하지 않고 내버려 둔 것은 무엇이든지 해야 한다고 기억한다.[8] 그 점에서 정부는 다음 세 가지 기준에 따라 개입이 허용되며, 실제로 (1) 국가 이익의 보호, (2) 법적 질서 유지, (3) 자신의 사무를 수행할 수 없다면 누구든지 교체하는 것 등의 의무를 진다.

이 세 가지 기능을 더 밀접하게 분석하면, 첫 번째 기준이 수반하는 것은 무엇보다 다음 세대가 국가 역사의 영웅적 정신으로 영감을 받도록 정부가 확실히 해야 한다고 우리는 결론짓는다. 둘째, 모든 주민은 나라 전역에서 하나의 동일한 언어를 사용해야 한다. 셋째, 국민의 지적 발전 수준은 건전하게 유지되어야 한다. 넷째, 공무원, 의사들, 그리고 법률가들은 잘 훈련되어 있어야 한다. 다섯째, 박물관과 실험실들은 과학적인 장비들을 잘 갖추어야 한다. 그것들은 한 세대 혹은 한 영역을 위해서만 도움을 주는 것이 아니라 전 국가적으로 지속되는 세대에 도움을 주어야 하기 때문이다.

두 번째 기준은 정부가 교육 기관들을 위해 무엇보다도 먼저 일반적인 규칙을 만들어야 한다는 것을 암시한다. 둘째, 정부는 아버지, 교회, 그리고 교육 기관들이 자신들의 과업을 완수할 가능성을 열어서 사람들 가운데 건전한 지식뿐만 아니라 가정생활의 축복, 신앙심, 그

---

8 §60을 참조하라.

리고 도덕성을 보존한다. 셋째, 정부는 일어날 수 있는 어떤 분쟁을 해결하기 위한 절차를 확립한다.

세 번째 기준은 정부가 다음 두 가지 조건 아래서 학교와 사범대학을 대체 수단 혹은 긴급 대책을 유지할 것을 수반한다. 첫째, 정부는 하나님, 자신의 자녀, 그리고 교회에 대해 일반적으로 아버지에게 맡긴 의무를 가능한 한 근접하여 완수하게 한다. 둘째, 정부는 채무를 불이행한 당사자가 가능한 한 빨리 자신의 적절한 업무를 재개할 수 있도록 모든 것을 한다.

상관성 §165

우리가 위의 것들을 유기적인 관계로 놓고 만약 네 명의 참가자들(아버지, 교회, 교사, 그리고 정부)이 각각 자신의 영역 내에서 자신의 임무를 완수한다면, 학교를 운영하는 권리와 의무가 어떻게 규제될 수 있는지에 대해 주요한 결정은 아버지의 책임인 것이 명백하다.

결국 아버지는 자녀에 대한 권리를 가진다. 아버지는 자녀에 대한 책임이 있다. 아버지는 자녀의 양육을 책임지며 자녀를 교육할 의무를 진다. 그리고 아버지는 교회가 정한 어떤 조건에 동의한다.

뿐만 아니라 만약 아버지가 걷는다면, 그는 한가로이 걷지 않고 언제나 어떤 것을 향해 걷는다. 그래서 자녀를 양육하는 것은 자녀에게 어떤 정신이 스며들게 하는 것이고, 어떤 생각을 남기는 것이며, 자녀들이 삶의 방향을 정하는 데 기여하게 될 의무감을 불어넣는 것이다.

그러므로 만약 모든 어린이가 신앙심과 도덕성에 상관없이 아버지의 정신을 통해 양육되어야 한다는 것이 순리이고 자연법의 결과라면, 아버지는 자신의 자녀를 위한 학교의 선택을 결정하도록 이 업무에 부름을 받은 유일한 합법적 사람이라는 결론이 나온다.

우리는 이것을 빨리 붙잡아야만 한다. 이것이 학교 문제에서 중요한 진리다. 만약 교육의 영역에 어떤 격언이 있다면 바로 이것이다.

이제 아버지는 자신의 개인적 책임 아래 다른 사람에게 학교 운영을 위임할 수 있다. 가장 자연스러운 방법은 자신이 개인적으로 학교의 프로그램과 정신을 적절하게 인지한 후에 자유롭게 학교와 접촉하거나 혹은 만약 자신이 찾고 있는 학교를 발견할 수 없다면 다른 부모들과 자신들이 학교를 세우는 것을 상의하는 것이다.

그러나 이것은 어떤 경우에도 자신을 대신하여 다른 사람들도 이 일을 할 수 있다는 가능성을 배제하지 않는다. 왜냐하면 자신이 스스로의 통찰을 신뢰할 수 없거나 재정이 없을 수도 있고, 또는 마음이 맞는 함께할 사람들이 없기 때문이다. 아버지는 이러한 일을 사설 단체, 교회 또는 지역 단체에 위임할 수 있다.

우리는 사설 단체에 대해 쓸데없는 말을 하지 않겠다. 교회에 대해서 우리는 만약 교회가 쇠퇴하지 않았다면 부모들과 조직된 자선단체의 영적인 통일성을 대변하여 가난한 사람들의 자녀들을 위해 아주 적절하게 행동하라고 말할 것이다. 그러나 정부에 관해서는 약간의 말이 더 필요하다.

어떤 반대도 없으면서 모든 부모들이 기본적 원칙에 관해 동일한 방향으로 포함되는 국가 교회가 있는 지방, 주, 그리고 국가들에게서 부모들이 학교를 운영하는 의무를 자신들의 대리인인 정부에 위임하는 것에 부모들은 반대하지 않을 것이다. 위임의 활동이 진정한 위임으로 남으려면, 논란이 일어난 경우에 부모의 원초적 권리가 발효되어야 한다.

그러나 우리나라에서 그러한 정신들은 절망적으로 나누어져 있어, 모든 사람들이 같은 방향으로 활동하기보다는 "모든 사람들이 자신의 이웃에 등을 돌리기" 때문에 정부가 학교를 운영하는 것은 기껏해야 브라반트(Brabant), 림부르흐(Limburg), 그리고 펠루브(Veluwe)의 한 두 마을에서나 도덕적으로 가능할 것이다.[9]

정신의 통일이 부재하고 모든 상상할 수 있는 입장이 산재하여 시끄럽게 들리기 때문에 우리는 "부모들의 시끄러운 반대에도 불구하고" 위임에 대한 정부의 요구를 법률로 제정하여, 위임이 결코 발생하지 않으면서 변경될 수 없도록 반복해서 요청한다. 독자 여러분이 생각할 때 그것은 부모의 주권을 침해하는 것과 같고, 교회와 한 약속을 의도적으로 파괴한 것이며, 과학과 학문의 독립적인 권한을 훼손한 것이다. 이런 결과는 삼중 위반을 초래하였다. 신앙심과 가족 도덕의 연대를 느슨하게 하고 부모의 의무감을 약화시키며 국가의 중심부에 불화의 불꽃을 부채질한다. 그리고 통일성과 조화의 모든 개념을 무시함으로써 국가의 양육과 교육을 파괴한다.

---

9   브라반트와 림부르흐 지역은 과거에도 그랬고 지금도 여전히 로마 가톨릭의 강력한 영향 아래 있다. §9n8을 보라. 펠루브는 굴도 주에 있는 지방으로 정통 프로테스탄트 인구가 넓게 자리 잡은 것으로 알려져 있다. 이러한 지역들은 학교 수업시간 동안 종교적 믿음에 따라 모든 학부모의 동의를 받지 않았더라도 정부 학교들이 필수적으로 종교적 중립성을 유지해야 하는 지역은 아니다.

국가 절대주의는 사적인 주도권을 약화시킨다

정부가 학교를 "긴급 대책" 또는 "부모의 대리인"으로 운영하든 어떻든, 두 가지 경우 우리 교육법들(Education Acts)에 의해 도입된 그 제도들은 정의롭지 못한 만큼이나 변명의 여지가 없다. 왜냐하면 정부가 "긴급 대책"으로 학교를 운영할 때 부모가 스스로 나서자 마자 정부는 되돌아가야만 한다. 그리고 정부가 "부모의 대리인"으로 활동할 때 정부는 부모들의 재량에 따라 자신의 개입을 줄여야만 한다.

그러나 이것도 저것도 하지 않으면서 우리 정부는 강압적으로 모든 것을 자신에게로 끌어가고 모든 것을 자신의 날개 아래 두는 국가 절대주의의 기관으로 간주될 수 있다. 다른 모든 권리를 짓밟으면서 정부는 자신의 권력과 위신을 전시하는 것 외에는 어떤 신성한 것도 판단하지 않는다.

기만적이고 위선적인 것은 정부가 사립 학교에 부여한 사이비 자유다. 대중들은 이 자유가 잠행하는 절대주의에 대한 수정 조치라고 생각한다. 그러나 다음을 고려해 보라. (1) 당국은 절대로 부모 주도권의 상승을 촉진하지 않고 대신에 가장 악의적인 방법으로 방해한다.[10] (2) 학교를 운영하는 데 정부는 부모들의 정신 및 의도가 무엇이든 고려하지 않고, 반대로 부모들을 불쾌하게 여기며 배제시키려고 한다.

---

10 카이퍼의 교육법안이 법률이 된 첫 번째 기념일 전국적으로 "성경이 있는 학교"를 위한 가가호호 모금이 개최되었다. 호린큼(Gorinchem) 시의 시장은 그런 모금의 개최를 불허했다. 카이퍼가 이런 자의적인 행동에 관해 헤이그 시에 불만을 제기하자, 내무부장관 카페이느(Kappeyne)는 1823년 법령을 인용하며 시장이 방해를 중단할 것을 명령했다. 카이퍼 문서 #1720 역사문헌 참고(암스테르담 자유 대학교).

(3) 실질적으로 부유한 부모들의 권리는 내버려두고 가난한 부모들의 권리는 아무것도 아닌 것으로 간주하는 사립 학교는 부유한 유권자 계급의 수입에 기반을 둔 특권 단체이다.

지성주의는 학교의 타락이다 §167

정부 학교의 지지자들은 종종 "지성주의자"(intellectualists)로 불린다.

그것은 어떤 권리인 것이 분명하다. 우리 학교 제도 전반에 걸쳐 질이 양에 의해 잠식되었다는 일반적인 불평이 있다. 흥밋거리 정보에 대한 친숙함이 삶을 위한 진정한 지식과 성숙한 지혜를 대체했다.

그것은 자동적으로 우리를 마지막 지점으로 데려갔는데, 즉 우리 학교의 교사, 현재 학식 있는 사람들이 가진 독립적인 선택권이다.

아버지는 자신의 자녀가 특별한 정신에 입각해서 교육을 받을 것을 결정한다. 교회는 그러한 정신이 학교 안에서 안전하게 보존될 수 있는 원칙을 결정한다. 정부는 우리 공공 교육이 열망하는 수준을 결정한다. 그러나 그 원칙과 수준에 따라서 자녀들이 그러한 정신으로 가르침을 받는 방식은 선생님, 강사, 그리고 교수들의 개인적 능력에 달려 있다.

"공식적으로" 그들은 교육학에 따라 이것을 결정해야 한다. 실질적으로 그들은 다양한 지식의 부류에 따라 형성된 힘, 지식의 결과들 및 자신들이 익숙해지는 데 요구되는 시간, 그리고 삶에 대한 그 지식들의 유용성에 비례하여 그것을 결정한다.

만약 그 규칙이 준수된다면 가르치는 직업은 뒤죽박죽된 주제에 새로운 내용물들을 지속적으로 첨부하여 가르치는 것이므로 교육과 학생들을 함께 오염시키는 오류를 범하지는 않을 것이다. 거의 피상적인 지식의 소유자들이 아이들 가운데 점진적으로 증가하고 있고, 그러나 모든 선생은 "예복"을 걸친 사람들 가운데 줏대 없음과 어리석음이 판을 친다고 불평하고 있다는 사실을 모든 정통한 참관인들은 인정한다. 만약 깊은 뿌리가 없다면 급속히 자란 것은 무엇이든지 금세 사라질 것이다.

이런 이유 때문에 우리는 정부 학교의 지지자들이 우리 학교와 젊은이들의 지적인 오염에 책임이 있다고 주장하는 것이다. 문화적 의도로 정부는 모든 태도, 재능, 그리고 교사의 직무에 대한 소명을 갖추지 못한 너무 많은 젊은이들에게 교사 자격증을 주었다. 더구나 정부의 중립 정책은 교직에서 배제된 젊은이들에게 잘못된 인식을 심어주었고 그러는 가운데 그들을 부자연스럽게 만들었다. 그리고 똑똑한 사람은 누구든지 아마 자유로운 모습을 드러낸다는 환상 하에 학생들을 너무 똑똑하게 (실제로는 똑똑한 체하게) 만듦으로써 자유주의 정부는 자신들의 원칙이 승리하기 위한 효율적인 선전 수단을 창조했다고 믿는다.

그 결과 교육적 재능이 없는 선생들은 학교에 단순히 기계적 훈련과 기계적 암기로 충만한 공허함을 심었다. 반면 재능 있는 선생들은 중립성의 속박에 의해 제한되지 않는 주제에 집중하는 경향이 있다. 교육감, 감독관, 의회의 의원, 그리고 장관들은 학교의 교과 과정을 확장하기 위한 자신들의 요구를 증대시키고자 한다. 이런 방식으로 삼중의 통로를 따라 거짓 원칙의 쓰라린 열매로서 어떤 암이 우리의 교육 제도 속으로 교묘하게 파고들어 오게 되면서, 우리는 "지성주의"(intellectualism)라는 강하지도 않은 꼬리표로 낙인찍히게 되었다.

IV. 개요의 윤곽

일반적 규칙 §168

위의 네 가지 고려 사항으로부터 헌법 제194조 이하에 규제된 전체
학교 제도(초등, 중등, 고등)는 반혁명당의 원칙과 일치하지 않고 원칙의
힘으로 카페이느(Kappeyne)의 초등교육법, 토르베크(Thorbecke)의 중등
교육법, 그리고 헤임스케르크(Heemskerk)의 고등교육법에 대항하는 항
의가 시작되어야 한다는 결론에 도달한다.[11]

우리는 이 법률들에 결코 만족하지 않는다. 우리는 세 가지 모두
에 반대하고 특히 공식적으로 유용하지만 뒤틀어진 조목 때문에 우리
국가 교육의 체계적 오염의 허가증이 되어버린 이러한 헌법의 치명적
조항에 반대한다.

우리의 반대는 이 일곱 가지 확신에 직접 근거하고 있다.

(1) 아버지는 자녀를 위한 교육에 책임을 진다.

(2) 교회는 자신에게 약속된 것이 수행되는지 확인할 권리가 있다.

(3) 교육은 독립적으로 결정을 할 수 있음에 틀림없다.

(4) 양육과 교육은 분리될 수 없다.

(5) 기부된 재정은 갈취당한 것보다 더 낫다.

(6) 시민의 자유 주도권은 국가의 품격을 높이지만, 국가 간섭은

---

11   1878년 입법은 각각 1863년, 1876년 개정되었었다.

그것을 떨어뜨린다.

(7) 마음이 하나님의 법을 받아들이는 것을 어렵게 만들고 그래서 기독교에 저항하게 하는 학교는 국가에 저주이며 축복이 아니라는 사실은 틀림없다.

그리고 이 일곱 가지 확신은 반박의 여지가 없는 사실 혹은 반혁명적 원칙의 직접적인 결과를 표현한 것이기 때문에 일곱 가지 모두를 반대하는 학교는 병들었을 뿐 아니라 우리에게 비난받을 만하다.

§169 고등 교육

만약 우리 생각에 어떤 교육 제도가 하나님 말씀의 요구, 국가의 복지, 그리고 건전한 교육의 요구를 완수할 수 있는지에 대해 질문을 받는다면, 우리는 비록 다듬어지지 않은 윤곽이지만 실례를 무릅쓰고 간략한 스케치를 그릴 것이다.

고등 교육에 대해 정부는 단지 아주 일반적인 규칙만을 제정해야 한다. 정부는 이 목적을 위한 학교가 설립되고, 탁월한 도서관이 제공되며, 그리고 만약 민간의 주도권이 실패하지 않고, 민간의 지원에도 불구하고 학생 수가 너무 줄어들지 않는다면 스스로 어떤 행동도 취하지 않을 것이라는 전제 조건을 세워야 한다.

만약 정부가 행동해야 한다면 그것은 단지 공무원, 박사, 그리고 대학 강사들을 훈련시키기 위해서 그렇게 해야 하고, 어떤 대학에 등록했는가에 상관없이 경쟁적인 시험 이후 가장 총명한 학생들에게 장학금을 제공하기 위해 그렇게 해야 한다.[12]

그 외에 정부의 기능은 학위를 승인하는 일에 국한되어야 한다. 공직에 재직하는 것은 공무원 시험에 달려 있고, 필요하다면 고위직의 감독을 받는 견습 기간이 있기 때문이다.

주 정부 또는 지방정부는 고등 교육을 위한 학교를 설립할 권리가 부정되어야 한다. 암스테르담 시(市)가 대학을 세우는 것은 반대할 수 없다. 그것은 자유로운 토양에 뿌리를 둔 민간 주도의 열매다.[13]

중등 교육   §170

넓은 의미의 중등 교육(해양 학교, 농업 학교, 보통 학교 등을 포함)에 관하여, 주 정부는 대학에 관해 중앙정부가 가지고 있는 위치를 점유한다는 원칙이 유지된다.

이 원칙은 다음 두 가지 근거에 기반하고 있다. (1) 이런 유형의 학교에 대한 필요조건이 내륙 지역과 해양 지역에서 매우 다르고, 국경 지역 역시 다르다. (2) 중등 교육은 그것이 발전함에 따라 스위스처럼 여러 작은 지역을 포괄하는 하나의 학교로 통합해야 한다. 몇몇 지역을 포괄하거나 혹은 지역 간 차이가 어느 정도이든지 학교는 본질적으로 지역적이다.

중등 교육 기관(김나지움 교육을 포함한)은 영적으로 분열된 인구 상황에서 무엇보다 가장 곤란한 문제이므로 특별히 이것을 강조하고자 한다.

---

12   대학 학위를 획득한 첫 번째 네덜란드 여성은 1878년 암스테르담 시립 대학교에서 공부한 알레타 야콥스(Aleta Jacobs)이었다. 암스테르담 자유 대학교는 1905년 여학생에게 입학을 허락했다. 그러나 그녀는 졸업을 하지 않았고, 1918년에서야 비로소 다수의 여학생들이 등록했다.

13   이 글은 자유 대학교의 설립에 관한 카이퍼의 친구들과 동료들의 작은 모임에서 토론이 진행되는 동안 쓰여졌다. 자유 대학교는 이 글이 쓰여진 다음 해인 1880년 암스테르담에서 개교했다.

초등 교육을 위한 규칙으로서 분리는 가능하다. 마찬가지로 고등 교육에 대해 대학은 전국에서 젊은이들을 모으기 때문에 국가에 있는 모든 당사자들―칼뱅주의자, 가톨릭, 자유주의, 혹은 에라스무스주의자[14]―이 쉽게 자신들의 독특한 대학을 유지할 수 있다.

그러나 중등 교육과 고등학교의 경우에 그것은 전적으로 불가능하다.

우리는 암스테르담과 로테르담에서 혹은 헤이그와 우트레흐트(Utrecht)에 있는 각각의 학교들을 상상할 수 있다. 그러나 모든 다른 도시와 마을은 기껏해야 한 개 정도만 이런 유형의 학교를 공동으로 어렵게 가질 여유가 있을 것이다.

그러므로 이 수준에서 모든 지역에 있는 당사자들이 자신의 학교를 가져야만 한다는 원칙을 따르는 것은 불가능하다. 일반적으로 중등학교는 언제나 혼합 학교다.

그러나 바로 그 이유 때문에 지역 스스로가 어느 정도 수준을 유지할 수 있도록 교육을 규제해야 한다고 우리는 주장한다. 왜냐하면 예를 들어 브라반트(Brabant), 우트레흐트(Utrecht), 림부르흐(Limburg), 그리고 휼드르스(Guelders) 지역에서도 이런 피할 수 없는 어려움들을 맞을 수 있기 때문이다.[15]

졸업 증서와 다른 일반적인 규칙에 관한 처리 방식은 중앙정부가 제정한 법령에 따라야만 한다. 그 외에는 채택된 체계의 내용을 결정하는 주도권은 개별적 시민 혹은 지방정부에 맡겨둔다.

---

14 카이퍼에게 에라스무스는 기독교 인본주의자다.
15 §165n9를 보라.

그런 주도권이 부족한 경우에는 주 정부가 행동을 취하는 것을 허락해야만 한다.

개인 자선 기관이 부족한 경우에는 경쟁적으로 장학금 수혜 여부를 검토한 이후 최고의 졸업생들에게 수여될 수 있다. 중등학교의 전체 비용은 그런 장학금 덕분에 자신의 자녀들이 학교로부터 혜택을 받는 부모들에게 분담될 수 있다.

초등 교육 §171

마지막으로 초등 교육에 관하여 만약 국가와 지역의 법이 소수자 권리를 침해하지 않을 뿐 아니라 교육의 오염에 맞서는 보장을 제공한다면, 국가 법률과 자치법규를 준수하면서 우리는 초등학교의 조직이 전적으로 지방 정부에게 맡겨지기를 원한다.

이 단계에서 채택된 원칙은, 부모들이 학비를 납부한 사립 학교의 운영은 선생들과 자선 학교 단체에 맡겨져야 하는 반면, 만약 스스로 학교를 설립할 수 없는 일정 수의 부모들이 자신의 자녀들을 위한 교육 기관 없이 내버려진다면 지역 당국은 학교를 운영할 필요가 있다.

뿐만 아니라 하위 중간 계층, 노동 계급, 그리고 가난한 사람들의 재정적 필요는 개인 자선에 의한 재정적 지원으로, 교회 집사에 의해 운영되는 학교로, 혹은 만약 재정적 지원이 더 필요하다면 부모가 선택한 학교에서 아이들의 등록 증명서에 대한 지방정부의 재원에서 나오는 추가적 지원으로 충족될 수 있다.

만약 선생들이 동일한 자격증을 가졌다면 이런 모든 학교에서 정부는 선생들을 전적으로 동일한 조건으로 대우해야 한다.

이러한 일반적인 생각들에 세 가지를 첨언하겠다.

(1) 질서와 규율, 진리의 사랑과 정의감, 근면성과 청결 그 이상을 넘어서는 교육이 정부의 학교에서 제공되어서는 안 된다. 그리고 불완전하게 제공된 것을 보완하기 위해 모든 아이들은 최소 한 주에 하루 종일 자유로운 날이 있어야만 하다. 그러나 만약 서로 동의했다면, 부모들은 교회가 승인된 자녀들을 위해 실시하는 종교 교육을 요구할 수 있다.

(2) 고등 교육 기관에 대한 점검은 중앙정부가 나서야 하고, 중등교육은 주 정부가 나서야 하며, 초등교육은 지방정부가 나서야 한다. 중앙정부와 지방자치단체는 언제든지 법을 따르는 관점에서 각자의 관할권 하에 어떤 학교든지 점검하기 위해 특별위원회를 임명할 수 있다는 이해를 바탕으로 한다.

(3) 일반 법원은 직책이 무엇이든지 법률, 명령, 규칙과 관련하여 당사자들 간에 일어난 모든 분쟁을 청취할 권리를 가져야만 한다.

만약 이것이 우리가 추구해야만 하는 제도라면, 당분간 우리가 취할 수 있는 입장은 다음과 같은 두 가지 지침을 넘어서서 우리를 제한하지는 않는 것이다. "대학을 포함하여 당신이 할 수 있는 한 많은 학교를 세우라!" 또한 "모든 합법적 방법으로 당신의 적들의 시위에 저항하라!"

그런 수단이 무엇이어야 하는가는 영구적인 프로그램 또는 고정된 공식으로 설명될 수 없다. 그것은 매번 우리가 직면하는 상황에 달려 있고 매번 재치와 신중함으로 계획되어야 한다. 강조되어야 할 것은 그런 잠정적인 묘책이(점진적으로 중요하지 않게 되겠지만) 투쟁의 위대한 궁극적 목표를 망각하지 않도록 하는 것이다. 즉 "자발적 원칙의 승리와 그리스도 우리 주를 위해 세례 받은 아이들이 공립 학교를 통하여 회복!"되는 것이다.

제14장
사법 제도

제13조

국왕으로부터 바라는 것은 모두가 접근할 수 있고 국가의 도덕적 정의감과 일치하며 영원한 정의의 원칙에 기반을 둔 법을 따르는 독립적인 사법부라는 수단을 통해, 첫째, 민사법과 행정법을 통해 당사자 간의 모든 분쟁을 결정하고, 둘째, 공공질서를 위반하는 사람에 대해 형벌을 선고하고, 셋째, 범죄자에게 형벌을 집행하여 사회를 보호하고 그들을 교화할 뿐 아니라 우선적으로 어그러진 정의를 회복하는 것이다. 그리고 만약 필요한 경우에는 원칙적으로 정부가 부과할 수 있는 권리인 사형을 집행할 수 있다.

I. 법의 해석

§172   정의의 유지

국왕의 가장 존엄하고 신성한 속성은 정의를 유지하는 것이다.

어떤 주어진 상황에서 정의라는 것이 특정 사례에 대해 하나님이 내렸을 법한 심판을 의미한다는 사실은 곧 정의를 수호하는 사람이 하나님을 대신하여 행동한다는 것을 의미한다.

그럴 때조차도 정의를 유지하는 분은 하나님 자신이시다. 그분은 세 가지 점에서 사람들을 관련시키지 않고 한 가지 점에서 사람의 중재를 통하여 그렇게 하신다. 전능하신 분은 시련과 고난을 통하여, 그리고 마지막으로 심판을 통해 사람들의 양심 속에 정의를 유지하신다.

사람들의 "양심" 속에서, 하나님은 범죄자들에게 마음의 평화를 허락하지 않으셨다. 더구나 그분은 동시대인들과 후대에 그의 침해할 수 없는 권리를 공격하는 모든 것에 대항하는 여론을 불러일으키신다.

"시련"과 "고난"을 통하여, 개인들은 불의로 말미암은 재앙을 겪게 된다. 또한 하나님은 그들을 역경, 전염병, 그리고 질병으로 벌하신다. 가족, 전 지역, 그리고 국가는 번영의 쇠퇴 혹은 자연의 힘과 전염병 바이러스에 의해 야기된 파괴를 경험할 것이다.

최후의 "심판"에서, 하나님은 모든 국가와 민족이 그분의 심판대 앞에 서는 날을 정하셨다. 그리고 그분은 좋은 것이든 악한 것이든 육체 가운데 행한 것에 따라서 모든 것을 갚으신다.[1]

정의가 유지되는 네 번째 방식은 즉각적이지 않다. 여기서 신령한 권위는 사람들을 통하여 중재되는데, 각자 삶의 영역에서 각각의 통치권이 부여된 사람들을 통해서 그러하다. 이 점에서 정의는 가족 중에는 아버지에 의해, 잠정적으로 배에서는 선장에 의해, 그리고 국가에서는 국왕 혹은 최고 주권자에 의해 유지된다.

그러므로 누구도 국왕이 엄격한 의미로 정의를 유지할 수 있다고 생각해서는 안 된다. 국왕은 그런 일로 만족하려 해서는 안 된다. 그런 여지 자체가 금기시 된다.

예를 들어 범주에 관해, 국왕은 가족의 영역에서 정의를 유지하는 아버지를 존중해야 한다. 그는 사람들의 양심에 대해 간섭하지 않아야 한다. 그 영역은 하나님 자신께서 지켜보신다. 그는 욕심, 교만 등의 희생자가 될 수도 있는 사람들의 사적인 영역에는 간섭할 수 없다.

내용에 관하여 국왕은 무엇이 정의로운 것인지 정확하게 알 수 있는 수단이 없다. 그는 법원에게 피고가 죄가 있는지 무고한지 의심을 품지 말고 결정하게 할 수 없다. 그는 만약 죄인이 어디엔가 숨는다면 때맞추어 발견하는 것을 장담할 수 없다. 그는 피해자에게 가해진 상처가 완전히 보상받을 것이라고 보장할 수 없다.

국왕 §173

더 엄격한 의미로 국왕에게는 정의를 유지하기 위한 세 가지 요구 사항이 존재한다. 첫째, 그는 정의로운 규칙들을 만들고 그것들을 성문

---

1   전 12:14를 보라.

화해야 한다. 둘째, 어떤 사건에서 그 성문법이 어느 정도 위반되었는지 결정해야 한다. 셋째, 그는 위반을 억제해야 하고 그래서 "정의로운 것은 보상하고 정의롭지 못한 것은 처벌해야 한다." 그것을 더 정확하게 말하면, (1) 어떤 경우에 사람을 감금해도 되는지 규정하는 법이 있어야만 한다. (2) 어떤 사람이 그런 경우에 해당되는지를 결정하는 판사가 있어야 한다. (3) 범법자를 감옥에 가두고 거기에 머무를 수 있게 할 수 있는 무장 경찰이 있어야만 한다.

이 세 가지 조건 사이를 구분할 수 있는 사법부의 적절한 견해를 확보하는 것이 필수불가결하다. 그러나 입법, 사법, 행정 기관들이 통치자 다음의 권력이라고 결론을 내리는 것은 잘못이다. 반대로 법률은 국왕의 이름으로 공포되고, 죄인은 국왕의 이름으로 투옥되고 처형된다.[2]

모나코, 산마리노, 그리고 안도라 같은 작은 국가에서 통치권을 가진 사람이 개인적으로 법을 제정하고 사건을 심리하며 범죄자에 대한 판단을 내리고 자신이 범죄자를 구속하는 것은 가능할 것이다. 특히 선상에서나 가족 집단에서 이러한 시나리오는 이상하지 않다.

그러나 많은 수의 백성들과 광대한 영역을 가진 상황에서 국왕이 개인적으로 각각 모든 경우에 참석하는 것은 불가능하므로, 그는 자신을 대신할 수 있는 기관을 통해 "자신을 복제한다." 그러한 기관들이 국왕의 자리를 대신한다는 것은 오로지 국왕이 "그들을 통하여" 행동하고, 따라서 그들은 "국왕의 이름으로 말한다"는 의미에서다.

그러므로 국왕은 법안을 작성하거나 공포하기 위해 의원들, 학자

---

2 영국에서는 국왕, 미국에서는 국민 혹은 국가.

들, 그리고 공무원들을 이용한다. 그는 정의를 집행하기 위해 판사들과 법학자들을 이용한다. 그는 범죄자들을 다루기 위해 경찰, 국가 방위군, 민병대, 그리고 군대(혹은 간수와 집행인)들을 이용한다. 그러나 이것이 개별적이고 독립적인 권력으로서 통치권의 분할로 귀결되지는 않는다. 모든 이런 기능들과 관련하여 국왕은 궁극적으로 하나님께 대해 책임을 지는 당사자다.

법의 해석 §174

통치자는 법을 만들거나 정의를 집행할 때 분명히 "자유인"이 아니다. 왜냐하면 그는 하나님께 책임을 져야 하기 때문이다. 그는 자의적인 선택에 해당하는 것을 법을 통해 자유롭게 승인할 수 없고, 자신의 변덕이나 상상에 따라 법 앞에서 자신의 백성 중 누구라도 유죄로 선언할 자유가 없다.

국왕은 자신의 의지에 따라 기쁨을 좇지 않고 정의를 유지한다. 법과 정의는 그가 있기 전에 있었기 때문에 국왕은 법을 만들거나 정의를 세울 필요가 없다. 법은 지금도 그의 "외부에" 존재한다. 법이 그에게 구속을 거의 받지 않으므로 국왕 자신은 무조건적으로 법 아래 있다.

그래서 오늘날 여전히 들리는 아름다운 표현에서처럼, 국왕의 첫 번째 임무는 법을 "발견하는" 것이다. 법은 거기에 있지만 숨어 있다. 국왕은 그것을 찾아야만 하고 그것을 찾을 때까지 계속해서 찾아야 한다. 그는 하나님의 말씀의 신성한 법 안에서, 사람들의 정의감, 도덕, 관행 속에서, 다른 나라의 입법 안에서, 그리고 법학 연구를 통해 그것

을 찾아야 한다.[3]

그렇기 때문에 나라 안에서 무엇이 바르고 정의로운 것인가를 나타내는 이 법전은 법학자의 자문을 구하고 국가와 상의한 후, 그리고 영원한 정의의 원칙에 비추어 그것을 시험한 후에 비로소 공포되어야 한다.

정부 부처 직원 혹은 임시위원회는 법학자들의 자문을 얻기 위해 선발되어야 한다. 국가적 상의를 위해 우리에게는 전국회의가 있는데, 그 중요성은 여기서 반복하지 않겠다. 그러나 영원한 정의의 원칙으로 법을 점검하는 것에 관해서는 간략한 설명이 요구된다.

§175 영원한 원칙에 따라

도둑질이 합법적이라고 선언하는 법은 불의한 법, 다시 말해 정의를 유지하기는커녕 정의에 대해 가장 큰 위협이 되는 법이라는 주제를 전면에 두게 될 때 우리는 만장일치로 동의를 얻을 것이라고 확신한다.

그럼에도 불구하고 그런 법은 상상할 수 없는 것이 아니다.

우리는 과거 비기독교 국가에 절도 면허 같은 법이 있었다는 말을 들었다. 그리고 보다 큰 목소리를 낸 것으로는, 파리코뮌의 사회정치 강령 및 베를린의 사회민주주의 내에 "재산은 도둑질을 통해 축적된 것이다. 그러므로 도둑을 벌하는 것은 잘못된 것이다"라는 슬로건이 있다.

---

3   이 점은 네덜란드어로도 잘 이해된다. "법의 해석"(judicial construction)은 네덜란드어로 rechtvinding인데 이는 법과 정의의 발견을 의미한다.

우리는 왜 재산 소유자가 옳고 사회민주주의가 잘못된 것인지에 대한 문제를 회피할 수 없다. 우리의 법이 개인 재산의 보호를 제공하고 도둑들을 제재 조치로 위협할 때 우리가 거대한 환상에 사기를 당하는 것이 아니라 정의를 정의되게 만들어주는 것이라는 사실을 우리는 어떻게 확신할 수 있을까? 누가 무슨 근거로 결정하는가?

분명 다수결이 해답은 아니다. 작센(Saxony)의 사회민주주주의자들이 다수결 투표를 통해 자신들의 법전으로부터 도둑질에 대한 징벌을 제거하기 위해 밀어붙인다고 가정해 보라. 이것은 정의를 유지하는 것이 아니고 도리어 위반하는 것이다.

원론적으로 말해 정의는 정의로 기능한다. 그렇지 않으면 정의가 아니다. 만약 어떤 것이 정의라면 그것은 지구상 어디에서도 그렇다. 만일 다수결로 결정한다면 한 지역에서 정의로운 것이 다른 곳에서는 부정의로 낙인이 찍힐 수 있다. 그렇게 된다면 정의에 관한 모든 확신이 상실된다.

그러나 무슨 단서로 우리는 정의를 찾길 원하는가?

사람들의 정의감? 그러나 그것은 실패한다. 파리코뮌 지지자들은 "내 감각은 정반대다"라고 대답한다. 그리고 사회민주주의자들은 루돌프 폰 그나이스트(Rudolf von Gneist)와 에드워드 라스커(Edward Lasker) 같은 저명한 법학자들의 견해에 단호하게 동의하지 않는다.[4]

그러면 정의가 법학에 근거한 것일까? 언제부터 학문이 스스로의 연구 주제를 고안했는가? 그리고 사회주의 인터내셔널의 지도자인 칼

---

4 하인리히 루돌프 헤르만 프리드리히 폰 그나이스트(Heinrich Rudolf Hermann Friedrich von Gneist, 1816-95)는 유능한 독일의 법학자, 정치인, 헌법학자이자 역사학자였다. 에두아르드 라스커(Eduard Lasker, 1829-84)는 독일의 자유주의 정치인의 수장, 시민, 법학자였다.

마르크스는 법학에 대해 무지했는가?[5]

그러나 정의를 바라보라. 이 세 가지 경우에서 당신은 불변의 확고부동한 정의의 근거를 발견할 수 없다. 왜 그럴까? 절대적인 정의는 하나님의 뜻과 일치해야 하는데, 이 세 가지 기관 중 그 어느 것도 당신을 위한 하나님의 뜻을 해석할 수 없기 때문이다.

사람들은 정의가 아니다. 비록 그것이 여전히 작동하지만 순수하지 않다. 왜냐하면 사람들은 죄인이기 때문이다. 다수도 정의가 아니다. 그것은 변히고 모든 정의감을 빙해하면서 정반대로 변할 수 있기 때문이다. 학문도 정의가 아니다. 그것은 주어진 원칙으로부터 논리적 결론을 도출하지만, 법학은 정의의 원칙에 관해 결코 분명하지 않다.

이와 같은 이유로 우리는 고의적으로 3장에서 "하나님의 법"에 대해 말했고, 죄인은 특별한 계시에 따라 영원히 변치 않는 정의의 원칙에 관하여 확고하고 반박의 여지가 없는 확신을 가질 수 있다는 것을 보여주려고 노력했다.

우리가 확실하게 믿듯이 시내산 위에서 전능하신 자 스스로 살인, 도둑질, 간음, 그리고 위증을 정의롭지 못한 행동이라고 단호하게 판결을 내리고, 더구나 자신의 예언자를 통해 하나님께서 정의의 모든 위대한 문제들에 대해 자신의 신적인 판결을 선언한 것이 사실이라면, 단지 이것만으로도 나는 하나님의 뜻과 확실한 소통을 하는 것이다. 그리고 정의 그 자체와도 그렇게 한다(그분의 뜻은 정의와 동일하기 때문이다).

---

5   칼 마르크스(1818-83)는 국제 노동자 연합으로 알려진 제1차 인터내셔널의 지도자였다.

인정하건대, 모든 경우에 있어 이것은 우리에게 확신을 줄 수 없다. 그런 계시가 우리의 수중에 있을 때조차도 우리가 만든 법이 정의와 동일하다고 주장하는 것은 우리에게 허락되지 않았다.

그러나 불확실성에도 정도의 차이가 있다. 위의 경우처럼 확신을 주지는 못하는 불확실성이 있는가 하면, 우리로 더듬게 하는 전적인 불확실성도 있다.

우리의 관점으로 볼 때 사람은 최소한 정의에 대한 다양한 지침들을 도출할 수 있는 방향을 분명하게 제시하는 일련의 고정된 관점이 있다. 사람이 확신을 가지고 정의롭지 못하다고 거부할 수 있는 정의에 관한 일련의 왜곡 및 그로 인한 유산들이 존재한다. 우리가 결론지어야 하는 것은 전통적인 법의 변화를 거부하고 무엇이 정의로운지 아닌지를 시험하기 위해 보편적으로 접근할 수 있는 정의의 원칙에 호소하는 것이 통치자와 그의 백성들의 양심 속에 똑같이 정의에 대한 깊은 경외감을 육성하는 유일한 방법이며, 그 경외감이 정의의 위엄을 유지시킴으로써 우리로 하여금 그 앞에 굴복하게 만든다는 것이다.

II. 법원의 판결

§176 독립적 사법 제도

법의 발견 이후 사법 제도가 따라오는데, 즉 법원에서 분쟁을 해결하고 확립된 법에 따라 공공질서의 위반자에게 유죄 판결을 내리는 것은 국왕의 의무다.

모든 관계자들이 사법 제도는 독립적이어야 한다는 데 동의하고, 반혁명당 역시 비록 근거는 다르지만 이 요구를 따르는 데 한 순간도 주저하지 않는다. 일반적으로 사람들은 전국회의에 더 크고 중요한 역할을 맡기기 위해 국왕의 입법권을 제한하려는 동일한 의도로 사법권에 대해 말한다.

우리는 이것에 반대한다.

확실히 사법부는 국왕이 활동하는 기관이지만, 그것이 국왕 다음의 독립적인 권위가 있다는 의미는 아니다. 여기서 "독립"이란 사법부는 정의에 봉사하고 독재 및 부정의의 도구가 될 모든 가능성을 배제하도록 조직되어야만 한다는 것을 의미한다.

사법부의 업무는 정의의 위반이 발생했는지 혹은 그 성격은 무엇인지를 결정하는 것이다. 그 이상도 그 이하도 아니다. 바로 당신의 눈처럼 거기에 무엇이 있는지 없는지 당신이 보도록 돕는 신체 기관은 전적으로 당신의 의지와는 독립적이다. 즉 당신의 시각 기관은 시각의 법칙에 따라서 당신의 망막에 사물의 이미지를 전달한다. 국왕이 죄가 있는지 없는지 보게 하는 사법적 시각은 정의로우신 하나님의 엄격한 법에 따라 기능해야만 한다. 국왕의 변덕으로부터 완전히 자유롭게 된 사법적 시각은 국왕에게 유죄와 무죄를 올바르게 선고하고 범죄에 적합한 형벌을 부과한다.

국왕을 포함한 우리 모두는 우리 자신의 삶의 영역을 위한 기관으로서 우리에게 봉사하는 사람에게 동일한 독립성을 부여해야 한다. 그러므로 아버지는 자녀를 위한 수학 교사를 고용할 수 있다. 그러나 그는 교사에게 2×5=10이 아닌 다른 답을 가르치도록 강제할 수 없다. 아버지는 교사를 고용하고 시간과 급여를 정할 수 있으나, 수학의 규칙은 자신의 의지를 넘어서는 것이다. 그 점에 관하여 아버지가 아니라 교사가, 더 정교하게 보면 수학 그 자체는 독립적이다. 절대적으로 독립적이다. 유사하게 정부는 논리학 교수를 임명할 수 있다. 그러나 "수사학의 대가"는 변하지 않는 사고의 이치와 법칙을 가르치는 데 자유롭고 독립적이어야 한다는 조건이 뒤따라야 한다. 한 가지 더 예를 들자면 국왕은 천문대를 짓고 망원경을 설치하도록 지시할 수 있다. 그러나 그는 천체가 자신이 원하는 대로가 아니라 실제 운행하는 방식대로 움직일 수 있도록 천문학자들을 내버려두어야 한다.

같은 방식으로 한 나라의 국왕은 자신을 대신하여 주어진 사건에서 "죄가 있는지, 그리고 그것이 얼마나 심각한지"를 결정할 수 있는 판사를 임명할 수 있다. 그러나 그 임명은 정의가 정의의 법칙에 따라서 봉사할 수 있도록 판사들에게 완전한 자유 가운데 심판하는 것을 허용한다는 조건 아래서 유효하다. 판사는 절대로 하나님이 허락한 "죄와 결백의 규칙"을 사람의 더 나은 지식으로 대체하여 국왕을 기쁘게 하기 위해 위반되는 위험에 노출되게 해서는 안 된다.

따라서 법원은 자신들이 선호하는 것을 하면서 국왕과는 별도로 업무가 진행되는지의 관점에서 보면 독립적이지 않다. 반대로 법원을 설치하고 어떻게 심리해야 하는지 그들에게 말해주는 것은 국왕이다. 국왕은 피고인이 법원의 판결에 항소하는 것을 허락하며, 최종적으로 국왕은 그들이 내린 판결의 집행을 중단하기 위해 사면을 행사할 수 있다.

그러므로 법관의 독립은 이것으로부터 유래한다. 그들은 배치되자마자 국왕의 선호, 변덕, 그리고 기호를 묻지 않고 오직 법만 고려할 필요가 있으며 자신들의 양심의 지시에 따라 정직한 사람으로서 사건을 판단할 필요가 있다. 그것은 구체적 목적과 지시를 가지고 판사를 임용한 국가의 모든 공직자들이 향유할 수 있는 정도의 독립이다. 그리고 그런 공직자들은 자신의 일을 수행하기 위해 이러한 임용의 조건을 엄격하게 지킬 필요가 있다. 결국 입법자로서 국왕은 사법부를 다스리는 법을 포함하여 그 법을 개정할 권리를 가지며, 판사들은 새롭게 창조된 상황에 따라서 행동하지 않을 수 없다.

그러나 기억해야 할 유일한 것은 국왕 자신이 정치적 비행을 통하여서든 국가에 대항하는 행동을 통하여서든 분쟁의 당사자가 될 수 있다는 점이다. 이런 이유로 자유롭게 남아 있고 존중을 불러일으키기 위해서, 가급적 법원은 권력 당사자들의 법 위반에 대항하여 사법부의 신성한 명예를 보호하기 위해 다른 기관들보다 더 강력한 신분 보장이 있어야 한다. 이것이 사법 권력의 높은 단계에서 판사는 강제적으로 물러날 수 없고 법원들이 스스로 공석을 채우기 위한 지명을 할 수 있는 제도를 확립한 관습적인 이유다. 이러한 두 가지 보장은 우리가 생각하기에 너무 강하기보다 오히려 너무 약하다. 그리고 사법부의 구조 조정을 위한 판 린든 판 산든부르흐(Van Lynden van Sandenburg) 법안[6]에서 그런 보장에 대한 부분적인 무력화는 1848년 이래 우리 정치적 삶에 영향을 미친 가장 개탄할 만한 현상일 것이다.

사법 독립의 감축은 반혁명파들에게는 가장 참을 수 없는 것으로, 슈탈(Stahl)의 엄선된 말에서 인용한 "심판의 권한이 아버지로부터 인자에게로 이전됨"은 모든 그리스도인이 감당할 거룩한 법에 대한 근본적인 헌신으로서 그 죄를 "유죄"라고 기록하는 사람과 그 죄를 벌하는 사람이 달라야 한다는 것임에 틀림없다.[7]

모두에게 접근 가능하기 §178

사법부가 어떻게 조직되어야 하고 어떤 지침을 따라야 하는지에 대한 문제는 반혁명적 원칙과 매우 간접적으로 관련되므로 이런 일련의 대중적 글에서는 제외된다. 분권화 장에서 상세하게 논의된 것을 짧게 반복하자. 사법부의 조직은 지역적 경계들과 일치해야 한다. 이제 나는 우리의 강령에서 사법 제도가 모두에게 접근 가능해야 한다고 덧붙인다.

현재는 그렇지 않은데, 왜냐하면 절차에 있어 너무 비용이 많이 들고 복잡하기 때문이다. 현 상태에서 수입이 적은 시민은 소송 제도로

---

6   판 린든 판 산든부르흐의 테오도르 남작(Theodoor baron van Lynden van Snadenburg)은 보수적인 반혁병파로 통했고 19874년부터 1877년까지 법무부장관이었다.
7   프리드리히 율리우스 슈탈(Friedrich Julius Stahl, 1802-61)은 독일의 법학자, 정치인, 그리고 정치철학자로서, 그의 작업은 특히 흐룬 판 프린스트르르의 반혁명적 생각에 영향을 주었다.

부터 배제된다. 들어가는 방법은 알지만 빠져나오는 방법은 아무도 알지 못하는 불확실한 미로에 들어서기보다는 부정의를 그냥 눈감아버린다. 소송을 시작하는 것이 보통 사람들에게는 너무나 겁나는 일이다.

확실히 보통 사람들이 길을 찾도록 돕는 변호사들이 있다. 그러나 그런 사람은 아버지 같은 권리의 보호자라기보다는 여러분들이 경계해야만 하는 부류인 똑똑한 신사들처럼 보인다. 더구나 많은 변호사들이 있지만, 최고의 변호사들은 일반적으로 최고의 수임료를 청구한다. 그 결과 소송에 연루된 높은 계급의 사람과 낮은 계급의 사람은 판사의 정직성에도 불구하고 거의 언제나 고도로 불공정한 무기를 가진 채 결투를 하게 된다.

이런 불완전한 제도는 모든 반혁명파가 근본적으로 반대해야 할 이중의 악을 숨기고 있다. 첫째, 이런 값비싸고 복잡한 소송에 빠져든 사람들과 그들의 소송 상대방 모두는 종종 그 제도를 최대한 활용하여 점차 보통 시민의 정당한 요구들을 경합시키면서 그들의 고충을 최대한 이용한다. 둘째, 어떤 것도 권위에 대한 존중을 없애지는 못하고 어떤 사람이 행한 부정의에 대한 울분만큼 분노를 표출하지 못하게 되므로 그 사람은 더 큰 피해에 대한 두려움 때문에 감히 그것에 맞서 행동하지 못한다.

§179 국가의 정의감

그것은 우리의 강령에서 언급된 세 번째 요구를 상기시킨다. 정의는 국가에 있는 도덕적 정의감과 보조를 맞추면서 운영된다는 것이다. 이것은 "과학적 지식"과 "실질적 의미" 사이의 대조를 두 가지 방법으로 언급한다.

실질적 의미로부터 발전한 정의가 훈련되고 승인되었다면, 그것은 성경이 "호크마"(Chokmah)라고 부르는 일종의 지혜다. 그것은 사물에 대한 분명한 통찰을 가지고 직감적으로 관계의 어려움에 맞서며 사물들 속에 부정의한 것을 바르게 세운다.

호크마 속에 뿌리내린 정의라고 부를 수 있는 잊을 수 없는 예들로는 다윗 왕에 대한 나단의 책망과 솔로몬의 판결을 들 수 있다. 비록 동양적인 본성이 서구적 특성보다 그런 종류의 직관에 대해 더 많은 도움을 주지만, 이런 실질적 지혜가 종종 증거에 비중을 두고 유죄를 확립하는 법적 연구보다 더 우월한가에 대한 문제를 결정내리기는 어렵다.

그것의 4중적 이점은 그것이 통찰과 양심을 하나의 이해 속에 결합시키고, 사람과 상황에 맞게 적용할 수 있으며, 언제나 일상적인 삶과 연결되어 있고, 여기저기에 산재하는 문제에 대한 판결을 내린다는 점이다.

더구나 잊지 말아야 할 것은 이런 정의가 가정생활 속에 여전히 부과되고, 영국에서는 공식적인 발언권을 가지고 있으며, 실질적으로 미국의 법리를 지배하고, 알칼데(alcaldes)[8]에는 대변인이 있다는 것이다. 또한 그것은 우리나라에서도 채택되었고 경찰 법정에서 경미한 사건을 심판할 때도 대략적으로 이용된다.

따라서 성숙된 지혜의 이런 소중한 요소가 우리의 사법 제도에 되살아날 수 없는 이유를 우리는 알 수 없다. 모든 지방정부(대도시 혹은

---

8   알칼데(alcalde)는 중세 말기 스페인의 판사를 뜻하는데 시위원회 구성원들에 의해 제한된 임기로 선출되었다. 확대하자면 그 명칭은 다양한 시민 판사를 언급하게 된다.

모든 도시 지역)는 지정된 날에 앉아 즉석에서 작은 사건을 들을 수 있는 저명하고 존경받는 현명한 사람을 임명할 수 있고, 그 사람은 양 당사자가 동의한다면 더 중요한 사건에서도 즉석 재판을 할 수 있다.

현재 수많은 작은 사건들이(대부분의 사람들에게 사소한 사건들이지만 때때로 그것들이 일어나는 이웃과 골목에 중요하고 치명적인 결과를 가져오기도 한다) 해결되지 않고 남아 있거나 자력 구제의 방식으로 해결된다. 그리고 설상가상으로 남편과 아내 사이, 부모와 자식 사이, 여주인과 노예 사이와 같은 가족 중심의 해결되지 않은 분쟁에는 종종 지체 없이 흐름을 중단시키는 분노의 원천과 비통함이 남아 있다.

추가적 혜택을 언급하자면, 복잡한 절차를 두려워하고 비용이 많이 드는 소송을 할 여유가 없는 보통 사람에게는 자기 마음속의 상처를 털어놓을 아주 단순하고 값싼 방법이 있을 수 있다.

§180 배심원

그러나 위의 것은 도덕적 정의감에 완전한 만족을 주지 못한다. 대부분 간략하게 배심원이라는 호칭으로 불리는 고대의 스헤이프는 (schepenen) 또는 흐즈보르는(gezworenen)[9]이 어떻게든 확보된 후에 법정에서 법률은 국가 생활과 직접적인 접촉을 하게 된다.

우리는 소위 대중적 주권에 근거하여 법률이 국민들 스스로의 손에 있어야만 한다고 결코 제안하지 않는다. 확립된 권위에 대한 정치

---

9 스헤이프는(schepenen) 그리고 흐즈보레는(gezworenen)은 각각 과거 네덜란드 공화국 동안 선서 아래서 형사 절차와 연관된 도시, 시의원, 그리고 보통 시민을 말한다.

적 도구로서 배심원이 정치적 중죄인에게 무죄를 선고할 권리를 가지고 있다는 것은 더군다나 아니다. 배심원 제도가 우리 국가가 오늘날 누리고 있는 학식 있는 판사들에 의한 질서를 대체해야 한다는 것도 아니다.

우리의 진정한 목적은 (1) 시민 스스로가 자신들의 정의감을 불러일으키기 위해 정의와 부정의 사이의 투쟁에 참가하는 것이고, (2) 정통한 법률이 국가의 정의에 대한 본능과 지속적으로 접촉하는 것이고, (3) 더 나아가 고의에 관한 도덕적 요소에 대해 더 많은 관심을 보일 가능성이 만들어지는 것이고, (4) 또한 최고의 법이 최악(*summum jus* turn into *summa injuria*)[10]이 되지 않기 위해 동일한 방식으로 완전히 다른 사람을 처리하는 것을 금지하는 것이고, (5) 최종적으로 유죄와 무죄를 선고할 때 여론의 종합적이고 현실적인 기준을 고려해야 한다는 것이다.

이 문제에 대한 해결은 이 글의 범위 밖이다. 그러나 다음 사실들은 고려해 볼 만하다. (1) 모든 국가들 가운데 독일법은 국민들이 사법부에 참여할 것을 주장한다. (2) 로마법과 교회법은 주로 법률 제도로부터 이런 평민적 요소들을 몰아낸 책임이 있다. (3) 평민적 요소는 기독교의 영역에서도 장로교의 가르침에 따라서 특별히 개신교 국가들에서 존중되었다. (4) 다수의 소규모 국가들은 말할 것도 없으며, 거의 모든 곳에서 특히 영국, 프랑스, 그리고 러시아에서 배심원 제도가 활용되었다. (5) 그나이스트(Gneist) 같은 저명한 법학자들은 배심원들의 권리를 감소시키는 것을 원하기는커녕 형사 사건부터 민사 사건에 이

---

10 이 라틴어 문구는 "최고의 법은 최고의 오류다"라는 의미로서, 문자적이고 경직된 법 해석이 더 큰 부정의를 생산할 수 있다는 의미다.

르기까지 이 제도를 확대할 것을 권고했다.

이것 때문에 배심원 제도의 도입이 네덜란드에 필수적이라고 생각하는 것은 아니다. 정치적 사건에 대한 배심원을 우리는 단호히 거부한다. 프랑스 혁명기의 배심원 같은 정치적 구상은 결코 우리의 흥미를 끌지 못한다. 실제로 우리는 과거 스헤이프는(schepenen)적 요소, 즉 지역적이고 비직업적인 판사의 요소가 부활하거나 최소한 추상적인 과학자들에 의한 배타적 법학에 대한 특정 견제 세력이 제공되는 것에 만족한다.

현 상태에 있어 평민적 영향력은 대법원 판사들에 대한 상원의 지명에 국한되고, 배심원단을 통한 재판을 받을 권리(pares a paribus)[11]의 흔적은, 예를 들어 장관과 의원들에 의해 향유되는 특별한 면책특권에 남아 있다. 비록 우리가 이런 작은 특권들을 환영하지만 결코 그것들이 국가적 양심을 만족시킬 수는 없다.

그러므로 이런 특권들은 국가의 정의감과는 어떤 의식적인 관계도 없다. 기독 역사적 감각을 가진 모든 사람은 이 특별한 관계를 강조해야 한다. 그들은 성경의 신령한 역사와 국가의 세속적인 역사로부터 이 중요한 관계가 신성불가침이라는 것을 알고 있다. 더구나 "그리스도 혼자만" 세상을 심판하지 않고 "부활의 자녀들"은 그리스도와 함께 심판할 것이라는 사도들의 예언 속에 있는 신령한 의도 또한 간과할 수 없다.[12]

---

11 재판을 받을 권리(pares a paribus)는 동등한 판단 또는 동등하게 재판을 받을 수 있는 권리를 언급한다.

12 고전 6:2-3, 계 3:21, 20:4를 보라.

III. 특별법, 행정법, 그리고 형법

특별관할권 §181

우리의 아주 사소한 영역은 특별관할권으로 간단하게 다룰 수밖에 없다. 상선과 전함, 군대, 그리고 해외의 대사관에 대해서는 특별관할권이 있다는 것이 잘 알려져 있다. 우리나라에서 무역과 노동 분쟁에 대한 특수 법원의 설치가 제안되고 있고 다른 나라에서는 이미 그런 것이 도입되었다. 그러므로 두 가지 점에 관해 가볍게 다루는 것으로 국한한다. (1) 명예위원회를 구성할 법적인 방법을 갖추는 것은 바람직하다. (2) "교회법"의 정의(definition)를 개선하는 것은 필수적이다.

다행스럽게 결투는 더 이상 고유하지 않고 우리는 수비대와 대학 도시에서 단검과 총을 사용하는 결투 소식을 아주 드물게 듣는다. 그러나 우리 모두는 겉보기에 평화로운 시민들이지만 그 사이에서 소외, 명성에 대한 손상, 그리고 심각한 의견 대립이 자주 일어난다는 것을 알고 있다. 이런 개인적인 다툼은 더 이상 검토되지도 해결되지도 않으며 사라지지도 않기 때문에 모든 도시와 마을에서 산더미 같은 분노, 비통, 증오가 너무 자주 사회적 삶을 오염시키고 다음 세대까지 감염시키는 것은 통탄할 결과다. 프랑스와 이탈리아에서 결투는 분노를 제거하고 대부분의 경우 관계를 빨리 회복시키며 때때로 더 좋은 관계가 되게 한다. 이것은 아주 진지하게 다음 질문을 할 권리를 준다. 왜 명예위원회는 다른 곳에서의 결투처럼 동일한 행복 효과를 우리의 결투에 가져다줄 수 없는가? 만약 화난 당사자가 법과 주어진 조건 아래 명예위원회를 소환할 권리가 있다면, 그리고 만약 상설 조직이 판결의 정당성을 보장한다면, 불화가 일어나자마자 지체 없이 그것을 없애버릴 기회와 전망을 제공함으로써 당사자들이 복수를 곱씹으려는 것을 방지할 수 있다.

"교회법"에 관해서는 만약 교회법과 교회법원에서 교회에 대한 권리를 행사하려면 이제까지보다 더 분명하게 정부는 그 권리를 인정해야 한다. 반면에 모든 교회는 성년에 이른 어느 누구도 자신의 관심 이상으로 교회의 회원으로 남는 것에 대해 강요받지 않는다는 보장을 제공해야 한다(그리고 국가는 그런 보장에 대한 지속적인 강제력을 보장해주어야 한다).

§182 민사 소송 절차

일반적인 관할권 문제로 돌아와서 민사법과 형사법은 개별적으로 다루어야 한다. 비록 그 구분이 민법과 공법 간의 구분과 일치하는 것은 아니지만 그럼에도 불구하고 그 특징은 밀접하게 연결되어 있다.

대부분의 사법(私法)은 개인 혹은 회사와 관련된 권리와 의무를 규제하는 반면, 공법(公法)은 법적 기관과 그 기관에 속한 권리와 의무를 언급한다. 그러나 그 둘 사이의 경계를 정확하게 확정할 수 있다고 가정해서는 안 된다. 그 경계는 유동적이다. 법적 기관인 "네덜란드 국가"조차도 사법(私法)에 근거하여 재산을 습득할 수 있고 반대로 가장 신분이 낮은 일반 사인(私人)의 유증 및 유언 계약은 공법적 성격일 수 있다. 혼란을 악화시키는 것은 사기, 속임수, 사취 같은 범죄가 한편으로는 훨씬 더 시민의 사적 권리를 침해한 측면이 크지만 다른 한편으로는 공공 기관이 배상을 요구하는 공적 권리이기도 하다는 것이다. 그러므로 민법과 공법 간의 차이에 대한 달변의 호소에 우리 자신들이 너무 빨리 위축되어 법률가들이 재빨리 변명을 늘어놓는 것을 허락해서는 안 된다(최근 학교 문제에서 그들이 그랬던 것처럼). 사적인 것과 공적인 것 사이의 법적 차이를 결정하는 골치 아픈 경우에 있어 그 차이는 일관된 해석이 없는 관계로 인해 분명하지 못하며 입증하기도 어렵다.

그래서 우리의 강령에서 우리는 행정법이 맡고 있는 일정 부분을 일반 민사법원으로 이관하는 원대한 생각을 강하게 지지한다. 분권화를 언급한 장에서 우리는 이 관점으로 행정법을 개혁하는 것이 얼마나 중요한지를 이미 제안했다. 우리가 잘못 알고 있지 않다면 이 개념이 탁월하게 반혁명적 특징을 드러내고 있는지는 단지 짧은 설명만을 필요로 한다.

만약 국가가 수많은 권력을 대표한다는 잘못된 전제로부터 흘러온 소송 절차에 대해 자유주의자들의 견해가 옳다면, 그래서 지방, 주, 교회, 그리고 가족은 국가가 그들에게 이양한 만큼의 권력만을 조건적 승인으로 가진다는 그들의 견해가 해명된다면, 그때 국가 스스로 이런 부수적인 영역을 통제하고 언제나 국왕을 기쁘게 하는 방식으로 법을 해석하여 그들을 강제하는 것은 전적으로 타당할 것이다. 모든 것을 고려해 볼 때 행정법은 지방과 지방, 그리고 지역과 지역 간의 분쟁만을 다룬다. 그러나 이런 기관들 중 누구도 국가에 대항하여 권리를 획득할 수 없다.

반면에 만약 가족, 교회, 지방, 그리고 주(州)가 하나님의 은총으로 존재하는 생명의 영역이고 자신들의 권리에 따라 작동하며, 그러므로 국가 통일성과 최고 권위를 위해, 최고 통치자를 위해, 남겨지지 않은 권력과 권리를 가진다는 믿음으로부터 온 절차에 대해서 우리 반혁명파들이 옳다면, 국가가 동시에 당사자이면서 심판자로 규정된 행정법이 존재한다는 것은 전적으로 터무니없다. 정의의 가장 기본적인 개념은 모든 가족, 모든 지방 그리고 모든 지역, 모든 교회가 독립적인 법관에게 호소할 수 있어야 하고, 최소한 법의 적용에 관해 고등 기관에 의한 권력 남용에 대항할 수 있어야 한다는 것이다.

그럼에도 불구하고 비록 이 생각이 실현되더라도 일반적으로 행정법은 이러한 보통의 과정을 지속해갈 것이라고 생각할 수 있다. 결국 정의의 유지는 일반 판사가 개별적인 모든 사건을 결정하는 것을 요구하는 것이 아니라, 고소인이 정의를 얻을 수 없을 때 행정적 장벽을 돌파하여 독립된 법원에 항소할 수 있을 때 가능하다.

그러나 우리의 헌법이 추구하는 것처럼 행정법을 자율성의 토대 위에 세움으로써 일반 민사법원의 판사가 모든 소송으로부터 자유롭게 되는 것이 가능할 지 대단히 의심스럽다.

§183 형사 소송 절차

마지막으로 형사 소송에 있어, 우리는 소송의 간소화가 그 강령의 한계 내에 엄격히 머물도록 하면서도 반혁명적 원칙과 직접적으로 관련된 두 가지 점만 토론하는 것으로 제한한다. 그것은 바로 일반적인 형벌의 목적 그리고 사형의 존속이다.

다른 무엇보다 우리에게 형벌의 목적은 정의를 강화하는 것이어야 하고 또는 위반된 정의에 대한 보복이어야 한다.

하나님의 정의가 국가의 법으로 표현되는 한 그것은 무조건적으로 존중되어야만 한다. 아무도 감히 그것을 위반할 수는 없다. 그것을 위반하는 사람은 누구든지 그 대가를 면제받지 못하고 보복하는 정의의 팔에 단호히 사로잡힐 것이다. 그렇게 할 책임은 국왕에게 달려 있다. 그는 자신이 할 수 있는 모든 수단을 동원해 범죄자를 추적하여 형벌을 받도록 하고 정의의 명예를 지키기 위해 법이 요구하는 고통을 그에게 안겨주어야 한다.

국왕은 두 가지만 주의할 필요가 있다. (1) 그는 진짜 범죄자만 벌주고, (2) 저지른 범죄에 비례하여 형벌을 부과하는 것이다. 그리고 정의를 향한 열정에 사로잡혀 너무 심하게 몰아붙이거나 실수를 할 수 있기 때문에 사법부와 별개로 정직한 사람을 위한 보호막을 만들어서 실질적으로 국왕이 범죄 이외의 선고를 하거나 법을 따르는 것 이외의 범죄를 선고하는 것은 불가능하게 해야 한다.

검사(the public prosecutor)를 통하여 국왕은 자유롭게 기소할 수 있고 가장 엄격한 관점에서 심리를 진행할 수 있으며 정직한 사람을 위태롭게 하지 않으면서도 최대한 형벌을 구형할 수 있다. 국왕의 첫 번째 기관인 검사는 정의로운 권리를 보호한다. 그의 두 번째 기관인 독립적 판사는 동일하게 정직한 자의 신성한 권리를 보호한다. 그리고 정직한 심리로 범죄자에게 유죄를 선고한 후에, 그의 세 번째 기관인 강한 팔이 선고를 실행하면서 형벌을 부과하기 위해 작동하기 시작한다.

동시에 이러한 전체 절차가 사회를 보호한다는 것을 결코 부인하지 않는다. 그러나 사회를 보호하는 것은 경찰이 아니라 정의라는 것을 기억해야만 한다. 그리고 국왕이 보호하려는 것도 사회가 아니라 정의다.

유죄 선고의 결과는 거의 범죄자를 개선으로 인도하지는 않는다. 실제로 장기간의 징역형의 결과가 늘 그렇듯이 정의는 범죄자를 교화시키기보다는 더 나쁘게 만드는 형벌을 부과하곤 한다. 그러나 이것이 국왕을 주저하게 해서는 안 된다. 그는 선생이 아니라 심판관이다. 비록 국왕은 교회 혹은 사회 단체가 범죄자의 회복을 위해 일할 자유를 부정할 수는 없지만, 그 자신은 무엇보다 형벌, 규율, 그리고 징벌에 유의해야 하고, 죄수가 자신의 죄로 말미암아 자신에게 이런 불행한 현실이 일어났다는 것을 인식하게 만들어야 한다.

§184   사형

위의 논쟁은 사형에 반대하는 유일한 강압적 논쟁을 무력화시킨다. 왜냐하면 만약 국왕이 정의를 유지하는 관점에서 범죄자를 교화하기보다 형벌을 집행하는 것에 염두를 둔다면, 재소자의 정신 상태가 그를 처형하는 데 장애가 될 수는 없기 때문이다. 남아 있는 유일한 문제는 이것인데, 가령 정부가 사람의 목숨을 빼앗을 권리를 가졌는가다.

우리가 생각하기에 그 문제는 정부가 전시에 병사들을 사선으로 보내거나 반란의 시기에 병사들에게 군중들에게 발포하게끔 하는 사실에 따라 동일하게 신자와 비신자에게 적용된다. 그러나 신자들에게 그 문제는 노아 홍수 이후와 이스라엘의 법 또는 골고다의 십자가에서나 사도들의 온전한 말씀(롬 13장)에서 하나님이 선언하신 바에 따라 더 엄중하게 정리된다. 무고한 사람이 목숨을 잃을 수 있다는 반론은 (1) 시위 군중에게 발포하라는 명령에 대한 동일한 반론으로, (2) 전시 상황에 대한 동일한 반론으로, (3) 법원의 양심적인 절차로, (4) 사면을 하는 권리로, 그리고 (5) 골고다의 그 십자가로 인해 가차 없이 좌초한다. 그리고 정의의 가장 엄격한 요구가 무고한 사람의 희생을 요구할 때, 십자가는 가장 참혹한 사형이 비록 우리에게 적용되더라도 우리를 화해시킬 수 있다.

그러므로 우리는 참작할 수 있는 조금의 정황도 존재하지 않는 계획적 살인자는 언제나 가차 없이 피를 흘리는 죽음으로 벌을 받아야 한다고 말하는 것을 주저하지 않는다. 그런 형벌의 혹독함조차 사면을 관습으로 삼을 수는 없다. 정의와 공평은 사면이 예외적인 것이라고 말한다.

제15장

공공질서

제14조

정부는 공용 도로 혹은 공공장소에서 공공질서를 감시할 의무가 있고, 술의 소비를 제한하고, 외설적인 책, 투고란, 그리고 그런 출판물의 진열을 금지하고, 미성년자들을 외설적인 행동으로 유혹하는 것을 범죄로 간주할 의무가 있다. 그리고 매춘을 규제할 때는 금지도 보호도 아닌 단념시키는(discouraging) 방식으로 규제할 의무가 있다. 그러나 이런 의무로부터 나온 모든 조치는 엄격하게 가정생활의 영역에 속하는 것에 관여하지 않는다는 조건으로 규제한다.

I. 공적 영역에서의 품위

§185 도덕이 아니라 질서

우리의 강령은 공중"도덕"이 아니라 공공"질서"에 대해 말한다. 정확하게 우리가 보기에 그렇다.

과거에 결국, 과도한 경찰력과 간섭하기 좋아하는 정부는 이 영역에 상당한 해를 입혔다. 그 영역은 진정한 지뢰밭이다. 그것에 관해 자신의 견해를 제시하기 원하는 사람은 누구든지 신중하게 자신의 말을 정의하는 편이 낫다. 그렇지 않으면 공적으로 나쁜 행동에 의해 공격을 받았을 때, 그 사람은 오늘 바로 모든 사회를 경찰의 감시 하에 두는 위험을 무릅쓰게 되고, 다음날 모든 귀찮은 간섭에 대한 반응으로 수문을 넓게 열고 수많은 스캔들이 공적 영역에서 방해받지 않고 흐르도록 허용하게 된다.

우리 생각에, "명예(*mores*)"와 "도덕(*honestas*)"을 생각 없이 맞바꾸는 것보다 생각과 성향의 해로운 불안정에 더 큰 기여를 한 것은 없다.

도덕은 가슴을 친다. 그것은 의도와 관련이 있고 직접적으로 정신의 숨겨진 삶의 내면적 메시지와 관련되어 있어서 경찰이 볼 수도 없고 정부는 알 수 없는 영역이다.

이런 어려움으로부터 벗어나기 위해 사람들은 "공중도덕"이 단지 적절한 행동 그리고 품위 있는 행동을 언급한다고 재빠르게 주장했다. 그러나 이것은 말장난이다. 우리는 가장 민감한 관심사를 아무렇게나

대하는 것에 반대한다.

"도덕"이라는 말은 너무 선량하고, 그 개념은 너무 성스럽다. 그러나 당신은 정부와 사람들을 이런 숭고한 개념에 대해 저속하고 천박한 생각으로 익숙하게 하는 데 도움을 주고 있다. 아니다. 당신 자신이 진리라고 부르는 것 안에 있어라. 만약 당신이 자신이 말하는 것이 될 수 없다고 인정하면 당신에게 맞지 않는 이름을 버리고 더 겸허한 이름에 만족하라.

우리가 이것을 더욱 강조하는 이유는, 정부는 때때로 잘못된 이름에 유혹되어 자신의 본연의 사냥터 밖으로 나아가서 의심스러운 공격을 감행하기 때문이다. 정작 자신이 보호구역에서는 해로운 야생동물이 번성하고 있는데도 말이다.

문제는 정부가 사람들의 마음속에 도덕 혹은 정신적인 선을 주입할 수 있는 도구, 재능, 능력, 그리고 소명이 없다는 사실이다. 그것은 전형적으로 교육과 국가적 풍습의 일이거나 성령에 의해 초래된다. 성령은 그것을 하나님의 말씀 경영, 즉 교회를 통해서 달성하신다.

도덕에 기반을 두고 §186

우리는 정부가 국가의 도덕적 웰빙에 아무 기여도 하지 않는다는 것을 암시하고 있는가?

결코 그렇지 않다. 싫든 좋든 정부는 법으로 국가의 도덕적 발전에 영향력을 행사한다. 더군다나 하나님의 종으로서 정부는 야수성을 견제하고, 규범으로서 인간을 인간으로 받아들이며, 그래서 국가 및 개인의 양심 속에 높고 신성한 힘의 표명을 위한 길을 열기 위한 부름을 받았다. 이것이 가장 확고한 주장이다. 왜냐하면 이것이 없다면 선과 악 사이의 모든 합법적 차이는 사라지고 정의의 집행을 위한 어떤 여지도 없어지기 때문이다.

그러므로 정부가 국가의 도덕적 발전에 주목해야만 한다는 것을 인정하라. 그러나 동시에 정부는 이것을 스스로의 방법과 하나님의 법에 따라 실행할 것이 요청된다. 이것은 다음과 같이 설명된다. (1) 이런 민감한 문제들에 대한 법들은 단순히 금지하거나 명령만 해서는 안 된다. 그리고 단지 증명할 수 있는 것만 영향을 미처야 한다. (2) 정부는 가정, 학교, 교회의 영역에 속한 것들은 내버려두어야 한다. (3) 국가가 두 가지 선택 사이에서 선택해야 할 때 좌로나 우로 가기 위해 자신의 권력을 남용해서는 안 된다.

분명히 이런 극도로 미묘한 입법가의 일이 경찰들에게 맡겨져서는 안 되고, 지역 의원과 경찰청장이 그런 고도로 민감한 문제들을 다루기에 충분하다고 생각해서는 안 된다. 이런 이유 때문에 치안유지활동의 영역에서 우리는 "공중도덕"보다는 "공공 예절"이라는 표현을 선호한다.

예절은 도덕의 영역에 속한다. 그러나 그것은 보이지 않는 것이 아니라 보이는 것과 관련되어 있다. 그것은 유형, 외적인 현상, 모든 사람이 볼 수 있는 것을 말한다. 그러므로 그것은 마음의 동기와 암시를 판단하지 않는다.

어떤 사람이 자기 아이들의 잘못된 행동을 누설하지 않음으로써 자기 이름의 명예를 유지하는 것처럼, 그리고 거실에 있는 방문객에게 부엌이나 방에서 무슨 일이 일어나고 있는지 암시를 주지 않음으로써 그의 가정의 명예를 유지하듯이, 그러므로 공손함을 유지하면서 거실의 평판을 유지하듯이, 마찬가지로 경찰들은 잠긴 문 뒤로 은밀하게 진행된다고 의심되는 것을 공개적으로 드러내지 않으면서도 공동체의 평판을 유지시켜야만 한다.

그러므로 예절이라는 개념은 사람들의 수치심의 표현이다. 그것은 대중적 시야에 노출된 영역에서 더 엄격한 규칙을 지키거나 여러 가지 사적인 생활에서 얻을 수 있는 것보다 더 숭고한 규범을 받아들이도록 서로를 강제하는 시도를 말한다.

우선 사람들은 공적 영역에서 그런 예절을 희망한다. 왜냐하면 만약 모든 사람이 자신의 일을 하도록 허락된다면, 즉시 나쁜 것들은 선한 것들에 대해 그들의 삶의 방식을 강제하기 때문이다. 왜냐하면 잘못된 것이 사람들을 타락시키는 것을 단지 보고만 있는 사람들이 거리를 활보하기 때문이다.

존경받는 귀족은 반쯤 걸치고 거실에서 자신의 손님들을 맞이하지 않는다. 그는 손님이 반쯤 걸치고 도착하는 것을 참지 못한다. 그는 속이는 게임을 원하지 않고 천박한 것으로 간주되는 사업을 원치 않는다. 그는 병들고 술 취한 사람이 방에 들어와서 성가시게 하는 것을 허락하지 않는다. 그는 저속한 말이나 외설적인 출판물을 배포하는 것을 참지 못한다. 마찬가지로 모두를 대신하여 공동체의 평판을 보호하는 경찰은 우리가 공적 영역이라고 부르는 커다란 거실에서 예절의 관점에서 불쾌한 것은 추방되고 제거되어야 한다고 다짐한다.

이 관점에 우리를 두게 되면 경찰은 대중이 접근할 수 있고 정부의 보호 하에 안전한 모든 공공장소와 폐쇄 공간으로 자신의 활동을 확대해야만 한다. 특히 공공 철도, 공용 건물, 교회, 공립 학교, 극장과 놀이장소, 그리고 가게와 백화점 등이다.

극장은 그곳이 정부 보호 아래 정부의 허가로 활동한다는 단순한 이유 때문에 포함된다. 그래서 정부는 그들이 공개직으로 개최하는 공연에 대해 책임을 공유한다.

따라서 지방정부는 우선적으로 공용 도로, 거리, 광장과 운하뿐 아니라 (일반적으로 경찰들이 소홀히 하는) 좁은 길과 골목에서 옷을 걸치지 않은 사람이 바깥으로 나다니지 않도록 적절하게 주의해야 한다. 또한 누구도 큰소리로 떠드는 속된 말, 거친 언어, 저속한 노래로 다른 사람들을 불쾌하게 하지 말아야 한다. 그리고 술 취함과 음란이 도로를 자유롭게 사용하면서 법을 준수하는 시민들을 방해해서는 안 된다. 경찰은 조용하고 드러내지 않는 대화에 주의할 필요가 없다. 그러나 만약 어떤 사람이 모든 지나가는 사람들이 들을 수밖에 없는 큰소리로 가장 뻔뻔한 저주와 저속한 언어를 내뱉기를 좋아한다면 경찰은 그 말하는 사람이 무신론자이든 아니든 그것을 멈추게 해야 한다. 모든 사람이 그런 행동은 부적절하고 그런 부적절함으로부터 시민들을 보호하는 것이 경찰의 업무라는 것에 동의한다.

둘째, 마찬가지로 정부는 대중을 즐겁게 하도록 허가받은 극장과 다양한 놀이 장소에서 부적절하고 외설적인 것이 드러나지 않도록 주의해야 한다. 이것은 존경받는 그룹의 사람들이 공연들을 검열함으로써 달성될 것이다. 만약 그 사람들이 그 공연들을 비난하면 경찰이 허가를 취소하고 일시적인 허가 외에는 1년 동안 재개봉을 금지하도록 할 것이다. 위반이 드러난 기관은 정상 수수료의 5배를 내고, 예방 감독을 받게 되며, 대중 광고에 관한 모든 권리를 박탈당한다.

셋째, 정부는 광고와 출판물의 발표에 대해 방심하지 않아야 한다. 예절을 방해하고 저속함을 가져오거나 불결함을 가져오는 것은 무엇이든지─무대나 출판이 아니어도─결코 정부의 보호를 받을 수 없다. 특히 어떤 신문이 한마디로 지옥의 영에게 이용당하는 것에 불과한 저급한 광고를 전면에 게재하는 추잡한 행위는 결코 용납될 수 없다.

넷째, 어떤 상점 주인도 외설적인 책 혹은 도발적인 사진을 창문이나 모퉁이에 전시하는 것이 허용되지 않아야 한다. 경찰이 그런 품목의 판매를 금지시킬 수는 없다. 그것은 자신들의 권한 밖이다. 그럼에도 불구하고 그것을 찾는 사람들만 그것을 발견하는 것이 아니라, 그것을 찾지 않는 사람도 자신의 의지에 반하여 그것들에 노출된다. 이런 잘못을 저지르는 가게들은 마찬가지로 그들의 허가권이 즉시 취소되고 임시 허가로 전환되어야 한다. 그들의 물품은 공용 도로와 마주 보는 공간으로부터 압수되어 거리로부터 보이지 않는 공간으로 옮겨져야 한다. 같은 맥락에서 당국은 도덕을 타락시키는 책들을 구할 수 있는 공공 도서관들을 폐쇄해야 한다.

도박 §188

다섯째, 경찰은 복권이나 도박, 과음, 혹은 매춘의 기회를 제공함으로써 공적 영역에서의 품위가 침해되지 않도록 단속해야 한다.

하나님의 말씀에 대한 청교도적 정신을 추구하는 우리는 돈을 추구하는 모든 도박을 비난한다. 도덕에 관한 칼뱅주의 작가인 다나에우스(Danaeus)[13]가 무엇보다 자주 그 이유에 대해 설명했으므로 그것을 반복하지는 않겠다. 확실히 자신의 집에서 사적인 도박으로 자신과 가족 그리고 손님들의 체면을 구기지는 않는지 자유롭게 결정해야 한다. 그것은 경찰이 관여할 일이 아니다. 그 문제는 그들의 관할권 바깥에 있으므로 그들의 책임에 해당되지 않는다. 그러나 어떤 기관이 큰돈을 걸어 대중을 유혹하고 자극하기 위해 자신의 면허를 잘못 사용하며, 그들을 높은 소득에 대한 잘못된 희망으로 속이고, 그들의 열정에 불을 붙이며, 그들의 가족을 파괴시키는 이러한 남용은 철저히 잘못된 것이므로, 경찰은 즉시 그것을 중단시켜야 할 긴박한 의무가 있다.

모든 복권뿐만 아니라 자금이 없는 회사를 이용한 허위 거래를 통한 사기는 동일한 행동에 해당한다. 참으로 국가의 복권 사업이 폐지되어야 한다는 것은 아무리 강조해도 지나치지 않다. 단순한 민속적인 요소를 이용한 중앙정부에 의한 해외 복권에 탐닉하는 것뿐만 아니라 소위 복권 대출을 운영하기 위한 지방정부(예를 들어 암스테르담과 로테르담 등)의 관행에 대해서도 우리는 저항할 필요가 있다.

대부분의 수익이 상금으로 가난한 사람들에게 돌아가는 그림과 소모품에 대한 제비뽑기는 복권과는 완전히 다른 성격으로 동일하게 취급되어서는 안 된다. 이것은 경찰의 일이 아니다. 왜냐하면 여기에는 어떤 부적절함도 없기 때문이다.

---

13 람베르투스 다나에우스(Lambertus Danaeus, 1530-95)는 칼뱅주의 신학자로 제네바, 레이던, 그리고 몇몇 프랑스 대학교에서 지속적으로 가르쳤으며, 『Ethices Christianae』(1577)의 작가다.

그러나 "선량한 모든 사람들"이 보기에 불미스러운 것, 하나님의 법과 충돌을 일으키는 것, 그리고 정치경제학자들이 명백하게 사회적인 악으로 비난하는 것은 우리의 대중적 명예와 품위의 보호자들이 주장하는 바에 따라 공적 영역으로부터 추방되어야 한다.

II. 알코올 중독과 매춘

술 취함 §189

알코올 중독과 매춘은 어느 정도는 엄격히 제한될 수 있고 궁극적으로 도덕의 영역에서 도덕적 방법으로 근절될 수 있다. 우리는 그 문제를 다음으로 미루고자 한다.

공중도덕은 우리 자신이 다음 두 가지를 중시할 것을 요구한다. (1) 이 두 가지 죄에 대한 혐오가 공적 영역에서 표명되는 것은 금지되는가, (2) 공적 영역에서 오히려 이 죄들이 점점 더 심해지는 것을 권장하고 있는 것은 아닌가.

이 두 가지 관심사가 시민 사회의 명예 혹은 공적 생활의 예의를 결정한다.

배경 요인들과 기여 요인들에 대해 말하자면, 이것들은 교회 혹은 개인들이 가지고 있는 기독교적 자선 활동에 대한 직접적인 관심사에 해당한다. 혹은 그것들은 간접적으로 정당한 행정, 민법전, 세금 제도, 그리고 경찰을 통하여 그 사회의 기질에 영향을 미친다. 그러나 이런 요소들이 공공 예절과 연관되지는 않는다.

이런 경계 안에 머물면서 알코올 중독에 대해 몇 마디 하고 매춘을 상세하게 다루기를 원한다. 두 죄 사이에는 친화력이 있다. 그러나 매춘은 절대적으로 모든 상상할 수 있는 형태가 죄악인 반면, 알코올 흡입은 중독 이후에 죄가 된다는 차이가 있다.

우리의 생각에, 알코올 중독에 대해서는 거리에서 술 취한 상태로 발견된 사람은 비록 그가 다른 사람에게 해를 끼치지 않을 때라고 할지라도 공공 안전 때문이 아니라 공공 예절을 위해 경찰이 체포해야만 한다. 그리고 오늘날처럼, 그가 술에서 깨어난 후에도 석방시키지 말고 3일 동안 구금하고 그가 공공 예절을 조롱한 대가를 치르게 해야 한다. 만약 그 사람이 동일한 위반으로 두 번째 붙잡혔다면, 구금 기간은 두 배로 늘어나야 한다. 만약 동일한 사건이 반복된다면 그런 방식으로 더는 다루기 힘든 술주정꾼을 대중에게 알리면서 그의 정치적 권리를 박탈하고, 그럼에도 만약 아무 효과가 없다면 공적인 영역으로부터 그 사람을 추방하는 것도 유용할 것이다.

§190   알코올 중독

알코올 중독을 촉진하기 위해 공적 영역을 이용하는 것으로부터 사람들을 지키려면 무엇을 해야 하는지 아는 것이 더 어려운 문제다.

우리는 알코올음료를 파는 면허가 의료적 처방에 따라 판매하는 것을 충분히 보장할 수 있는 사람들에게만, 즉 약사들에게만 허락되어야 한다고 절대적으로 믿는다. 그런 처방에 완전한 통제력을 주는 의료 직업을 규제하는 법안에 자신들의 권리를 남용하는 의사 혹은 약사는 영구적으로 그 직무를 회복할 수 없도록 면허가 취소되는 조항이 어떤 방식으로든 삽입될 수 있다.

모든 다른 알코올을 파는 상인들의 권리는 면허제에서 허가제로 바뀌어야 한다. 즉 사회적으로 유익하고 명예로운 것으로 경찰이 장려하거나 보호하는 것이 아니라, 대신 해롭고 명예롭지 못한 것으로 엄격한 제한이 가해져야 한다는 것이다.

그런 규제에 따라 이런 상인들의 물품 목록은 경찰의 점검 대상이 되어야 하고 법을 한 번이라도 어긴 생산자, 도매업자, 소매업자, 혹은 술집에 영구적인 폐쇄의 고통이 따라야 한다. 정기적으로 물품 재고의 소비세로 약 30% 정도가 판매세로 미리 지불되어야 한다. 주민 1천 명당 아주 제한적인 수의 허가가 발급되어야 한다. 슬럼가에서는 어떤 술집도 영업해서는 안 된다. 여성과 미성년자는 술집을 출입하는 것이 허락되어서는 안 된다. 알코올의 판매와 소비를 위한 공간이 거리로부터 보여서는 안 되고 이런 공간들이 대중의 눈에 띄지 않도록 경찰은 이를 충족시켜야만 한다.

술집 주인들은 그들의 정치적 권리가 박탈당해야 한다고 이미 말했다. 또한 그들의 허가는 모든 주일 판매를 배제하고, 또한 최고 귀족들의 집단을 포함하여 알코올음료의 제공을 원하는 전용회원제 집단과 리조트들이 만약 매년 회원 당 정해진 양을 초과한다면 조금도 흔들림 없이 동일하게 판매에 엄격한 제재를 받아야만 한다.

§191 거리와 도로에서의 매춘

알코올 중독에서와 마찬가지로 매춘문제에서도 다루어야 할 첫 번째 문제는 공적 영역에서 이런 죄의 현상을 어떻게 억제시킬 수 있을지다. 여기서 우리는 점차 세 가지 결론에 도달한다.

첫째, 거리와 도로, 공개된 뜰 혹은 공공 광장, 숲과 공원에서 경찰은 공개적이든 은밀하든 어떤 변명 하에서도 매춘을 용인해서는 안 된다. 더군다나 경찰은 남자에 의한 것이든 여자에 의한 것이든 매춘 호객 행위를 허용해서는 안 되고, 사창가의 이용도 허용해서는 안 된다.

둘째, 집, 극장, 리조트, 혹은 정부의 허가 아래 영업하는 어떤 장소에서 매춘이나 그것으로의 초대는 허용되어서는 안 된다.

셋째, 공공 도로에 공개된 문과 창문에 게시된 외설적인 광고와 유혹은 엄격하게 금지되어야 한다.

거리들, 모든 허가된 기관들, 거리에 공개된 것은 무엇이든지 시민 사회의 명예 및 예의와 관계된 위대한 공적 영역에 속하므로 수치스럽고 파렴치한 모든 것들을 멀리해야 한다.

그러나 우리는 둘째로 더 복잡한 문제에 이른다. 경찰이 사람들이 공적 영역을 잘못 사용하는 것과, 매춘을 홍보하는 시민의 권리를 어느 선까지 막을 수 있는가 하는 점이다.

그리고 고위직부터 하급직까지 전 경찰들이 개인적으로 모든 매춘에 타협하지 않고 대적하는 인물들로 구성되어야만 하는 냉혹한 요구에 마주치게 된다. 결국 도덕적으로 흠이 없는 경찰력 없이는 매춘에 관한 어떤 진보도 기대할 수 없다. 거리에서 매춘부에게 말을 거는 경찰은 불한당처럼 즉시 해고되어야 하고, 이런저런 방식으로 매춘을 용인하는 경찰관 혹은 경찰서장은 합당한 권력을 행사하지 못한 것으로 기소되어야 한다.

여기에 모든 것이 달려 있다. 이것은 중요한 점 중의 하나다. 밀수꾼은 국경 수비대가 될 수 없다. 밀렵꾼이 사냥터 관리인이 될 수 없다. 같은 이유로 그들의 도덕적 성격이 높지 않은 것으로 알려지거나 의혹의 가능성이 있는 경찰관은 축복이 아니라 저주다.

매춘은 방지될 수 있다 §192

반대로 비록 전부는 아니지만 도덕적으로 올바른 경찰력은 상당한 것을 달성할 수 있다.

이 문제를 다룰 때 시골과 작은 도시의 상당히 많은 사람들 가운데서 매춘 사건은 대도시의 중심부에서 일어나는 불미스러운 부분의 1/3에도 미치지 않는다는 것을 기억해야 한다. 우리 동네에서 일어나는 일들은 거룩한 것과는 관계가 없다는 것을 알고 있다. 그러나 몸을 파는 매춘은 거기서도 거의 들어보지 못했다. 대부분의 군인과 학생들은 그들이 자신의 부대와 대학에 도착할 때 매춘이라는 혐오스런 일이 그들의 장소에서 자라고 있다는 것을 전혀 모르고 있음에 틀림없다.

시장 마을 혹은 도시 축제로부터 상당히 떨어져 있는 지역에서 그것은 특히 사실이다.

그러나 이 모든 것은 만약 대규모 중심가, 군대 도시, 강안 항구에서조차 사람들이 매춘에 강경한 입장을 취하면서 강력하게 물리친다면 그 죄가 방지될 수 있다는 사실을 강조한다.

이것을 달성하기 위해 한 가지 필요한 것은, 정부가 스스로가(또는 정부의 권리, 정부에 맡겨진 책임영역, 그리고 공무원 조직이) 매춘의 승인, 보호 혹은 홍보를 위하여 사용되는 일을 결코 허용하지 않아야 한다는 점이다.

정부가 매춘을 수치스러운 것으로 선언하고 공중도덕의 지지자로서 그것을 반대하면, 설사 지속된다 할지라도, 이런 악의 절반 정도는 억제될 것이다. 만약 정부가 간접적으로 매춘을 지지하지 않으면 반은 사라질 것이다. 우리가 정부에 대해 제기하는 심각하면서도 부인할 수 없는 혐의는 정부 당국이 실제로 매춘을 지지하는 일들을 하고 있다는 것이다.

만약 공적 영역에 자유롭게 접근할 수 있다면 어떤 무역이나 상업도 번창할 것이다. 만약 당국이 접근을 금지한다면 그것은 갑자기 절반 정도로 쇠락할 것이다. 우리의 주장은 정부가 명예로운 거래가 아니라면 공적 영역을 절대 개방하지 말아야 하고 매춘 같은 외설적인 활동을 즉시 폐쇄해야 한다는 것이다.

그리고 그것은 오늘날 정부가 하지 않고 있는 일이다. 반대로 정부는 이런 밀거래에 공적 생활의 모든 혜택을 제공하고, 최대한 그것을 홍보하며, 하나님과 모든 품위 있는 사람들 앞에서 최소한 그것의 확대에 절반 정도의 책임이 있다.

§193   매춘을 방지하는 방법

만약 정부가 하나님의 종으로서 자신의 의무에 따라 매춘에 대한 간접적인 지지를 철회한다면 정부는 다음 대책들을 실행하리라 생각한다.

(1) 매춘굴 면허 혹은 거리에서의 건강 검진 카드의 발행 혹은 매춘부 호위에 대한 영구적 철폐.

(2) 매춘부에 대한 건강 검진의 영구적 철폐.

(3) 브루흔(Van der Brugghen)[14]이 정확하게 준수했듯이 공식 문서에서 완곡어법의 사용을 영구적으로 철폐하고 창녀, 창녀굴, 오입쟁이 같은 경멸적인 이전 용어를 재사용할 것.

(4) 매춘의 증거에 따라 민법 혹은 판매와 재판매, 임대와 전대(轉貸), 선불과 대출의 관계에 있어 채물부이행 시에, 면허와 허가를 받은 모든 권리의 정지.

이것은 반대로 다음과 같은 결과를 가져온다. (a) 임대 수입에 대한 모든 권리를 잃을 수 있는 소유주 혹은 임차인 없이 포주는 건물의 일부나 전부에 가게를 차릴 수 없다. (b) 포주의 처분에 자기 집의 일부를 맡긴 사람은 누구든지 문제가 되는 집의 임대 또는 전대 요금에 대한 모든 권리 주장을 잃을 수 있다. (c) 사창가를 유지한 사람은 누구든지 숙박 시설 혹은 여관의 소유주로서 자신의 면허 혹은 허가를 잃을 수 있다. (d) 자신의 집에 사창가를 차린 사람은 누구든지 자신의 재산을 등록할 공증인을 둘 수 없으므로 그것을 팔 수 없다. (e) 임대한 집에서 다른 사업을 하지 않으면서 사창가를 운영한 사람은 누구든지 집의 나머지에 대한 임대료를 지급하지 않은 채무불이행에 대해 어떤 구제책도 없다. (f) 매춘부와 그 이용자에 대해 그 집에서 일어난 절도 혹은 강도는 법원에 소추될 수 없다. (g) 매춘부의 서비스를 구입할 목적

---

14 판 드르 브루흔(J. J. L. van der Brugghen, 1804-63)은 네이메이흔(Nymegen) 지역법원의 판사였고 "윤락녀들"을 위한 회복 센터의 임원이었고, 매춘 합법화의 반대자였다.

으로 외부에서 거래된 협약 혹은 선금은 그 집에 있는 어떤 사람에 대해서도 효력을 가질 수 없고 문제의 사람을 그 집에 자신들이 선택했던 것보다 오래 머무르게 할 수 없다.

(5) 매춘이 일어나거나 혹은 지정된 방에서 매춘의 기회가 제공되는 집은 지나가는 사람들이 알아차릴 수 있는 표시를 할 수 없고, 경찰은 시각적이든 청각적이든 어떤 표시라도 그것을 공서양속법 위반으로 간주하여 즉각적으로 제거할 것을 요구할 무제한의 권한을 갖는다. 그리고 거부할 경우 허가를 취소할 수 있다.

(6) 만약 사람들이 구두 광고 혹은 포스터로 그런 집의 존재에 대해 낯선 사람들에게 공공연한 주목을 끄는 행동을 하다가 잡혔다면 그 사람들은 심하게 벌을 받게 된다.

(7) 미성년자들은 그런 집에 있는 것이 용인되지 않는다.

(8) 매춘에 빠져 감금된 아이는 요청하는 부모 혹은 보호자에게 자유롭게 보내진다.

(9) 급여를 받는 모든 공무원이 공무집행 외에 그런 집에서 머물면 즉시 면직된다.

(10) 매춘굴의 포주는 술 면허를 얻을 수 없다.

(11) 비슷하게 포주들은 후견인, 진술, 정치적 선거권이 최소한 10년 동안 제한된다.

(12) 직접 혹은 간접적으로 여성이나 여자아이를 포주의 손에 넘겨주는 것이 적발된 사람이나 혹은 자발적으로 나서지 않음에도 여성이나 여자아이를 꾀는 것이 적발된 포주는 "불법 감금"을 범한 것 또는 그것을 사주한 범죄로 기소된다(형법 제341조).

(13) 덧붙여 경찰은 매춘이 일어나는 어떤 집에서 술을 판매하거

나 도박 혹은 불법적 감금이 일어나는지를 밤낮으로 확인하기 위해 무제한적 자유를 가져야만 한다.

(14) 그리고 최종적으로 정부는 각각의 관할권 가운데 이런 모든 규제들에 대한 법적 추정을 확립해야 한다.

이런 방식으로 현재 볼테르적인 정책 방법(Voltairian method of policing)[15]의 수렁 속에 쓰러져 있는 공공 예절은 다시 그 머리를 들 수 있고, 그런 가운데 이런 다소 심한 방법으로 국내 생활의 영역은 개인 양심의 책임에, 도덕의 영역은 가정과 학교의 양육과 교육에 맡겨지게 된다.

정부는 자신의 영역에서 공직자들의 품위와 명예를 보호한다. 위험을 무릅쓰고 죄를 고집하는 성인들은 완전한 책임을 지게 되므로 그런 행동을 할 자유가 있다.

정부는 자신에게 속한 어떤 것도 잘못 사용해서는 안 되고 "하나님의 눈에 악한 일"은 허가된 적이 없다는 것을 확인한다.

이것은 경찰이 별다른 소득 없이 추구해오다가 마침내 얻게 될 위상이며 자신들의 소중한 일에 필수적인 것이다. 한마디로 시민들의 효과적인 도움과 도덕적 존중이다.

---

15 이러한 "볼테르적인 정책 방법"(Voltairian method of policing)은 아마도 공공 정책에 접근할 때 막무가내거나 자신의 방식에 따라 마음대로 처리하는 것을 언급하는 것 같다.

제16장

공중 보건

제15조

공중보건학의 관점에서 정부는 음식의 부패, 공도(公道)의 소음, 공기와 물의 오염으로부터 시민을 보호할 의무가 있다. 이것은 자신의 구역에 청결함과 품위 있는 신체의 매장(埋葬)을 제공하기 위한 것이다. 뿐만 아니라 정부는 전염병이 발병할 때 자신들의 의지와 동의 없이 질병의 바이러스에 대한 위험한 노출로부터 사람들을 보호하기에 도움이 되는 필수적인 모든 방법(자신의 신체와 양심에 대한 자유로운 처분은 제외하고)을 취해야 한다.

I. 정부의 사무

§194   갈등

품위는 단정함과 청결함을 거쳐 위생에 이른다.

그러나 품위와 위생이 "살아 계신 하나님"을 배제한 정부(이 경우 위생 당국이다)에 맡겨져서는 안 된다. 확실히 하나님의 이름의 영광은 대중적 공간에서의 우리의 공적인 생활의 품위에 달려 있고, 대낮에 파고드는 혐오스러움은 은밀하게 범한 죄악보다 훨씬 불경스럽다.

풍속을 논의할 때 사람으로서 우리의 품위가 보호받아야 한다고 계속해서 촉구한다. 만약 여기서 우리가 전능하신 자에 대해 침묵한다면, 그 이유는 이 점에 대해서는 정부에 관해 기술한 4장에서 확실하게 다루었기 때문이다. 우리 입장에서는 하나님의 영광과 대중 공간의 품위 사이에는 불일치가 없고 반대로 대중 공간에서 우리의 품위를 살리는 것은 하나님의 이름을 영화롭게 하는 것으로부터 출발된 품위다.

공중 보건을 다룰 때 그 경우는 다르다. 여기서 불일치는 상상할 수 있을 뿐 아니라 벌써 일어났다.

천연두 접종에 대한 논쟁 혹은 공중위생의 관점에서 전염병이 창궐하는 동안에 교회를 폐쇄하려는 몇몇 무심한 치안 판사들의 부끄러운 생각을 살펴보라. 매장을 거부하고 이교도의 화장 관습을 유행시키려는 기독교 국가들의 터무니없는 시도를 생각해보라.

그러므로 우리의 출발점을 선택하는 데 매우 신중해야 하며 우리의 박사들(많은 사람들이 철학적 유물론자들이다)에게, 엄격하게 말해서 그들이 요구할 수 있는 있는 것 이상을 주지 않는 것이 필수적이다.

많은 사람들은 공중 보건을 대중적 공간뿐 아니라 우리 신체를 의과대학의 사적인 사냥터로 바꾸는 일반 의료 서비스로 간주한다. 그리고 우리의 신체는 불가해하고 신비롭게 우리의 정신적 존재(대부분의 경우 위생사들은 그것에 대해 거의 관심이 없다)와 연결되었기 때문에 우리의 신체적 필요는 우리의 정신적 필요와 갈등을 일으킬 수 있다고 말하지 않을 수 없다. 그런 경우 우리는 모든 경우에서 "신체는 정신에 앞선다"는 유물론적 결론에 대하여 끝까지 투쟁해야만 한다.

칼뱅주의

§195

우리는 위생을 논의할 때 두 가지 점을 전면에 앞세워야 한다. (1) 질병은 "우연히"가 아니라 "하나님 아버지의 손[1]"으로부터 발생한다. (2) 개혁주의자는 "나는 나 자신이 아니라 삶과 죽음 가운데 몸과 정신이 나의 신실한 구주 예수 그리스도에게 속한다"고 고백하는 사람이며 몸을 돌보는 것이 자신의 신앙의 핵심과 관련되어 있다는 것을 안다.[2]

첫 번째 사항은 스스로 말한다. 두 번째 사항에 대해서는 청결은 모든 건전한 보건의 어머니라고 간단히 언급한다. 하나님의 말씀 속에 청결은 매우 상세하게 사람들에게 제시되었고, 자신들의 고백을 통해 하나님의 말씀을 순수하게 표현하는 개혁주의자들은 "청결함"에 대한

---

1   하이델베르크 교리문답서 27번 Q&A를 참고하라. 잠 16:33, 마 10:29.
2   위 교리문답서 Q&A 1 참고. 고전 6:19-20, 3:23, 롬 14:7-9, 딛 2:1.

평판에서는 모든 다른 민족들을 앞지른다.

하나님의 말씀으로부터 이것을 기억하면서 몸, 의복, 식기, 잠자리의 청결에 대한 법, 특별히 한센병에 대한 일련의 법들을 기억하라. 그리고 이 점에 대해 칼뱅주의자들을 인정하기 위해서 네덜란드 사람들과 독일 사람들 또는 스코틀랜드 사람들과 영국 사람들을 단순히 비교해보라. 이상이다.

이 사실로부터 우리의 보건 당국은 세 가지 결론에 도달한다. (1) 특별히 칼뱅주의 국가들에서의 공중 보건은 무엇보다 청결함에 대한 사람들의 성향을 강조함으로써 도움이 된다. (2) 갈등의 경우에 보건 당국은 육체를 위해 영혼이 고통당하게 하지 말아야 한다. (3) 그 이유 때문에 그들은 우리의 신체, 교회, 그리고 양심을 손대지 않아야 한다.

이런 상태에서 보건 당국의 업무는 대략 다음과 같이 정의될 수 있을 것이다. "사람들의 건강이 공적 영역 그 자체 또는 그 영역에서 발견되는 것들에 의해 가능한 한 작은 침해를 받을 것을 보장한다."

"가능한 한 작은"이라는 문구는 간과되면 안 되며 최선을 다해 우리가 성취해야 할 목표다. 공기를 가둘 수 없고 개울과 운하의 물을 필터로 거를 수는 없기 때문에, 토양의 진행과정을 우리가 완벽히 파악할 수는 없기 때문에, 사람들이 당신이 알아차리지 못하게 속일 수 있기 때문에, 혈액 흐름을 막을 수는 없기 때문에, 마지막으로 어떤 질병의 바이러스도 고립되거나 분석되거나 예측될 수 없기 때문에, 아무리 심한 격리 대책도, 그리고 아무리 엄격한 규칙도, 치명적인 요소들이 여전히 자신의 지식의 한계에 무지한 모든 의사들을 웃음거리로 만드는 것을 막지 못한다.

그러나 그런 상황이 주어지더라도, 관용의 방법이 아니라 소명과 의무에 따라 할 수 있는 것은 실행되어야 한다. 우리의 강령은 (1) 음식의 부패, (2) 공기, 물, 토양의 오염, (3) 정부 자체의 불결함, (4) 화장, 그리고 (5) 감염 질병 등의 순서에 따라 논의할 것이다.

(1) 음식의 부패 §196

우리 제빵업자들, 식료품상들, 우유배달원 등은 면허를 발급받아 영업한다. 이것은 그 시설들이 부분적으로 대중적 공간을 점유한다는 것을 의미한다. 이것은 그들이 자신들의 사업을 일으키기 위해 정부의 관리 아래 위임된 것, 즉 넓은 의미의 공적인 영역을 이용함으로 정부의 보호 아래 자신들을 둔 것이라고 말할 수 있다.

그것이 바로 그들이 왜 대중적 신뢰를 받아야 하고 그러므로 정부와 책임을 공유해야 하는지의 이유다. 그런데 브리튼(Brighton)에서 일어난 일처럼, 제빵사가 밀가루 반죽에 독을 넣고 그것이 누설되기 전에 많은 가족들에게 그 빵을 팔았다. 그 결과로 약 열 군데의 가정이 가족을 잃은 슬픔에 빠져들었다.[3] 독극물을 섞은 음식과 음료수를 팔다가 잡힌 상인에게 심한 형벌을 부과하는 것은 분명히 정부의 의무에 속한다.

만약 판매자가 우유와 포도주를 희석시키거나 혹은 자신의 차(tea)에 버드나무 이파리를 보충하여 사람들을 속이기 원한다면 그것은 경찰이 관여할 정도의 문제는 아니다. 그런 경우에 우리의 기민한 주부

---

3 초콜릿을 포함시켜 어린아이의 죽음을 일으킨 악명 높은 브라이튼 독극물 사건은 1871년 일어났다. 카이퍼는 기억으로부터 인용하는 있다.

들은 자신들의 눈을 열고 부엌에 있는 검유기(galactometer)⁴를 사용하여야 한다.

그러나 만약 욕심을 부리면서 무모하게 사람들이 몇 푼의 추잡한 돈을 위하여 자신들의 그릇 속에 해로운 물질을 섞어 고객들의 건강과 생명을 희생시킬 만큼 부도덕할 수 있다면, 내 생각에 정부는 (1) 상품에 대한 무작위 테스트, (2) 사람들이 (가난한 사람들에게는 무료로) 자신이 구매한 물품을 시험할 수 있는 상담소를 개설하는 등의 두 가지 방법으로 개입해야 한다.

일단 발각되면, 나쁜 행동에 대해서는 가차 없는 징벌로서 최소한 5년 동안 면허를 취소해야 한다.

§197   (2) 공기, 토양, 그리고 물의 오염

페인트 공장은 주변을 오염시킬 수 있다. 오수 저장소 또는 하수구는 토양을 오염시킬 수 있다. 물은 하수에 의해 오염될 수 있다. 그리고 모든 일이 공기를 마시고 토양을 디디며 물을 마시는 시민들이 그것을 인지하고 그에 대한 대책을 세울 여지도 갖지 못한 채 발생한다.

그러므로 내 건강은 다른 사람이 공적 영역에 들여온 오염 물질에 의해 위협당할 수 있고 개인 시민으로서 나는 이에 무기력하다. 따라서 이것은 보건 당국이 적절한 행동을 취해야 할 영역이다.

그들은 얼마나 많은 유독한 물질들이 공장의 굴뚝으로부터 방출

---

4   검유기(galactometer)란 우유 같은 액체의 상대적인 농도를 측정하는 기구이며 우유의 지방 함량을 알아낸다.

되었는지, 그리고 이것이 얼마나 많이 유해한 영향을 끼치는지를 조사해야 한다. 이것을 근거로 그들은 그런 공장이 거주지와 상당한 이격 거리를 확보하도록 해야 한다.

비슷하게 그들은 공장으로부터의 폐수, 집과 은신처로부터의 배설물, 그리고 오수 저수지로부터 토양이 흡수할 수 있는 포화점을 넘는 더 많은 양의 하수가 토양에 흡수되지 않도록 주의해야 하고, 대부분 정체된 물이 가득 찬 운하 또는 최소한 음료수로 사용하는 물에 들어가거나 직접적인 배출구가 없는 개천이나 시내로 흘러가거나 혹은 한 지방에서 다른 지방으로 흐르지 않도록 주의해야 한다.

마지막으로 그들은 다리나 부두 아래의 구석 또는 골목에 버려진 쓰레기 또는 오물이 유독 가스를 발생시켜서 주변 거주자들과 지나가는 사람들에게 해로운 결과가 미치게 해서는 안 된다.

쓰레기 더미, 두엄 더미 혹은 시민 소유의 화장실이 이웃에게 성가신 것이 되지 않도록 돌보는 것도 같은 범주에 놓여 있다. 이것은 불결한 가스를 한 사적 공간에서 다른 사적 공간으로 옮기는 것만 관련이 있는 것처럼 보인다. 그러나 한 지역에서 다른 지역으로 가스를 전달하는 수단은 대기인데, 그것은 공적 영역에 속한다.

우리는 이런 엉성하고 불결한 관습에 대해 아주 엄격한 통제를 주장한다. 그것은 우리 건강에 대한 공격일 뿐 아니라 우리의 인간적 품위에 상처를 입힌다. 시골과 농장의 환경 상태는 세례 받은 그리스도인인 자유로운 시민에게 참을 만한 정도다. 그러나 마구간과 일반적인 돼지 우리에서는 참을 수 없다.

§198 (3) 정부의 불결한 관행

"가르치지 말든가, 아니면 예를 들어 가르쳐라!" 이 그리스 속담은 우
리 정부가 너무 자주 잘못을 범하는 공중 보건에 관해 실행해야 하는
진리를 포함한다. 결국 공용 건물에서 네덜란드 정부는 주민과 방문객
모두에게 정돈과 청결의 모범이 되어야 한다.

이 기준을 적용하기 위해 우리 동네와 마을을 둘러보라. 그리고 우
선 헤이그에 있는 사무실과 빌딩을 바라보고 어느 것이 더 깨끗하지
않은지 자신에게 물어보라. 건물 정면은 페인트칠이 되지 않아 보기
흉하고, 창문은 더 더러워 보이며, 건물에 들어갈 때 구내에서 당신은
우중충한 모습과 퀴퀴한 공기를 마주친다. 그것들이 행정, 사법, 공적
업무를 위한 정부 청사다. 이것에 관하여 정부의 의무를 상기시키는
것이 지나치지 않다는 인상을 막을 길은 없다.

II. 매장과 전염병

§199 (4) 매장

죽은 사람들의 시체는 살아 있는 사람들에게 해가 되지 않도록 다루어
야 한다. 그러나 이것은 죽은 자들과 살아 있는 자들의 감정에 대한 존

중이 합치되는 방식이 되어야 한다.

우선 어떤 사람이 죽은 것처럼 보이는 것이 아니라 정말로 죽었다는 것을 절대적으로 확신하면서 다른 무엇보다 당국이 사망이 어떤 상태인지에 대해 법적으로 정의할 의무가 있다. 죽은 것 같지만 아직 죽지 않은 사람의 신체를 매장하는 것은 법적으로 살인에 해당된다. 이 점에 대해 확신을 갖는 것을 소홀히 하는 것은 사랑이 없는 것이다. 그러므로 현재 우리의 매장법(Burial Act)은 살인하지 말라는 제6계명을 범하는 것이다.

이로 인해 시체를 집밖으로 가져나오는 기한을 고정하는 것이 결코 불가능하지는 않다. 공동묘지는 깔끔하고 적절하게 구비된 영안실을 가질 수 있고, 부패의 기색이 보이지 않는 시체는 그런 흔적이 나타날 때까지 집에 남아 있을 수 있다. 특별히 심각한 전염병이 도는 시기에 의학적 감시가 어렵고 사망 추정자의 가족들이 종종 시체의 제거를 요구할 때는 너무 엄격하게 이런 주의를 기울일 수 없다.

둘째, 매장이 공공 서비스로 제공되는 모든 곳에서 당국은 특별히 우리나라같이 추운 지역에서는 모자를 벗고 무덤 앞에서 하나님을 기념하는 것이 가능하도록 신경 쓸 필요가 있다. 가장 적절한 수단은 빈 무덤과 주변에 펼쳐진 바람과 비에 대한 피신처를 제공할 수 있는 임시 텐트 또는 덮개다.

셋째, 우리 생각에 만약 화장을 원하는 사람이 스스로 그것을 원한 것이 아니거나 기독교의 매장을 공격하는 이교도의 풍습을 선전하기 위한 것이 아니라는 것이 명백하지 않다면, 당국은 시체를 화장하는 것을 허락해서는 안 된다.

§200　화장

아래와 같은 조건 하에서 우리는 화장(火葬)을 선택하는 것에 반대할 수 없다. 현재, 이러한 조건들이 충족되지 않을 때는 화장을 반대해야 한다.

시체의 매장이 건강에 해로운 것으로 간주되기 때문에 화장이 가장 추천할 만하다는 매장 인부들의 글을 인용하면서 우리는 과거에 이를 폭넓게 논의했었다. 일단 이 가정을 받아들이면 이 해로운 관행은 여론의 지지를 상실하여 법으로 매장이 금지될 때까지 계속해서 싸워야 한다는 논리적 결론에 다다를 수 있다.

최소한 현재 우리는 우리나라에서 매장 인부들이 그런 금지에 반대하고 있다는 것을 알고 있다. 누구도 그들의 주권적인 진실성을 의심하지 않는다. 그러나 객관적으로 볼 때 다음 질문을 할 수 있다. "지금은 어떤가? 당신이 매장을 옹호하는 경우 만약 당신이 자유에 대한 보장에 호소한다면, 당신은 우두 접종에 대한 반대와 학생들의 마음에 행하는 종교적 중립성이라는 더 심각한 접종에 대한 우리의 반대에 대해서는 왜 아무런 도움을 주지 않는가?"

이런 이유로 우리는 당분간 화장에 대한 반대를 계속해서 지지할 것이다.[5]

뿐만 아니라 5만 명 미만의 인구가 있는 마을과 도시에서 적절한 매장은 위생에 대해서 상상의 문제 외에 아무 문제도 일으키지 않는다. 왜냐하면 토양은 (최소한 너무 낮지 않은 지역에서) 과포화될 수 없

5　1869년 매장법(the Burial Act of 1869)에서의 흠결은 네덜란드에서 산발적인 화장이 가능하다는 점이었다. 하지만 화장은 공식적으로 1955년까지는 법으로 금지되어 있었다.

어서 부패에 의해 발생되는 화학 물질들을 흡수하고 어느 정도 처리하기 때문이다. 만약 토양의 수위가 너무 낮다면 화학 물질은 더 증가할 것이다. 최종적으로 로테르담, 헤이그 같은 인구 집중 지역의 모래 언덕에 근접한 곳은 공동묘지 장소를 제공한다. 그리고 공중 보건에 대한 모든 위험을 피하기 위해 암스테르담에서 후이(Gooi)까지의 철로는 그 도시와 "모래 속에 있는 죽은 자들의 도시"를 쉽게 연결할 수 있다.

마찬가지로 파리, 런던, 베를린, 그리고 비엔나의 경우처럼 사람들이 그곳에 끔찍하게 모여드는 것은 그 자체로 삶에 대한 이교도적인 발전의 증상이고 바벨을 세우려고 노력하는 정신의 표현이다. 그것은 비기독교적 동기에 기인한 것으로서 자연적인 상태와 기독교적 관습 사이에 점차 갈등이 일어나게 만든다.

하여간 오늘날 종종 있듯이 "연조직이 붙어 있는" 해골과 뼈들을 납골당에 폐기시키는 소위 무덤 정리는 수치스럽고, 법이 이를 관용해서는 안 된다. 모든 무덤은 최소한 30년 동안 그대로 있어야 한다.

(5) 전염병 §201

최종적으로 매장 문제보다 더 어려운 것은 전염병의 문제다.

현존하는 법을 분석하는 것을 잠시도 주저할 필요가 없다. 우리가 실수하지 않았다면 일반인과 전문가들은 우리의 전염병법(Contagious Disease Act)보다 더 비효율적이고 엉성하고 강제력 없는 법은 없다는 데 완전히 동의한다.

그러나 현재 있는 법을 그대로 방치하면 우리는 모든 의원들을 걸려 넘어지게 할 극도로 어려운 문제에 직면하게 될 것이라는 것을 다

알고 있다.

결국 효율적인 법이 되려면 다음의 사항을 숙지해야 한다. (1) 어떤 질병이 전염되는지, (2) 그것들이 잠복기에 신체 접촉을 통해서 혹은 공기를 통해서 전염되는지, (3) 바이러스가 옷, 침구, 가구 혹은 분뇨에 의해 퍼지는지, (5) 그것들이 편지 같은 것들을 통해 멀리 전달될 수 있는지 등을 살펴야 한다.

다음으로 이 모든 것이 알려졌다면 그 자료가 어떻게 밝혀졌는가에 따라 법률은 병자와 동기인들을 완전히 고립시킬 수 있는 강제력을 갖추어야 한다.

현재는 어떤 것도 가능하지 않다.

의학은 전염병을 통제할 법을 제정할 만큼 발전하지 않았다. 홍역이 전염된다는 것은 사람들이 그 병에 대한 지식이 없을 때도 알고 있다. 콜레라에 관한 지식으로 통용되는 것은 아무것도 없다. 장티푸스에 관해서는 환자 자체가 아니라 환자의 배설물에 의해 전염된다는 것을 알고 있다. 역병에 관해서 사람들은 모든 것이 그 질병을 일으키는 원인이 될 수 있고 가장 참혹한 방법으로 전달된다고 믿는다. 한센병은 단순한 접촉으로 전염된다. 매독은 한 번의 호흡에 의해서도 퍼진다. 가장 일반적인 전염병 가운데 디프테리아, 성홍열, 그리고 천연두는 자신들의 바이러스를 제3자 혹은 미생물을 통하여 전달한다고 알고 있다.

두 번째 문제인 완전한 격리에 관해 의사들은 우선 감염된 환자들과 매일 밀접한 접촉을 하고 그 후 즉시 다른 가족들을 방문하여 조금 전에 감염된 환자들을 만지던 손으로 환자를 접촉하는 어려움을 겪는다. 그러나 그 어려움은 더 심화된다. 대가족 중 한 명의 병자가 발생한 경우 다른 가족 구성원들을 그들의 일터로부터 차단시키는 것은 불가능하다. 그리고 그들 모두를 거리나 가게로부터 차단하거나 다른 사람과의 모든 접촉을 막는 것은 생각할 수 없다.

명심해야 할 것은, 진정으로 효과적인 방법이 전염병의 경우에는 없다는 것이다.

이것은 감염된 사람 자신의 활동이 제한받지 않는다는 것은 아니다. 모세 율법의 신성한 기원을 믿는 모든 사람들은 율법에 나오는 한센병에 대해 안다(레위기 13장을 참고하라). 그러나 대부분의 전염병은 옴과 한센병과는 다른 성격이므로 같은 방식으로 통제될 수 없으며 활동의 제한이 언제나 보장되지 않는다.

무엇을 할 수 있는가 §202

정부가 할 수 있는 작은 일은 이것으로 요약된다.

(1) 치명적인 전염병이 들불처럼 퍼질 때마다 당국은 돌볼 수 없는 환자들을 받을 수 있는 병실을 개방해야 한다. 그리고 그들이 적절한 간호를 받을 때 무료로 해야 한다. 또한 당국은 무엇이 가장 바람직한 생활 방식인지, 어떤 예방책이 추천할 만한지, 두려운 증상이 발발할 때 무엇을 즉시 해야만 하는지 등을 발표해야 한다. 가난한 사람들이(비록 민간 지원이 나타나지 않더라도) 의약품을 무료로 구할 수 있어야 한다. 당국은 마차의 사용을 규제하는 명령을 발표하고, 감염된 집의 분뇨의 소각을 명령하며, 환자가 아프거나 죽어서 옮겨진 집을 방역하고, 24시간 내에 시체가 영안실로 옮겨지도록 시간을 정해야 한다.

(2) 천연두, 장티푸스, 디프테리아, 성홍열 같은 여전히 심각한 성

질의 전염병이 조용히 퍼지는 동안 당국은 의사들에게 사례를 기록할 것을 명하고 배설물을 폐기하면서 방역이 동시에 진행되도록 해야 한다. 그런 집에 들어가는 사람들에게 경고해야 한다. 거리로 나가거나 상점 혹은 교회를 가기 위해 그 집을 떠나는 사람들은 흰색 완장을 착용해야 하고 그런 가족의 학생들은 학교에 출석하는 것이 금지되어야 한다.

(3) 홍역 같은 가벼운 전염병이 창궐하는 동안에 당국은 어떤 대책을 세우지 않아야 한다. 무엇보다 초기 단계에서 대부분 전염되는 질병과 싸울 수 있는 방법은 없다. 더구나 가벼운 전염은 개인의 자유에 대한 침해를 정당화하지 않고 모든 엄마들과 열렬한 학생들의 반감만 일으킨다(무시할 수 없는 일이다).

§203   언제나 상대적이다

우리가 집에 경고 표시 부착을 추천하지 않는 이유는 이것이 불안을 일으키고 상점과 개인 가정에 불평등하게 작용하며 의사들에게 본체만체하는 경우를 제공하기 때문이다. 면허를 가진 가게 주인들은 개인들보다 더 엄격한 규제를 받아야 하는 것에 동의한다. 그러나 이것은 법에 분명히 명시되어야 한다. 병실을 떠나 고객들을 돕기 위해 가게로 들어가는 사람은 처방된 살균법을 받아야 한다. 그러나 이 문제에 대해 시도하는 것이 무엇이든, 최고의 대책은 언제나 질병의 본성, 일상적 생활의 요구, 그리고 무분별한 사람들의 안이함에 의해 방해를 받는다.

만약 정부가 이런 저항이 강화되는 것을 원치 않고 그것을 감소시키려면, 하나님의 종으로서 그런 중요한 시기에 정부가 동정심이 있다는 것을 나타내야 한다. 신앙에 회의적인 과학을 열렬히 추종하는 자들처럼 정부는 전염병이 창궐하는 시기에 강화되는 국가의 종교적 믿음에 등을 돌리지 말아야 한다. 반대로 하나님의 심판이 일어날 때, 정부는 하나님의 존엄 앞에서 영혼을 흔드는 경외심을 공유해야 한다. 기도회를 금지시키는 대신 기도의 날을 선포해야 한다. 이런 식으로 정부의 존엄한 결정과 행동은 국가에 머물고 있는 역병을 물리치는 것이 정부로서는 무기력하고 전능하신 하나님 앞에 자신을 낮추는 것 외에 더 나은 피난처가 없다는 인상을 강조한다.

백신 접종 §204

이런 이유로 강제적인 천연두 백신 접종은 말도 안 된다. 우리 의사들은 잘못하고 있는 것이며, 정부는 특별한 의학적 견해를 정통적이고 강제적으로 각인시켜서는 안 된다. 더구나 강제는 질병이 나타나고서 정당화 될 수 있으므로 예방적인 것이 처방될 수는 없다. 세 번째 이유는 정부가 우리 신체에 간섭하지 말아야 한다는 것이다. 넷째로 정부는 양심적 반대를 존중해야만 한다. 다섯째로 둘 중 하나인데, 정부가 스스로 백신 접종을 믿지 않거나, 설사 믿더라도 이미 질병에 대해 항체를 가진 사람에게 다시 한번 보호장치를 제공하는 불필요한 일을 행하고 있는 것이다.

백신 접종 증서가 최소한 우리 자유학교로부터 사라져야 한다. 이런 백신 접종 증서에 숨겨진 독재의 형태는 천연두 질병 자체만큼이나 국가의 정신적 자원에 위협이 된다.

이제 마지막으로 모든 전염병 가운데 최악이자 유일하게 창피스러운 매독에 관해 한마디만 하겠다. 매독은 숨겨진 적처럼 우리 사회를 손상시키고 반역자처럼 사회 아래 숨어 있다. 그러나 우리의 보건법안은 그것에 대항해 싸우기를 포기했다. 실제로 그 법안은 은밀한 질병을 가진 환자들의 이름을 누설하지 못하도록 의사들에게 강제함으로써 그 병에 면허증을 준다. 우리는 이것이 불미스러운 것 이상이고, 하나님에 대한 혐오, 사회에 대한 모독, 그리고 미래를 위해 받아들일 수 없는 것으로 여긴다.

그것은 순결한 여성이 감염되었을 때 부당한 수치로부터 그 여성을 보호하려는 의도를 인정하지 않거나 혹은 유전적인 요인의 결과로 이 무시무시한 세균의 희생자들을 보호하지 말자는 것이 아니다. 그러나 우리는 왜 공중 보건을 타락시킨 사람들이 이 공정한 규정의 혜택을 받아야만 하는지 알지 못한다.

반대로 언급된 두 가지 다른 경우에 대해서 우리는 (1) 사전 경고 없이 결혼한 사람이 이 병에 걸릴 위험에 노출되었다는 것이 결혼 후 2주 내에 분명해졌다면 결혼을 즉시 취소할 권리, (2) 의사에 의해 비유전적인 매독이라고 판단되는 모든 미혼 및 기혼자들을 의사가 등록하는 것, (3) 음란으로 감염된 것이 확인된 모든 기혼자들을 치료될 때까지 자신들의 가정에서 지정된 건물로 옮기기, (4) 등록된 기혼자들을 봉인된 우편으로 부모들, 기숙사의 사감, 고용주, 그리고 상급자에게 알리기 등의 방식으로 규정되기를 고려하기 원한다.

제17장

재정

제16조

국가의 재정 관리에서 정부와 시민의 관계는 계약 관계가 아니라 도덕적·유기적인 관계이며, 수입과 지출은 균형을 맞추는 것이 바람직하다. 국가의 재정 부담으로 인해 강압적으로 증대해서도 안 되고, 필수적인 항목을 삭감해서도 안 되며, 국가의 개입을 축소해서도 안 된다. 뿐만 아니라 우리의 조세 제도는 국가 발전을 악화시키지 않고, 높은 세수가 유일한 기준이 되지도 않으면서 조세 부담이 공평해야 하며, 세금을 징수하는 비용을 감소시키도록 개선되는 것이 바람직하다.

I. 조세징수권

§206 　계약 제도

무슨 근거로 정부는 세금을 징수할 권리를 가지는가?

　정부는 자신의 국민들과의 계약에 따라 재정을 징수하고 지출하는가? 세금 수입은 수행된 노동에 대한 임금에 해당하는가, 혹은 제공된 서비스 요금에 해당되는가? 혹은 정부는 그것이 필수적이고 다른 방법이 없기 때문에 필연적으로 법률에 의해 징수하고 지출하는가? 각각의 제도는 지지되었다.

　보수주의자들과 고전적 자유주의자들은 계약 제도의 가장 열렬한 옹호자들이다. 이 제도는 정부가 계약의 당사자이자 피보험자로서 기여하는 것에 이른다. 예를 들어 시민들을 위해 법을 집행하는 것은 필수적이다. 정부는 이 역할을 맡아 법원을 설치하고 튼튼한 벽을 가진 감옥을 짓고, 그것들을 지키는 경비원들에게 돈을 지불한다. 반대로 정부는 시민들에게 연간 소득에 맞추어 그만큼을 청구한다. 혹은 다른 예를 들어 보면 재산을 가진 시민들은 외국 침입자들에 대항하는 군대에 의해, 그리고 도둑들에 대항하는 경찰력에 의해 보호받을 필요가 있다. 이 역할 역시 정부가 맡는다. 정부는 시민들에게 자신들의 재산에 대해 누구의 방해도 받지 않는 소유를 보장한다. 그러나 이 혜택의 대가로 그들은 정부에게 그에 상응하는 보험금을 지불한다. 작게 소유한 사람들은 작은 보험이 필요하므로 약간의 보험료를 지불한다. 부유

한 사람들은 더 많은 보호가 필요하고 따라서 몇 백 홀든의 보험료를
지불한다.

유급 고용 제도 §207

아직도 지속적으로 혁명적인 것은 젊은 자유주의자들의 제도다. 그들
은 실행된 노동에 대한 임금 및 제공된 서비스에 대한 요금의 관점에
서 국가 재정 관리의 성격을 정의한다.

　이 개념은 대중 주권의 아이디어에서 비롯되었다. 주권적 국민은
더 이상 개인 대 개인으로 행동하지 않고 각자는 "정부"라 불리는 보험
회사에 사적 계좌를 보유한다. 정부는 이제 국가의 전체, 단위, 그리고
다수로서 행동한다. 국가는 지켜야 할 국경이 있고, 받아야 할 법원 재
판이 있고, 유지해야 할 도로가 있기 때문에 주권적 국민은 이런 모든
관리 업무를 수행할 공직자의 무리를 고용한다. 그들의 고용 조건에
따라 이 공직자들은 임금을 청구하고 승진을 요구한다. 정부는 통치하
는 권력을 가졌다기보다는 봉사하는 권력을 가진 것으로 간주된다. 이
것은 "고용인" 제도로, 주권적 국민의 첫 번째 종으로서 왕이 존엄이 없
는 보좌에 앉은 것과 같다. 정부에 대해 존경심을 가진 사람들은 의사,
어떤 대표, 혹은 변호사가 청구하는 요금을 지불하는 것과 유사하게
정부에게 수수료를 납부하는 제도를 언급한다. 그러나 일관되게 혁명
적인 사람들은 정부에 대한 모든 존경을 뒤로 하고 어떤 형태의 상대
적 존중도 거부하며, 도로를 포장했던 무명의 시민에게 지불한 것이든
정부 법안을 승인한 오란녀의 빌름에게 지불된 것이든 이런 형태의 전
문적 요금을 간단히 말해 보통 임금(ordinary wages)이라고 부른다.

§208　절대주의자들의 제도

그리고 더 나쁜 절대주의자들의 제도가 있다. 그들은 국가 전체의 재무 행정을 단순히 "강제"의 문제로 정당화한다. 이 아이디어를 강요하는 사람들은 국가 절대주의자들이다. 그들은 정의를 우습게 여기고 가장 강한 자들의 권리에만 무릎을 꿇는다. 그들은 우리가 정부 없이는 아무리 창의적인 것이라도 할 수 없다고 가르치는 정치도당들이다. 그리고 정당의 당파적 산물, 집단, 파벌인 정부는 재능과 힘을 통해 권좌에 앉아서 업무들이 돌아가도록 만들고 불만 세력들을 굴복시키려 한다.[1] 그리고 이것은 많은 돈이 들기 때문에, 즉 돈이 없이는 업무를 진행할 수 없기 때문에, 특정한 법적 형태 아래 정부는 찾을 수 있는 곳에서 재정을 가져다가 적절해 보이는 곳에 사용한다고 그들은 주장한다.

전제군주제의 광신자들은 그렇게 말한다. 고대 로마의 아우구스투스와 네로 모두 이런 부류에 속했다. 이것은 위대한 나폴레옹이 사용했던 제도이고, 자신을 위대하다고 불렀던 나폴레옹 3세가 사용한 제도다. 이것은 암살 미수자 회델[2]에 의해 최근에 종식이 된 비스마르크 시기에 사용되었다. 이것은 헤이그의 정부 집단 내의 어떤 영향력 있는 정치 집단이 점점 더 선전하고 있다.

만약 당신이 세 가지 제도 중 우리의 헌법적 자유에 발생한 일을

1　"정치인"(politique)은 16-17세기 프랑스에서 가장 훌륭한 선으로서 정치체제를 옹호했다.
2　1878년 3월 무정부주의자 막스 회델(Max Hödel)은 독일 황제 윌리엄 1세를 암살하려는 시도에 성공하지 못했다. 비스마르크 수상은 수천 명의 급진주의자들을 체포하고 투옥하는 것으로 응수했다.

조사해보면 다음 사항이 명백해진다. (1) 보험제도론자들은 공공 재정을 절대적으로 보험에 가입할 필요가 있는 사람들의 손에 둔다. 즉 그들은 유산 계급의 손에 재정을 맡긴다. (2) 임금 제도의 선동가들은 준(準)보통 선거권이 국왕이 가장 가난한 거지에게 책임을 지게 할 때까지 쉬지 않을 것이다. (3) 혁명적인 절대주의의 분당들은 여러분의 모든 의회적 도구들을 창피한 것으로 만드는데, 공식적으로는 인민의 이름으로 합법화하지만 실제로는 인민이 없고 인민에 대항한 것이다.

도덕적·유기적 제도 §209

이 세 가지 제도는 모두 똑같이 혁명적이다. 우리 반혁명파들은 "정부"와 "국가의 본질"에 관한 우리의 근본적인 원칙에 근거하여 전적으로 다른 제도로 그것들에 반대한다. 우리의 제도는 도덕적·유기적 유대를 꾀하는 제도다. 이 제도에 따라 정부는 (1) 하나님이 허락하신 세금 징수권을 갖는다. (2) 개인의 재산에 세금을 부과하지 않고 국가의 유기적 재산으로부터 세수를 얻는다. (3) 스스로의 권위나, 주인의 허락, 혹은 대중의 승인으로 세수를 충당하기보다 국가의 자유로운 동의로 세금을 부과한다. 이 문제에 대해서 전체의 목소리로 유기적으로 말한다.

"왜냐하면 그들은 당신들로 하여금 경의를 표하게 하기 때문이다. 그들은 이 일을 계속적으로 수행하는 하나님의 청지기들이기 때문이다. 그러므로 합당한 회비를 제공하라. 경의를 받기에 합당한 사람에게 경의를 표하라. 따라야 할 사람을 따르고 두려워할 사람을 두려워하며 영예로운 사람에게 영광을 베풀어라."[3] 그러므로 예수의 제자들의 말을 읽어라. 재정을 집행하는 정부의 권리를 오늘도 승인하고 그것을 존중하는 말씀을 읽어라. 정부는 해야 할 일을 하는데, 여러분이 그것을 요청해서가 아니고, 정부가 원해서도 아니다. 하나님이 그렇게 하도록 명령했기 때문이다. 정부의 의무는 "그것을 수행하는 것"이다. 즉 선을 보호하고 악을 심판하는 것이다. 그것은 큰 비용을 수반한다. 그러므로 세금은 국가에 대한 신성한 헌금이고, 하나님께서 자신이 명령한 권위를 통해 국가를 통치하시도록 하기 위해 하나님께 제공된 것이다.

따라서 세금, 통행세, 그리고 공납을 내는 의무는 개인적인 국민에게 부담되는 것이 아니라 국가 공동체로서 국가의 구성원이 부담하는 것이다. 하나님은 시민적 권위를 통해 국가를 통치하시기 때문이다. 하나님은 개인을 다스리는 통치권을 정부에 넘겨주지 않으셨고 사람들의 양심을 통해 스스로 그것을 소유하도록 유보하셨다. 한편 국가는 끊임없는 변화 가운데 있다. 매일 그것은 변한다. 왜냐하면 매일 죽음을 통해 기존 회원이 떠나고 출생을 통해 다른 국민이 첨가되기 때문이다. 그리고 수년이 아니라 수백 년 동안 국가는 국가로 남게 됨을 명심하라. 그러므로 정부의 재정 집행은 현재를 살아가는 사람들에게뿐 아니라 어제, 오늘, 그리고 내일의 국가에도 영향을 미친다. 그래서 개인적 소유의 일부를 압수하는 것은 우리를 조금도 발전시키지 못하지만 그것이 국가를 위하여 전체 국가의 재산으로 간주되어야 한다는 것은 당연한 이치다.

마지막으로 국가만이 국가가 소유한 것이 무엇인지 알고, 국가만

---

3   롬 13:6-7.

이 어떻게 그것을 계속 소유할 수 있을지를 안다. 그러므로 재정 집행이라는 자연적이고 정의로운 제도는 국가가 유기적으로 정부에 의한 세금 징수에 동의할 때 실현된다. 이리하여 권위에 대한 복종은 동시에 국가적 헌금이 되고, 공납은 정부를 통해 하나님께 대한 헌금이 된다. 사도들이 같은 맥락으로 쓰고 있듯이, "진노 때문이 아니라 양심을 위해 복종하라."[4]

국가 독립의 비용   §210

이런 원칙들에 따르면 무엇보다 정부가 정부이기 때문에 발생하는 비용과 정부가 국민들의 대리인으로서 지출하는 재정을 구별해야 한다. 우편 서비스, 항만 수로 안내원, 전신, 학교, 금과 은의 검증, 그리고 정부의 본질에 속하지 않는 고려 사항들이 많이 있다. 비록 정부가 이것들을 시민들의 배려에 맡겨 둘지라도 그것이 정부의 중요성을 약화시키지 않으며 명예와 품위를 깎아내리는 것도 아니다. 반대로 사법부, 경찰, 해군과 군대를 유지하는 것, 외교관계 등은 다른 것에 맡길 수 없다. 이런 것들은 주요한 정부의 사무에 속하고, 이를 처리하지 않는다면 정부이기를 포기해야 한다.

그러므로 엄격히 말해 지출에 대한 후자의 기준에 따라 정부는 납세자들에게 비용을 청구해야 한다. 그리고 다른 모든 것들은 공무원들과 관계된 민간 당사자들이 해결해야 한다. 우편과 전신의 경우에 일반적으로 이것이 적용되기 때문에(단지 교육의 경우 당분간 당파적 이유로

---

4   롬 13:5.

이 규칙이 제한되었다), 우리는 첫 번째 기준을 무시하고 직접적으로 정부 지출의 문제를 다룬다.

이것들 중 최우선은 국가 부채와 국방에 대한 지출이다. 부채의 상당 부분이 과거의 전쟁 비용을 충당하기 위해 발생되었기 때문에 그 둘은 같은 종류다. 그러므로 그것들은 국가 독립의 보존을 위한 지출이다. 국가 역시 자신의 존립을 위해 투쟁해야 한다. 독립은 공짜로 오는 것이 아니고 방어하지 않으면 정복당하기 때문에 방어해야 한다. 그리고 독립을 상실한다면 다시 되찾아야 한다. 이런 고통스럽고 피로 얼룩진 투쟁은 국가로 하여금 자신들의 잠재된 힘을 깨닫게 하며, 자신들이 최고 수준으로 그 힘들을 발산함으로써 역량을 발전시킬 수 있다. 현 시대에 전쟁의 근절은 있을 것 같지 않으므로 우리가 가진 유일한 선택은 정신과 열광으로 가득 찬 영감 있고 정력적이지만 전쟁의 위협 때문에 늘 경계하는 국가이거나, 반쯤 잠들고 핵심도 정신도 없는 알 수 없는 움직임만 있고 영감과 힘이 없는 도깨비 같은 존재를 이끄는 팬터마임 국가일 것이다.

국가들 가운데 "생존을 위한 투쟁"(struggle for life)[5]은 최고 발전의 상태이고 사람의 기를 위축시키는 것에 대항하여 그들이 할 수 있는 유일한 보호 조치다. 평화의 시기는 고통의 시기와 번갈아 나타나므로 국가들은 스스로 존재할 의지가 있다는 것과 독립적인 존재 가치가 있다는 것을 증명해야만 한다. 그러나 독립은 큰 대가를 치르고서야 얻을 수 있다.

---

5 이 표현은 원래 영어에서 유래한다. 카이퍼의 시대에 찰스 다윈(1809-82)이 인기를 얻고 살아 있는 것들 사이의 생존 경쟁이 언급되었다.

현재 해군과 육군에 얼마나 많은 비용이 들어가는지 생각해 보라. 시간이 지나면서 국가는 점점 더 많은 비용을 지불해야만 했다. 현재에도 점진적으로 비용이 발생하기 때문에 이 또한 지속적으로 증가할 조짐과 비교하면서 과거에 국가가 발생시킨 엄청난 비용을 생각해 보라. 국가의 독립을 방어하는 이 엄청난 대가에 대한 유일한 긍정적인 측면은 이것이 사치를 억제시키고 희생할 준비를 조성한다는 것이다.

오늘날 우리 나라(식민지를 제외하고)의 예산에서 이 두 부문은 6천 5백만 홀든에 해당되는데, 우리는 국가로서 존재하기 위해 개인 소득으로 계산하면 각자(모든 가족이나 가정이 아닌)가 매년 18홀든을 지불해야 한다는 것을 의미한다.

통합된 국가를 유지하는 비용   §211

둘째로 중요한 것은 행정, 사법 제도, 경찰 제도를 유지하는 데 들어가는 비용이다. 왜냐하면 제도의 통일성을 유지하기 위해서 국가는 법을 제정하고, 정의를 지키며, 영토에서 법과 질서를 유지할 권한이 있기 때문이다. 현재 이를 집행하는 중앙정부의 비용은 매년 7백만 홀든에 달한다.

셋째로 정부는 외교 관계를 담당하는 데 무려 50만 홀든에 달하는 재정을 집행한다.

넷째로 홍수로부터 우리나라를 지키기 위한 정부의 서비스 및 내부의 의사소통에서 국가의 통일성을 나타내는 기반 시설을 유지하기 위해 1천 8백만 홀든이 지출되어야 한다.

이것이 국가의 적절한 예산이다. 나머지는 정부가 다른 것들에 내버려두는 것이 더 나은 지출이거나 우편 서비스처럼 동일한 세수로 상쇄될 수 있는 지출이다. 또한 그것에 국유화된 재화, 예를 들어 교회를 위해 지불하는 비용 혹은 회계를 관리하는 간접 비용이 포함될 수 있다.

그러므로 모든 것을 고려할 때 국가 예산(만약 외교관계가 국방으로 간주된다면)은 엄격하게 말해 다음 세 가지 범주로 조정될 수 있다.

① 과거와 현재에 외국에 대하여 국가의 독립을 유지하는 비용: 6천 5백만 홀든

② 행정, 사법 제도, 경찰을 통하여 국가의 통일성을 유지하는 비용: 6백-7백만 홀든

③ 국내 기반 시설을 유지하는 비용: 대략 1천 8백만 홀든

여기서 6천 5백만(①)은 생존을 위한 비용이고 2천 5백만(②+③)은 좀 더 나은 삶을 위한 비용이다. 만약 독립적 국가로 살아가려는 열망이 소멸되고, "잘 사는 것"이 진정한 가치 중 유일한 것이라는 환상이 만들어진다면, 그것은 상황을 뒤집어서 국가의 도덕적 능력이 조롱받게 될 것임을 확실히 보여준다.

II. 유기적 행정

납세의 기원

가장 단순한 형태로 행정의 문제는 단지 새롭게 설립된 식민지에서 발생한다.

전혀 안전하지 않은 해안 지역에 상륙하여 식민지를 건설했다고 가정해보자. 그 식민지가 공격을 받게 된다면 즉시 건강한 모든 사람들은 칼을 휘두를 것이다. 뿐만 아니라 일하기에 적합한 모든 사람들은 도로와 운하 건설을 도와야 할 것이다. 빌딩과 상점들을 건설하는데 사람들은 자신들의 재능에 따라 목수 일을 하고, 벽돌을 쌓거나 대장장이로 일하기 위해 징집될 것이다. 모든 사람들이 개인적인 기여에 동참한다. 왜냐하면 수입이 없기 때문이다. 비록 돈이 축적될지라도 초기에 그것은 아무 가치 없는 고철이다.

그러나 점차 이 원시적 상황은 확고한 선과 예리한 윤곽을 갖추게 된다. 인구가 성장함에 따라 이웃 부족과 접촉하면서 해외 무역이 시작되고, 초기의 가부장적 제도는 시민의 권리에 기반을 둔 관계로 변한다. 시민은 전쟁이 일어날 때 복무할 의무를 부담한다. 그러나 그것은 규제될 것이다. 도로와 운하의 건설에 기여하는 것은 공동체를 위한 일정하게 정해진 형태의 의무로 대체된다. 공유지에 대한 노동은 정해진 날로 제한된다. 십일조 세금은 가축 사육이나 토지의 소출에 따라 징수된다. 무역은 통행료를 통해 기여한다. 반은 자발적으로, 반은 강제적으로, 족장에 대한 선물은 그들의 복지를 보장한다. 그리고 그들은 무력으로 정복한 이웃 부족에게 조공을 요구한다.

계속 발전하는 동안에 조만간 식민지는 정부가 지출한 비용을 되갚기 위해서 벌어들이는 수입으로 사용하기 위해 상당한 부분을 남겨둔다는 조건으로 공유지를 분배할 것이다. 그리고 산업이 등장함에 따라, 국내와 해외로 상업이 확장함에 따라, 그리고 법과 질서가 확고한 뿌리를 내림에 따라, 그런 식민지는 점차 식민지와 그들의 정부를 위해 "모든 것을 돈으로 전환시키는" 것이 규칙이 되려는 중요한 순간을 맞이한다. 필연적으로 땅과 거주지에 수반된 모든 인적 봉사가 돈으로 교환이 가능하게 된다. 목수도 대장장이도 돈이 지급되지 않고서는 일하지 않는다. 전쟁을 감행하기 위해서 요새를 구축하고 무기를 구입하며 장교들을 훈련시키기 위한 예산을 지출하지 않고서는 군대가 준비될 수 없다.

§213   화폐에 의한 과세 제도

돈의 흐름이 형성되면 자동적으로 국가의 모든 권리와 수입을 화폐로 전환하려는 경향이 생기고, 마침내 사람들은 오직 현금만을 실제로 한 통로를 통해 정부로 흘려보내는 이상적인 상황을 생각하게 된다. 그런 상황에서 국가, 지역적, 그리고 지방 당국들은 모든 영토 혹은 그에 준하는 것들을 팔아치우려고 서로 경쟁할 것이고, 십일조 세금을 회수하려고 하며, 용병 군대만을 유지하고, 장작을 위해 통행부스를 팔아버리며, 국경으로부터 마지막 세관을 폐지하고 해안을 따라 모든 접근할 수 있는 입구를 상품의 자유로운 통관과 무료 인도 서비스가 있는 자유 항구로 전환시킨다.

동시에 이런 상황에서 본질적으로 정부의 모든 수입은 사라진다. 소위 모든 보수는 철폐되고, 법적 수수료는 무효화되며, 모든 정부 수입은 가급적 작은 고정된 화폐로 지불된다. 그것은 우리 혁명가들의 지도를 받으면서 수입과 지출의 두 가지 상반된 방향에 의한 내적인 필요에 따라 시작해야만 하는 제도다. 즉 이것은 하나의 극도로 단순한 재정적 해결책인 단일 세금이고, 일반적인 수취인에게 지불되는 획일적인 급여이며 이는 급여 담당자가 지급한다.

국가 재정 문제의 역사적 진보에 대한 간략한 요약으로부터 우리가 믿기에 어느 정도 분명한 것은 다음과 같다. (1) "작은 재산을 가진 국민들"이 정부의 비용에 기여하도록 하는 것은 결코 불공정한 것이 아니다. 결국 개인적 봉사를 "세금"으로 전환하는 것은 그들에게도 도움을 준다. 그것은 그들의 시간을 자유롭게 쓰도록 내버려두어서 그들의 독립을 제한하는 구속으로부터 해방시킨다. (2) 정부에 대한 독창적인 기여들은 그것들이 국민들과 어느 정도 유기적으로 존재하냐에 따라 유기적인 틀 내에서 국민들에게 요구된다. (3) 이러한 서비스는 모든 사람이 자신들의 생활 영역에서 그것들에 대한 필요성을 인식하고 그것들에 대해 감독할 수 있는 방식으로 분류되고 처리된다. (4) 우리 혁명가들은 "화폐로 지급하는 것"을 잘못 사용하여 재산의 유기적 개념을 파괴했고, 행정과 납세에 대해서도 마찬가지다. 자신의 삶의 영역 내에서 봉사에 기여하는, 즉 어떤 사람이 스스로 봉사할 것들을 파악하고 그것들에 대한 필요를 인식하는 유기적 제도 대신, 사람들은 국가를 아무런 동정심도 없고 가질 수도 없는 추상적이고 무미건조한 재무 행정의 개념으로 대체했다.

§214   국가 관여의 제한

우리는 자유주의적 관행에 반대하여 다음의 4가지 사항을 제시한다.
우리가 요구한 원칙들에 따라 재정 문제가 개선되기를 원한다. (1) 국가
의 관여를 제한하라. (2) 행정을 분산하라. (3) 국가의 유기적 재산으로
부터 자금을 모으라. (4) 추가 부담금을 분산하라.

(1) 국가 관여의 제한
    정부가 필요로 하는 것의 총량을 가급적 작은 규모로 축소시키고
개인과 기업들이 기꺼이 떠맡을 수 있는 것에 대해 과세하라.
    이 원칙은 모든 재무 행정의 출발점으로 권한다. 엄격하게 말하자
면 정부의 사무에 속하지 않는 것에 관여함으로써 고위 공직자들이 스
스로 불어넣어야 할 그들에 대한 존경심이 줄어든다. 성가신 방식으로
업무를 수행하는 것은 필연적으로 사람들의 자유에 대한 사랑과 갈등
을 일으킨다. 더 나쁜 것은 정부가 모든 것을 한다는 생각에 국민들을
익숙하게 함으로써 국민 에너지의 분출을 방해하고 발전을 저해한다
는 점이다. 정부의 어리석은 관행은 국민들의 신체적·도덕적 쇠퇴의
원인이다.
    스위스, 스코틀랜드, 홀란트, 그리고 미국의 국민들이 무엇보다 강
인함과 시민 정신의 측면에서 두드러진다는 것은 바른 지적이다. 그들
의 믿기 힘든 진취성은 칼뱅의 정신에 의해 영감을 받았다. "스스로 하
라"(do it yourself)는 면에서 다른 나라들보다도 더 언제나 열정적인 그
들은 시민 사회에 대한 정부의 잠식에 저항했다.

(2) 행정을 분산하라

즉 스스로 해야만 했던 것을 유기적으로 분산해서 지방정부는 큰 분량의 일을 관리하고, 주 정부는 상당한 분량을, 그리고 중앙정부는 가능한 한 작은 분량을 관리한다.

이러한 기본 규칙은 강하게 추천할 만하다.

특히 만약 여러분이 신뢰할 수 없는 중앙집권적 계획이 예산을 배가시킨다는 사실을 알게 되었다면. 이것에 대해 확신하기 위해 여러 정부 부서가 1850년 그리고 사반세기 이후 오늘 의회에 제출한 주요 예산견적서를 나란히 비교해 보라.

	1850	1878	증감
왕실	800,000	950,000	+150,000
왕실위원회	550,000	600,000	+50,000
외교부	500,000	600,000	+100,000
법무부	2,300,000	4,500,000	+2,200,000
내무부	4,000,000	29,000,000	+25,000,000
해군	5,500,000	14,000,000	+8,500,000
국가부채	36,500,000	27,000,000	-9,500,000
재무부	8,000,000	17,500,000	+9,500,000
전쟁부	11,000,000	22,500,000	+11,500,000
식민지부	100,000	2,000,000	+1,900,000
	69,250,000	118,650,000	+49,400,000

다음으로, 중앙정부가 지급하는 지방정부의 모든 보조금을 제거하고 가능한 한 합당한 모든 서비스를 지방정부에 맡겨 두라. 지방정부

는 스스로, 그리고 납세자의 직접적인 감독 아래 자신의 사무를 수행할 것이다. 이런 계속적인 감독은 자동적으로 절약을 강화하고, 사람들은 자신들의 돈이 어디로 가는지 알게 되며, 결국 지출에 대한 자발성을 고취시킨다.

그러나 현재 정부 예산을 담당하는 세 부서들은 숨바꼭질을 했다. 보이지 않는 중앙정부는 거의 모든 것을 장악했고, 해가 갈수록 더 인상되었지만 더 검증할 수 없는 예산 견적을 제출했다. 그들은 직접적인 감독을 빗어나고자 국가 자체를 위해서뿐만 아니라 주 정부 및 지방정부들을 위해서 주민들의 주머니까지 팔을 뻗어 상당한 돈을 모금하는 비양심적인 방법을 고안했다. 이 총액은 조용하게 이전 지출, 월급의 80% 및 끊임 없는 보조금 형태로 지방의 예산 당국에 상환되었다. 동시에 보조금을 받는 지방 당국은 시민들이 당국의 필요에 간접적으로 기여한 것을 완전히 잊고 큰 예산을 책정하고 집행하는 습관이 생겨 융자금 또는 높은 평가사정액을 통해 자신들의 금고를 부풀린다.

이것은 모범으로 삼아야 할 것과 정반대다. 시민이 지방자치단체의 평가사정액의 최고 검토자가 될 수 있고, 그로 인해 지방자치단체의 부담금이 작아질 수 있다. 그러나 중앙정부에 의한 세금 사정(査正)은 거의 불가능하다. 그러므로 시민은 중앙정부에게 지방정부가 지출한 내역이 정당하고 공평한지에 대해 생각할 수 있는 위치에 있다. 그러나 결코 그 반대로 지방정부가 중앙정부의 지출에 대해 그렇게 할수는 없다. 이렇게 되면 우리의 재무 행정이 부패하게 된다. 더 나쁜것은, 재무 행정을 담당하는 우리 국가 공동체가 부패하게 된다는 점이다.

우리 수자원위원회의 예를 따르면 그들은 국내적으로 필요한 일을 하고 있다. 그들은 스스로 요금을 징수하고, 자신의 계산서를 지불한다. 일을 맡는 동안 자신들의 재원으로부터 1천만 훌든을 조달하고, 주들로부터 1백5십만 훌든 및 국가로부터 3백만 훌든을 각각 지원받는다(큰 강과 연안 배출은 제외함).

다른 문제에서 또한 행정의 무게 중심은 지방정부에 있어야 하고, 그다음은 주 정부, 그리고 그 나머지가 중앙정부로 이전되어야 한다. 그때 우리의 행정은 국민의 눈높이에 맞추면서 있어야 할 곳에 폭넓게 기반을 두고, 최고위 국가 공직자들에게는 제공 범위가 점점 좁아지게 된다. 이것이 영국, 미국, 스위스의 실정이다. 왜 우리나라는 그렇게 될 수 없는가?

중앙정부, 주 정부, 그리고 지방정부 §216

국방과 국가 부채를 차지하는 국가 지출은, 만약 전국회의의 비용이 그들의 원칙에 따라 지불된다면, 만약 치안 판사, 지방 법원, 그리고 교도소로 인한 비용이 주 및 지방정부의 예산으로 이전된다면, 만약 주 행정의 비용이 내무부로부터 주(州)로 이전된다면, 만약 모든 지방정부가 상비군, 초등 교육, 그리고 중등 교육, 일반 학교, 인문 학교, 그리고 다양한 점검을 위한 비용을 지출하게 된다면, 교회와의 관계에서 과거로부터 이어져 내려온 부채가 영원히 해결된다면, 해군과 식민지의 비용이 그들 각각의 예산으로 할당된다면, 세금을 징수하는 비용을 가능한 한 지방정부가 징수하게 함으로써 상당히 감소된다면, 이런 경우에 국가의 지출은 상당히 축소된다.

비록 네덜란드(식민지를 포함하지 않음) 국민들이 정부와 행정 비용으로 대략 1억 8천만 홀든 또는 1년에 1인당 50홀든 정도를 지출하고 있지만, 정확히 말해서 국가 예산으로 1억 2천만 홀든, 주 예산으로 매년 5백만 홀든, 지방 예산으로 매년 4천 5백만 홀든[6], 수자원위원회에 매년 1천만 홀든[7], 저축에 할당된 3백만 홀든을 국방과 부채의 비용에서 공제하고 나면, 좁은 의미에서 정부와 행정을 위해 결국 매년 1억 1천 5백만 홀든을 지출할 수 있다. 총액 가운데 만약 편리한 분권화로 이전이 이루어진다면 중앙정부는 기껏해야 매년 3천만 홀든을 처리하고[8], 주정부는 매년 1억 홀든, 지방정부는 6천만 홀든, 그리고 수자원위원회는 나머지 1천만 홀든을 처리한다.

이런 종류의 재분배는 최종적으로 재무 행정에서 유기적 국가를 나타내는 방식으로 이끌어 간다. 국민들은 사적인 민사 사건에서 자신들이 할 수 있는 일을 스스로 한다. 그들은 지역 공동체의 자연적 유대를 통해 상당히 많이 남아 있는 일들을 처리한다. 지방정부와 관계된 사무는 주 정부가 관리한다. 그러고 나서 처리되지 않고 남은 사무만 중앙정부의 책임이 된다.

---

6   저자 노트: 이후 인사 비용의 80퍼센트가 삭감되었다.

7   저자 노트: 이것은 자격을 갖춘, 신뢰할 만한 기관에 의해 제공된 수치에 근거한 것이다.

8   저자 노트: 중앙정부에서 다른 정부로 전달해야 하는 비용은 총 2천 2백만 홀든로 추산한다. 대략 다음과 같다. 전국회의 300,000홀든, 법원 750,000홀든, 평화위원회 400,000홀든, 교도소 700,000홀든, 법원 150,000홀든, 사법 제도에서 실업 급여 100,000홀든, 주 행정 650,000홀든, 역학 조사 700,000홀든, 교육 2,000,000홀든, 예술과 과학 500,000홀든, 해군 3,000,000홀든, 재무행정 1,500,000홀든, 제조업과 농업 250,000홀든, 식민지 정부 1,700,000홀든, 지방정부로의 채무 이전 8,000,000홀든, 사무소 폐쇄 300,000홀든. 지방 재정에서 더 엄격하게 사치품을 제한한다면, 3백만 홀든 정도의 예비비는 지방정부의 예산에서 충당될 수 있다. 게다가, 그것은 단지 최근 예산의 6%만을 차지한다.

또한 정부가 국방 및 국가 부채와는 별도로 지출한 3천만 홀든에
는 우편과 전신 서비스, 공공 소유 철도, 수로 안내 서비스 등이 포함
된다는 것을 기억하라. 수년 내에 이런 서비스들은 채무를 부담하지
않을 뿐 아니라 수익을 가져다 줄 것이다. 그러므로 국가 정부가 부담
하는 실제 비용은 약 2천 5백만 홀든 정도에 이르게 된다. 이 정도는
간접세로 쉽게 충당된다. 부채와 국방 예산은 도합 6천 5백만 홀든이
요구되는데 토지세의 작은 조정(매년 1천 5백만 홀든), 소비세의 총량(1
천만 홀든), 수입 관세의 소량 인상(1천만 홀든), 나머지 작은 세입(5백만
홀든) 등에 의해 충당된다(현재의 조세 제도가 지속된다는 가정 아래서). 지
방정부는 스스로의 비용을 충당하도록 운영해야 하는데, 지방 공무원
의 급여에 대한 세금과 허가권에 대한 수수료, 그리고 원한다면 인두
세로 보충하여 비용을 담당한다. 지방정부는 주에 대해 기여할 책임을
지는 반면, 국가는 주민 인두세에 대해 일정 부가세를 징수함으로써
매년 예산의 균형을 맞추는 유연한 방법을 사용해야 한다.

뿐만 아니라 한 세대 이상 도움을 주는 거대한 주요 프로젝트는 공
채로 자금을 충당해야만 하고 인도네시아로부터의 순이익금은 절대
적으로 부채를 갚는 데 사용해야만 한다는 규칙이 채택되어야 한다.
이것이 예산에 대한 모든 사항에 있어 유기적 접근을 완성하는 것이
고, 현재 상당히 칭송받는 "복잡하지 않은" 프랑스식 제도에 의해 대거
발전하는 대신 그 제도에 의해 혼란스러워진 안정성과 신중함을 달성
하는 것이다. 그 제도는 일반 시민을 위한 국가 재정의 적절한 이해를
배제한다.

이전 장에서 설명된 지방정부, 주 정부, 그리고 중앙정부로의 재무 행
정의 유기적 분배는 1878년에 있었던 것처럼 수입과 지출의 체계 내
에서 명확하게 제시되어야만 했다.

그러나 이 체계가 우리의 원칙들과 갈등을 일으키지는 않을 것이
라고 추론하는 것은 잘못이다.

예를 들어 우리가 바라는 대로 상황이 전개된다면 1천 5백만 훌든
의 비용이 드는 교육 예산이 거의 전부가 민간에서 모금된다. 교회에
대한 2백만 훌든의 지급은 연금에 의한 지급으로 인해 10년 내에 중
단된다. 처음에 법원에 가는 것은 무료다. 많은 고위 정치인 직위는 명
예직이 된다.

그런 개혁을 통해 매년 행정과 통치를 위해 위탁되었던 1억 1천만
훌든(부채와 국방을 제외함)은 미래 증가를 고려하더라도 다음 회기에 1
억 훌든 아래로 떨어진다. 그 총액 가운데 5천 6백만 훌든은 지방정부
에 양도되고, 1천만 훌든은 수자원위원회에, 1천만 훌든은 주 정부에,
그리고 2천만 훌든 미만이 중앙정부에 양도된다.

중앙정부를 위한 이러한 추산은 영국의 경우와 비교해도 너무 낮
지 않다는 것을 보여준다. 영국의 파운드는 인구와 국부에 비례하여
훌든과 아주 대등하다. 영국은 부채와 국방에 5천 9백만 파운드를 지
불하고 일반 행정에 2천 2백만 파운드에서 2천 3백만 파운드 정도를
지불한다. 2백만의 인구를 가진 덴마크는 부채와 국방에 2천 2백만 크
로네(krone), 그리고 나머지 전체 행정에 1천 9백만 크로네를 지출한다
(1크로네는 0.66훌든과 동일하다). 4백만의 인구를 가진 스웨덴은 부채와

국방에 3천 6백만 크로네를 지출하고 그 나머지에 거의 동일한 비용을 지불한다.

마지막으로 포르투갈에서는 부채와 국방은 1천 7백만 밀레이스 (milreis) 정도의 비용이 들고 4백 5십만의 인구에 대한[9] 나머지 행정에 1천 1백만 밀레이스가 든다(1밀레이스는 2.95홀든과 같다).

뿐만 아니라 최소한 한 세기 동안 지속되는 대규모 공공 사업은 1세기에 만기가 되는 공채로 재원을 충당한다는 규칙을 따른다면 도로수로부(Department of Roads and Waterways)는 상당한 돈을 절약할 수 있다. 급여의 필연적인 상승에도 불구하고 우리 중앙정부는 필수적인 것을 절약하거나 지나치게 절약하지 않으면서도 약 2천만 홀든으로 이 문제를 처리할 수 있다.

이것은 국민들에게 활력을 주고 시민적 자부심을 더하기 위해 현재 중앙정부에 맡겨졌고 점점 더 국가 활동의 자유를 마비시키는 억압적이면서 우월적인 권력이 상당한 정도 국가 생활의 하위 영역에 재배치되는 큰 이익을 가져다준다.

이것은 지금 승인되어야 한다. 국가의 통일성을 보존하고 국가 생활을 발전시키며 농업 및 상업과 해운업을 활성화시키기 위한 마치 아버지 같은 모든 보살핌에 대한 유일한 결과로 우리는 이전보다 훨씬 더 분열된 국민이 되었고, 우리는 모든 이웃 국가들보다 뒤처지고 있으며, 실제 국부의 모든 원천이 더 이상 풍부하게 흐르지 못하고 있기 때문이다. 1878년 파리 박람회와 정부의 정책을 생각해 보라.

---

9   포르투갈과 비교하자면, 당시 홀란트의 인구는 4백만 미만이었다.

III. 유기적 추가 부담금

§218 가치의 기여자로서 정부

(3) 국가의 유기적 재산으로부터 자금을 마련하라

이제 우리는 다음 질문에 이른다. 어떤 식으로 정부는 유기적 국가 공동체의 필수 조건인 행정 비용을 지불할 수단을 획득할 수 있는가?

여기서 존중되어야 할 첫 번째 원칙은 정부가 자기 부담(self-paying)[10]을 하면서 그 이상을 해야만 한다는 것이다. 즉 정부는 국가의 존재 자체로 인해 국가의 자산에 더해지는 가치를 통해 지불 수단을 마련해야 한다는 것이다. 예를 들어 베네수엘라의 최고 토지와 우리의 최고 황무지를 비교해 보라. 황무지는 여전히 가치가 높은데 법과 질서가 인정하는 국가 공동체와 정부는 도로를 건설하고 당신과 외부 세계를 연결하여 최소한 당신 토지의 가치를 3배 끌어올린다. 다른 예로, 6개의 방이 있는 암스테르담의 집은 12개의 방을 가진 푸르메이른트 (Purmerend)의 집보다 3배 이상의 가치가 있다. 로테르담의 무역 회사는 아슨(Assen)의 유사한 회사보다 2배 이상의 자본을 창출한다. 마지막으로 우리 수도의 칼프르트 거리에 있는 가게는 쿨름보르흐 혹은 틸[11]

---

10 이 단어는 영어에서 유래했다.

11 푸르메이른트(Purmerend)는 암스테르담 북부의 작은 시장 도시이고, 아슨은 드렌트의 주도다. 칼프르트(Kalvert) 거리는 암스테르담의 쇼핑 거리이고, 쿨름보르흐(Culemborg)와 틸(Tiel)은 카이퍼가 처음 목회를 했던 베이스트(Beesd)와는 멀지 않은 곳에 있는 작은 주 도시들이다.

에 있는 동일한 크기의 가게보다 5배는 가치가 있다.

이것으로부터 명백한 것은 자산의 가치는 한 가지 요소가 아니라 고유 가치, 나라 안에서의 위치, 그리고 그것이 속한 정부 등 세 가지 요소에 달려 있다는 점이다.

만약 정부가 당신의 가치를 3배나 높이기 위해 행동할 힘을 가지고 있다면 혹은 다르게 말해 만약 정부가 소멸됨으로써 당신 자산의 가치가 1/3로 떨어졌다면, 그때 정부는 분명히 가치의 기여자로 평가된다. 만약 당신이 숫자로 그것을 표현하기 원한다면, 정부는 재정적으로 당신 자산의 1/3 정도 가치가 있다. 만약 정부가 그 부가가치의 반을 가져가더라도 그것이 공산주의의 혐의가 있는 것은 아니다. 왜냐하면 정부는 여전히 순이익의 1/6을 당신에게 남겨주기 때문이다. 재정적 관점에 따르면 당신 자산의 가치를 1/6 정도 높이기 위해서 당신은 1/3의 가치를 높여야 하고 당신에게 총 가치의 증가를 가져다준 정부에 1/6을 넘겨주어야 한다고 말할 수 있다.[12]

국가 공동체   §219

두 번째 요소는 가치의 몫을 나타낸다. 국가 공동체(national community)가 직접적으로 당신에게 속해 있지는 않다. 그러나 그것이 당신의 재산 속에 있다. 우리가 가진 것이 우리의 절대적 자산이고 우리 홀로 결정할 수 있으며, 우리가 기뻐하는 대로 우리가 할 수 있다는 로마법으로부터 빌려온 철저한 거짓 개념은 유기적으로 결합된 국민이라는 아이

---

12 이를 위한 영어 단어는 "unearned increment"다.

디어와는 직접적으로 부딪친다.

그런 거짓 개념은 기독교 영역에서는 어디에도 없다. 그리스도인들은 하나님이 모든 것의 주인이고 그것을 자신의 영광을 위해, 자신의 백성들을 유익하게 하고 필요를 공급하기 위해 사용할 수 있다는 것을 안다. 그러므로 이 관점에서 세금을 내는 것은 하나님이 우리에게 허락하신 정부에 하나님으로부터 받은 것을 지불하는 것이다. 그리고 납세는 이런 엄청난 자비를 수반한다. 우리는 세금을 납부함으로써 정치권력에 어떤 굴레를 씌운다. "만약 우리의 불만이 충족되지 않는다면, 군인을 고용하기 위한 세금을 승인할 수 없다"(Pas de griefs, pas de Suisse[No Grievance, no Swiss])[13]는 선언은 종교적인 구호이고, 헌법적 사고의 어머니다.

그러나 권력에 대한 이런 견제와 달리, 오늘날 우리의 법에 기초를 두고 있는 재산에 대한 이교도적인 로마법 개념은 당신이 국가 공동체를 고려하는 순간 자연스럽게 지지할 수 없게 된다. 만약 당신의 시골집이 그 주변 지역이 쇠퇴함으로 더 이상 임대할 가치가 없고, 주요 도로가 재배치될 때 당신 가게의 이익이 떨어지며, 창고에 보관하는 것을 불필요하게 만드는 철도가 지어질 때 당신의 물류 창고는 철거되기 위해 팔리는 것이 분명한 사실이라면, 이것만으로도 동일한 국가 공동체 안에서 동료 국민들과 함께 살아가는 것이 진정 가치가 있다는 것은 의심의 여지가 없다. 당신의 재산이 고수하는 가치는 당신의 재산 자체가 아니라 당신의 환경에 달려 있다.

---

13 이것은 우리가 충분히 슬퍼하지 못했을 때 우리는 군인을 고용할 세금 지출을 승인하지 않을 것이라는 의미다.

그래서 모든 재산은 사적인 부분과 국가적인 부분을 포함하기 때문에 당신이 소유한 재산의 가치를 높이는 국가 공동체는 당신에게 가치가 있다고 말하지 않을 수 없다. 그리고 국가가 이러한 부가가치에 대한 지분을 요구할 때 그것은 결코 당신의 재산권을 강탈하는 것이 아니며 언제나 국가가 취득한 것보다 더 많은 것을 여러분에게 준다.

분산 과세 §220

(4) 과세를 분산하라

재산에 대한 이런 순수한 개념을 전제로 어떤 과세 제도를 더 선호하는지 여러분에게 묻는다면 지방정부, 주 정부, 그리고 중앙정부가 각각 자신들의 성격에 적합한 방식으로 일해야만 하는 것이 명백하다.

우선 모든 지역 또는 국가의 영토에 대한 세금은 정부에 속한다. 결국 바다, 강, 탄광, 그리고 사냥터와 같은 영토는 자연적 생산력, 그리고 국가를 존재하게 하는 최초 및 최고의 물리적 기초를 제공한다. 정부는 스스로 영토의 대부분을 지키거나 혹은 영토에 수반된 의무를 수행한다. 국가는 그렇게 하는 것을 소홀히 해왔다. 그것은 영토가 점점 줄어들고 소멸되는 것을 허용했고, 모든 형태의 개인적 봉사(군복무, 민병대, 소방업무, 배수구 강화는 제외함)를 포기하게 했다. 그러나 그 관점에서 토지의 일정 부분을 국가적 재산으로 간주하고 그 국가적 부분의 수입에만 징수하는 것이 정당하다.

유사하게도 중앙정부는 수출입 관세를 징수한다. 결국 이 관세들은 만약 국가가 독립을 상실하면 무효화된다. 그것들은 국경에서 그리고 국경을 위해 지불되므로 전형적으로 정부에 속한다.

셋째로 중앙정부는 부동산과 증서에 대해 세금을 부과하고 등록세와 상속세를 징수할 권리가 있다. 이 수단은 재산의 안전, 법적 양도, 그리고 모든 다른 공적 행위를 보장한다.

넷째로 중앙정부는 소비자에게 징수하는 것이 아닌 제조업자, 가공 처리업자, 그리고 운수업자에게 징수하는 일반 내국세를 과세한다. 만약 그것이 지방정부의 수준에서 규제된다면 징수 비용은 낭비된 것이다.

다섯째로 정부는 공공 서비스, 국가적 영역, 다른 나라에 의한 조공, 혹은 그 외에 일반적으로 국가로부터 기인한 모든 수입에 대해 과세한다.

§221   중앙정부의 세금 징수

오해를 막기 위해 이런 다섯 가지 범주에 관해 몇 마디를 첨부한다.[14]

토지세는 네 가지 방향으로 개정될 필요가 있다. (1) 그것은 예전에 통용되던 가치가 아니라 현재 가치에 근거해야 한다. (2) 그 증가는 최소한 이전 세금의 80%와 등록 수수료를 포함해야 한다. (3) 면세는 철폐되어야 한다. (4) 아주 광범위한 성격의 재산에 대한 세금은 누진세여야 한다.

첫 번째 사항은 자명하다. 50년 전에 비해 오늘날 50배 가치가 증대된 토지가 있다.

두 번째 사항에 관하여, 100년 동안 열 번 주인이 바뀐 작은 토지

---

14   간행된 책에서는 다섯 가지 분류 중 세 가지만 다룬다.

의 주인은 현재 100% 토지세를 지불하는 반면, 아버지부터 아들까지 토지를 물려준 부유한 가족은 등록세를 지불하지 않는다. 이것은 너무나도 불공정한 인상을 준다. 법률은 이전 원가의 일반 수익금의 80%가 토지세로 인정되어야 하고 작은 부분만 등록세로 남겨두는 그런 방향으로 변화되어야 한다.

면세에 관해서는 영구히 기증된 재산조차 세금 면제의 결과로서 불균형적으로 가치가 증가하므로 정신적인 의도를 가졌던 재단법인도 점차 부가 쌓여 결국은 물질적으로 변한다. 헝가리에 있는 로마 가톨릭의 교회 재산과 아일랜드의 개신교 재산을 회상해보라.

토지에 대한 누진세에 대해서는 500, 800, 혹은 1,000헥타르[15]를 소유한 사람은 자신이 소유한 엄청난 부의 조합을 통하여 더 많은 수익을 얻는 것이 자명하다. 그러므로 국가가 그 수익의 많은 부분을 가져가는 것은 정당하다.

우리의 수출입 관세 역시 필요한 액수보다 낮다. 수입은 6억 훌든 그리고 수출은 5억 훌든인데, 전체 5백만 훌든은 보잘 것 없다. 만약 프랑스와 독일이 보호주의 정책을 계속 펼친다면 보복 관세는 두드러지게 상승될 필요가 있다. 그러나 그것과 별도로 우리는 한 개 이상의 무역 협정에 가입함으로써 국내 소비세에 대해 우리의 손이 묶이게 되었다. 회고해보면 슬프게도 우리 산업은 그 결과 어려움을 겪은 것을 알고 있다. 특히 프랑스와의 조약은 개탄할 만하다. 우리의 민간 상점들은 파리에서 상품을 공급받았다. 이런 과도한 제도가 우리에게 유익했다고 말할 수 있을까! 불행하게도 우리의 이익은 상대적이었고 상

---

15 대략 네덜란드에서 이것은 1,250, 1,400, 그리고 2,500에이커의 넓이다.

대방은 우리보다 더 많은 이익을 얻은 것이 명백했다. 재정적인 관점과 국가적 입장에서 자유무역에 대한 우리의 공약을 저해하지 않는다면, 수입 관세를 두 배로 하는 것은 매우 바람직하다. 이것은 결국 수입과 수출의 전체 가치를 0.5%에서 1%로 올릴 것이다.

설탕에 대한 국내 소비세는 궁극적으로 철폐되어야 한다. 포도주와 도살된 육류에 대한 국내 소비세는 상승되어야 하고, 알코올에 대한 소비세를 아주 높게 상승시킴으로써 순 세입은 동일하게 남아 있게 하면서 소비는 1/3가량 줄어야 한다. 그런 방식으로 재정적 책임과 도덕적인 정책이 동시에 작동해야 한다. 우리가 중요하게 생각하는 것은 알코올 같은 심각한 죄 문제에 대한 우리의 의무다. 비누와 소금 같은 물건에 대한 세금은 지방정부에 맡길 수 있다. 그들은 소비자들에 대해 과세를 할 것인지를 선택할 수 있다.

§222   지방정부의 세금 징수

중앙정부에 대한 이런 세금 징수 다음으로 지방정부는 기업 인허가, 영업 면허, 허가, 그리고 인두세뿐 아니라 비이자 주식 자본, 집, 소비, 그리고 사치품 등에 과세할 권리가 있다.

일반적으로 "가사 노동자"들은 국가 세금의 적용을 받지 않는다. 결국 여러분의 집은 국가 정부가 아니라 여러분의 이웃, 즉 당신이 사는 곳의 거주자들과 관계가 있다. 그러므로 국가 정부가 아니라 지방정부가 그곳에 과세할 권리가 있다. 그때 고용된 사람에 대한 비용인 지불급여세(the payroll tax)는 도시와 마을의 다양한 상태를 조화롭게 고려함으로써 더 공정하게 된다. 동시에 굴뚝세, 창문세 같은 어리석은 세목은 없앤다. 뿐만 아니라 누진적인 성격을 갖는 세금은 지역의 현실을 반영함으로써 더 현실적으로 정해질 수 있다.

뿐만 아니라 우리의 제도가 요구하듯이 만약 자치위원회가 길드와 조합에 의해 임명되는 것으로 결정된다면,[16] 그것이 무책임한 조직이 아니라는 것을 보여주기 위해 각각의 조직이 정관으로 정해서 지방정부에 연간 회비를 납부하는 것이 적절하다.

많은 경우에 면허권은 지역 단위에서만 작용하고, 비즈니스의 범위와 평가를 위해서 지방자치단체는 그런 면허권을 가장 잘 운영한다.

우리는 왜 지방정부가 스스로 원함에도 불구하고 소비세를 징수할 수 없는지 납득할 수 없다고 말하지 않을 수 없다. 이전 글에서 보통 사람들은 다른 사람들처럼 공공 재정에 기여한다는 충분한 논거를 제공했다. 그 사람은 동료 국민이다. 그 사람은 또한 대의명분에 관심이 있고 그 비용에 기여하는 것을 명예로운 것으로 간주한다. 그러나 보통 사람이 단 한 번의 거래로 상당히 많은 돈을 납부할 수는 없다. 그러나 매일 1인당 1/2센트(cent) 정도는 가능하다. 만약 그 1/2센트가 2개 혹은 3개의 소비재 가격에 포함된다면 그 세금은 거의 주목을 받지 않으면서 정상적인 관계는 아무 문제없이 보존될 것이다. 그래서 만약 노동자가 자신의 회사를 만드는 것이 허락되어 비즈니스 운영에 영향력을 가지게 된다면, 최소한 이것은 즉시 언급되어야 한다. "대표없이 세금도 없다"는 말은 우리 지방정부의 규칙이 되어야 한다.

그리고 만약 자본과 재산에 대한 세금이 부동산에 과세된 것이 아니라면 그것이 중앙정부로 가게 해서는 안 되고 전적으로 지방정부에

---

16 §138을 보라.

있어야 한다. 확실히 사람의 주소지가 있는 곳에서만 그 사람이 재정적으로 충분히 공정하게 평가되는 것으로 알려져 있다. 일종의 인두세는 초기부터, 여러 세대에, 마을에서, 시장에서, 시골에서, 가축 우리에서 (혹은 사람들이 함께 살아가는 장소에 대해 붙여진 어떤 이름에서든) 유행했었다. 왜냐하면 사람들은 함께 살아가는 좁은 집단에서만 다소 공정하게 판단된다는 자연스럽고 단순한 이유 때문이다. 세상사가 그렇듯이, 5만 명을 넘어서는 지방정부는 다시 분할되어야만 하고 각 계층을 위한 개별적 평가위원회가 있어야 한다. 그리고 모든 사람들은 중새위원회에 자신의 회계 장부를 공개함으로써 자신이 너무 높다고 생각하는 평가에 항소할 자유가 있어야 하고, 위원회 위원들은 비밀을 맹세해야하며, 다른 계층으로부터 선출되어야 한다.

그러나 국가 소득세는 아무리 완화되고 규제되어도 언제나 소용이 없다.

결국 납부해야 할 것에 대한 공정하고 공평한 평가는 다음을 고려해야 한다. (1) 수입, (2) 가족 상황, (3) 공동체에서의 위치, (4) 질병과 어려움, (5) 미래의 전망, (6) 외부 관계, 그리고 어떤 규정에도 해당하지 않고 어떤 세금 범주에도 포함되지 않는 요소들이 있다. 당신 계층이 아닌 위원회에 항소할 가능성을 열어두는 한편 오직 당신 계층의 배심원들만이 당신의 삶에 관한 각각의 도덕적·사회적 요소들을 고려할 것이라고 보증할 수 있다는 점을 덧붙인다.

다시 조정된 지방정부의 수입은 주(州)에 대한 기여 및 적자를 보전하기 위한 국가 예산에 대한 과징금이라는 두 개의 부담 때문에 어려움을 겪는다.

주 정부의 경우, 그런 기여금은 본질상 따라온다. 주 정부는 사람들 개개인이나 그들의 가구들과 접촉하지 않고 지방정부와만 접촉한다. 결국 주 정부는 어떤 고정된 과세 매개가 없다. 주 정부는 토지간척 같은 것을 통해 스스로 수입을 창출할 수 있다. 그러나 그런 방식으로 보전되지 않는 경비는 자신의 예산에 비례하여 지방정부에 할당되어야만 한다.

최종적으로 중앙정부에 대한 추가부담금에 대해 국가는 매년 예산의 균형을 위한 유연한 수단을 가져야 하는 것이 당연하다.

요구되는 추가부담금의 비율에 대해 국가 자체에서 무게 중심을 찾는 유기적 제도와 함께, 주 정부 또는 마찬가지로 지방정부를 평가하는 방법으로만 실현될 것이다. 3백만 홀든의 국가 부채는 5센트 정도의 지방정부가 징수하는 인두세를 증가시킨다. 이것은 부가적인 이익을 발생시키는데 전체 국가는 즉시 헤이그에 있는 중앙정부의 세수가 다시 바닥을 드러냈다는 것을 알게 된다. 중앙정부는 그런 인기 없는 적자의 반복을 방지하기 위해 다른 대책을 찾을 것이다.

제18장
국가 방위

제17조

우리의 국가적 독립을 강력히 방어하기 위해 정의감을 강화하고, 우리 역사에 대한 지식을 발전시키며, 우리의 대중적 자유를 지지하고, 노련한 외교를 실행하면서 국가 독립에 대한 강력한 방위의 촉진을 추구하며, 현재의 군대와 영토와 바다에 예비군을 조직할 것을 법률로 정한다. 그리고 병영과 해외 선박에서의 삶을 개선하고 보충역 제도를 철폐한 후에 무엇보다 군대의 사기를 존중한다.

I. 국적과 국제법

§224 국적의 의미

반혁명적 원칙의 프로그램에서 방위는 부록이 아니며, 사해동포주의에 대한 반대, 물리적 힘의 우월성에 대한 반대, 그리고 "역사 속에 계신 하나님"을 무시하는 것에 대한 반대, 이 세 가지 관점이 중요한 요소다.

프랑스 혁명의 원칙이 지지 기반을 얻기 시작한 이래로 이 심각한 주제에 대하여 이전 시대의 관점과 정반대되는 새로운 관점이 국가의 정신 및 국가 지도자들의 생각을 휘어잡게 되었다.

이전 시대에서 한 사람이 할 수 있는 최고의 헌신은 가정과 제단을 위해 자신의 목숨을 포기하는 것이었다. 사나이는 자신의 조국과 영토를 사랑한다. 그는 자신의 민족과 국민을 자랑스러워하고 자신을 조국과 일치시켜 생각한다. 물론 이것은 원시적 본능, 때때로 외국인에 대한 경멸로 전락하는 유전적 열정, 국수주의적 허풍, 편협함 등에서 생겨날 수 있다. 그럼에도 불구하고 본질적으로 그것은 영웅들을 고취시키고, 그들에게 생기와 활력을 불어넣는다. 그리고 위기를 맞이한 순간에는 모든 사람을 하나의 강력한 전체 속에 녹여넣는다.

이런 방식으로 원심력은 국가들의 다양성과 사람들 간의 차이점을 극명하게 돋보이게 하는 모든 국가에서 작동한다. 그것은 사람들에게 해외에서는 상황이 다르고, 의도, 느낌, 그리고 정체성이 사람마다 다르다는 것을 알게 한다.

이런 국가 생활의 특징적인 모습에 대해 초점을 맞추는 것은 스스로의 소명과 운명에 따라 국가적 양심이 각성될 때 일어나는 기질이 깊어지는 데 도움이 되는 것으로 증명되었다.

그러한 인식의 성장은 외국인들이 모델로 만든 것을 모방하려는 희망에 의해서가 아니라, 창의적이고 스스로 다른 사람들과는 다르게 되려는 열망에 의해 이끌린다. 이것이 국가가 자신의 특징을 나타내는 방식이다. 각자는 자국의 영토, 예술, 노동을 사랑한다. 모든 곳에서 당신에게 말을 걸고 생각을 구체화하며 당신의 국가가 독립적 존재로서 권리를 가진다는 것을 증명하는, 다양성이라는 풍성한 광채를 목격한다.

그때 사람들은 "향수병"이 의미하는 것을 알게 된다. 그들은 "망명자들"의 영혼을 흔드는 한탄을 이해한다.

"동쪽이나 서쪽이나 집이 최고"라는 정서가 조국으로 돌아온 모든 사람들의 가슴 속에 넘친다. 그리고 "아멘"이 영토 안에 있는 모든 사람들의 가슴에서 울려 퍼진다.

국제법 §225

"국가에 관한 법"(law of nation)이 있다는 인식으로 자연스럽게 이끄는 것은 바로 국적의 개념이다.

만약 모든 국가가 고유한 신념에 이끌려 고유한 혈통으로 활력을 얻으며 하나님이 특별한 사명으로 부르신 독특한 유기체라면, 하나의 신성한 제도가 그들 모두에게 공통적이라는 것을 알게 되는 것은 당연하다. 국가들은 각자의 성격과 본질이 다름에도 불구하고, 더 강력한 전체의 한 부분이며, 국가들의 더 높은 공동체에 가입됨에 따라, 상호 간에는 모두가 공유하는 상위법으로 묶여 있다. 특별한 국가적 사명 다음으로 국가들은 모두에 의해 인정되는 거룩한 삼위일체 하나님의 법이 이끄는, 완수해야 할 인간의 다른 사명이 있다는 것을 깨닫게 된다.

그러므로 확신컨대 모든 국가가 주 및 지방정부들로 구성된 도덕적 유기체인 것처럼, 우리 대륙의 국가들은 각각의 국민들이 살아 있는 구성원들이고, 크고 작은 각 국가들이 구성요소의 하나인 거대한 유기적 전체를 구성한다.

깊은 의미의 이런 확신은 세계 제국이 지배하는 이교도적 시기에는 존재하지 않았다. 그것은 카이사르의 시대에는 낯선 것으로 생각되었고 지금도 이교도의 땅에서 그것을 찾기는 매우 어렵다. 이와 같은 확신은 기독교가 융성한 이후에 뿌리를 내리게 되었고, 그 때문에 근원과 내용에 있어 기독교적이 되었다. 결국 기독교화된 국가들은 의미심장한 다원적인 특성 가운데 더 높은 통일성을 향한 힘을 가진 하나의 거대한 "국가 가족"(family of nations)을 형성한다는 것이 전 유럽의 국가들에 만연한 인식이라고 정의될 수 있다.

이것이 실현된 후에야 비로소 국제법은 진정한 기반을 획득한다. 그것은 국제 관계의 도덕적 기반을 확립했고 유럽 공동체의 법이 교활한 군사력만이 아니라 우선적으로 성문화된 조약의 확실성에 기반을 두도록 만들었다. 그리고 그 조약은 오늘날 여전히 사용되는 "성 삼위일체의 이름으로"라는 서문의 대표적인 말로 변함없이 봉헌되고 있다.

네덜란드의 하나님

§226

사람들의 의식 속에 깊이 자리잡은 이런 정신적 상태와 국가를 이끌어 가는 상위법의 감각을 고려할 때, 전쟁이 발발했을 때 그 결과에 대한 확신은 군사력에 있는 것이 아니라 국가를 창조하신 하나님이 파멸로부터 그들을 보호하시고 전 지구의 심판자가 국가들에 대해 정의를 행하신다는 믿음에 있다는 것은 궁극적으로 당연하다.

이 점에서만 사람들은 "우리 조상의 하나님, 네덜란드의 하나님"이라 말한다. 공통적인 반론은 그런 경우 싸우는 두 국가들이 동일한 환상 가운데 살고 있고 최소한 그들 중 하나는 실망으로 끝난다는 데 있다. 우선 적절한 응답은 국가들도 하나님 앞에서 죄를 지을 수 있고 그들의 기도가 응답된다고 기대할 수 없다는 것이다. 둘째, 일시적인 패배의 뒷면에 승리가 감춰져 있을 수도 있고, 반대로 가장 영광스러운 승리의 배후에—프랑스와 독일에 일어난 일들을 생각해보라—저주가 감춰져 있을 수도 있다.

이것이 바로 우리나라의 속죄일, 추수감사절, 그리고 기도의 날의 동기였다. 영광스러운 기억의 날들에 우리 전 국가는 하나님과의 교제 속에 겸손히 들어감으로써 하나로 뭉쳤고 강력한 힘을 최고조로 고양시켰다.

유럽의 기독교 국가 공동체

§227

그러나 오늘날 모든 것이 변했다. 우리가 알고 있듯이 과거의 시적인 세계는 환상이고 자기기만일 뿐이다. 자유를 누리고 있는 시민들[1]의

제18장 국가 방위 **449**

대화 가운데 매일 그것을 들을 수 있다. 현명한 시대를 살아가는 현명한 사람들은 우리의 단순한 조상들이 한때 선호했던 여러 순진한 관습들을 조롱한다.

첫째, 그들은 기도의 날을 비웃었고 그것을 없앴다. 국가들 간의 유대관계를 유지하는 외교를 그들은 조롱거리로 여겼다. 그들은 외교를 필요 없는 사치품으로 비난했고 그것을 정중한 예절의 교환이자 악의 없는 공동성명으로 평가절하했다. 그들은 조약에 대한 존중을 체계적으로 약화시켰고 어린아이같이 단순하다고 그것을 반대하고 비웃었다.

"기독교 국가 공동체"를 계속 말하는 것은 세속화된 정치 철학과 유대주의적 자유주의 권력 집단 측에서는 점점 더 가시가 되었다.

그리고 만약 "국제법"이 실제로 인도주의의 찬란한 승리의 관점에서 진보했다면, 서서히 생기는 부자연스러운 감상주의에 눈을 감아서는 안 되고, 국가의 권리를 침해하면서 국제법의 승리를 자축하는 매우 의문스러운 노력에 대해서도 눈을 감아서는 안 된다.

왜냐하면 우리 세기의 업적 중 설령 어떤 것이 눈에 띈다 해도, 그것은 국가 간의 경계를 허물고 각 국가의 특징을 약화시키며 모든 마을과 도시 그리고 모든 사회적 계층에서 모든 사람의 삶을 하나의 인공적이고 획일적인 모델로 개조하려 시도하는 것이기 때문이다.

이것은 국제법이 원래 과거의 모습이나 또는 의도했던 모습으로 존재하지 못하게 했고, 혁명적 원칙으로부터 지역적 필요성을 따르는 매우 위험한 논의의 제도로 점점 더 전락하게 만들었다.

---

1   "시티즌"(citizens)에 대하여, 카이퍼는 프랑스어인 "시토앙"(citoyens)을 사용한다. 그것은 인격에 대해 코즈모폴리탄적이고 혁명적인 이해를 가리킨다.

이전 시기에 국제법의 목적은 크고 작은 모든 국가가 명예롭게 존재할 권리를 보장하는 것이었다. 이러한 보장은 국가들이 함께 더 높은 차원의 법을 따르는 기초가 되었다. 오늘날 국제법의 목적은 오히려 그 반대를 의미한다. 그것은 유럽 시민의 권리라는 상상으로만 존재하는 실체를 위해 독립적 존재로서의 국가의 권리를 희생함으로써 거대한 집단을 형성하고, 국가 생활의 합병과 어우러짐을 방해하는 모든 장벽과 장애물을 제거할 것을 요구한다.

　이것은 이미 하나의 위대한 세계 공화국의 주창자들에 의해 과감하고 강력하게 확인되었다. 그리고 공산주의자들과 사회주의자들에 의해 더욱 분명히 확인되었다. 그러나 그것이 실제로는 국가를 차례로 집어삼킨 나폴레옹에 의해, 국가를 차례로 합병한 빅토르 엠마누엘 2세[2]에 의해, 왕들을 장난감처럼 다루었던 비스마르크[3]에 의해 확인되었다. 그리고 그것은 트랜스바알과 아프가니스탄에서 영국[4]에 의해 다시 확인되었다. 그리고 유럽 열강들의 연합은 더 나쁜 결과를 초래했는데, 그들은 발칸에서 자신들이 주도권을 잡고 있을 때 무엇이 옳고 정의로운 것인지를 구하지 않고 자신들 시스템의 효용성에 무엇이 적합한지를 따졌다.[5]

2　1860년과 1861년 사이 사르데냐의 왕은 롬바르디아를 정복하고 통일 이탈리아를 만들기 위해 다른 독립 왕국들과 공화국들을 병합했다.

3　1866년 비스마르크의 프러시아는 오스트리아를 패퇴시키고 하노버 왕가, 헤세-홈부르크 공국, 카셀 공국, 나사우와 슬레스비히 공국, 그리고 프랑크푸르트 자유시를 합병했다.

4　1870년대 말 영국은 트랜스바알 공화국을 합병했고(1902년까지 남아프리카 공화국으로 알려졌는데 오늘날의 남아공과 혼동하지 말 것), 아프가니스탄에 영국의 영향력을 확대했다.

5　1878년 베를린 회의에서 영국, 프랑스, 오스트리아, 프로이센, 그리고 러시아는 발칸반도를 자신들에게 장단기적으로 이익이 되는 경계를 가진 많은 개별 국가로 분할하였다.

그러므로 현대적 관점에서 국제법은 점차 약소국들을 소멸시켰고 어떤 부수적인 권리뿐 아니라 근본적인 생존권까지도 강탈했다. 사람들은 이제 더 이상 약소국들이 일반적으로 유기체로서의 유럽 공동체 내에서 전체의 고귀한 번영을 위해 가장 선별된 가치를 가진 우수한 회원국들이라는 사실을 인정하지 않는다. 결국 모든 국가에서 스스로의 권리에 의존하는 것은 쓸모가 없게 되었고 가장 고상한 문화의 세기에 "무력으로 살아가는 것"이 다시 일상화되었다.

§228   내부 풍기 문란

최악의 결과는 국제법이 준수되지 않고 조약이 폐기되며 약소국의 안전이 위협받음에 따라, 약소국들의 마음에 이와 동일하게 치명적인 프랑스 혁명의 원칙이 작용함으로써, 완강한 방어와 불굴의 저항을 가능케 하는 정신을 무력화시켰다는 점이다.

국가적 명예와 국가에 대한 사랑을 조롱한 배신자들에게 격분을 하는 대신 사회적 지위와 지성이 있는 젊은이들이 이런 "구식의 애국주의"를 냉소적으로 비웃는 것이 관례가 되었다. 불평하는 하위 계층 가운데는 영웅적 용기의 행동을 불붙이는 높은 열망이 점점 사그라들고 있다. 우리가 주목하지 않을 수 없는 것은, 때때로 기독교 모임에서조차 사람들은 우리 네덜란드가 지닌 신성한 사명에 대해 절대적 믿음이 없음을 드러내면서 더 강력한 국가에 의해 흡수될 가능성에 대해 이야기한다는 점이다.

어떤 사람이 일단 반국가 조류에 휩쓸리게 되면, 설사 그가 크루프(Krupp) 대포[6]와 암스트롱 포, 강 주변의 요새 혹은 해변의 포대에 대해 논쟁한다 할지라도 그의 말은 들을 가치조차 없다. 그런 관점에서 국가가 허락하기만 하면 우리의 죽음은 정당화된다. 따라서 우리 자신들은 자유롭게 남을 수 있는 권리를 박탈당한다. 해군과 육군에 사용된 모든 재정은 단지 무가치한 낭비일 뿐이고, 국고의 절도이며, 돈의 순수한 낭비다.

이것을 생각할 때 우리의 강령은 우리가 스스로를 보호할 권리가 확인되고 국민들과 하나님을 신뢰할 용기를 가졌을 때 비로소 군사적 방위의 문제를 다룰 수 있다는 것을 명심하고 있으며, 이를 전심으로 지지한다.

II. 도덕적 방어

국가의 역사 §229

군사적 방어와 구별하여 도덕적 방어는 (1) 국가의 역사, (2) 정의감, (3) 시민 정신, (4) 외교 등 네 가지 정신으로 구성된다. 이 네 가지의 중요성은 다음과 같다.

(1) 국가의 역사에 대한 지식. 역사란 우리 국가의 탄생과 진화의

---

6   암스트롱 대포는 영국 것인 반면에, 크루프 대포는 원래 프러시아의 것이다.

이야기다. 시각적으로 표현하자면, 뿌리의 섬유질 망이 지면 아래 숨겨져 있다가 시간이 흐르면서 뿌리로부터 상당히 멀리 떨어진 높은 줄기 위에 이파리와 꽃을 피움으로써 사람들에게 드러나는 것과 같다. 그러므로 이것은 이전 세대에 오랫동안 잊혀진 백발의 조상들이 경영했던 일의 이야기일 뿐 아니라 오늘날의 네덜란드에 나타나는 동일한 삶의 지속적인 울림이며, 이후 살아갈 세대에게도 동일하게 나타난다. 강의 수로는 수세기 동안 언제나 다른 물방울로 채워진다. 그것은 언제나 엄청난 물을 우리의 낮은 땅에 방출하는 "알프스의 꼭대기로부터 온 물줄기의 황제"[7]였다. 마찬가지로 한 국가는 계속적으로 다른 사람들로 형성된다. 혹자는 "저울 위의 먼지 입자로", 혹자는 "바다의 물 한 방울로" 형성된다고도 말한다. 그러나 그것은 언제나 동일한 도덕적 집단이고 동일한 가족의 가계도이며 동일한 오랜 혈통이다. 그러나 그것은 아버지로부터 아들로 흘러가고 결코 마르지 않는 개울물처럼 정맥으로 들어가서 생기를 되찾는다. 그리고 한때 불굴의 용기로 충전했고 지금도 그러한 모든 개별적인 정신 내면에는 결국 국가라는 하나의 정신만이 존재하고 남는다. 결코 소멸되지 않고 한 세대에서 다음 세대로 전달되는 이 정신은 10세기, 8세기, 3세기 전에 우리 조상들이 고통당하면서도 여전히 살아가고 기뻐했던 것이었다. 그리고 지금 우리 세대에는 기뻐하기보다 여전히 고통당하며 살아가고, 우리는 슬퍼한다.

그러므로 우리나라의 역사에는 경이로운 신비가 붙어 있다. 모

---

7   카이퍼는 여기서 레이든의 교수였던 엘리아스 아네스 보르헤르(1784-1820)의 애가 "Aan den Rijn"을 인용하고 있다.

든 탁월하고 투쟁적인 삶과 분리될 수 없는 일종의 신비다. 그것은 시대 속에서 분석되거나 명성과 문서 속에서 다 고갈될 수 없는 신비다. 이것은 이런저런 역사적 인물이 생각했거나 행했던 것의 가장 세심하고 현학적인 묘사로는 밝혀질 수 없다. 반면 그런 시대, 명성, 그리고 개별적 업적 뒤에 국가가 근심의 날에 집단적으로 견뎌낸 것, 풍요의 날에 죄를 지은 것, 그리고 구원의 시간에 하나님의 면전에서 감사한 것에는 어떤 신비가 있다. 국가 생활의 신비는 보이지 않고 형언할 수 없다. 그것은 자신이 움켜잡는 깃발이 전체 국가의 명예를 결정할 것이라고 생각할 때 전쟁터에서 지도자의 용기를 배가시킨다. 그것은 불가해하며 서술할 수 없다. 긴장된 순간에 그것은 사람들을 잠자는 상태에서 의분의 상태로 흔들어 놓는다. 비록 오란녀라는 이름으로 다 고갈되지는 않지만 그 집안의 잊을 수 없는 영웅을 만들고 그 국민들에게 그 영웅들과 그 후손들을 전심으로 사랑할 마음을 줄 수 있는 힘을 가진 신비로운 추진력이다.

한 나라의 역사는 과거에 대한 기억을 통해 신선한 행동을 유발하는 웅대한 자질을 불러일으킨다. 그것은 위기의 순간에 우리의 편협함을 없애고 마치 한 사람처럼 적국에 맞서는 통일 의식을 고취시킨다. 그것은 아주 작은 힘으로도 위대한 일들이 성취될 수 있고 절망에도 불구하고 만약 사람이 자신의 하나님을 의지한다면 가장 놀라운 결과가 생길 수 있다는 것을 제시하는 숭고한 흔적을 남긴다.

그러므로 모든 지위와 계층의 사람들이 우리나라 역사에 대한 거룩한 열정으로 다시 한번 세례를 받는 것은 필수적이다. 목록 및 계보를 암기하고 무미건조한 연대기를 읽는 것은 처음부터 결코 삶을 담을 수 없으므로 삶을 일깨우기란 불가능하다. 왜 단순한 사람들은 모든 마음의 짐을 모면하지 못할까? 자녀들의 갈비뼈 개수와 등뼈 개수를 알고 있는 엄마는 드물다. 그녀는 "의사가 알고 있다"고 생각한다. 그녀는 단지 자녀를 사랑하고 담장 너머 이웃들과 자녀의 장난을 공유한다. 마찬가지로 비록 한 세기인지 3세기인지 헷갈리고, 오란녀 가가 프리지아에 있고 빌름 3세가 프레드릭 헨리의 아들이라고 생각할지라도[8] 그것은 노동자 계층 출신의 아이에게 전혀 중요하지 않다. 그 아이에게 중요한 것은 그 광경, 채색된 상상의 그림, 영웅적 인물, 그리고 기적적인 시건의 전설이다. 왜냐히면 이런 전설이 없다면 언제나 오류 투성이 내러티브일 뿐인 역사는 더 이상 진정한 역사가 될 수 없기 때문이다. 전설을 잃는 것은 역사가 가장 참되고 자극적인 요소, 곧 신비로운 삶의 숨결을 잃는 것이다.

교육법의 지지자들을 주의하라. 자신들의 당파적 의도라는 관점에서 그들은 우리 역사로부터 영혼을 제거하고 역사에서 따뜻함과 생명을 강탈해 갔다. 우리나라에서 역사에 대한 지식은 상당히 줄어들었다. 그들의 제도 아래서 우리는 결코 다시 역사가 영감을 제공하는 힘을 가지는 때를 보지 못할 것이다. 그들은 자신들의 정치적 의도를 밀어붙이기 위해 우리의 도덕적 방어에 이런 균열을 허용한 것에 대해 하나님과 우리 국민 앞에 책임져야 한다.

---

8 오란녀 공국은 남프랑스에 있고, 국왕이며 총독인 빌름 3세는 프레드릭 헨리(1584-1647) 왕의 손자였다.

(2) 우리의 일상적인 인식보다 더 깊이 우리의 의식을 붙잡는 것은 "정의감"이다. 이것은 짐승에게도 나타난다. 무단 침입하는 불량배를 공격할 때의 강아지를 잘 지켜보라. 이와 같은 본능은 사람들 사이에서 더 당당하고 탁월하고 강력하다.

가장 강력한 군대를 전쟁에 보내라. 그러나 아무리 무기를 정교하게 하고 장비에 광을 내고 지휘관이 탁월해도 그 군대는 기동할 수 있는 줄지어선 무리로 남을 수 있지만 적에게 두려움을 불어넣지는 못하고 침묵 속에서 쓸모없는 작전을 수행할 것이다. 반면에 형편없는 장비에 훈련도 거의 하지 않아서 곧장 싸움을 포기해야 할 것처럼 보이는 소규모의 군대를 내보내더라도, 이 병사들의 영혼에 자신들의 권리가 공격받고 침해되며 짓밟히고 있다는 인식을 주입하면, 이 어설픈 전사들이 즉시 엄청난 용기를 가지고 일어서서 사방으로 날아다니는 것을 볼 것이다. 그들은 도망하면서 자기만 화를 피하려 하지 않고 소규모 게릴라전을 벌이면서 폭풍과 홍수처럼 혹은 질병과 전염병처럼 사람 또는 하나님의 도움이 도착할 때까지 적들을 괴롭힌다.

뿐만 아니라 만약 우리 자신들에게 정의감이 조성되면 우리는 그것으로 주변을 고무시킬 것이고, 만약 우리의 독립이 불공정하고 불의한 방식으로 위협을 받는다면, 우리의 명분이 공감을 얻고 지원받을 기회는 늘어날 것이다.

만약 우리 자신들이 정의를 소중하게 생각한다면 그것은 불가항력적인 힘을 가지고 있다. 우리 시대에 기독교 국가들은 3-4세기 동안 헛된 것처럼 보이던 투쟁에서[9] 자신들의 최고의 피를 흘린 후에 오스만 투르크 세력으로부터 자유를 얻게 되었다. 그들이 새로 찾은 자유는 자신들의 권리를 위해 저항하는 모든 사람을 격려한다. 그리고 그것은 잠정적으로 파산했지만 다시 부흥하고 번성할 것이라고 국가들에게 예언한다.

특히 이 사실에 관하여 우리는 5년 전 아체 해변에서의 느븐하이즌(Nieuwenhuyzen)의 행동에 대해 심각한 항의를 했다.[10] 그 행동은 어떤 감정도 흥분도 없으면서 부분적으로는 우리의 정의감을 위반한 전쟁으로 우리를 이끌었다. 우리는 기도 없이 이 전쟁을 치렀다. 전쟁이 발발할 때 크흐니우스(Keuchenius)[11]는 정부의 관료보다 더 멀리, 더 깊게 내다보면서 편의가 정의를 이겼고 두려움이 신앙을 이겼으며 아체에 대해 저질러진 잘못이 도덕적으로 우리에게 되돌아올 것이라고 인식했다.

그리고 비록 정의의 문제와 관련하여 크흐니우스는 실수를 했고 로우돈(Loudon)[12]이 옳았다는 사실을 뒤늦게 깨달았음에도 불구하고, 그 전쟁이 정의로운지 아닌지를 판단할 수 있는 정보를 국가적 양심에 제공하지 못한 것은 잊을 수 없는 실수였다.

---

9   발칸 지역은 1400년경 오스만 제국이 지배했고, 그들은 1860년대를 시작으로 발칸 반도로부터 점차 후퇴했다.

10   1873년 3월 느븐하이즌(F. N. Neuwenhuyzen)은 말라카 해협에서 해적을 멈추기 위한 협력을 협상하는 데 실패한 후 네덜란드 식민지 정부를 대표하고 북수마트라의 아체에서 전쟁을 선포했다. 그 해협은 향료와 아편의 거래에 전략적 수송로였다.

11   크흐니우스(L. W. C. Keuchenius)는 카이퍼의 통신원 중 한명이었고 동인도회사의 부회장을 역임했고, 자바에서 돌아와 신문사 편집자였던 1866년부터 1868년까지 네덜란드 의회의 의원을 역임했다. 1878년 그는 아체 전쟁에 대한 언론 검열에 반대하는 책을 저술했다.

12   네덜란드 군대가 아체에서 군사적 후퇴를 한 후, 바타비아의 총사령관 로우돈(James Loudon)은 아체를 정복하려는 데 노력을 기울이기로 결정했다.

(3) 위기의 시기에 정부는 국민이 필요하다.

만약 현명한 통치와 사려 깊은 행정을 통하여 정부가 국민들의 행복을 증진하려는 의도에 대한 국민들의 신뢰를 얻는다면 그것은 만족감과 일치감을 만드는 데 성공한 것이고 국가의 상황에 만족하면서 국가의 독립에 대한 사랑을 증가시킨다. 그런 경우 역사가 보여주듯이 정부는 무슨 일이 생길 때 국민들을 의지할 수 있다. 그것은 저항보다는 이행으로 충족되며 시민의 동의로 움직일 것이다.

그러므로 현명한 정부는 자국민들의 사랑과 신뢰를 얻으면서 시민들 사이에 상호 연대감을 증진하기 위해 노력한다. 그 정신은 당국이 자유를 두려워하지 않고 시민들이 권위에 저항하도록 자극하는 것을 피할 때 저절로 생긴다.

그러나 우리 정부는 이것을 구식의 지혜라고 간주하는 것 같다. 최소한 그것은 문자 그대로 오랫동안 정부의 통치력에 대한 확신을 손상시키는 작용을 했다. 거의 모든 조치에서 정부는 불만과 고통을 일으키는 데 기여했다. 그것은 일어났던 가장 긴급하고 정당한 불평에 귀를 막았다. 정부가 처할 수 있는 최악의 상태 즉 정당 독재에 빠지거나 혹은 국가의 반 이상이 바라는 것을 억압하면서 모든 사람을 섬기기 위해 존재하는 중앙정부의 권력을 남용하게 된다.[13]

이것은 도덕적 방어를 논하는 중에 아무리 강조해도 지나치지 않다.

---

13 카이퍼는 50만 명의 탄원에 대항하여 1877년 초등교육법과는 다른 완곡한 참조할 것을 만들었다.

만약 현 정부가 대중적 자유를 향상시키는 대신 억압하는 관행을 계속 유지한다면 당파적 정신이 더 강력해지는 만큼 시민 정신은 위축되지 않을 수 없다. 위기의 시기에 정당의 기구로서 정부는 에너지를 모을 수 없다는 것과 국가가 통일된 행동을 할 수 없다는 것을 알게 된다. 그리고 통치하지 못하고 단순히 관리하는 것에 대한 자연스러운 형벌은 조만간(하나님이 허락한다면 단지 얼마 동안만) 외국 군대가 왕궁을 점령함으로써 정부가 영향력을 행사하며 나라를 통치하는 것이 무엇을 의미하는지를 명백하게 보여줄 것이다.[14]

§232 **외교**

(4) 마지막으로, 외교와 관련하여, 우리의 "외교부"[15]가 지난 사반세기 동안 나쁜 평판을 받아온 것에 대해 강력하게 항의하는 바다. 또한 외교부가 유럽 문제에서 중요한 역할을 담당하지 못하고 변명의 여지가 없이 행동한 것에 대해서도 반대한다.

기독 역사적 관점에서 건전하고 유능하며 열정적인 외교 업무란 호화로움과는 거리가 멀다. 외교는 절대적으로 필수불가결한 도구다. 그것은 우리의 독립을 보장하고, 다른 국가의 정부들과 유기적 관계를 유지하며, 개별 국가들이 기독교적 유럽의 책임인 공동체적 목표에 기

---

14 네덜란드는 1806년부터 1810년까지 루이 보나파르트에 의해 그리고 1810년에서 1813년까지 그의 형제 나폴레옹 황제에 의해 통치되었다(홀란트 왕국은 1810년 해체되었고 네덜란드는 1813년까지 프랑스에 합병되었다).

15 여기서 "외교 관계"(Foreign Affairs)라는 단어는 네덜란드어의 "het Buitenhof"라는 단어를 번역했다. 이것은 헤이그에 있는 외교부(the Department of Foreign Affairs)를 줄인 것이다.

여하게 하고, 정의의 존엄성을 유지하며, 이교도를[16] 반대하고, 인간 사회에서 인간적 요소를 존중하며, 하나님의 영광을 높이 드는 것이다.

그러나 이런 외교적 업무를 제도화하고 유지하는 것은 엄청난 노력을 요구한다. 특히 내각의 비일관성 아래서는, 즉 바로 일련의 결과로 만들어진 모든 계산이 단기적으로도 실패한 결과인 유럽의 세력균형의 붕괴 하에서는 더욱 그렇다.

오늘날 더욱더 외교적 업무가 필요한 것은 거의 불가능한 업무를 수행하기 위한 지적 능력을 제공하는 공무원 조직이다. 국가의 외무 공무원들은 빨리 배우고 견고한 훈련을 받으면서 폭넓은 지식과 창조적이고 유연한 마음을 가진 사람이 될 필요가 있다. 그들의 업무는 잠정적으로 국가의 이익과 안보에 반하는 초기의 움직임을 파악하는 것이다. 그것은 국가의 영향력을 확대하고, 외국 정부와 사람들 가운데서 우리나라의 평판을 증진하고, 아무것도 하지 않는 것이 나라의 명예를 상실하거나 미래의 국익에 반한다고 판단될 때는 개입하고 재치를 발휘하는 것을 포함한다.

그런 필요들이 당장 충족되지는 않는다. 이러한 순간에 외국에 충분한 영향력을 행사할 외교관은 없다. 비록 어떤 사람이 영향력을 가지고 있더라도 그것은 정치적 중요성 때문이라기보다, 사회적이거나 국가에 관한 것이 아닌 사람에 관한 것이다.

부족한 것은 유능한 사람, 비전의 통일성, 그리고 부서에서의 의지력과 의회의 공감이다.

현재 벨기에 외교관조차 반복적으로 이러한 게임에서 우리에게

---

16 이교도를 언급하는 카이퍼의 주요 관심사는 인도네시아의 애니미즘이다.

승리를 거둔다. 우리는 많은 협상에서 다른 상대방의 속임수에 당하고 있다. 우리는 별 볼 일 없는 존재로 취급받고 더 이상 중요한 국가로 취급되지 않는다. 신뢰할 만한 문서에 의하면 외무부가 알기 이전에 우리나라의 합병에 대한 회담이 있었다고 한다.[17]

이런 운명은 식민지에서도 계속된다. 영국 정착민들은 우리를 능가했고, 최근에 스페인이 술루 제도의 독립을 승인해준 후에[18] 거의 우스꽝스러운 통고를 우리에게 보냄으로써 우리를 약삭빠르게 속였다.

우리가 데지마(Decima)에서도 이미 뒤지고 있으면서[19] 영국과의 서투르고 무분별한 협상으로 아프리카의 골드코스트(Gold Coast)와[20] 수마트라의 북부 해변에서 입게 된 가공할 만한 손해를 생각할 때, 확실히 우리는 심각한 고소를 당할 만한 여지를 충분히 주었다.

§233   자기 몰락

유럽 국가 공동체 내에서의 우리의 소명이라는 이해 관계의 측면에서, 우리는 이런 상태로 당하고만 있을 수는 없으며, 분쟁이 일어날 때마다 조용히 아무것도 하지 않고 미래의 행동을 위한 동맹을 회피하는

---

17 비밀 합병 모의는 1866-70년 사이에 프랑스와 프러시아가 포함되었다는 루머가 있었다.
18 술루 제도는 5백개가 넘는 작은 섬들의 띠이고 스페인-필리핀과 네덜란드 동인도 사이에 있다.
19 나가사키 만의 데지마 섬은 일본과의 무역을 위해 남겨두었는데, 1641년부터 1853년까지 네덜란드만이 무역을 할 수 있었던 곳이었다.
20 아프리카의 골드코스트는 가나의 남부 해안이며 노예 무역 이래 네덜란드가 무역 초소를 유지했던 지역이다.

국가들의 비겁하고 부끄러운 관행에 계속해서 강력한 반대를 표명해야 한다.

트랜스바알 문제[21]에서, 그보다 먼저 덴마크의 절반과 나사우의 전부가 파괴되었을 때,[22] 우리 정부는 목소리를 높여야만 했다. 가장 최근에 이슬람의 문제가 해결되었을 때,[23] 세계 두 번째 식민지 제국[24]은 자신을 세력 중재자로 소개했어야만 했다. 그리고 더 중요한 것은, 사실과 비밀 외교문서로부터 2류 국가들의 존립이 실제로 위기에 처한 것이 명백해졌으므로, 네덜란드 외교는 우리도 여기에 존재한다는 것을 알리는 동맹 정책을 오래전에 착수하여 주도권을 잡았어야만 했었다. 예언자들이 말했듯이[25] 좀 더 졸고 좀 더 손을 모아 쉬는 것은 앞서가지 못하게 한다.

특히 약소국들은 생명보다 용기가 더 중요하다.

그러나 더 적극적인 외교를 펼치면서 더 강한 외교적 행동을 위해서는 네 가지 요구 사항이 즉시 충족되어야만 한다. (1) 외교부는 언제나 이름뿐인 개인이 아닌 진정한 장관이 주도해야 한다. (2) 다른 사람이 내각을 이어가듯이 외교 업무에서 과거와의 연속성을 유지할 능력

---

21   카이퍼는 여기서 1877년 바알강 북부의 보어 공화국에 대한 영국의 합병을 언급한다. 명백하게 그 지역의 골드러시에 있어 영국의 참여를 보호하기 것이었다. 그 합병은 영국이 1881년 마주바 언덕의 전투에서 패배함으로 실행되지 않았다. §227n13을 보라.

22   이것은 1866년 오스트리아-프로이센 전쟁의 결과였다. 슬레스비히-홀스타인 공국이 덴마크로부터 영구적으로 분리되어 프로이센에 합병될 때다. 나사우 공국은 전쟁 기간에 오스트리아를 지원한 대가로 프로이센에 합병되었다.

23   카이퍼는 1878년 베를린 회의에서 발칸 지역의 영토에 있는 그리스도인들에게 종교의 자유에 대한 허용을 오스만 제국이 약속할 것을 언급하고 있다.

24   네덜란드를 가리킨다.

25   잠언 6:10-11, 24:33-34.

이 있으면서 경험 있는 사람들이 추가되어야 한다. (3) 충분한 자금 지원이 가능하도록 해서 가난하지만 유능한 사람이 대사 자리에 임명될 수 있어야 한다. (4) 중요한 모든 대사관은 충분한 직원이 있어 "외교 사절"이 제 역할을 다할 수 있어야 할 것이다.

과거 베네치아가 했던 일을 기억하라! 과거 우리 외교관들이 모두 귀족이 아니었던 때를 기억하라. 그들 가운데 어떤 사람들이 있었는가! 스위스를 생각해보라. 그들의 탁월한 외교관들은 강대국의 외교관들보다 더 탁월했다.

III. 군사적 방어

§234 최선을 다해 방어해야 한다

우리 나라의 역사를 위해서 학교에서 달성되는 우리의 도덕적 방어는 국가로 하여금 엄청난 비용을 절약하게 한다. 그러나 군사적 방어는 매년 거의 4천만 훌든의 비용에도 불구하고 적절한 효과를 거두지 못하고 있다.

군사학은 매 10년 아니 5년마다 가장 호전적인 국가의 장교단에게 더 크고 빠르고 파괴적인 해군과 육군을 육성할 것을 설득한다. 영국은 해군에서 이 잔인한 과제를 수행한다. 프로이센은 육군에 대해 동일한 것을 진행하고 있고, 프랑스는 자신들의 군사적 영광을 유지하기 위해 병기창과 조선소에서 노예처럼 일하면서 앞선 두 강대국을 당황시키고 있다.

물론 이것은 다른 경쟁 국가들이 주저하거나 재고하지 않고, 이 확장적이고 파괴적인 모델을 모방하고 따르도록 강요한다. 모든 강대국들이 전쟁에 관한 예산을 보다 많이 책정하면서 군비 경쟁을 할 때, 이류 국가들은 만약 일련의 과정에서와 마찬가지로 자신들의 전쟁 예산을 확장하거나 아니면 군비 경쟁에서 물러서는 것 외에 다른 선택의 여지가 없다는 것을 깨닫지 못한다면 극도로 순진한 것이다.

특히 우리의 식민지들은 해양에서 초강대국들의 만족을 모르는 욕심을 자극하기 십상이고, 식민지 항구들의 위치가 자연발생적으로 탁월하다 보니 육지에 있는 초강대국의 욕심을 자극한다. 따라서 우리나라는 영국과 프로이센의 공격적인 전력을 주시해야 한다. 만약 우리가 전쟁 예산을 확장하기를 피한다면 잘못된 길에 들어섰다는 결론을 미리 내려야 한다.

육지의 모든 시민들, 나라 전역의 국민들, 특히 우리 의회와 정부는 주어진 상황에서 우리가 하기 원하는 것을 냉정하고 진지하게 고려해야 한다.

우리는 스스로를 보호하기를 포기하고 단지 굴복하면서 영국 해군과 프로이센의 육군이 우리가 결코 대항할 수 없는 너울처럼 등장하는 것을 보기 원하는가? 혹은 비록 우리가 몰락할지라도 명예롭게 몰락하기를 원하는가?

그러한 선택에 직면하여 우리 모든 반혁명당원은 무조건적으로 후자를 선택한다. 어떤 국가도 하나님이 허락하신 존재를 포기할 수 없다. 더구나 우리 국민들은 합병된다면 결코 번성할 수 없는 유형에 속한다. 무엇보다 만약 우리의 유산인, 우리 조상들이 자신들의 고결한 피를 바친 자유가 정복자에 대항하여 싸워보지도 못한 채 굴복당한다면 우리 조상들을 기억할 때 그것은 비겁하고 명예롭지 못하며 경멸적인 것이 된다.

§235   확고한 계획

그러나 일단 이 선택이 침착하고 진지하게 이루어진다면 해군과 전쟁에 관한 거대한 예산에 대해서는 논쟁할 필요가 없다. 우리는 단지 우리의 소중한 유산에 대해 적절한 방어 상태를 유지하기 위해 희생을 실천하고 우리와 우리 아들들의 피로써 이것에 대한 방어를 맹세한다.

모든 계층의 국민은 우리의 군사적 방어가 값비싸게 군대 편성을 증가시킬 수밖에 없는 상황이라는 것을 알아야만 한다. 국가가 정부에게 강조하는 유일한 것은 이 엄청난 비용에 걸맞은 "적절한" 방어를 제공하라는 것이다.

그러므로 이것을 염두에 두고, 우리의 강령은 육지와 바다를 전적으로 방어하기 위해 군사 조직에 관한 입법을 요구한다. 이는 우리가 전례가 없으면서도 견딜 수 없는 상황으로부터 이번만이라도 우리 스스로를 구하기 위해서다.

결국 영국이 24시간 내에 헤이그에 있는 정부 소재지를 점령할 수 있고 프로이센이 이틀 내에 암스테르담의 중앙 광장에 개선(凱旋)할 수 있는 것이 확실한데, 우리 같은 소규모 국가에서 매년 4천만 훌든을 지출하는 것은 자신의 군사 당국에 대해 격노하게 하고 미래의 모든 용기를 잃게 한다.

이 순간 우리는 부끄러운 정부와 무책임한 국가를 바라보는 상황에 처한다.

이것은 지속될 수 없다. 최우선적으로 해야 할 일은 6개월 동안 모든 진행되는 일을 중단하고 해군부와 전쟁부에 최고의 조직을 제공하며 일반 직원들이 기대에 부응하게 하는 것이다. 그 부서들과 직원들은 재무부와 수자원위원회가 제공한 자료와 연계하여 일반적인 방어에 대해 탁월하다고 인식되는, 세심하면서도 건전하며 일관된 계획을 수립해야 한다. 이 계획은 예산이 삭감되거나 내각이 바뀌는 모든 경우에도 위험에 빠지지 않는다는 계획 가운데 의회가 법으로 이런 점들을 확정하는 데 협력해줄 것을 요청하면서 전체 위원회에 상정되어야 한다.

이 단계를 통과하고 나면 격퇴할 수 있는 세 가지 가장 가능한 공격에 대해 포괄적인 방어 계획이 즉시 수립되어야 한다. 세 가지 계획 아래 각각의 군대 조직은 담당해야 할 의무를 가장 세부적으로 수립해야만 하며 이것은 사령관에게 전달되어야 한다. 최종적으로 모든 것이 그렇게 정리되어서 우리의 동쪽 국경 또는 해안가에 대한 기습 공격을 불가능하게 만들어야 한다.

이 방법으로만으로도 군대는 자신감을 되찾고 우리 장교단들이 존재하는 이유를 알게 된다. 고정된 계획을 갖출 때 요구되는 일은 목적에 부합하게 된다. 국가는 거대한 국방 예산을 반대하거나 못마땅하게 여기지 않을 것이고, 사랑과 헌신을 가지고 그것을 지불할 것이다.

만약 전쟁부(the War Department)가 군사 장비에 집중하는 것에서 물러서서 지금까지 부여했던 것보다 더 많은 가치를 군대의 "사기"에 부여했다면 그 결과는 훨씬 더 확실했을 것이다.

실제로 이것은 우리 군대의 미래를 위해 중요한 문제다. 오늘날의 모든 국가는 문자 그대로 많은 젊은이들의 사기를 저하시키는 제도를 경멸한다. 그들은 자신들이 마셨던 독을 그들이 돌아간 마을의 조용한 삶 속으로 퍼뜨렸다. 오늘날 하위 계층은 병력 보충 제도를 필수적인 것으로 채택해서 자기 아들들이 희생하는 것을 용이하게 만든 군사 제도를 경멸한다. 고상한 마음을 가진 모든 사람은 사람을 인간으로 존중하지 않으면서 사람을 조작하는 현재의 우리 군대 조직에 대해 분노와 반감의 말을 내뱉을 수밖에 없다.

이것은 더 이상 참을 수 없다.

흐룬 판 프린스트르르(Groen van Prinsterer)의 예를 따르는 우리는 반혁명적 원칙에 근거하여 인간에 대한 모든 거래를 경멸한다. 우리는 병력 보충 제도[26]를 종식시키고 우리 군대를 오염시킨 암을 제거할 것을 요구한다.

여기에는 다음과 같은 일들이 수반되어야 한다. (1) 정부는 군복무자들을 위한 쾌적한 병영 환경을 제공해야 한다. (2) 알코올 남용을 금지해야 한다. (3) 사창가 방문자들은 심한 형벌을 받게 해야 한다.

---

26 징집은 제비뽑기로 이루어졌다. "불운한 숫자"를 뽑은 사람은 자신을 대신해 대체할 수 있는 사람을 고용할 수 있다. 그 결과는 대체 복무를 위한 돈을 지불 할 수 없는 하위 계층이 군대에서 많은 수를 차지한 반면, 유복한 가정의 사람은 거의 복무하지 않았다.

(4) 장교들, 하사관들, 그리고 병사들이 징집병을 욕하지 못하게 해야 한다. (5) 군인 가문을 세우는 것을 장려해야 한다. (6) 업무 수행 능력이 뛰어난 군대에 대해 더 많은 교육의 기회를 열어두어야 한다. (7) 목사의 청빙이 가능하도록 큰 부대의 사람들이 모이게 해서 우리가 군대를 조직하는 방식이 갖는 종교적 특징을 회복해야 한다.

군인을 존중하고 높이며 군인을 인격자로 만드는 것에 관한 일반 대중의 분위기와 인식, 군대 내에서의 생각은 철저하게 뒤바뀔 필요가 있다. 군사적 규율이 시민적 규율과 다르지 않다는 것을 군인은 기억해야만 한다. 왜냐하면 시민 생활과 군사적 영역에서의 도덕은 똑같이 영원히 하나님의 명령과 연결되어 있기 때문이다.

우리는 불가능한 것을 요구하지 않는다.

우리는 구스타브 2세(Gustavus Adolphus)와 올리버 크롬웰(Oliver Cromwell) 같은 군대는 언제나 예외적이었고, 일반적으로 군대가 시민 사회의 평균 도덕 수준보다 더 높이 행동할 수 없다는 것을 잘 알고 있다.[27]

"그 수준 아래로 떨어지지 않기를!" 우리가 할 수 있는 한 강력하게 촉구한다. 병영에서의 생활은 필연적으로 일반적 수준의 도덕이 요구되지 않고, 실제로 높지 않으며 아무리 후하게 평가해도 보통 사람들보다 낮다.

---

27 카이퍼는 여기서 두 명의 주요한 프로테스탄트 인물의 평판과 군대의 성취에 대해 언급한다. 루터교도인 구스타브 2세(Gustavus Adolphus, 1594-1632)는 스웨덴의 왕으로서 3년 전쟁을 이끌었다. 영국의 군사적·정치적 지도자인 올리버 크롬웰(Oliver Cromwell, 1599-1658)은 영국 시민 전쟁에서 군대를 지휘하면서 의회를 지원했고, 1653년부터 그가 숨을 거둘 때까지 영국 국부의 보호자였다.

§237 민병대와 용병

마지막으로 군사적 방어에 대하여 원칙적인 강령에 있어 그런 원칙과 관련하여 의제가 될 수 있는 몇 가지 점들이 있는 것은 당연하다.

우리는 다섯 가지로 제한한다.

(1) "징집병"과 "지원병"이 함께 어우러지는 상황을 종식시켜야 한다. 잘 알려져 있듯이, 이것은 칼뱅의 정신을 통해 대중적 자유의 깊은 합의를 도입한 모든 다양한 칼뱅주의 국가들에서 국방에 대한 기본적 격언이다. 스위스, 영국, 스코틀랜드, 미국, 그리고 우리나라는 원래 극도로 분리된 군대 조직이 있었다. 일부는 용병으로, 나머지는 시민 의용대와 민병대로 구성된다.

이런 구분은 용병의 도덕은 평화로운 시민 사회에는 적합하지 않다는 심오한 인식뿐 아니라 시민 정신의 본질에 대한 정치적 민감성에 의해 형성된다.

비록 우리나라의 발전이 용병의 상당한 감소를 가져왔지만, 그것은 영국과 미국 군대의 중요한 부분을 형성하고 있고, 이런 작은 규모에도 불구하고, 우리는 과거의 구분은 복원되어야 한다고 여전히 주장한다. 다음과 같은 이유 때문이다. (a) 용병의 존재가 민병대의 사기 진작에 크게 도움이 된다. (b) 잘 훈련된 병사 집단을 보유하는 것은 기습 공격에 대한 안전을 제공한다. (c) 직업 군인은 법과 질서를 유지하기 위한 명백한 힘이 된다. (d) 예를 들어 아체에서 만약 경험 많은 군대 조직이 8주 내에 코타 라자(Kota Raja)[28]에 상륙했더라면 우리 장교

---

28 코타 라자(Kota Raja, "왕의 도시")는 아체의 주도이고, 수마트라의 최북단 끝에 위치한다.

단과 현지 군대 가운데 그런 실수나 희생은 없었을 것이다.

지역 군대 창설 §238

(2) 군대는 지역적으로 창설되어야 한다.

이것은 국가 공동체의 유기적 성격에서 요구되는 바다.

현재 각 연대는 서로 섞인 모든 지방 출신들로 구성된다. 비참한 결과는 우리 연대들은 어떤 역사적 배경이 없고, 감동을 주는 이름도 없으며, 그저 의미 없는 번호로만 구분된다는 것이다. 징집병들은 불필요하게 집으로부터 멀리 옮겨지고, 예비 병력과의 대규모 연합 훈련은 더 어려우며, 군대의 동원에 비용이 많이 들면서 속도는 느려진다. 이렇게 되어서는 안 된다.

이것은 우리 네덜란드의 특징과 반대다. 우리 군사 당국이 프랑스 일반군을 모방하는 것은 잘못이고, 프랑스도 지금 그것을 포기하고 있다.

대신에 프로이센, 러시아, 오스트리아에서처럼 만약 우리나라에서 지역 군대가 회복된다면, 우리는 프리지아, 호로닝은, 브라반트, 제이란트, 홀란트 연대를 가지게 되고 그 군대는 우리 국가 공동체의 유기적 성격을 반영할 것이다. 모든 연대가 경쟁적 정신, 명예심과 자부심으로 충만하다. 징집병은 집에서 가까이 머물고, 집중이 가능하며, 동원이 더 빨리 완성되고, 모든 지역 사령부가 배후에 있게 되며 즉각적으로 군대 수비에 요구되는 것은 무엇이든지 소집할 수 있다.

그 이름은 나중에 반다아체로 바뀌었다.

(3) 방어에 집중하는 시스템[29]은 너무 지나치지 않아야 한다.

현 상태로 프로이센의 부대는 북부 해안을 공격할 수 있고 우리를 영구적으로 프리지아, 흐로닝은, 드렌트, 그리고 오프르에이슬 지역으로부터 분리시킬 수 있는 반면, 다른 부대는 남부의 므스 강을 건너 영구적으로 림부르흐, 브라반트, 그리고 제이란트 지역을 우리로부터 앗아갈 수 있다. 날마다 더 강해지는 프로이센 해병대는 북해를 따라 기습적으로 상륙함으로써 후미에서 수로(the Water Line)를 공격할 수 있다.

현재 상황으로는 우리 연대 중 아무도 최대의 전투력을 보유하고 있지 않고, 우리 군대는 3분의 1로 감소되고, 우리는 재정적 파산을 겪을 것이다.

뿐만 아니라 어떤 저항의 시도도 없이 이런 중요한 지역을 적들에게 넘기는 냉혹한 계획은 그 지역들의 애국적 열망에 치명타를 가하는 것일 수 있다. 그 사람들은 "어쨌거나 홀란트만 지키면 된다"고 생각하면서 우리가 기대하는 것보다 더 빨리 자신들의 운명을 체념할 것이다.

분명한 것은 만약 복무해야 하는 의무 병력이 약 60% 증가하고

---

29   이 제도는 우트레흐트, 노르트홀란트, 수트홀란트의 3개 주에 대한 방어를 우선하여 북부와 남부 지역을 방어하지 않고 남겨 두는 것을 허용한다. 이것은 오래된 그리고 현대화된 수로 방어 작업의 일부다. 수로의 범람이 1672년 루이16세와 1794년 프랑스 혁명군을 지연시켰다(수로는 독일 침략이 공중 부대를 배치하고 로테르담 같은 도시의 폭격에 의존했던 1940년에는 거의 무관한 것으로 증명되었다).

민병대의 도움을 더 잘 받을 수 있다면, 지역 편대는 이것에 대한 강력한 균형추를 형성할 것이다.

시민 경비대 §240

(4) 시민 경비대는 군대와 다시 협조해야 한다.

지금은 거의 웃음거리지만, 이전 시대에 시민 경비대라는 이름은 명예로운 호칭이었다. 만약 우리가 단순히 군대에 대항하는 권력으로서 "국가 방어"(garde nationale)라는 프랑스 혁명의 이념을 버리고, 과거에도 그렇고 오늘날에도 여전히 "무장하는 국민"이라는 생각이 그것에 부여된다면, 민병대는 다시 명예로운 호칭이 될 수 있다.

군대가 현역 복무중인 병사로 구성되고 시민 경비대는 예비군으로 넘겨지는 것 외에 정규군과 시민 경비대 간의 차이는 사라진다. 의무 복무를 마친 징집병만이 민병대에 가입할 수 있고, 지역 편대 덕분에 자신들이 이전 시기에 복무했던 동일한 부대 및 지휘 체계에 배치된다. 동시에 이것은 민병대에게 확고한 편대, 확실한 훈련, 그리고 효율적인 지휘 체계를 가져다 줄 것이고, 이 세 가지 자질은 그것이 완전히 상실했던 군사적 중요성(military significance)을 회복시킬 것이다.

결국 우리는 지역적으로 배치되고 민병대와 직접 연결되며 보름 안에 잘 훈련된 10만 명의 병력과 요새 주둔지를 위한 다른 25,000명을 자유롭게 하면서 현역으로 복무할 수 있는 병력을 얻는다. 또한 우리는 우선 우리 이름을 보호하고, 군대의 사기를 강화하며, 궁극적으로 해안선에서 수렴되는 야전 작전을 이용하여 북부와 남부의 형제들에게 공감의 빚을 갚은 후에 집중 방어 체제가 후방에서의 진지 역할을 하도록 선택할 수 있다.

§241   해군

(5) 해군이 중요하다.

1854년 발트해, 1866년 리사, 1870년 프랑스 함대, 그리고 최근 1878년 오스만 투르크 함대 사건에 대한 판단을 기꺼이 주목하자면, 해안 방어는 다른 공격보다 훨씬 더 강하다.[30]

바다로부터의 공격에 자체적으로 대비할 수 있다고 우리 스스로 생각한다는 사실은 엄청난 이점을 가져온다. 즉 만약 해안 포대들이 가장 강력하고 우수하다면, 어뢰 부서가 완벽하게 조직되었다면, 그리고 모든 기지의 얕은 물에 중무장한 감시 장치들이 정박해 있다면, 우리는 이러한 사항들을 주의하면서 밖으로 나와 침입자들에게 피해를 가할 준비가 되어 있다.

이런 부인할 수 없는 사실은 우리 해군이 공해에서 전투하도록 준비할 필요가 없다는 것을 의미한다. 그러므로 우리는 디베스테이션 (Devastation)[31] 같은 전함을 계속 구입할 필요가 있다. 우리는 식민지가 스스로 방어하게 내버려둘 수밖에 없고, 해안 방어와는 별도로 규칙적으로 우리 깃발을 보여주는 대규모 함대들 대신 소규모 함대로, 그리

---

30   1854년 영국-프랑스 해군 연합은 크림전쟁 기간 러시아 요새를 함락시킬 수 없는 것을 알았다. 1866년 오스트리아 함대는 아드리아해 리사 섬 주변의 이탈리아 군대를 패퇴시켰다. 1870년 프랑스 해군은 프로이센의 발트 해안에 상륙하는 데 실패했다. 1878년 흑해에서 오스만 제국의 군함은 불가리아로부터 러시아를 몰아내지 못했다.

31   1870년도 영국 전투함 디베스테이션(Devastation)은 항해 장치가 없는 최초의 타입이다.

고 전 세계 모든 지점을 완전히 무장하고 순항할 수 있는 빠른 어뢰 함대로 제한하지 않을 수 없다. 이 순양함대는 전쟁 시에는 식민지 정부와 의사소통 라인을 개방하여 레이더 역할을 수행할 수 있다.

제19장

해외 재산

제18조

식민지 문제에 관해 공공의 수입과 사적 이윤을 위해 식민지를 수탈하는 이기적인 정책의 성향은, 그 문제를 연구했던 반혁명파 정치인들이 반복적으로 지적했듯이, 복음의 자유로운 선포를 위한 모든 장애물들이 제거되는 과정에 있어 도덕적 책임을 다하는 정책으로 대체되어야만 하고, 유럽인들에 의한 초등교육을 위해 민간 발의는 지지되어야만 하며, 이슬람에 맞서서 국가의 기독교적 특징이 단절되어서는 안 되고, 궁극적으로 사회경제적 관계뿐 아니라 정치적 관계는 기독 역사적 원칙의 요구와 보조를 맞추어야 한다.

I. 모국과 식민지

§242   반대 동조자들

우리는 식민지 문제를 다루는 데 있어 오늘까지 우리 운동에 대한 영
향력 있는 소중한 동조자들이 하원에서 제시한 반대 의견뿐 아니라 문
제 그 자체의 관점에서 매우 조심스럽게 진행하기를 원한다.

그러나 그런 반대 의견에 대한 존중 때문에 우리가 원칙적으로 요
구하는 것에 관해 침묵하지는 않을 것이다.

우리가 침묵하기 위해서는 우리의 반대 지지자들(dissenting Supporters)
은 두 가지 중 한 가지를 해야 한다. 논리적으로 그들의 생각이 어떻게
반혁명적 원칙으로부터 나왔는지를 보여주거나 혹은 우리가 주장하
는 생각이 이 원칙과 일치하지 않는다는 것을 보여주는 것이다. 다른
많은 지역에서 최고로 존경받는 대중 지도자들이 둘 중 어느 것도 시
도하지 않고 식민지에 대한 정치적이고 사회적인 제도에 관해 계속해
서 자신들의 보수적인 동료들의 주장을 촉구하고 강화하는 데 얽매이
는 동안, 만약 우리가 우리 원칙의 특징이 수반하는 것을 솔직하게 말
할 용기가 없다면 우리는 의무를 소홀히 하는 죄를 범한다고 모두가
인정할 것이다.

그러나 내부의 반혁명적 관점에서 우리는 우리가 지지할 수 없
는 식민지 문제에 대해 지지를 표명하는 보수적 지도자들과 분리되어
야 한다는 결론을 내려서는 안 된다. 그것은 불공평하다. 왜냐하면 우

리가 염두에 두고 있는 신사들은 우리의 다른 주요한 요구 사항을 과감하게 지지하기 때문이다. 그것은 바로 복음의 자유로운 선포다. 그들은 용기를 가지고 이러한 우호적인 수정안을 도입했고 우리는 무조건적으로 감사할 만하다. 보수적인 제도에 대한 이 한 가지의 개정이 실제로 그것을 죽이고 파괴한다.

우리는 식민지를 보유하지만 소유하지는 않는다 §243

문제 그 자체를 토론하는 것으로 이동하여, 이 장에서는 주권적 권리를 다루거나 혹은 다르게 말해서 조국과 식민지의 관계를 다루는 식민지 정책의 요소들로 한정하자.

출발점으로, 헌법은 조국과 식민지가 함께 하나의 왕국을 구성한다는 견해를 취한다. 헌법 제2조는 "네덜란드 왕국은 유럽에서는 노르트브라반트의 현 주들로 구성되고…"라고 명시한다. 분명히 이 말은 네덜란드 왕국이 유럽뿐 아니라 다른 대륙에도 구성 요소가 있다고 추정한다. 그러므로 우리 네덜란드 주들은 자바, 수마트라, 보르네오, 술라웨시, 수리남 퀴라소 등과 함께 나뉘지 않는 전체로서 하나의 유일한 국가를 형성하고 그들은 동일한 주권 하에 있다고 가정한다.

우리 반혁명파들은 이 관점에 동의할 수 없다. 이것은 고대 로마의 이교도적 정치에 기반을 둔다. 또한 이것은 혁명파들의 소망으로 프랑스에서 이미 실현된 것과 같은 것을 열망한다. 프랑스는 자신의 식민지를 문자 그대로 합병했을 뿐 아니라 프랑스 의회에서 각 식민지들에 의석을 부여함으로 자신들의 의도를 관철시켰다.

진정으로 만약 인간이 각각의 부분을 자의적으로 결합함으로써 정부를 구성하고 정부로부터 국가가 창출될 수 있다는 거짓되고 비역사적이며 무신론적 관점을 받아들인다면, 물론 당신은 조국과 식민지를 동일시하는 것에 대한 강력한 반대에 동의하지 않을 것이다.

그러나 모든 반혁명파들처럼 만약 당신이 그런 인간적 생각을 비난하면, 그리고 만약 역사 속에서 국가란 신성한 제도의 산물이고 그러므로 모든 국가는 형성된 국가 생활의 자연적인 반경으로 범위가 정해진다고 주장한다면, 자바, 프리지아, 아체, 그리고 홀란트 등을 하나의 동일한 국가의 동료 시민이면서 하나의 유기적 공동체의 구성원으로 포용한다는 생각은 사라지게 된다.

§244   우리는 식민지를 보유하지만 소유하지는 않는다(계속)

네덜란드 왕국이 식민지를 소유한다는 혁명적인 원칙에 반대하여 우리는 왕국이 식민지를 유지하고, 이런 이유로 기원과 역사, 신성한 법에 따라 식민지는 왕국과 분리되며, 각 구성 요소는 자신의 독특한 유기체를 형성한다는 유기적 생각을 받아들인다.

그러므로 정확히 보아 우리는 자립적이고 폐쇄적인 네덜란드 왕국이라 불리는 영역과 관계가 있고, 부분적으로 정복을 통해 그러나 네덜란드 동인도 회사로[1]부터의 권력 이양을 통하여 해외의 광범위한 영역을 소유하게 되었으며, 독특한 역사와 특징을 가진 그곳의 사람들은 우리와 다른 삶을 살고 있다.

이교도적 로마는 세 대륙의 사람들을 묶을 수 있었다. 왜냐하면 로

---

1   이것은 회사가 파산함에 따라 1798년 일어났다.

마는 나라도 국가도 아니고 단지 영토를 정복하며 그들을 함께 연결시킨 도시였기 때문이다.

유사하게 나폴레옹은 나폴리 사람들과 암스테르담 사람들이 하나의 동일한 제국에 속한다는 인장을 찍었다. 그 이유는 사람들을 혼합 및 융화시키는 것이 프랑스 혁명의 무신론적 주장이었기 때문인데, 그것은 자유의 불빛으로 유럽의 사람들을 덮쳤다.

오늘까지도 혁명적 제도의 정치 원칙에 기반을 둔 헌법은 국가적이고 유기적인 유대가 없는 영토, 관련조차 없는 영토들도 하나의 국가로 연합될 수 있다는 허구를 과감하게 주장한다.

그러나 자연을 무시하는 이런 반역사적이면서 전적으로 혁명적인 개념은 우리의 원칙을 따르는 사람들 가운데 결코 뿌리를 내릴 수 없다. 왜냐하면 그것은 우리의 자연적 국경에 인접하지 않았고, 예를 들어 퀴라소와 술라웨시처럼 우리와 지리적·인종적 친화력이 없는 지역과 관련되어 있기 때문이다.

그러므로 헌법 제1조의 이런 터무니없는 생각은 죽은 문자 그 이상도 이하도 아니다. 우리 의회에는 헤이그 출신 대표단 다음에 앉아 있는 다약(Dayak)[2] 대표단은 없다. 여기에 있는 우리 법은 그곳에 미치지 않는다. 그들은 자신의 정부, 자신의 법원, 자신의 규범이 있다. 이 찬성할 수 없는 소설이 낳은 유일한 열매는 정치적이고 재정적인 피해로 나타나는데, 플레인(Plein)과 바위튼조르흐(Buitenzorg) 사이의 계속되는 충돌들,[3] 그리고 보조금과 신용 균형 사이의 줄다리기가 30년 동

2 　다약은 보르네오 섬의 토착민이고, 지금도 인재 영입은 하지 않고 있다.
3 　플레인은 헤이그의 식민지국의 약칭이고, 바위튼조르흐는 네덜란드 동인도회사 총독 관저였다.

안 우리에게 일어났다.

§245 식민지에 대한 진정한 주권

만약 네덜란드가 식민지를 소유하지 않으면서도 식민지를 보유하고 있다면, 다음 질문은 누가 식민지에 대한 주권을 가지는가에 관한 것이다.

그 문제에 답하면서 왕이라고 간단하게 말하는 사람들과 함께하지 않겠다. 아니다. 왕이 아니라 네덜란드 국가가 해외 영토를 보유한다. 식민지 영토들은 국왕의 영토가 아니라 국가의 영토다.

1798년 이전 네덜란드 동인도 회사의 병행 자산은 주권에 따라 합병된 것이 아니라 국가에 의해 합병되었고, 국가의 소유로 선포되었다. 그것들은 네덜란드 주권에 의해 성취된 승리로 비롯된 것이 아니고 국가의 중심, 즉 사회 그리고 국가 그 자체로부터 일어난 무역 회사가 일으킨 정복에 의한 것이다.

우리 국왕은 빅토리아 여왕이 실론[4](Ceylon)에서 취한 방식으로 영토를 취하지 않는다. 역사적인 근거를 들면서 왕의 권위에 관해 말할 수 있는 최상의 것은 국왕이 이런 영토들을 식민지로 소유한 국가를 지배한다는 것이다. 그러므로 왕에게 속한 네덜란드 국가에 대한 주권과 네덜란드 국가에 속한 식민지에 대한 주권은 유사하다(이 경우 주권은 소유권에서 나오기 때문이다).

그러므로 식민지에 관한 결정은 국왕과 의회가 공동으로 하고, 마

---

4   오늘날의 스리랑카.

치 최종 분석에서 식민지는 주권과 감독에 관하여 의회와는 아무 관계가 없는 "왕실 영토"(royal domain)와 완전히 동등한 것처럼 간주하는 과거 보수주의자들이 주장하는 제도는 가장 부도덕한 것이다.

그렇기는 하지만 그 당시의 자유주의자들이 반대하는 것과 비교하자면, 보수주의자들이 옳았다. 자유주의자들은 모국의 문제에 대해 의회가 개입하는 것과 같은 동일한 이유를 들면서 식민지 문제에 대한 의회의 개입을 지지하는 어리석음을 범했다. 그것은 전적으로 지지할 수 없는 이론이었다.

결국 모국의 경우 정부 정책에 대한 모든 헌법적인 개입은 통치자에게 예산을 거부 또는 승인하는 모든 국가의 권리에 근거하고 있다. 그러나 모국에 대한 이 기본적 권리가 자유주의자들이 자신들의 가면을 벗고 그것을 식민지에 적용하려는 순간, 그것은 거의 도움이 되지 않는다.

결국 프리지아와 제이란트 사람들은 각 지역이 기여할 예정인 세금에 관해 발언권을 가진다. 그러나 만약 논리적이기를 원한다면, 발리와 자바 사람들이 자신들의 기여에 대하여 그 문제에 대해 가져야만 하는 발언권 외에 다른 결론은 도출될 수 없다.

어떤 기여도 하지 않고 이익도 내지 않은 사람이 왕에 대항하여 식민지 예산에 대한 통제를 높은 어조로 요구하는 것은 말장난이고, 정의를 위반하는 것이며, 의도적으로 개념적 혼란을 심는 것이다.

그것은 식민지에 개입하는 의회의 권리와 의무가 결코 식민지 예산의 통제라는 거짓 권리로부터 추론되지는 않으면서 식민지가 국왕의 소유가 아니라 국가의 소유라는 전적으로 반박할 수 없는 역사적 사실에 근거하는 이유가 된다.

일반적으로 우리의 식민지 정책에 대한 고려 사항은 국가는 모국의 국가 재정과는 완전히 분리하여 스스로의 토양에 근거하고, 스스로의 법을 준수하며, 스스로의 도덕적 책임에 의존하고, 스스로의 힘으로 살아가는 방식에 따라 식민지의 행정을 확립해야 한다는 것을 암시한다.

물론 이것은 위치, 중요성, 그리고 특성에 따라 식민지 각 집단의 개별 행정에서 더 구체화될 수 있다. 예를 들어 수마트라 같은 아주 중요한 섬은 점차 스스로 분리되지 않도록 하는 것을 고려해 볼 만하다.[5] 그러나 현재 우리와 관련된 일반적 문제에 대한 분리는 내버려둘 수 있다. 여기서 중요한 것은 모국의 정치-경제는 독립적이며 국가 주권 하의 해외 재산들은 그들의 이해에 맞는 조직이 넘겨받아야 한다는 원칙이다.

이것은 단지 국가의 이름으로 법이 제정되고 정의가 집행되며 규칙이 통과되지만, 그런 방식 가운데 식민지 내부의 문제는 헤이그에 있는 식민지 부서가 아니라 바타비아(Batavia)와 파라마리보(Paramaribo)에서[6] 결정된다는 점으로 이해되어야 한다.

네덜란드 국가는 식민지에 자신의 주권을 대변할 총독과 고위 판사를 임명할 권리를 가진다. 그리고 식민지의 개입 없이 주권을 구현하는 문제에 대한 법을 제정할 권리가 있다. 또한 식민지의 국내 문제

---

5   이것은 인도네시아 군도에 있는 자바 섬과 다른 섬으로부터 분리되는 문제를 말한다.
6   바타비아와 파라마리보는 각각 네덜란드 동인도와 서인도의 주도들이다.

를 포함하는 법률적 규제를 승인하는 조건을 만들 권리가 있다. 뿐만 아니라 조약이라는 방식으로 식민지를 제3자에게 맡길 권리가 있다. 마지막으로 식민지 정부에 대해 재정적·재무적 책임에 더하여 사회 정치적으로도 책임을 물어야 하고, 그러므로 그에 대한 책임을 부담할 권리와 의무가 있다.

네덜란드 국가의 주권적 권리 §247

다음 문제들은 국가의 주권적 권리를 다루기 때문에 식민지 경영과는 분리되어 총독 혹은 다른 특별 수행원의 직접적인 관할 하에 있어야만 한다. 그것은 (1) 외교 정책, (2) 군사력 및 해군력, (3) 미개발의 땅과 다른 영역의 통제다.

외교 정책은 이 경우 주권과 연관되기 때문에 국가에 포함되고, 합법적 통치자에 의해서만 다루어질 수 있다.

육군과 해군 역시 해적을 격파하거나 법과 질서를 유지하는 데 봉사하는 것이 아니라면 그 관할에 포함된다. 그러나 군대는 외부의 적 혹은 가능한 국내적 반란 및 폭동의 경향에 대하여 식민지의 재산을 보장하기 위해서 존재하거나 이용된다.

그러므로 최소한 육군과 해군의 비용의 반은 식민지 스스로가 아니라 모국에 의해 공평하게 부담되어야 한다. 이 비용이 식민지를 위해서가 아니라 우리의 명예를 보호하고 배타적으로 우리의 주권을 보호하기 위해 봉사하는 데 사용된다는 단순한 이유 때문이다.

식민지를 보유하는 것은 명예로운 것이다. 그것은 우리의 지위를 높이고, 우리가 가진 것보다 유럽에서 우리에게 다른 지위를 부여하고, 국가로서 우리의 현재 삶의 약함을 넘어 비추는 영광스러운 과거의 광채를 일으킨다. 식민지를 가지는 것은 다른 이들이 부러워하는 특권이다. 식민지를 방어하는 것은 우리에게 가치가 있다.

그러나 셋째, 방어 비용은 모든 국가가 향유하는 것을 향유하기 위해 국가의 권리에 의해 상쇄된다. 다시 말해 "레갈리아"(*regalia*)와 "보나 바칸티아"(*bona vacantia*) 즉 정부의 플랜테이션과 미개발된 땅을 통제하는 것이다. 그것들로부터 통치와 관련된 모든 행정 비용, 방어 및 법과 질서의 유지를 위한 재정이 축적된다. 그리고 국가 부채를 청신하기 위한 재정을 모을 수 있다(그 부채는 식민지 초기의 부채를 포함하기 때문이다).

§248   공동 책임은 없다

많은 활동이나 독특한 생활이 존재하지 않는 인구 밀도가 낮은 섬 및 지역들이 궁극적으로 직접적인 통치 아래 있어야만 하는 문제는 아직 결정되지 않은 채로 남아 있다. 독특한 국가 생활이 뿌리내리지 못한 곳에서 유기적인 민속 공동체는 존재하지 않고, 거기에 반혁명적 원칙이 특별히 요구되지 않는다. 반혁명적 원칙은 국가들과 민족들이 창조주의 섭리적 통치 아래 자신들의 독립과 고유성을 유지할 때는 우리가 그들의 형태와 양식을 존중할 것을 요구한다. 그러므로 본질적으로 같이 녹일 수 없는 것을 녹이려고 노력하는 것을 멈추자. 반혁명적 원칙은 인간이 하나님의 손에서 벗어나 국가의 미래를 선택할 권리를 가진다고 주장하는 것을 반대한다. 우리의 주권적 권리를 방어하거나 보장하는 것을 제외하고, 만약 우리의 금전적 이익이 이 사람들의 도덕적 이익을 방해하지 않기 위해 식민지와 우리 국가의 잘못된 합병을 포기한다면, 우리의 원칙은 충족된 것이다.

만약 그것이 선불이나 혹은 국가가 보증하는 차관을 요구한다면, 그리고 만약 그 원조가 공동 책임이라는 비참한 정책의 대가를 일으키지 않는다면, 원칙적으로 그것에 반대하지 않는다. 경험에 따르면 그런 공유는 언제나 모든 책임을 파괴시키는 데 이르며, 모국과 식민지에 똑같이 치명적이고 해로운 것으로 나타난다.

II. 착취, 식민지화 또는 위임 통치

세 가지 제도 §249

우리의 첫 번째 글은 주권적 권리를 유지하는 데 모국과 식민지 사이의 상호 관계에 대한 공식적 문제를 배타적으로 다루었다. 이제 우리는 다음 문제를 다루려 한다. 네덜란드는 해외 재산을 가지고 무엇을 할 예정인가?

혹자는 세 가지 가능성을 생각할 것이다. 그런 재산들은 착취되고, 식민지화되거나 위임 통치 하에 놓일 수 있다.

이전 시대에는 첫 번째가 가장 일반적이었다. 정복자들은 무기를 이용하여 정복하고, 피정복민들은 정복자에게 조공을 바쳤다. 그러나 우리 시대가 보여주듯이 사람들을 간접적으로 착취하는 방법도 있고, 이 또한 많은 수익을 보장해준다. 피정복민들이 자신들의 생계를 위해 살아가는 동시에 정복자의 유익을 위해 존재하도록 강요하면서, 정복자들은 사회적·경제적 규제라는 틀을 통해 쓰디쓴 알약을 포장하고 약탈의 손을 감춘다.

다음으로 만약 정복자들이 자신들의 특성에 맞는 토양과 기후를 발견하고 모험심에 이끌리는 잉여 인구가 있다면 그런 재산에 대한 식민지화는 가능하다. 영국, 미국, 오스트레일리아도 그렇게 했었고, 우리도 이전에 케이프[7]에서 그랬었다.

마지막으로 비 동족들에 대한 위임 통치는 국가들의 "대표자"에게서 도덕적 의무감과 책임감이 생기며, 그런 골치 아프고 종종 성가신 과업이 가능하도록 실제로 수단을 제공할 때 비로소 가능해진다.

§250 착취도 식민지화도 아닌, 위임 통치

이 세 가지 제도 중 첫 번째는 스스로를 정죄하게 되고, 두 번째는 대부분의 우리 식민지에 적합하지 않으며, 세 번째만 우리 생각에 기독교 국가의 소명과 일치한다.

우리나라는 더 이상 내 이웃의 땅을 착취할 권리를 가진 것처럼 다른 사람을 착취할 수 없다. 하이델베르크 교리문답의 설명에 따르면 이것은 제8계명을 범하는 죄다. "하나님은 명백한 절도와 강도를 율법으로 벌하신다. 그러나 또한 하나님이 보시기에 절도는 우리 자신을

---

7   1652년에서 1814년까지 남아프리카의 희망봉은 네덜란드의 소유였다.

위해 이웃의 물건을 갖기 위한 모든 계획과 속임수를 포함한다."[8]

경세적 세도에 세한해 보면, 다른 사람들을 간접직으로 착취하는 것은 더 심한 심판을 받게 된다. 그 일을 하는 것은 한 국가에 대해 죄를 범하는 것이다. 사람의 자유를 빼앗고 개별적으로 압박하여 노동수익을 포기하게 할 때, 그 죄를 노예제라고 부른다. 모두가 동의하는 대로 노예제가 한 사람에게 적용될 때는 제8계명을 어기는 죄가 되고, 만약 전체 사람들을 방어와 보복의 수단이 아니라 순전히 이익을 위한 수단으로 노예화한다면 더 큰 죄가 될 것이다.

마지막으로 우리가 식민지화 할 수는 있지만 실제로 할 수 있는 곳은 그다지 많지 않다. 우리는 잉여 인구가 없고, 설사 있다 해도 그들은 열정도 정신도 없다. 더군다나 무모한 정부 정책의 결과로 자바의 고원은 해변까지 철도로 연결되지 않았고, 네덜란드 식민지의 이식을 위한 수마트라에서의 상황은 너무나 불안정하다. 우리의 방대한 재산을 위한 일반 정책으로서의 식민지화는 실현 불가능하다.

그러므로 기독교 국가로서 유일한 건전하고 합법적이고 명예로운 제도는 위임 통치 제도다.

주의해야 할 것은 우리는 이 사람들을 영원히 보호 아래 두려고 생각하지 않으며, 현재 모습 그대로인 소수자들로 그들을 받아들이고 후견인과 양자 사이에 존재하는 다음과 같은 3중의 도덕적 책임을 받아들이려고 생각한다. 즉 (1) 도덕적 교육을 제공하고, (2) 재산을 현명하게 관리하며, (3) 하나님이 기뻐하신다면 더 큰 독립으로 나아갈 수 있

8 　문답 110, 출애굽기 22:1, 고린도전서 5:9-10, 6:9-10, 미가서 6:9-11. 누가 3:14, 야고보서 5:1-6.

게 한다.

이 간략한 주장은 설득력이 있고 투명한 것이어서 만약 다른 동기가 개입되지 않는다면 모든 도덕주의자들은 그것을 확신하게 되고 하나님의 계명을 존중하는 양심을 지닌 모든 사람들은 무조건적으로 그것을 지지할 것이다. 따라서 그리스도 안에서 더 높은 관점에서 국가를 보도록 배운 사람들은, 편견이나 논리의 상실로 눈이 멀지 않았다면, 저급한 입장을 채택하지 않을 것이라고 잠시도 주저하지 않고 말할 수 있다.

§251 경작 제도의 기원[9]

우리의 결론은, 바로 기독 역사적 운동은 보수주의적이거나 자유주의적 식민지 정책을 채택할 수 없다는 것이다.

보수주의적인 식민 정책은 안 된다. 그것은 경작 제도에 구현되어 있고 착취하려는 불법적 욕망에 대한 온정적 참견이 혼합되어 있다. 우리는 경작 제도가 어떤 좋은 점도 없다고 주장하는 것이 아니라 좋은 점들로 인해 발생하는 나쁜 점들이 많이 있는데, 결코 나쁜 점이 좋은 점보다 크지 않다고 주장한다. 그러나 비록 저울추가 다른 방향으로 기울지라도 그것이 근거한 잘못된 원칙과 그것이 일으키는 비도덕

---

9 "경작 제도"는 1830년 요하네스 판 드르 보스(Johannes van der Bosch)에 의해 설립되었다. 그것은 토착민들에게 토지세의 반 정도를 감소하는 대가로 유럽 시장을 위하여 환금 작물들을 (커피, 설탕, 인디고 등) 재배하기 위해 땅의 20%를 유보하도록 했다. 경작 제도는 매년 수확의 화폐 가치를 정하는 정부 공무원들이 감독했다. 종종 그들은 작물을 재배하기 위한 더 나은 땅을 배정했다. 그 제도는 부패의 여지가 있었고 때때로 기근을 일으켰다.

적 동기 때문에 경작 제도는 비난받을 만하다.

그 동기에 관해서는 더 이상 불일치가 없다. 그것은 보스(Bosch) 백작이 지침을 가지고 자바에 도착하여 이 복잡한 연동 제도를 고안함으로써 확립되었는데, 토착민들이 자신들의 운명을 개선하는 데 도움을 주는 것이 아니라, 모국에 재정의 흐름을 증가시키기 위한 것이었다. 우리는 재정이 필요했다. 엄청난 재정이[10], 그리고 당신이 이것을 출발점으로 받아들이면 경작 제도는 신의 한수라는 것을 받아들여야 한다. 만약 당신이 좋은 결과는 의문의 여지가 있는 수단을 정당화한다는 격언을 따른다면 말이다.

초기의 재정 조달은 최소한 자바 주민들의 부담을 가능한 한 완화하려는 의도가 있었다는 것을 부인하지는 않겠다. 그러나 모국의 재정적 필요가 자바인들의 사회적·도덕적 이해와 충돌할 때마다 후자는 그 제도의 필연적인 결과로 희생되는 그런 방식이었다. 결국 20년 동안 이것은 점차 행동의 지침이 되었다. 최근에 떠오르는 우리의 주장에 대한 반박할 수 없는 증거는, 자바인들의 의지를 약화시키고 그들의 경제적 미래를 탕진하도록 한 경작 제도가 무엇이든 간에 네덜란드의 재정적 이익을 위해 필연적으로 계속되고 유지되어야 한다는 바우드(Baud)[11]의 충고에서 나타난다.

---

10 재정에 대한 필요는 벨기에 혁명을 저지하고 그 후유증의 결과로 점점 증가했다.

11 바우드(G. L. Baud, 1801-1891)는 20년을 공무원으로 동인도에서 보냈고, 그곳에서 강력하게 경작 제도의 도입을 찬성했다. 그는 짧게 식민지 장관으로 있었다(1848-49). 그의 손위 사촌 바우드(J. C. Baud, 1789-1859)는 아주 유사한 경력을 가지고 있는데 동인도의 총독으로 덴 보쉬를 계승했고 퇴임 후에는 식민지 장관으로 복무했다(1840-1848). 바우드(J. C. Baud)는 다음과 같은 말로 인정을 받았다. "자바는 네덜란드를 뜨게 하는 코르크다."

이 "원죄"(original sin)[12]는 이 전체 제도를 밀수품으로, 기독교 영역으로부터 엄격하게 추방되어야만 하는 제도로 낙인찍었다.

§252 경작 제도 하의 원칙

경작 제도가 기반을 두고 있는 원칙은 잘못되었다.

그것은 공유지에서 강제 노동에 의해 재배된 작물을 강제적인 가격에 재배자로부터 구매하는 것이었다. 토착 소작인들은 높은 세금을 지불하는 대가로, 그리고 이미 억압적인 세금(농작물의 2/5)의 부분적 감소를 대가로 국유지에 대한 경작 서비스를 수행하면서 실제 가치의 1/3도 안 되는 가격에 공무원들의 손에 생산물을 넘겼다. 그리고 그 대가는 오랫동안 통화 가치의 1/3도 안 되는 양의 구리 동전으로 지불되었다.

커피 재배의 경우(오늘날까지 가장 중요한 요소임) 그것은 다음과 같이 설명할 수 있다. 관련된 모든 가족이 나무를 심어야 하고, 때때로 집으로부터 10-12팔렌(palen)[13] 떨어져 있는 곳에서 600 또는 650그루의 나무를 돌보며, 열매를 수확하고 가공한다. 관련된 노동은 최소 연간 160-170일이고 11.90홀든에서 19.60홀든이 지불된다(평균 600그루당 140카티[14]의 산출이고 피콜[picol][15]당 8.50홀든에서 14홀든의 임금이다). 하루에 30-50센트에 해당하는 임금에 실제 노동의 양은 자그마치 48프

---

12 라틴어로는 *vitium originis*.

13 9-11마일 정도(대략 15-18 km).

14 190파운드(대략 86kg).

15 137파운드(대략 62kg).

랑에서 80홀든 정도에 해당한다는 사실에도 불구하고 말이다. 반면에 경매에서 140카티는 종종 85홀든을 훨씬 초과하는 순이익을 정부에 가져다주는데, 그렇다면 훨씬 더 관대하게 임금을 지급할 수 있는 여지가 있다.

결국 그 자체로 너무 과도하다는 주장에도 불구하고 공정하게 말하면 11.90홀든에서 19.60홀든에 넘겨준 그 생산품은 ⑴ 가족 당 15홀든에 당하는 세금과, ⑵ 땅의 임대 가치에 해당하는 15홀든을 포함시킴에도 35-40홀든의 이윤이 남는다. 이 이윤은 지불되지 않은 노동에서 나온다. 이것은 자바에서부터 착취되었으므로, 우리는 왜곡된 재무에 질서를 회복하고, 본국에서 여분의 세금을 인상하며, 우리 정치제도를 타락시킨 사치품 문제에 국가가 개입하는 것을 허락해야 한다.

경작 제도의 결과 §253

우리의 원칙에 근거하여, 비록 이 제도가 모국과 식민지 모두에게 유익한 결과를 생산한다 할지라도, 그것은 지탄을 받아야 한다. 그것은 국가의 사회적 상황을 강력하게 전도시키려고 의도되었는데, 부여받은 권한이 무엇이든지 간에 누구도 그렇게 할 권리는 없다. 자신의 생존을 위해 선천적인 법으로부터 국가 생활의 전 유기체를 중단시킬 뻔뻔함을 가진 어떤 사람이 국가적 톱니바퀴가 맞물려 회전하는 차축을 뒤집고 중차대한 혁명이라는 행동을 저질렀으므로 반혁명파들은 이에 저항할 의무만이 있다.

그러므로 이후의 토론에서 보수주의자들이 동양 사람들에게 서구적 개념을 밀어넣으려는 자유주의자들의 권리에 이의를 제기한 것은 절대적으로 옳았다. 그러나 경작 제도의 도입이 자바 사람 자신들의 삶과는 전적으로 무관한 이익의 요구를 충족시키기 위해 동일한 자바 인들에게 행한 끔찍한 폐단인데도 보수주의자들 스스로 동일한 잘못을, 그리고 훨씬 더 큰 죄를 저질렀다는 것을 잊고 있었다.

그 제도가 만드는 악을 볼 때 그것은 훨씬 더 깊은 반감을 일으킨다. 그 제도가 시행되고 더 좋은 수치가 측정되어 두 배의 실적을 달성하는 동안 실제로 자바 주민이 어느 정도까지 증대하였는지는 알 수 없는 것으로 남아 있다. 얼마간 자바 주민이 실제 증가했고, 더욱이 주민이 노동 습관 및 번영으로 인해 얻은 시간이 증가했다고 받아들이자. 그러나 그때조차 우리는 동일한 현상이 영국의 공장 지역에서 관찰되는지, 그리고 공장 제도가 주민들에게 축복이었다고 칭송할 용기를 가진 사람이 과연 있는지 묻는다. 우리는 오히려 보수주의자들이 이 논리를 이용할 권리를 부인한다. 왜냐하면 그들 중 최고로 현명한 사람들조차 원주민들의 변변찮은 임금이 연기 속에서 사라질 때조차 도[16] "쉽게 얻은 것은 쉽게 잃는다"는 격언을 그들에게 주입시키는 주장을 하고 있기 때문이다.

§254 경작 제도의 결과(계속)

경작 제도의 가장 칭찬받는 점이 우리에게는 매우 의문의 여지가 있으며, 어떤 경우에는 다음 요소들로 상쇄된다.

(1) 그것은 식민지에서 내재적인 성장을 방해한다.

---

16 카이퍼는 광범위한 아편 소비에 대해 언급하고 있다.

(2) 그것은 상급자들과 추장들에 의한 하위 계층의 착취를 권장하고 사주했다.

(3) 그것은 한편으로 식민지 공무원에게 권위의 행사라는 비자연스러운 업무를 부과했고, 한편으로 영리 회사를 감독하게 함으로써 가장 파괴적인 방법으로 의무감을 약화시켰고, 돈과 자기중심주의에 대한 욕망을 부추겨 유럽인들의 비위를 맞추도록 했다.

(4) 우리의 식민지 경영을 영리 회사로 전락시킴으로써 그것을 전적으로 혼란스럽게 했다.

(5) 그것은 인위적인 경기 호황 이후 우리 국가 재정을 희망 없는 혼란에 빠뜨렸다.

(6) 가장 최악은, 그것이 국가적 양심을 고상하게 하기보다 냉담한 마음이 자라도록 했다는 점이다. 황금에 대한 강렬한 열망은 점차 하나님 앞에서 우리가 식민지에 대해 완수해야 할 소명이 있다는 인식을 약화시켰다.

자유주의적 제도의 모호성 §255

그러므로 이것으로부터 자유주의적 관행이 틀림없이 우리가 주장하는 원칙과 일치한다고 결론을 내리지 않아야 한다.

우리는 자유주의자들이 많은 공격적인 성격들을 제거하고 개선 사항을 도입하는 데 있어 우리와 공감한 데 경의를 표하기를 주저하지 않는다.

그러나 그들은 우리가 필요로 하는 곳으로 안내하지 않는다. 처음부터 현재까지 두 가지 견해 사이에 멈추어 있고, 듣기에 좋으나 근본적으로 불순한 의도라는 비난을 초래했던 그들의 관점을 고려하면 그들은 어떤 결정도 내릴 수 없다.

결국 강압적인 경작 제도 같은 것은 받아들일 수도, 안 받아들일 수도 없다. 만약 그것을 받아들인다면 그것을 섣불리 만지작거리지 마라. 왜냐하면 그것은 마법처럼 작동하기 때문이다. 그것을 지지하는 사람들이 이미 존재하며, 그것은 진정한 이점을 증명했다. 그러나 자유주의자들이 이론적으로 주장하듯이, 만약 그것을 받아들일 수 없다면 그것을 붙잡지 말고 그것을 내버릴 용기를 가지라. 그럼으로써 당신의 도덕적 분노가 진실함을 증명하라.

그러나 우리의 자유주의자들은 그 어느 것도 하지 않는다. 그들은 정부로 하여금 문화를 파괴하게 만들었고 그다음에 유럽의 자본가들과 함께 사적 농업을 시작했는데, 그것은 강압적 제도가 추진되었기 때문에 바로 번창할 수 없는 농업이다.

사적인 농업과 정부 농업은 서로 자연스럽게 적대 관계에 있다. 왜냐하면 둘 다 노동 시장에서 경쟁하고, 각각 완전히 다른 사회적 조건을 상정하고 그런 조건을 형성하는 데 기여하기 때문이다.

더구나 반보수주의적 식민지 정책은 성공할 수 없다. 왜냐하면 이것은 전적으로 다른 사회적 상태라는 나무줄기에 우리 현대 자유주의적 사회의 개념을 접붙이려는 노력을 동반하기 때문이다. 이런 노력의 모순은 1857년 교육법으로 네덜란드에 도입된 종교적 중립 학교에 대한 동조자들이 인도네시아를 위한 학교법을 입안하는 일을 담당했을 때 가장 분명하게 드러났다. 이 영리한 관료들은 그 법의 조항들을 능수능란하게 복사했다!

이것은 왜 보수주의자들에 대한 자유주의자들의 탁월한 의회 투쟁이 한심한 실망으로 끝났는가를 설명한다.

참으로 경작 제도의 공격적 특징은 제거되었다. 그러나 작물의 강압적인 인도라는 기본 생각과 그것으로 인해 이 제도가 자바인들의 삶에 초래한 정신적 이탈은 제거되지 않았다.

많은 점에서 마을 추장에 의한 착취는 제거되었다. 그러나 지역 수장과 대농장 소유주들이 마찬가지로 사람들을 억압할 수 있는 행정 제도의 중요한 적폐는 계속해서 심화되고 있었다. 그 사이에 잘못된 위치에 있는 공무원은 정부의 대변자로서 자신의 위엄을 되찾을 수 없었을 것이다. 그리고 개혁이라는 짜깁기의 결과로 절반의 대책들이 모든 것을 몰아냈고 아무것도 해결하지 못했으며 모든 우리의 집단을 황량한 혼란 속에 내버려두었다.

그러므로 한때 독재와 탐욕에 대항하는 숭고한 열정으로 타올랐던 자유주의적 식민지 정책은 유용하지 않으며, 지금은 천막 속에 숨어 있고 거의 살아 있는 흔적을 보여주지 않으며, 우리가 네덜란드의 병폐 및 훨씬 더 심한 인도네시아에서의 병폐에 대해 이야기할 때 지나친 비판을 가하지 못한 채 우리를 그냥 내버려두고 있다.

이런 자유주의적 식민지 정책의 난파 때문에 경작 제도를 다시 수용하거나 혹은 강압적 작물 경작 혹은 수송이라는 모든 형태를 배제하는 제도를 채택하는 것 외에 다른 선택은 없다고 말할 수 있다. 그리고 위에서 제시되었던 이유로 엄격한 반혁명파는 경작 제도를 받아들이는 것이 불가능하기 때문에, 그리고 더군다나 아무도 이전 경제 호황

기의 제도를 부활시키려고 더 이상 고려하지 않으므로, 우리에게는 이 폭압적인 제도를 철폐하고 "자바가 우리를 위해 무엇을 줄 수 있는가를 묻기보다 하나님은 자바를 위해 우리가 무엇을 하기를 원하는지 묻는" 자유의 제도를 조용히 선택할 여지만이 남아 있다.

III. 인도네시아의 기독교화

§257   토착민들의 도덕적 교육

만약 우리나라가 재산의 관리자로서 책임을 완수하려면, 그리고 만약 무엇보다 위임 통치가 자신의 양자를 도덕적으로 교육시키기 위한 모든 의무를 포함한다면, 인도네시아의 기독교화가 반혁명파의 식민지 정책의 출발점이라고 생각할 수밖에 없다.

그러므로 비록 우리가 단순히 보수적 또는 자유주의적 식민주의자이더라도 단순히 선교활동에 참여하기만 하면 정치적으로 말해 기독 역사적 원칙은 충족된다는 공격적인 견해에 대해 우리는 단호하게 반대한다. 그 견해는 아니다. 누룩은 반죽과 섞여야만 하고, 그것은 결코 누룩 없는 빵의 첨가물로 남아 있어서는 안 된다. 그리고 우리의 식민지 제도에 있어 "인도네시아의 기독교화"는 어떤 추가적 요소가 될 수 없고 "이방의 구원자인" 하나님의 그리스도를 예배하는 모두는 최고의 영성을 갖추어야만 한다.

한편 교회와 그 회원들이 이 확신에 이르는 방식은 성부가 이 의무를 인식하도록 이끄는 고려 사항에 따라 다르다.

교회와 그 회원들은 영적인 영역에 속해 있으며 따라서 하늘과 땅에 있는 모든 권세가 그리스도에게 주어졌다고 고백한다. 그러므로 그들은 그리스도를 모든 민족과 국가의 왕으로 예배한다. 따라서 그들은 해외의 사람들에게 말씀을 선포할 의무가 있다. 세 가지 동기가 그들을 이끈다. (1) 우리는 말씀에 순종하여 모든 세상으로 나아가 모든 민족에게 복음을 선포한다. (2) 왕이신 예수는 인도네시아 군도의 사람들 가운데서 영광을 받으셔야만 한다. (3) 영혼의 구원은 우리의 공감을 불러일으켜야 한다.

정부는 다르게 생각한다. 정부는 유일하고 진정한 하나님을 예배하고 자신의 보살핌에 맡겨진 사람들을 교육시키는 소명을 받았다는 것을 안다. 그러므로 정부는 이교도와 이슬람의 우상을 예배하거나 지지하지 않아야만 한다. 반대로 역사의 올바른 증언에 따라 기독교적 삶의 원칙으로 전환해야 이 사람들에게 높은 수준의 개발 전망을 열어줄 수 있다.

마지막 주장은 실제로 유럽과 미국의 기독교 국가들만이 중국과 영국령 인도의 이전 이교도적 문명과는 결코 비교될 수 없으면서도 우리가 알고 있는 인간 사회를 창조한 숭고한 힘을 세상에 드러냈다는 것을 의미한다. 오스만 제국을 분열시킨 이슬람의 생활 방식, 그리고 서아시아 부족들의 야만적 관습은 자기 심판을 초래했다.

이 두 가지, 즉 정부 측의 이런 확실한 믿음 및 교회와 그 회원들의 의무감이 통합될 때, 기대했던 일이 자동적으로 일어난다. 정부는 다음을 알고 있다. "인도네시아는 반드시 복음화될 것이다. 그러나 우리는 거기에 아무런 권한이 없다." 반면에 교회와 그의 구성원들은 이 사람들에게 복음을 전할 수 있는 고속도로를 정부가 속히 열기를 고대한다.

§258 초승달과 십자가

위의 관점은 우리의 해외 식민지에 대한 도덕적 의무의 징책을 찬성한다. 만약 정부가 기독교적 삶의 원칙을 위한 명백한 선택을 회피한다면, 내 생각에 그것은 미래에 이 재산들을 포기하는 것과 다름없다. 그렇다면 개혁을 위한 어떤 좋은 계획도 실행되지 못할 것이고 결국 이 사람들의 경제는 엉망이 될 것이며 그들의 운명을 개선하기는커녕 악화시킬 것이다. 결국 목적은 붕괴된 나무줄기에 보호막을 씌우는 것이 아니라, 그 몸통에 새로운 삶의 활력이 스며들게 하는 것이다.

만약 이 침투가 뿌리로부터 혹은 가장 중심적이고 포괄적인 사람들의 삶의 요소 즉 종교로부터 그 원동력을 끌어낼 수 없다면, 그것이 불가능할 것이라는 것은 자명하다. 역사와 오늘날 이슬람의 비극적 모습으로 증명되었듯이 가장 숭고한 형태의 이슬람조차 광신과 경직 그 이상을 생산할 수 없다는 것이 명백하다.

그러나 우리가 아무리 해외 식민지의 사람들에게 참견하고 실험하면서 노력할지라도, 그들이 초승달의 그림자에서 방황하는 한 더 이상의 진전은 없을 것이다. 당신이 원하는 대로 그들을 좋아할 수 있다. 그러나 지속할 수는 없을 것이다. 당신은 그들을 찌를 수도 다듬을 수도 있다. 그러나 결코 그들에게 영감을 주거나 번성하게 할 수는 없다.

그러므로 인도네시아의 복음화는 우리의 첫 번째 우선순위가 되어야만 한다. 그때에만 우리는 더 행복한 미래를 기대할 수 있다. 그리고 만약 이 "필요한 한 가지"[17]가 받아들여지지 않는다면, 우리는 자유주의자들의 무원칙적 사업보다는 최소한 일정 이윤을 생산하는 경작제도가 더 상식적이라고 생각한다. 자유주의자들은 가지와 함께 쓰러진 나무의 몸통은 해외에 보내면서 땅에 뿌리는 그대로 둔 채 자바의 장벽에 푸른 담쟁이 색의 옷이 입혀지기를 원한다. 그들은 건부병으로 고통받는 목재와 꽃피기 전에 시든 나뭇잎으로 장벽을 장식하는 것을 결코 넘어서지 못할 것이다.

이교도와 이슬람 §259

어떻게 우리나라는 인도네시아에 대한 이 무거운 책임을 스스로 습득할 수 있을까? (1) 우상숭배, (2) 교회, (3) 선교, (4) 교육 등 네 가지 문제 영역들이 지적될 필요가 있다.

(1) 거기에 존재하는 우상숭배에 관해 어떤 태도가 있어야 하는가?

거기에서 여전히 숭배되는 토속 신앙과 이슬람 우상숭배에 관해 기독교 유럽 국가를 대변하는 우리의 총독과 공직자들은 모든 공모나 승인의 외양을 금해야 할 뿐 아니라 중립적 인상도 금해야 한다.

파푸아 사람들과 마두라 사람들 가운데, 아체 사람들과 말루쿠 사람들 가운데 그들의 주권자는 기독교 국가라는 것은 잘 알려진 사실

---

17 눅 10:42.

이다. 그러므로 모든 우상숭배가 죄로 금지되어 있고, 우상숭배가 강력하게 제거되지 못하는 유일한 이유는 영적인 영향력 이외의 방법으로 국가의 통치를 확립하길 원하는 것이 그리스도의 영광을 욕되게 하는 것이기 때문이다. 모든 이런 우상숭배가 진정으로 우상은 아니고, 비록 열등하지만 종교적 의식의 아름다운 형태라고 말함으로써 당신의 골수로부터 모든 도덕적 힘을 빨아들이는 심리적 다원주의에는 전심으로 저항해야만 하다. 특히 저항해야 하는 것은 마치 이슬람이 우상 숭배자들이 아니라 그들이 우리와 같이 성경의 예수 대신 코란의 무함마드로 해석된 유일하고 진정한 하나님을 경배한다는 전적으로 거짓된 생각이다.

"알라"는 사람이 만들어낸, 그리스도인의 삼위일체 하나님과는 전혀 공통점이 없는 신이라는 것이 공언되고 인정될 필요가 있다. 이런 이유로 알라 경배를 지지하는 모든 국가에 대한 지원은 즉시 중단되어야 한다. 고위 공직자들(판 스비턴 장군[18]처럼 스스로 책임을 지고 허가를 받았더라도)의 알라 축제 참석은 엄격하게 금지되어야 한다. 알라 경배에 대한 어떤 형태의 합의 또한 검열되어야 한다. 기관차로부터 악령을 몰아내기 위해 버팔로를 희생하는 우상숭배의 코미디에 참여하는 사람들은(최근에 공직자가 그런 것을 할 자유가 주어졌다) 즉각 해고된다.

이것은 우리가 인도네시아 사람들의 우상숭배 관행을 자유롭게 내버려두는 이유가 절대로 그들에게 공감해서가 아니고, 광신의 폭발을 두려워해서도 아니며, 설득을 통한 방법으로만 승리하기를 바라는

18　얀 판 스위튼(Jan van Swieten, 1807-88)은 구별된 군인이자 정치인이었고, 자바 섬 탐험과 식민지 정부에 다양하게 관여되어 있었다.

기독교적 원칙의 요구 때문이라는 것을 그들에게 깨닫게 하려는 것이다.

다른 자세로 그것에 은밀하게 공감하거나 혹은 공개적으로 존중한다면, 그 정부는 우리 국가의 성격을 배신한 것이다. 그것은 그분의 정부에서 그분의 영광에 대한 배신을 보복하시는 하나님께 죄를 범하는 것이다. 그것은 인도네시아의 토양에 중립이라는 곰팡이를 이식하는 것으로, 우리 중에서는 한 다발의 초목을 만들어내는 데 그쳤으며, 그곳 극동의 풍토에서는 곰팡이 상태로 시들어갈 것이다.

교회 교파들 §260

(2) 인도네시아에서 교회 교파들에 관한 현 정책은 프로테스탄트 교회들이 관계되어 있는 한 비난받을 만하다.

로마 가톨릭은 그들이 필요로 하는 것이 있다. 그들은 자유를 즐기면서, 신앙이 있고 유능하며 교육받은 성직자들의 섬김을 받는다. 바타비아에 있는 명목상 주교를 통해 그들은 정부와 공식적이지만 독립적인 접촉을 한다. 그들은 가톨릭 공무원의 관심 부족에 대해 불평하지 않는다. 거의 모든 선교 기지에 그들은 교구를 조직한다. 그러므로 그들은 확고하게 자리를 잡았고 매일 늘어나고 있으며 일반적 존경을 즐기고 있다.

반대로 개혁교회는 그들 교회 조직 안에 최악의 적들이 있다. 그들은 일반 프로테스탄트 국가 교회의 터무니없고 불가능한 단체 안에 조직되어 있는 자신들을 발견한다. 그들 가운데 신실한 신자인 사람들은 공격적으로 간주된다. 외부인들에게 그들은 웃음거리다. 그들의 단체들은 자유롭지 않고 영적으로 무기력하고 쇠퇴해 있다. 그들의 목사들은 정부가 외부에서 영입했고, 놀랍게도 그들은 신념과 고백을 가지고 있지 않다. 이 세 가지 창피한 일들뿐 아니라, 개혁 교단들은 그들 가운데 유럽의 그리스도인들은 믿음을 상실했고 경박한 생활 방식을 따른다는 부인할 수 없는 사실에 의해 망신을 당한다.

플레인(Plein)과 바위튼조르흐(Buitenzorg)는 이 상황이 참을 수 없게 된 것을 오래 전에 알고 있었다.[19] 교회와 국가가 양자 간 협정으로 기존 합의에 스스로를 묶어 놓은 사실로 발생되는 문제가 한 순간도 그들의 탄력성 결핍 때문이라는 변명으로 제시될 수 없다. 인도네시아에 있는 교회 정부 같이 활기가 없는 조직은 경건한 지침에 따라 행동하기 위해 회복될 필요가 있다.

회복이 불가능하고 영적으로 그리고 헌법적으로 비난받을 만한 국가 교회는 사라질 필요가 있다. 그것은 식민지에서 그리스도의 영광을 장막 아래 두는 것을 멈추게 할 것이다. 개혁 교회들은 자신들의 고백적이고 장로교적인 특징을 다시 찾아야 한다. 내용이 없고 그래서 생명력이 없는 조직들은 해산되어야만 한다. 선교 기지가 부흥하기 위해서는, 그들이 100명 정도의 회원으로 성장하면 즉시 조직된 교회로 이관되어야 한다.

§261   선교

(3) 인도네시아 정부는 번성하고 성공적인 기독교 선교를 수행하는 것

---

19 플레인과 바위튼조르흐에 대해서는 §244n3을 보라.

을 영광으로 생각해야 한다.

우리가 알고 있듯이 인도네시아 사람들을 향한 도덕적 소명을 완수하기 위해, 인도네시아의 기독교화에 매달려야 한다. 그러나 정부가 선교를 수행하는 것은 가능하지 않다. 이런 딜레마를 고려할 때, 모국의 민간 기구가 경제적이고 정치적인 계산 없이 열정과 헌신을 가지고 식민지를 위해 이 엄청난 과업을 위한 수많은 활동을 지도하는 것보다 식민지 정부에게 편리한 것은 없다.

인도네시아에 대한 우리의 위임 통치의 목적은 우리나라 사회가 향유하는 축복을 식민지의 국민들과 함께 공유하는 것이다. 그래서 유럽의 기독교 사회가 아시아의 이슬람 지역과 접촉하여 이슬람 사회를 거의 기독교 사회로 변화시키는 방법이 모색되어야 한다. 그렇게 하는 가운데 정부는 그 의무를 완수하기 위해 정부의 위임 통치에 의해 요구되는 조건을 동시에 만든다.

이런 이유 때문에 우리가 이제까지 그랬던 것처럼 정부는 선교를 필요악으로 받아들이지 않고, 이제부터는 어떤 결과에도 불구하고 그것을 받아들이려고 애쓸 것이라는 사실을 양쪽 사회에 알려야 한다. 그 결과 정부가 선교를 희망하는 교단들과 공식적 접촉을 하거나 그들이 거부할 때는, 만약 교단들이 공인된 교회 고백 위에 자신들의 기초를 두고 있다면, 그들 가운데 구성원들의 운영위원단들과 접촉하는 것을 포함한다. 정부는 다음 조건으로 선교를 규제할 수 있다. (a) 당분간 모든 교단들은 자바를 유일한 거주지[20]로 삼음으로써 스스로 활동을 제한한다. (b) 임명된 선교사들은 목사와 같은 등급이다. (c) 교단에 의

---

20   여기에서 말하는 거주지는 네덜란드 공무원에 의해 관리되는 큰 행정 구역이다.

해 임명된 감독관은 정부와 관계를 유지한다. (d) 교단들은 자신들이 유능한 사람을 파견할 것을 보장한다. (e) 각 교단은 적절한 토지 구역의 자유 보유권이 보장된다. (f) 정부는 본질적으로 영적으로 개종시키려는 정직한 시도로부터 발생하는 혼란을 통제하려고 노력한다.

이 제도가 거주지를 한 곳으로 제한할 것을 요구하는 이유는 세 가지다. (i) 그것은 지속적인 질서가 보장될 수 있다는 것을 증명할 유일한 방법이다. (ii) 그것은 선교에 공감하는 공무원들의 지지를 제공할 수 있는 유일한 방법이다. (iii) 그것은 충분한 공간이 있다면 전적으로 불필요한 것으로, 교구 간 해로운 경쟁을 막을 수 있는 유일한 방법이다.

§262   교육

(4) 마지막으로 선교와 마찬가지로 교육 영역에서의 지침은 기독교적 유럽이 이슬람화된 아시아를 축복할 자유가 있다는 것을 원칙으로 삼아야 한다.

저항에 대한 두려움이 우리를 억제하게 해서는 안 된다. 왜냐하면 자신의 영역에서 그대로 주인으로 남아 있는 것을 나타내는 데 모국의 영광이 달려 있기 때문이다. 정부는 "종교적으로 중립적인"[21] 학교 제도에서 비롯된 동기의 결과인 그런 정책은 피해야 한다. 모국에서 참담한 제도의 치명적인 충격이 식민지에 유사한 실험을 적용할 이유가

---

21 "정치적으로 중립적인" 학교는 원래 모더니즘(modernism) 분파 학교를 번역한 것으로, 1857년과 1878년 초등학교 교육법에 따른 네덜란드의 공립 학교에 대한 경멸적인 표현이다.

될 수는 없다.

모국에서 파견된 교사들이 복무하기를 원하는 식민지에 설립된 초등학교들은 인도네시아 당국이 용인할 뿐 아니라, 우리 생각에는 비록 재정적으로 전부를 지원할 수는 없지만 (부분적으로라도) 지원되어야 한다. 여기에 또한 체계적인 접근이 따라와서, 결국은 돈을 낭비하고 사람들을 실망시키게 되는 여기저기의 학교와 학급이 아니라 교단 선교 단체와의 긴밀한 접촉 가운데 단일 지역 내에 모든 가용한 세력을 통합하여야 한다.

만약 교육이 원주민을 기독교로 교화하는 데 목적이 있다면, 반대하기는커녕 그것을 권장해야 할 것이다. 정부는 만일 학교가 건전한 교육을 보장하고, 적절한 감독을 받고, 학생 수가 일정 수준 아래로 떨어지지 않는다면, 그런 학교에 일정한 토지를 지원해주어야 된다.

"합쳐진 힘이 더 강한"(the vis unita fortior)[22] 덕분에 그런 구역에서 기독교는 자동적으로 시간이 흐름에 따라 자바의 귀족들에게 도움을 주기 위한 더 나은 교육을 제공하는 부담을 덜 수 있는 세력이 된다. 이런 방식으로 자바가 50년 전에 가졌어야 했던 "대학" 설립을 위한 방법을 점진적으로 준비한다.

---

22 "연합된 힘은 강하다."

IV. 행정 제도

§263 받아들이느냐 거절하느냐

우리가 도달한 결론은 이것이다. 네덜란드는 식민지의 위임 통치자가
되어 그들에 대한 도덕적 책임을 다하기 위한 목적으로 식민지를 소유
하고 있다. 이 위대한 과업을 받아들이는 것은 국가의 에너지를 높이
는 데 도움을 준다. 그것은 국가적 통일성을 고취시키고 그것을 더 높
은 목표로 이끈다. 그것은 국가의 모든 작은 활동의 영역을 엄청나게
확대시킨다. 그것 외에도 식민지를 가지는 것은 영광스런 과거의 자취
를 통하여 우리의 위신을 높인다. 더구나 그것은 식민지에 부과된 실
질적 중요성의 결과로 정치적 국면에서 우리의 지위를 강화한다.

한편 네덜란드가 이 점을 받아들이기 원하는지, 그리고 그럴 수 있
는지를 결정하는 것은 우리에게 달려 있다.

결국 다음 사항들이 요구된다. (1) 식민지 사람들에 대하여 우리의
주권을 지키기 위해 충분히 강한 상비군과 활동적인 함대를 유지한다.
(2) 그들 지역의 행정적·교육적·경제적 필요를 위하여 우리 사회의
최고 요소를 상당한 정도 넘겨준다. (3) 식민지 영토가 우리에게 떠안
기는 어떤 복잡한 위험도 무릅쓴다.

그 사실에 의해 세 가지 필수 요건이 상쇄되는데, 고양된 위신뿐
아니라 주권을 통하여 네덜란드는 (1) 식민지의 자원과 공유지를 마음
대로 사용한다. (2) 인구 과잉에 대항하여 일자리를 창출한다. (3) 간접

적으로 식민지 경제의 유익을 위해 광산 자원을 개발한다.

그럼에도 불구하고 만약 부담이 이점을 능가한다고 우리 국가가 판단하고, 잠정적으로라도 국가가 더 이상 숭고한 목표를 위하여 국가의 평화와 자산을 무릅쓸 마음이 없다면, 그런 영혼 없는 세대는 더 이상 식민지를 소유하는 명예를 가질 자격이 없다. 자신의 도덕적 발전을 위해 단지 해롭고 이전의 명성에 흠이 된다면 소중한 신뢰로부터 빨리 물러서는 것이 더 좋다.

그러나 만약 이것이 우리나라 사람들이 원하는 결론도 아니고 부끄러워 얼굴을 붉히는 것 또한 원하지 않는다면, 우리는 상식과 좋은 의도를 가지고 국내에 있는 우리의 사기를 저하시킬 뿐 아니라 식민지에 사회적 파멸을 가져오는 사건의 진행을 저지할 기회를 잡아야만 한다.

다섯 가지 조건 §264

현 상태에서 인도네시아는 우리에게 유익하지 않고, 우리 또한 그들에게 마찬가지다.

재무회계 장부는 매년 균형을 유지하고 있고, 식민지에서 얻는 흑자는 모국의 국가 부채를 갚는 데 사용된다. 사람들은 주목하지 않고 정부는 식민지에 눈을 감고 있다. 그럼에도 불구하고 전지하신 하나님은 그것을 보고 계시고 우리에 대하여 열방의 심판자로서 외치신다.

이런 심판을 피하기 위해 우리의 이전 글은 식민지의 기독교회가 국내에서 어떻게 시도되어야 하고 정부는 이를 어떻게 지원해가야 하는가를 지적했다. 단도직입적으로 기독교회는 우리의 주요한 목표이고 출발점이므로, 그것없이 우리가 모든 대책을 고려한다면 쓸모없고 나태한 위임 통치를 수행하는 것이다.

더 이상 할 말이 없는 것이 아니다.

도덕적 우월성을 보여주기 위해 우리나라는 식민지에 대한 통치가 현명하면서도 신중하고, 정의의 집행이 엄격하고 가차 없이 모든 관계자들에게 적용되어야 하며, 세금의 징수가 효율적이고 공평하면서 경제 발전의 상태가 조성되며, 지적으로 약한 원주민들이 우리 당국의 보호에 따라 부도덕한 침입자들의 술책으로부터 보호받는 데 주의해야 한다.

§265   행정

식민지의 통치를 위해 우리는 양적인 힘을 추구하지 않아야 하고, 우리 공무원들의 지침, 질, 그리고 효율적 발전을 추구해야 한다.

지침에 대해 권위가 있는 공무원들은 그 권위를 행사하는 것 이외의 다른 업무를 해서는 안 된다. 공무원들은 상업적 회사 혹은 정부 농업에 연루되어서는 안 된다. 그들이 지사직과 판사직을 겸직해서는 안 된다. 그것은 언제나 치명적인 조합이다. 그들은 우리의 주권을 지키고 도덕적 평판을 지키기 위해 다스리는 일에만 관련되어야 한다.

또한 우리는 여기 유럽에서와 마찬가지로 식민지의 공무원에게도 최상의 자질을 요구한다는 점을 강조한다. 인도네시아인을 다루는 것이 별로 큰 노력을 필요로 하지 않는다는 잘못된 생각보다 더 근거 없는 것은 없다. 반대로 인도네시아에서 대중 여론의 힘은 너무나 약하고 업무가 너무 광범위하며 권리 남용의 유혹이 더 용이하기 때문에,

거기서 우리를 대표하는 모든 사람은 여기저기의 일반적인 사람들에게는 없는 도덕적 온전함과 엄숙함을 가져야만 한다. 그런 예외적인 환경에서 중요한 것은 지식이다. 그러나 신중함과 성숙한 판단은 더 중요하다. 우리의 식민지부와 별다를 바 없는 정부는 그런 소중한 사람들을 모집하기 위해 노력했지만, 한편 그들을 지키기 위한 의무를 소홀히 하는 과오를 범했다.

그리고 효율적인 배치의 문제가 있다. 네덜란드가 언제나 인도네시아에서 그런 충분한 자질을 갖춘 사람들을 점차 모든 정부 직책에 채워넣었다고 생각하는 것은 환상이다. 유럽인들로 행정부 부서를 조직하는 관행 대신에, 우리는 모국 공무원 중 최고로 우수한 사람들만 채용하고, 그들 아래 실질적 행정은 적절하게 준비되고 훈련된 현지 귀족의 자녀들이 수행하도록 하는 것을 제안한다.

그러나 우리의 접근은 일반 부족장에게로 확대되어야 한다. 바꾸어 말해서 이 지도자들이 이전에 했던 대로 있어서는 안 된다. 즉 양무리를 저지하는 양치기 개처럼 말이다. 그들은 감독 하에 잘 정리된 권한을 수행하고 정기적으로 그들의 복무에 대해 급여를 받는 사람이 되어야 한다.

법적 안정성 §266

어떤 사람들에게 사람들의 성격을 고상하게 하고 힘과 활력을 향상시키기 위해서는 기본적으로 법적 안정성이 필수적이다.

그것이 부족할 때, 힘 있는 사람들은 착취를 실행할 유혹을 받게 되고 약자들 사이에서는 사람들을 굽실거리게 하거나 비인간적으로 만드는, 일종의 질투심을 일으키는 분노가 커지기 시작한다. 그러므로 법적 안정성에 관한 한 그 문제는 잠자리에 들기 위해 권총을 가지고 갈 것인가 혹은 권총 없이 갈 것인가가 아니며, 독단적인 취급과 권력 남용의 결과로서 국가적 성격을 지녔던 왜곡을 제거하고 그것을 더 고상한 성격으로 대체할 수 있다는 것을 명심해야 한다.

이 목적을 위해 인도네시아는 세 가지가 요구된다. 즉 법의 정확한 표현, 엄격하게 공정하고 유능한 법원, 그리고 어떻게 결정적으로 행동할지를 아는 잘 훈련된 경찰력이 그것이다.

법을 수입하지 않고 인도네시아에 존재하는 법을 정화하고 법제화하는 것이 중요하다. 그것만이 그들의 역사 속에 뿌리내리게 되고 사람들의 양심 속에 스며들 수 있다.

비슷하게 우리는 전적으로 유럽 모델에 기반을 둔 사법적 위계질서를 도입하지 않아야 한다. 세상 물정 모르는 중간 관리자들이 지역 언어 관습, 그리고 관계에 관해 얼마나 알겠는가? 우리의 목적은 자바의 대학에서 교육받은 사람들로 구성된 토착의 사법 질서를 도입하는 것이다. 그때에 그들의 공정성은 유럽인으로 구성된, 신뢰할 만한 상급 법원에 의해 보장될 수 있다.

마지막으로 법원 제도는 부당한 공무원에 대한 토착민들의 권리를 보호하고 하위 계층의 경제적 억압에 대한 그들의 권리를 보호하기 위한 방식으로 조직되어야 한다. 이것은 고소인의 정의를 확보하기 위한 것이 아니라 공무의 규제 수단으로서 주장되어야만 한다. 왜냐하면 토착 공무원들을 규제하려는 다른 모든 수단들은 그들의 권위를 희생하여 그들에게 굴욕감을 주거나, 혹은 기껏해야 단순 과시 이상으로 권위를 높이기 때문이다.

V. 재정 관리

조세 체계 §267

본토보다 우리 식민지를 위한 효율적인 세금 제도를 고안하는 것이 더 어렵다.

이 어려움은 도덕적으로 말해 우리가 네 가지 최고의 수입원을 몰수했다는 애석한 사실로 더 악화된다. 즉 수출 직물, 토지 임대, 도로세, 그리고 아편 허가권이다.

이 손실은 경작 제도 덕분에 인도네시아의 정치경제가 증가시킨 가짜 부가 줄어들 수 있고 그것은 줄어들어야만 하며, 이 산업을 감독하는 비용이 어느 날 소진될 수 있다는 사실로 상쇄된다. 그러나 이 비용을 공제한 후, 그리고 우리 생각에 모국이 해군, 육군, 그리고 상위 단계의 행정에서 기여해야 하는 것을 공제한 후에도 식민지에 대한 국내 예산은 언제나 여전히 엄청날 것이다. 이것은 엄청난 노력 없이는 식민지의 국내 수입원으로 거두어들일 수 없는 총액에 달한다.

§249-256에서 우리는 왜 경작 제도가 영구적으로 수입원으로 이용될 수 없는지를 보여주었고, 토지 임대, 도로세, 그리고 아편 허가권은 반박의 여지없이 비난 받을 수밖에 없는 것들이다.

§268 토지 임대

토지 임대를 예로 들자. 전체 마을은 토지 사용에 기초하여 평가된다.
그리고 마을의 추장은 즉각적 지불에 대한 책임이 있다. 경험은 마을
의 추장이 그 평가액을 대부분 자의적이고 불공정하게 나누는 상황으
로 이끄는 것을 보여준다. 그들은 친구들을 면제시키고, 하찮은 사람
들에게 그 차이를 보충하도록 강제하고, 정부가 받는 것보다 50% 이
상을 징수한다. 그것은 불미스러운 일이고, 그 내용은 거주자인 판 드
르 풀(Van der Poel)의 보고서에서 가장 잘 알 수 있다. "오늘날 거주자
와 공무원들에 의해 마음대로 산정되고 평가되는 세금 징수와 관련하
여 농민 계층이 매년 자신들의 추장으로부터 감내해야 하는 짜증, 변
덕, 그리고 착취를 설명하기란 끝이 없다."[23] 더 많은 증인을 확인하
지 않더라도 이 주장은 블로믄스테인(Blomenstein)의 팸플릿(Java en de
Javanen)에서 확인되는데, 그는 다음과 같이 쓰고 있다. "토지 임대는 하
늘에 외친다! 자바에 대한 실질적 평가액보다 수백만 이상을 농민들
에게서 징수하고 있다고 확실히 말할 수 있다."[24]

§269 도로세

비난받을 만한 것은 노동에 대한 지불이다. 확실히 도로세[25]는 제한되

---

23 저자 노트: *Kolonial Verslag* 1877(Colonial Report 1877)를 보라.
24 H. van Blommstein, *java en de Javanen* (Zaltbommel: Noman, 1851), 27.
25 도로세는 건설 중이면서 유지 보수되고 있는 공용도로에 대한 강제적이면서 지급되지 않은
(마치 봉건 제도 하의 영제시와 같은) 노동력으로 구성된다.

어 있고 터무니없는 요소들은 제거되었다. 그럼에도 불구하고 그것들은 토착민들의 복지를 침식하는 암으로 남아 있다.

극동의 경제에서 순환되는 돈의 부족을 고려할 때, 도로세는 필요악이다. 그러나 그것은 그 상황에 대한 부분적인 교정일 뿐이다. 그것은 전염병으로 타락하고 종종 저주가 되며, 그런 경제가 서구적 요소들을 포함하는 순간 결국 불균형적 확장이 일어나서 사회적 균형을 깨뜨리고 스스로의 교정 기능을 상실한다. 이 의무가 고용된 업자들에 의해 전매되고 대체되는 순간, 그것은 열악한 근무를 낳고, 자의적인 관행을 부추기며, 노동자들을 짓밟는다. 그 내재적 악은 메스르스(Messrs), 스미사르트(Smissaert), 그리고 드 스투를르(De Sturler)[26] 같은 사람들에게도 비난받았다. 그들의 증언은 반대 측 구성원들에 의해 쉽게 반박되지 않는다. 자바 거주자인 첫 번째 사람은 "특히 도로세를 가장하여 종종 일어나는 착취는 엄격하게 제재되는 것이 필수적이다"라고 기록한다. 아주 보수적인 견해의 다른 사람은 "사람들은 도로세가 남용된다고 불평한다. 나는 그 불평들이 정당하다고 인정한다"고 기록한다.

아편 허가권 §270

마지막으로 아편 허가권은, 어떤 물질이든 그것에 대한 허가권은 남용으로 이어지고, 특히 아편을 파는(그래서 죄를 통해 돈을 버는) 허가권

---

26 스미사르트(Smissaert, 1802-74)는 1840년대 자바의 고위 관료였고, 스투를르 (Sturler,1802-79)는 자바의 농업 전문가였다.

은 정부가 자바 대중들의 도덕적 타락의 방조자가 되게 한다는 두 가지 반대를 견디낼 수 없다. 인도네시아에서 허가권과 관련된 악에 대하여, 바우드(Baud) 장관을 인용하는 것으로 충분하다. "의도는 상당 부분 혹은 전적으로 그렇게 힘겹고 많은 불만, 묵살, 그리고 제재의 기회를 제공하는 제품에 대한 허가를 철회하는 것이다."[27] 아편 판매의 허가로 인해 수반되는 특별한 악에 대해서는 이전 장에서 매춘에 대한 정부의 관용에 관해 말했던 것을 언급하겠다. 이런 경우 정부의 도덕적 특징을 고려할 때, 대대적으로 비난받을 만하다.[28]

§271 공기업에서 공법적 부담으로의 전환

이 네 가지 남용을 방지하기 위해 우리는 정부에 자바의 천연 자원 및 자바 사람들로부터 현재 얻는 것과 동일한 수준의 수입이 보장되어야 한다는 기본 가정에 기인한 정의를 회복해야 한다. 그러나 이 자원들은 도덕적 관점에서 진정으로 공법적이고 덜 비난받을 만한 형태로 전환되어야 한다.

세금 부담이 인도네시아 사람들에게 너무 무거운지 확신할 수 없으나 그것이 잘못된 방향으로 영향을 미치는 것은 확실하다.

우리가 경작 제도의 축소를 지지할 때 우리는 자바인들로부터 모든 부담을 면제하겠다고 생각하기보다는, 정부 사업을 공법적 부담으로 전환시키려고 생각한다. 강제 경작으로부터 얻는 수입 속에는 다음

---

27 바우드(G. I. Baud, 1801-91)의 의회 연설(1849년 3월 14일).
28 §191-93을 보라.

사항들이 포함된다는 것을 잊지 말라. (1) 경작 중인 토지에 대한 에이커 당 임대료, (2) 임금, (3) 가공과 수송 비용, (4) 투자한 자본에 대한 이자, (5) 토양, 사업, 그리고 생산품에 대한 세금.

이 문제는 구분되어야 한다. 세금은 세금으로 채워라. 임금은 최대의 가치로 지불되게 하라. 토지는 그 임대 가치를 생산하게 하라. 가공 산업은 세계 시장에서 그 생산 가격을 설정하게 하라. 자본 투자는 구매, 임대차, 혹은 부동산을 통해 스스로의 수익을 찾게 하라.

이 방식은 실론에서 입증되었듯이 다음 결과들을 가진다. (1) 더 집약적인 농업은 토양 소모를 일으키는 관행을 대체할 때, 동일한 노력으로 결실을 거의 2배 가까이 거둘 수 있게 한다. (2) 더 세심한 가공은 상품의 질을 개선하여 가격이 11% 상승한다.

실론이 비옥하지 않다는 것을 고려할 때 이것은 꽤나 강력한 수치에 해당한다. 자바에서 3캐티를 생산하는 데 나무 10그루가 필요하고, 실론에서는 단지 4그루가 필요하다. 자바의 토속 커피는 피콜(picol) 당 평균 48센트에 팔리고, 실론의 더 잘 가공된 플랜테이션 커피는 55센트에 팔린다.

만약 개선된 질이 11%의 가격 증대를 보장한다면 경작 제도에 종사하는 사람들의 반은 다른 노동에서 해방될 수 있고, 정부는 동일한 수준의 수입을 누리며 유럽 자본은 투자에 대한 충분한 이자로 보상을 받는다.

경작 제도와 부가적 조치의 철폐 §272

궁극적 목표는 점진적 이행을 통하여 모든 공유지(경작되지 않았거나 혹은 이미 경작된 것이든)에 세습적 사용권을 허용하고, 토착민들에게 강제 경작과 도로세를 완화시키며 그들이 삭감되지 않은 임금으로 이 모든 토지에서 일할 자유를 주는 것이다. 그리고 정부는 장기 임대 임차인들로부터 토지세를 징수하고 수출에 대한 독점을 누린다. 새로운 마을 단위의 협약과 더 자연스러운 상황이 발전하면. 그 관계는 시간이 지남에 따라 국가가 토지를 빌릴 가능성이 늘어나면서 가치를 상승시키고 이윤을 나눌 수 있다. 그 수익금으로부터 공공 부채는 상환될 수 있고 유지 비용은 감소한다.

이 변화들에는 다음 다섯 가지 대책이 수반되어야 한다. (1) 전체 자바의 지적 측량을 지시하고 토지세를 정률세 평가로 전환, (2) 도로세가 현금 지급으로 대체되는 것을 허용, (3) 토지세에 대한 고정 금액의 누진세를 마을 추장에게 지불, (4) 아편 판매가 잠정적으로만 허용되게 함, (5) 수출입 관세는 주권의 상징이고 특권이므로, 그리고 이 경우 주권국가인 네덜란드 국가는 납부할 수 없기 때문에, 그러므로 모국과 식민지 사이의 상업적 통일성을 이루는 것으로서 네덜란드 국기를 인정하며 다른 나라의 깃발 하에 수입되고 수출되는 것에 대해서는 관세를 부과할 수 있어야 하지만 우리의 국기를 달고 운반하는 선박으로 수송되는 화물에는 부과하지 않는다.

식민지 정부는 토지에 대해 개선된 세금으로부터 얻은 모든 수익금을 수취하고(공공 토지, 정부 플랜테이션, 수출입 관세, 어장 등은 제외한다), 반면에 모국은 수출입 관세 그리고 다른 "정부 플랜테이션"뿐 아니라 임대, 허가권, 공공 토지에 대한 세금의 수익금을 얻는다.

이것은 총독을 임명하는 모국의 비용으로 상쇄된다. 총독은 인도네시아 행정부와 함께 국가의 장관으로 활동하면서, 국경에 관세 공무원을 배치하고, 필요하면 식민지를 굴복시키며 통제하기 위해 상당한 육군과 해군을 유지한다.

명심할 것은 전체 군대가 아니라 일부 해군과 육군이 식민지 당국에 의해 자체적으로 유지되지만, 군대는 완전한 자치를 누린다는 점이다. 하지만 모국은, 우리가 도덕적 에너지의 부족과 국가적 자부심의 결핍으로 인해 인도네시아와의 관계를 단절한다면 인도네시아가 즉각 철폐할 나머지 부분에 대해서도 책임을 질 것이다.

사적 착취에 대한 보호 §273

모국이 그 부분을 유지해야 할 다른 이유는 만약 네덜란드가 열대 지역에 장막을 친 작은 규모의 유럽인들에 대한 보살핌을 포기한다면, 모국은 직무유기의 범죄를 저지르는 것이기 때문이다.

몇몇 좋은 예외를 제외하면 광범위하게 퍼져 있는 식민주의자들은 도덕적 동기가 아니라 순전히 금전적 동기로 거주지 변경을 결정했다는 것은 부인할 수 없다. 개인적 자본과 지성을 결합함으로써 그들은 모국에서 용인되는 것보다 훨씬 높은 비율의 이윤을 자바의 토양과 노동으로부터 획득하는 것을 목표로 한다. 이런 이유로 우리는 인도네시아 행정 당국과 유럽 자본가들에 직면하며 명백하게 정부의 도덕적 책임을 강조함으로써 토착민들의 권리가 자신들의 특성과 성향에 따라 자유롭게 발전하도록 보호하는 것을 목표한다.

분명하게 말해서 우리는 자유방임적 자유주의 혁명의 팔에 우리 자신을 던지기 위해 경작 제도의 혁명을 피해서는 안 된다.

해야 할 일은 생활 자체에 이동의 자유를 회복하기 위해 구속을 완화하는 것이다. 자유로워진 삶이 공동체적으로 또는 개인적으로 발전할 것인지는, 많은 것 중 한 가지 가능성을 언급하자면, 법적 규칙이나 규제로 결정되는 것이 아니라 인도네시아 사람들에게 그들 자신의 자극을 부여하고 그 자극에 따라서 사람들을 인도할 사람에 의해 결정되는 것이다.

VI. 자바 외부의 국가 식민지들

§274 **외부 식민지들**

인도네시아 군도에서 우리 식민지들의 자연적인 중심을 형성하는 것은 자바(Java)다. 지리적 위치, 주민들의 수, 역사, 그리고 그 땅의 자연이 이런 중심적 중요성에 기여했다.

그럼에도 불구하고 자바 외부의 식민지들이 이 식민지의 중추 신경에 의해 희생되어서는 안 된다. 이 일은 너무 자주 발생한다. 자바에 도입된 행정 제도를 모든 군도를 위한 것으로 간주하거나 자바를 냉대하지 않기 위해 계모 같은 방식으로 외부 식민지를 대우한다.

이 문제는 또한 헌법과 국제법의 원칙과 관계되므로, 우리 규칙은 다음에 매진해야 한다. (1) 우리 주권을 전 군도로 확대한다. (2) 아주 느리고 점진적인 양상으로만 이 확장을 진행한다. (3) 주권의 보호 아래 있는 모든 섬은 그 주민의 성격과 지리적 위치에 맞게 독자적인 상태로 발전해야 한다.

실제로 군도는 함께 속하는 섬들의 단일 집단으로 구성된다. 그러므로 공동의 미래는 이 섬들을 위해 최선의 가장 자연스러운 운명이다. 네덜란드가 이 거주 지역의 2/3에 대해 통치권을 행사한다는 것을 고려하면, 이 흩어진 섬들의 통일이 우리 깃발 하에서 일어나야만 한다는 것은 너무나 당연하다.

그러므로 바타비아에 있는 사람들이 어느 정도 우리 식민지를 확장하려는 경향은 단지 자연적인 충동의 표현이다. 수마트라 북부 해변으로부터 다른 유럽이나 미국의 영향력을 막으려는 코타 라자에서의 시도조차 생각 없이 비난받아서는 안 된다. 대신에 우리는 바위튼조르흐(Buitenzorg)가 보르네오의 북부 해안을 경시하고 술루 섬을 스페인에 이양하는 것을 수동적으로 바라보는 무관심을 비난해야 한다. 이것은 근시안적인 정책과 무계획의 증거다.

한들스블라트(Handelsblad)에 의해 출간된 파우리흠 판 플리트(Woudrichem van Vliet)[29]와 레온 레비(Leon Levy)[30] 교수 사이의 서신에 의해 명백해졌듯이, 브루나이[31]에서의 합의는 영국 사람들이 바로 영

29　파우리흠 판 플리트(Woudrichem van Vliet, 1819-1882)는 네덜란드 동인도의 자유주의적 정책에 관한 비판적 연구를 한 법학자다.

30　레온 레비(Leon Levy, 1821-88)는 법학자이고 런던 킹스 칼리지의 교수다. 국제 상법과 영국 경제 역사에 관한 책의 저자다.

31　카이퍼는 편지에서 보루네오 섬 북부 연안 지역에 위치한 브루나이에 대해 언급한다. 판 플리트는 레비의 수많은 문의에 대해 응답하면서 1878년 10월에서 12월까지 짧은 서신들을 교환했다. 판 블리트는 영국 시민에 미치는 해외에서의 주권에 대한 영토적 또는 행정적 주권 승인의 합법성을 고려했다. 그것은 "영국 시민권을 박탈하지 않고 영국 시민은 그런 승인을 획득할 수 있는가?"라는 판 블리트의 말에 포함되어 있다. 레비는 "영국이 지배권을 얻었을 때, 제국의 영구

국 국왕의 주권을 수락한 때로 거슬러 올라간다. 반면에 술루 제도의 스페인 할양에 관해 최근에 출간된 문서는 술루 제도의 왕에게 속하는 보르네오의 일부분이 오랫동안 자유롭고 독립적으로 남아 있을지, 또는 궁극적으로 필리핀[32]이 통치하는 영토로 편입될지가 진정한 문제라고 간주한다.

§275 그들의 차이를 존중하기

이런 수동적 전략에 우리는 극도로 의문이 든다. 우리가 실수하지 않는다면 우리 정부는 보르네오와 다른 곳에 우리의 자유 재량을 다시 획득하는 목표에 주시해야 하고 평화로운 방법과 우호적인 합의로 인도네시아 군도 전 지역에 대한 네덜란드의 주권을 확대해야 한다.

그러므로 아체에서처럼 성급하게 평화를 파괴하거나 압도적인 힘을 과시해서는 안 된다. 그런 접근은 군사적·재정적 파괴를 의미한다. 그것은 우리의 영향력을 높이지 못하고 우리 지위에 후퇴를 가져온다. 그리고 정의를 위반함으로써 도덕적으로 우리의 권위의 확장을 방해한다.

이런 섬나라 사람들은 네덜란드 국기의 출현을 두려워하지 않아야 하고 그 사람들이 그것을 환영하고 축복해야 한다. 그때에만 우리는 하나님과 사람들 앞에서 정당화된다.

적인 지배권의 효력이 발생한 것으로 이해된다'라는 판단이 포함된다고 응답했다. 그 결과 서신 교환의 부분적인 내용들이 판 플리트의 요청과 레비의 허락 하에 암스테르담에서 1879년 1월에 『*Algemeen Handelsblad*』라는 책으로 출판되었다.

32 이 시기에 필리핀을 지배하는 스페인 당국은 술루 술탄국에 대한 통제를 강화했다.

그것은 또한 우리가 지적했듯이 우리 주권의 확립이 아주 천천히 진행되어야 한다는 것을 의미한다. 당분간 유일하게 필수적인 것은 이후 군도의 전 지역에 필연적으로 배가 다닐 수 있는 강의 입구 혹은 상당한 깊이의 만이나 항구에 있는 요새다. 풀라우 페낭(Pulau Penang)과 코타 라자(Kota Radja)[33] 사이에 수많은 재정을 탕진하는 대신 만약 우리가 그 돈을 아체와 보르네오에 요새를 건축하는 데 사용했더라면, 우리의 명성이 그렇게 손상을 입지 않으면서도 우리의 실제 영향력은 더 강해졌을 것이다. 결국 그런 요새들이 만약 어뢰선이 제공되고 순양함에 의해 보호되었더라면 잠재적 적들에게는 난공불락이 되었을 것이다. 요새들은 외국 선박으로부터 관세를 징수하는 교역소로서 머지않아 제 역할을 다하게 될 것이고 그곳이 주민들에게는 축복이 될 것이다.

만약 우리가 우리의 세 번째 관점, 즉 모든 경우에 이 섬들에서 살아가는 사람들의 독특한 특징을 살피는 것에 주의한다면 그런 결과를 얻을 수 있을 것이다. 자바인들이 굴복했던 통제 속으로 수마트라인들을 빠뜨리기 원하는 것은 용서받지 못할 실수다. 이런 반야만적 사람들도 고유한 특성을 가진다. 자바인들이 정상으로 간주하는 것이 수마트라인을 매우 불쾌하게 할 수 있다. 결과적으로 우리는 이 섬들 모두가 그들의 지도자로 현지 주변을 이해하고 그들 가운데 뿌리내리고 그들의 마음을 사로잡는 강력한 인물을 영입하기까지는 군도에서 지속적인 성장을 기대할 수 없다.

---

33 이 지역은 말라카 해협의 북쪽 입구를 나타낸다. 당시에 광범위한 해적 활동 지역이므로 아체의 술탄 지역에 대한 네덜란드 전쟁의 주요 원인이다. §230n10과 §237n28을 보라.

마지막으로 여기에 더하여 군도에서 유기적으로 일하기 위해, 기독교 선교는 해변 지역과 그것이 거의 잊혀진 주변부에서 최선의 세력을 모을 때까지 쉬지 말아야 하고 주민들의 심장부로 깊숙이 들어가야 한다. 만약 당신이 심각하게 지도를 보고 미나하사(Minahasa), 할마헤라(Halmahera), 그리고 뉴기니(New Guinea)[34]에 있는 많은 선교 지역과 자바와 마두라에 있는 우리의 미미한 지역들을 비교하면, 식민지 정부의 반기독교성이 집중화를 피하는 선교 경향을 가져왔고, 그 결과로 당연히 되어야 하는 것과는 정반대의 상황을 가져왔다.[35]

§276 수리남

유감스럽게도 수리남에 관하여 우리는 간단히 언급해야만 한다. 그러나 그렇게 간단하지는 않아서 우리는 이 식민지에 대한 찬란한 소유가 일반적으로 우리나라의 교역과 시장에서 다루어지는 무관심 및 냉대에 대해 엄숙하게 이의를 제기하지는 않는다.

수리남은 우리의 가장 오래된 습득물에 속한다.[36] 그곳은 네덜란드 크기의 5배다. 그곳은 매년 총합 3천만 이상(오늘날의 화폐로)이나 되는 생산량을 제공하고 있다. 그곳은 사탕수수 수입에 있어 자바를 넘어섰던 시대도 있었다. 아메리카에 있는 식민지로서 전 동인도보다 더

---

34 이곳은 인구가 매우 드물며, 인도네시아 군도의 면 북동쪽에 위치한다.
35 평화적 무역 관계의 이익 가운데 무슬림들을 자극하지 않기 위해, 식민지 정부는 기독교 선교사들이 자바와 마두라에서 활동하지 못하도록 했고, 대신에 그들을 떨어진 섬으로 파견했다.
36 1667년 제2 영란전쟁을 끝내는 조약에 의해 뉴암스테르담을 영구에 할양하는 대가로 수리남 강의 농장을 획득했다.

큰 정치적 중요성을 가질 수 있다. 거리상으로 그것은 유럽에 있는 우리에게 더 가까이 있다. 모라비아 형제단의 입장에서 그곳은 성공적인 선교 모델이다. 미래에 인도네시아가 호주의 영향권으로 빠져들게 될 때, 수리남은 그 어떤 군도보다 우리의 상업적 이익을 위해 중요하게 될 것이다.

그러나 이 훌륭한 식민지가 얼마나 비참하고 슬픈 상태인가! 전체 6만 평방마일 가운데 고작 200평방마일만 경작되고 있다.[37] 인구는 우트레흐트(Utrecht) 한 도시보다 많지 않고, 사망률은 출생률을 능가한다. 생산은 이전 시기의 1/10로 감소했다. 최근의 식민지 보고서에 따르면, 우상숭배가 증가하고 있다.

플랜테이션이 진행된 이후 농장은 더욱 황폐화되었다. 매년 우리는 수리남에서 발생하는 수십만에 달하는 적자를 메워야 한다. 여론에 따르면, 서인도로 가려는 사람들에게 수리남 사회의 상태는 특별히 내세울 것이 없다는 것이 일반적인 인식이다.

확실히 이것의 주된 이유는 18세기 중반 당시의 식민지에 살았던 사람들을 방심하게 했던 엄청난 풍부함 때문이었다. 이것이 상품 수출과 노예 시장을 방해했던 계속적인 전쟁으로 야기된 어려움들에 대응하면서 힘을 소진시켰다. 식민지인들은 암스테르담의 자본가들에게 자신들의 부동산을 담보로 하여 기꺼이 저당권을 설정하게 함으로써 외부 자금줄의 영향력 아래 자신들을 두었다. 특히 1770년, 암스테

---

37 대략 154,000km²이고 각각은 500km²이다. 원문은 다음과 같다. "2,800제곱 평방지리마일 중에서 10—그렇습니다, 10—평방 제곱지리마일 정도 재배하고 있다." 1평방 제곱지리마일은 21.3평방 제곱마일과 비슷하다. 오늘날 수리남은 63,000평방 제곱마일(대략 164,000km²)로 구성되어 있다.

르담 금융 시장에 대한 인출이 광란을 일으키자 몇 주내에 실질적으로 전체 식민지의 독립이 무효가 되고 5천만 홀든에 달하는 경작지에 대한 부채가 생겼다(오늘날의 돈으로는 1억 5천만 홀든이다).

이런 종류의 부채는 그들의 힘을 소진시킬 수 있다. 사람은 외부인들을 위해 일하지 않는다. 식민지인들이 감소했고 관리인으로 교체되었다. 산업과 농업은 결국 활력을 잃었다. 식민지의 영광은 노예 해방 이전에 이미 소멸되었다.[38] 노예 소유주에 대한 보상 지불은 대부분 암스테르담의 대금업자들에게 돌아갔다. 노예 해방에서 살아남은 작은 경제는 곧 무너졌고, 당분간 이 식민지를 가지고서는 아무것도 할 수 없다는 여론이 강력해질 것이다. 정부 내부에서, 특히 인도네시아 애호가들(Indo-manen)[39] 가운데는 식민지를 경매에 붙이자는 제안도 있다.

§277 영국령 가이아나와의 비교

그러나 그런 낙담되고 반네덜란드적인 견해에 대한 진정한 이유는 없다. 수리남 다음으로 데메라라(Demerara), 베르비스(Berbice), 그리고 에세키보(Essequibo)가 있다. 영국에 할양된 이전의 우리 소유지들[40]은 수리남과 같은 동일한 운명을 공유했고 오늘날 이전의 상황과는 다르게 놓여 있다. 그러나 그것들은 두드러지게 더 좋다.

---

38 1863년에 네덜란드 의회에서 해방법이 통과된 때 수리남에서 노예 제도가 폐지되었다.

39 이것은 동인도와 관련된 모든 것을 사랑하는 사람들, 특히 동양 종교와 문화를 사랑하는 사람을 가리킨다.

40 이러한 네덜란드 이전의 소유들은 1814-15년 나폴레옹 이후 합의들에서 이양되었다.

수리남이 우리에게 구걸하는 반면, 영국령 가이아나는 균형이 맞는 예산을 가지고 종종 흑자를 즐긴다. 1871년 영국령 가이아나의 지출은 338,000파운드인 반면 세입은 379,000파운드였다. 1877년 통계는 344,000파운드와 364,000파운드였다. 수리남보다 3배나 많은 인구를 가진 영국령 가이아나는 매년 4백만 훌든을 지출하는 반면 우리 행정부는 이에 비례하여 5백만 훌든의 비용을 지출하고 있다. 영국령 가이아나의 수출은 전체 3천만 훌든에 달하는 반면 수리남의 수출은 3백 혹은 4백만 훌든인데, 동일한 비율로 따지려면 1천만 훌든은 되어야 한다. 따라서 영국령 가이아나의 무역은 선적에 있어 2십만 톤에 달하지만, 수리남으로부터의 무역은 고작 2만 톤이고, 동일한 인구 비율에 따르면 65,000톤은 되어야 한다. 단지 교육에서만 우리가 고개를 들 수 있다. 모라비아 형제단의 탁월한 봉사 덕분에 수리남에는 6만 명의 사람들을 교육하기 위한 5천 명의 교사가 있다. 반면에 인구가 3배 많은 영국령 가이아나는 16,000명의 학생들이 있다. (1) 우리 정부 제도, (2) 실패한 식민지, (3) 식민지 상류 사회의 상태, (4) 네덜란드 자본가들의 기업가 정신 결핍 등 네 가지 요소가 지금과 같은 상황을 설명한다.

기존 상황에 대한 비판 §278

수리남에 대한 우리 정부의 제도가 가치 있는 요소를 내포하지 않는다고 말하지 않겠다. 제107조와 제159조 때문에 자바와 모국은 파라마리보[41]를 부러워한다. 제107조는 우리가 동인도에서 원하는 조항으로서, 총독과 군대는 식민지가 아니라 모국이 지원한다는 조항이다(그것은 공적 영역을 식민지에 맡기는 주요한 실수를 포함하지 않는다. 그것은 일반적으로 어리석은 짓이다). 그리고 제159조는 우리가 네덜란드와 동인도에서 원하는 바로 그 방식으로 교육을 규정한다. 사립 학교가 표준이고 공립 학교는 보조적이며, 알려진 대로 탁월한 결과를 보장한다.[42]

이 방식에서의 잘못은 다른 곳에 있다. 영국 모델을 모방한 법률이 비영국적인 대중을 위해 제정되어, 통제가 너무 일찍 사라지는 결과를 가져왔다. 인구 밀도가 낮고 사회적으로 낙후된 주민들을 고려할 때, 모든 면에서 입법권, 예산권, 그리고 법률을 개정할 수 있는 권리를 가진 웨스트민스터 의회를 모방한 식민지위원회를 수리남에 도입한 것은 정치적 실수였고, 더구나 더 많은 유권자들을 찾기 위해 전 영토가 하나의 구역으로 취급되었다. 식민지 조직에 이런 제도를 도입한 것은 적절한 헌법적 양식으로 작동하기 위한 도덕적 권위를 추락시킨다. 그것은 책임을 분산시키고 총독의 권한을 약화시킨다.

마찬가지로 사라마카(강 계곡)의 실패한 식민지 개척의 여파도 치명적이다. 그것은 우리 역사의 가장 슬픈 페이지 중 하나다. 네덜란드 이주자들은 문자 그대로 희생당했고 태양 앞의 눈처럼 사라졌다.[43] 란드르(Landre) 박사, 두몬티르(Dumontier) 박사, 판 세이픈스테인(Van

---

41 파라마리보(Paramaribo)는 수리남에 있는 정부관청이었다.

42 제158조는 "교육의 공급은 유능함과 도덕성의 충분한 증거를 만들 수 있는 모두에게 자유롭다" 쓰여 있다. 159조는 "정부는 재원이 허락한다면, 사립 학교를 지원하고 공립 학교를 운영하면서 달성하는, 그에 대한 저소득 집단의 기본적인 기술 습득은 가능할 것이라고 본다"라고 쓰여 있다.

43 사라마카에서 네덜란드 보어인들의 온전치 못한 정착은 1845년부터 1853년까지 지속되었다. 질병이 그들의 수를 급감시켰을 때, 살아 남은 자들은 수리남의 다른 지역으로 이전하거나 유럽으로 돌아갔다.

Sypenstein), 그리고 다른 사람들에 의한 호의적인 진술에도 불구하고, 네덜란드 농부는 열대 기후에서 토양을 경작하는 것이 적절하지 않다는 것이 식민지 보고서로 인해 명백해졌다.[44] 흑인들, 인도 계약 노동자들, 그리고 중국인 노동자들은 이런 지역에서 영구적으로 우리가 고용할 수 있는 유일한 노동자들이다. 우리가 수리남에 기업가적 자본가들, 지적인 산업가들, 감독 업무를 위한 유능한 사람들, 그리고 작은 기업인들을 이전시킬 수 있을 때만 식민지화의 노력은 성공할 희망이 있다. 실패한 실험으로 도출된 부정적인 결론은 이 식민지에 정착하는 것을 좌절시킨다. 대중의 마음에 깊이 각인된 나쁜 인상은 사라지기 전에 오래오래 남는다.

상류 사회의 낮은 의식이 식민지에는 좋지 않은 영향을 끼친다. 슬픈 과거의 후유증과 깨끗한 공기와 신선한 활동의 부족 때문에 그곳의 분위기는 좋지 않고 좋을 수도 없다. 잘베르흐(Zaalberg)[45] 박사 같은 사람만이 "목사로서" 그곳에 필요했던 사람으로 기억된다. 혹은 올해 식민지 보고서로부터 알게 된 것은 개혁교회에서 세례를 받으려는 203명의 유아들 중 158명은 사생아이고 45명만이 부모가 누구인지 알 수 있다는 것이다. 식민지에 거주하는 영국인들은 다른 방식으로 식민지를 운영하는 사람들로서, 어디를 가든지 그들은 교회에 중심을 두고 거기서부터 인간의 존엄이 모든 사회적 교제와 직업적 행위에 드러나

---

44 *West-Indië: birdragen tot de bevordering van de kennis der Nederlandsch West-Indische koloniën*, ed. H. C. Focke, Ch. Landré, C. A. Van Sypestyn, and F. A. C. Dumontier, 2 vol. (Harrlem: A. C. Kruseman, 1855-58)을 보라.
45 잘베르흐(J. C. Zaalberg)는 헤이그 출신의 악명 높은 현대주의 설교자였다. 1885년 파라마리보 의회로부터의 요청을 받아들여 죽을 때까지 복무하였다.

게 한다.

그리고 이런 모든 결함들로 인한 악영향을 고착시키는 요인은, 네덜란드 자본가들의 주된 관심사가 주식으로 돈을 버는 것이고, 우리 젊은이들은 패기가 없으며, 사회적 악에 의해 고갈된 우리 국가의 상태는 스스로 설 수도 없고 세계의 다른 지역을 동화시킬 어떤 힘도 없다는 사실이다.

§279 수리남의 식민지화

모든 이유에도 불구하고 어떤 한계를 극복하고 역전시킬 필요가 있다. 완벽하게 헌법적인 개혁이 총독에게 부여되었기 때문이다. 정력적인 사람은 식민지를 개조하고 활성화하기 위해 무한한 권력을 사용하는 것이 허용되었다. 주민들은 자신들의 사회적 상태가 개선됨으로써 도움을 받을 수 있다. 외국 자본과 기업가들은 풍요로운 토양으로 유인될 수 있다.

다른 사람들의 쓰라린 경험으로부터 만약 암스테르담의 투자자들이 그 땅으로부터 돈을 벌 수 있다는 것을 알게 되면, 그들은 용기를 얻을 것이다. 그리고 단순히 자본만을 보내는 것이 아니라 자신의 자본을 가지고 영구히 거주하려는 의도를 가진 사람들이 대양을 건넌다는 조건 아래서 상황은 개선되기 시작할 것이다. 지식과 야망이 있는 사람들이 건너가야 한다. 만약 이 사람들이 정부가 지원하는 이민을 대체하고, 인도네시아 계약 노동자들과 중국 막노동꾼의 결탁이나 반란을 방지하기 위해 농장에 거주하게 된다면, 그리고 만약 그들이 기독교 선교사들을 이곳 노동자들과 함께 일하도록 장려한다면, 전환기를 거쳐 농장주들과 노동자들 사이에 일종의 중세적 합의 비슷한 것이 수리남에서 생겨나 둘 다 번창할 것이다.

정부가 해야 할 일은 농장주와 노동자들 사이에 법적 안전을 보장하고, 배수 시설과 운하를 잘 유지하며, 네덜란드 사람들 가운데 수리남에 대한 지식을 향상시키기 위해 그 영토를 조사하고 지도를 만드는 것이다. 그 지식은 궁극적으로 기업가 정신을 일깨우는 데 매우 필요한 것이다.

우리의 해외 식민지 보호 §280

서인도와 동인도에서 우리의 식민지를 보호하는 방법에 대한 중요한 질문에 대하여 모든 사람은 영국에 대한 지속적인 경계가 요구된다는 데 동의할 것이다. 우리가 다른 나라를 두려워할 필요가 없는 이유는, 영국이 프랑스나 독일이 우리 식민지를 인수하도록 허용하지 않기 때문이다. 오늘날 오스만 제국의 해군이 훨씬 더 작은 러시아 함대에 대항하는 데 자신의 무력함을 드러냈던 것처럼, 오스만 제국의 함대가 아체로 출항하리라는 어리석은 생각에는 거의 아무도 동의하지 않는다.

그러나 영국은 위험하다. 영국은 무한한 동화 능력과 만족하지 못하는 욕망 때문에 위험하고, 우리는 영국이 트랜스바알과 아프가니스탄에 만족할 것이라고 생각해서는 절대 안 된다. 그러나 만약 영국과 독일 사이의 반목이 심화된다면, 특별히 영국은 우리에게 위험한 존재가 된다. 우리나라는 이 두 나라 사이에 놓여 있고, 두 나라 모두 우리를 점령함으로써 자신의 지위를 확보하길 원할 것이다. 그런 경우에

영국은 틀림없이 19세기 초에 그랬던 것처럼 우리 식민지를 맡아서 우리를 도와줄 것이다.[46]

그러나 이 전망은 만약 그런 상황이 발생한다면 우리가 우리 식민지를 위임하는 다른 열강과 양해 조약을 체결하는 것이 현명한 일인가 하는 질문을 불러일으킨다.

전례에 따라 영국은 우리와 다른 열강에게 그런 협약을 맺을 분명한 권한을 준다. 어느 열강이 이것을 고려할지 추측하는 것은 어렵지 않다. 비록 우리가 돈이나(그들의 봉사가 위임에 제한되는 경우) 영토로(그들의 봉사가 우리를 위한 전쟁으로 이어지는 경우) 보상하는 형태로 그런 봉사에 대해 지불하는 조약에 묶여 있을지라도, 잊지 말아야 할 것은 자신의 봉사에 대하여 영국은 보상을 가져가려 한다는 것이다. 자신이 적절하다고 생각하는 대로 그것을 가져갈 것이다.[47] 그런 조약이 존재한다는 지식은 제3의 열강이 동인도에서 등장하지 못하도록 하지 않는 한, 우리는 영국이 우리 식민지를 가져가는 것을 자제하도록 설득해야 한다는 것을 잊지 않아야 한다.

---

46 프랑스 혁명기와 나폴레옹 전쟁 동안 영국은 네덜란드 식민지 국가들과 신뢰 관계를 구축했다.

47 1815년 나폴레옹의 프랑스로부터 네덜란드를 해방함으로써 서가이아나, 케이프 식민지, 실론, 그리고 프랑스 혁명과 나폴레옹 전쟁 동안 네덜란드가 맡고 있던 몇몇 다른 식민지들은 네덜란드 연합 왕국에게로 돌아가기 전에 영국이 보유하게 되었다.

제20장
사회적 질문

제19조

오늘날 입법 또는 다양한 사회적 계층들 사이의 관계를 형성함으로써 우리는 하나님의 말씀으로 그러한 요구에 대해 가능한 한 많이 대답할 수 있어야 하고, 그것에 기여할 필요성이 있음을 인정한다.

I. 하나님의 말씀으로 돌아가기

§281   문제

사회적 질문은 다음과 같은 문제를 제기한다. 기술과 육체적 힘에 기여하는 사람들과, 부유하고 더 교육받은 사람들 사이에서, 더 만족스러운 관계를 창조하기 위해 정치적·사회적 상황은 어떻게 변화되어야 하는가?

오늘날 인간 사회의 이 두 가지 요소 간의 관계는 혼란스럽다. 매우 혼란스러워 양측은 때때로 자신들의 삶이 위협받는다고 느낀다. 긴장은 무르익었고 많은 점에서 이미 피비린내 나는 갈등을 일으킨다.

이것은 치명적 막간이고, 많은 사람들로 하여금 이제는 더 이상 강탈이나 피바다를 동반하지 않는 긴장의 해소책은 상상할 수 없다는 비타협적인 입장을 고수하게 만든다.

이 집단과 대조적으로 작은 집단만이 생각의 변화, 더 진정한 방법으로의 회귀, 그리고 입법으로의 전환을 통한 점진적인 개혁 등에 자신들의 희망을 걸고 있다. 한편으로 비타협적 입장에는 기존 질서에 어떤 것도 남겨놓지 않으려는 공산주의자들과 사회민주주의자들이 속해 있고, 다른 한편에는 기존 질서에 어떤 것도 변화시키기를 원치 않는 반동주의자들과 만족주의자들의 입장이 있다.

그러나 그들의 출발점은 정반대이고, 사회주의자들과 반동주의자들은 이것에 동의한다. 그들은 자신들이 증오하는 계급의 본질적인 삶의 조건을 조금도 고려하지 않고, 사회 질서는 자신들의 이해를 반영해야 한다고 주장한다.

그러므로 양측의 구호는 전부 아니면 전무다.

굽히기를 싫어하여, 그들은 기꺼이 서로 완전한 파괴에 이르게 한다. 한 측은 주먹과 칼의 승리를, 반대 측은 경찰과 군대의 승리를 기대한다.

반동주의자들은 모든 단체에 있기 때문에 모든 단체는 그 문제에 직면한다. 당신은 정치적으로 활동하지 않고 1789년의 반복을 기다릴 것인가? 혹은 당신은 현명한 정책을 통하여 비타협적인 자들을 부끄럽게 할 영향력을 사용할 것인가?

후자의 질문에 대하여 우리의 강령은 입법의 필요를 포함한 분명한 대답을 준다. 단순하게 긍정적으로 그것에 답하는 것이 아니라, 하나님의 말씀으로부터 피할 수 없는 필수 요소로 상정하면서 긍정적으로 답한다.

네 가지 이유 §282

많은 요인들이 사회의 두 가지 주요 요소들 사이의 불균형적 관계를 만드는 데 기여했다.

우선 하위 계층이 지식과 교육의 관점에서 큰 진보를 이루었다는 행복한 사실이 있다. 우리가 이 진보의 어두운 면을 알지 못한다거나 도덕적 발전보다 그것에 수반되는 지적 진보에 더 많은 가치를 둔다는 것은 아니다. 그러나 전체적으로 사회의 하위 계층이 자신의 관점을 넓히면서 인식을 새롭게 하고 자조할 능력을 향상시켰다는 점에서 우리는 기뻐해야 한다.

그다음으로 우리는 증기력과 기계 생산의 개선된 응용으로 초래된 엄청난 혁명을 평가한다. 이것은 자본을 육체노동에 대한 이전의 의존으로부터 완전히 해방시켰다. 많은 점에서 노동자의 육체적 힘과 지략 그리고 전통적 기술은 죽은 자본으로 변모했다. 이제 그의 가치는 전적으로 명령어에 따라 움직이는 기계를 다루는 데 있다. 철강 기계의 마법적 작동은 불행하게도 자본가들로 하여금 자신의 고용인들을 고장나거나 마모될 때 바꾸거나 폐기할 수 있는 살아 있는 기계로 간주하게 했다.

세 번째 이유는 인구의 점진적 증가로 인해 대량 생산과 소비재의 효율적인 분배가 가능해졌고, 짧아진 전쟁, 완화된 유행병, 느슨해진 관습, 그리고 개선된 위생이 증진되었다. 이것은 노동 시장을 불균형적으로 팽창시켰고 부양해야 할 사람의 수를 증가시켰다.

§283 혁명으로부터 온 아이디어들의 영향력

혼란스러운 사회에서 프랑스 혁명은 불행하게도 불경한 횃불을 던졌고, 신앙을 시들게 했으며, 도덕적 유대를 불태웠고, 도덕적·사회적·정치적으로 가장 불경스러운 기만의 광란으로 이성과 마음에 침투했다.

이러한 악은 고하를 막론하고 그 영향력 측면에서 파괴적이었다. 자신들의 신앙이 무너진 노동자들 가운데 격렬한 반감이 하나님의 뜻에 대한 이전의 자족과 순종을 대체했다. 상위 계층 가운데 다정한 공감과 친절한 자선은, 조금도 양보하지 않고 고통을 악화시키는 무모한 자기중심주의로 대체되었다.

가장 치명적인 것은 임금 노동자들과 고용주들을 묶고 있던 신뢰, 연대, 그리고 지지의 도덕적 끈이 느슨하게 된 점이다. 이러한 효과는 상호 관계를 비인간적 계약으로 격하시킴으로써 발생했다. 그래서 그 관계는 한 순간에 단절될 수 있다. 계약의 지속성을 위한 이 둘 사이의 적절한 균형의 비밀은 서로의 이익을 극대화하고 서로에 대한 봉사는 극소화하는 것이다.

불쏘시개가 사방에서 치명적으로 모여 들자 마침내 삶의 모든 분야에서 정의와 부정의, 명예와 수치, 그리고 선과 악의 개념을 혼동시키는 가장 수치스럽고 불경스러운 이론을 치켜들면서 혁명의 불이 지펴졌다. 야심적인 선동가의 부도덕한 말에 부추겨진 대중들은 억제되지 않는 쾌락 가운데 있는 육체와 억제되지 않은 분노 가운데 있는 열정이 모든 의무의 유대 관계를 산산이 부수고 강제적으로 하나님 나라를 짐승의 나라로 교체하는, 자신들의 눈앞에서 상상할 수 없는 불가능한 상황에 매달리면서 광란의 상태에 빠져들었다. 결코 잊지 말아야 할 충격적으로 사악한 사실은 유산 계급들이 자신들의 술판과 파티의 자리에서 자주 이런 동물적 성격을 나타내는 데 적지 않게 기여했다는 것이다. 그들의 부도덕한 행동의 결과는 도발적이고 전염성이 있어서, 도덕과 정치에 관한 그들의 무원칙적 이론은 자유주의와 보수주의를 모두 사회주의와 직접적이고 유전적으로 서서히 연결시켜주는 일반 이론을 대중화시켰다.

도움이 되지 않는 치료제 §284

급진주의자들에 의해 야기된 이런 사회적 질병에 대한 치료제, 즉 결혼을 근절시키고 인위적인 출산 통제를 실행함으로써 먹여 살릴 입의 수를 줄이고 그래서 적은 수의 사람들을 위한 더 만족할 만한 생활 환경을 만드는 처방을 우리는 혐오하고 거부한다. 그것은 부도덕과 타락을 조장할 뿐 아니라 현혹과 허무를 조장한다. 그것은 사람 수를 줄임으로써 생산성을 유지시키려는 동기를 완화시키는 죄를 처리할 수 없다. 그것은 개인의 다양한 성향에 주어진 위험한 유혹 때문에 언제나 동일하게 비극적인 계급 분할을 부활시킨다.

우리는 대중들을 위해 정치경제에 관한 공개 강연을 조직하고 노동자들을 위해 도서관과 흡연실을 개방한 자유주의자들의 임시방편으로부터 좋은 결과를 기대하지 않는다. 그리고 나머지는 저축은행 및 공립 학교 이상의 매력은 없다는 것을 안다. 이 모든 목록 가운데 공립 학교만이 실제로 작동한다. 그러나 숭고한 원칙이 상실된 초등학교는 사회주의를 저지하기는커녕 이를 양산하므로 모집을 중단해야 한다.

그리고 식권 또는 친한 가정에 방문하기 또는 성경 읽기가 악을 억제하는 힘이 있다고 생각하는 사람들에 대해 말하자면, 그들의 좋은 의도에 감사하지만 사회적 문제는 가난한 사람들에 관한 것이 아니라 사무실 근로자와 매표소의 점원들을 포함하는 일반적인 노동자들에 관한 것임을 진정 알지 못하는지를 그들에게 질문할 필요가 있다.

우리는 "가난한 사람들"(the poors)이란 표현으로 과부들, 소수자들, 노인들, 혹은 병자들이기 때문에 스스로 살아갈 수 없는 사람들을 지칭한다. 그것은 자비가 명성을 얻고 위로받을 필요가 있는 사람들을 위로하는 삶의 영역이다.

그러나 사회적 문제는 기껏해야 가난한 사람들과 간접적으로 연결되어 있고, 사회 운동의 실제 요인은 겸손한 가난한 사람들이나 수

줌어하는 가난한 사람들(paurres honteux)[1]이 아니라 가장 좋은 시기의 건강한 노동자로서, 일할 수 있고 일하기를 원하는 사람이지만 자신과 자신의 식구들을 위한 생계비를 버는 것이 허용되는 일자리를 갖지 못한 사람이다.

자선 활동은 노동자가 자신의 건강이 손상되거나 실업자가 되거나 노년에 접어들었기 때문에 빈곤 계층으로 떨어졌을 때 수반되는 경우를 다룬다. 그것은 사회적 문제 그 자체를 다루지는 않는다. 왜냐하면 자신의 팔에 근육이 있고 자신의 신체에 자부심을 가진 노동자들은 당신의 식권이나 다른 자선의 형태에 질색하는 명예심을 가지기 때문이다.

한편 모든 폭도들을 "신속하게 해치우자"는 제안, 모든 도시 관청에 대포를 배치하자는 제안, 그리고 모든 슬럼가에 전담반을 지정하자는 제안 혹은 베르사이유의 표현[2]을 사용하면, "해충을 박멸하자"는 제안은 "지옥으로 가는 길"(*viaticum ad orcum*)[3]과 아주 유사해서 엄청난 혐오 가운데서 그리스도인들로 하여금 돌아서게 만든다.

세 가지 제안   §285

만약 당신이 우리에게 더 좋고 안전한 길을 추천할 것을 요청한다면, 우리는 부의 불균형, 즉 부자와 가난한 자 사이, 손과 머리 사이, 힘과

---

1   구걸하는 것을 부끄러워하는 조용한 빈자를 가리킨다.
2   카이퍼는 여기서 1871년 봄 프랑스 정부가 프랑스-프로이센 전쟁의 후유증으로 파리를 통제했던 반란자들을 진압하기 위해 취한 무자비한 처방을 언급한다.
3   "A road to hell", 문자적으로 지하 세계로 가는 길에서 돈을 보호한다는 의미다.

머리 사이의 차이가 철폐되는 순간을 보장할 수 있다고 한 순간도 주장할 수 없다는 것을 기꺼이 인정한다. 그런 상황을 알고 있는 체하는 사람들은 스스로를 속이고 대중을 그릇 인도한다. "부자와 가난한 자들은 함께 모인다. 주님은 그들 모두의 창조주다"라고 구약성경은 말한다. 그리고 신약성경에서 우리는 "가난한 자들은 언제나 너희와 함께 있다"[4]라고 읽는다. 물론 이 말씀이 그렇게 내버려두라고 명령하는 것은 아니다. 그 말씀들은 현실이 그렇다는 사실을 언급한다. 세계의 모든 시대와 모든 지역의 경험은 바로 모든 공산주의 유토피아의 불변의 실패가 부인할 수 없는 사실인 것을 증명한다.

그러므로 우리는 불가능한 것을 가지고 사람들을 기만하지 않는다. 이 문제를 해결하려는 우리의 제안은 계층 간의 차이를 "제거하려는" 것이 아니라 그것을 "조절하고 완화시키려는" 것이다. 그 차이는 죄로부터 생기고 죄에 의해 양육되고 죄가 있는 한 우리와 함께 있을 것이다.

진정으로 우리는 정직하기를 원하고 죄에 부가적인 제한을 추가할 것이다. 즉 이 증가하는 질병은 전체 분위기를 전환시킴으로써 단계적으로만 억제될 수 있다는 것이다. 그럴 때조차 기계의 우월성, 그리고 이전 가치들이 영구적으로 파괴되었다는 점을 고려할 때, 이전 시대에 유익했던 것처럼 오늘날에도 적절한 상황으로 돌아갈 수 있을지는 알 수 없는 일이다.

그러므로 그런 이중적인 규제를 통해서만 우리는 감히 상황의 완화와 개선을 약속한다. 우리는 하나님의 말씀을 의지해야 하고, 정치

---

4   잠 22:2, 마 26:11.

적 불균형을 수정하고, 임금 노동이 수행될 권리와 관습을 명문화해야 한다.

하나님의 말씀으로 돌아가라   §286

우리는 이전의 두 가지 점에 관해 각각 개별적인 글을 할애할 것이다.

지금처럼 사회가 두 진영으로 나누어져 각자 상호 충돌하는 이익을 방어하려 할 때, 만약 도덕법이 두 집단의 견해에 따라 자신들의 승리를 알리려는 시기에 개입하여 양심을 일깨워서 승리자가 폭력과 불의에 호소하는 것을 막지 못한다면, 상황은 내전으로 끝나고 결국 그것은 가장 강한 자의 권리를 옹호하는 것으로 결말이 날 것이다.

국가에서 집권당은 법을 조작할 권력을 가지고 자신의 이익에 부합하게 법을 제정할 수 있기 때문에, 국가가 발의하는 법이 그런 법이 될 가능성은 없다. 그러므로 국가 위에 있고 정치적 조작을 넘어서는, 그리고 높은 곳에서 거룩하게 거하는 분께 확고하게 근거를 둔 법을 기대하는 것은 불가피하다.

그런데 그 법의 기록은 하나님의 말씀이다. 우리가 하나님의 말씀으로 돌아가자고 말하는 것은 느슨한 말이 아니라 엄격하고 구체적인 의미다.

그렇게 하는 것은 우리로 하여금 자선을 실천하게 하는 것일 뿐 아니라, 필요할 때는 우리가 조용한 순종을 받아들이도록 한다. 그러나 무엇보다 그것은 양심의 광장 앞에, 즉 하나님의 면전에서 정의의 문제를 토론하도록 우리를 돌려보낸다. 그리고 그것에 따라서 우리가 관계를 정리하도록 한다.

그렇다. 하나님의 말씀은 자선을 실천하도록 우리를 돌려보낸다. "부자와 가난한 자가 함께 거한다"고 말하는 동일한 하나님의 말씀은 "화있을진저, 너 부자들이여"[5]라는 우리가 쉽게 잊어버리곤 하는 구절을 소환한다. 말씀은 돈을 낭비하는 사람을 책망하고, 고리대금업자를 저주하며, 사악한 주인을 저주한다. 말씀은 모든 사람에게 하나님을 두려워하여 형제에게 선한 일을 하고 가난한 자들과 임금 노동자들을 포함한 이웃을 사랑할 책임을 맡긴다.

그렇다. 그것은 우리로 하여금 "조용한" 순종을 받아들이도록 만든다. 주님은 "복수는 나의 것이고, 내가 갚으리라"[6]고 말씀하신다. 가난한 자들과 임금 노동자들은 하나님의 손으로부터 복수를 얻어내거나 하나님 아버지의 손으로부터 그들에게 할당되지도 않는 것을 폭력으로 씨름할 허락을 받지 못했다. 더욱이, "나는 해 아래서 행해진 모든 억압을 고려했고 억압받는 자들의 눈물을 보았다. 그들은 위로자가 없다"[7]라는 탄원에는, 강한 권세를 가지신 분으로부터 진정한 위로가 변함없이 따라왔다. 그분은 고통 가운데 행복감을 영혼에게 부으시고, 고통으로부터 영적인 유익을 추출해내시며, 기꺼이 부유한 상속자라는 증서를 부여하신다.

그럴지라도 이것이 하나님의 말씀이 여기에서 실현시켜야 할 것들을 전부 다루지는 못한다. 왜냐하면 사람의 생각과 기분과 충만한 정의감에 말씀의 영향력을 행사한다는 것은 곧 인간 사회의 중심에서

---

5   눅 6:24.
6   롬 12:19.
7   전 4:1.

이기주의와 그로 인한 파괴적 행위가 사라지게 하고, 사람들을 한데 묶는 사랑이 질서와 조화를 되찾도록 만드는 것에 다름 아니기 때문이다.

이런 일이 일어나기 위해서는 하나님의 말씀이 우리 사회의 중심에 전달될 수 있는 도로가 열려야만 한다. 즉 하나님의 법령이 의회 회의실, 공립 학교, 그리스도의 교회에 충만해야 하고, 정부는 의회, 학교, 그리고 교회에 대한 말씀의 재정복을 방해하지 않아야 한다.

II. 정치적 균형의 회복

균형은 필수적이다 §287

두 번째 조건은 국가의 행정부에서의 정치적 균형의 회복이다.

이것은 주로 입법부와 행정부의 결정이 사회의 한 부분을 위해서 다른 부분을 희생시키는 데 결정적인 영향을 미칠 수 있는 영향력과 관계가 있다. 상황이 좌로나 우로 기울지 않는 방식으로 법이 규제되어야 하고 나침반처럼 공평과 정의를 가리키면서 안정을 유지해야 한다.

어떤 경우에도 우리는 법률가들이 사회의 발전 과정에 개입하는 일이 없어야 한다는 반대나, 사회는 법에 따른 자연적 행동에 맡겨져야만 하며, 그러므로 사회적 운동은 자신에게 유리한 입법적 변화를 정부에 호소해서는 안 된다는 주장에 결코 물러서는 안 된다.

결국 반혁명파는 하나님의 법을 생각하면서 하나님 자신이 저자이신 이스라엘의 사회적 법을 결코 간과할 수 없다. 그 법에는 가진 자와 가지지 못한 자 사이의 관계를 그 자체로 내버려두었다면 일어났을 일과 다르게 만드는 포괄적인 조항들이 있다. 이스라엘의 법은 고리대금업, 담보대출, 채권자, 일용직 노동자, 수확 후 이삭줍기, 양도된 땅의 회복, 십일조 등을 다루고 있고, 많은 시간 동안 가난한 자들을 위해 땅의 수확을 버려두며, 강한 자들을 규제하고 약한 자들에 대한 보호 방패를 들어 올리는 데 분명히 도움이 되는 사회 제도의 시스템에 많이 기여했다. 이것은 시민의 삶에 자비와 자선의 숭고한 원칙이 나타나도록 권장했다. 이스라엘에서 부와 가난 사이의 끔찍한 차이는 결코 뿌리내리지 못했으며 로마의 통치 아래 놓인 후에 비로소 이스라엘의 국가 생활의 일부가 되었다. 오늘날 유대인 사회에서도 그러한 격차는 그들의 상호 연대감에 의해 최소한으로 유지되고 있다. 설사 당신이 구약성경의 법 중 특정 부분이 특정 국가의 환경에 맞추어 설계되었고 오늘날 우리에게 더 이상 적용되지 않는다고 인식하는 데 합세한다 해도 당신은 그들이 표현하는 핵심과 요지 및 원칙이 지속적인 합법성을 가진다는 것을 인정해야만 하고, 그래서 법과 법령을 수단으로 사회에 지침을 주어야 하는 정부의 의무는 신성한 권위에 기반을 둔다.

그리고 이런 법들의 신성한 기원을 믿지 않는 사람들은 사회와 사회의 다양한 요소들을 스스로의 충동에 내버려두는 것이 약한 자들과 사회의 보호받지 못하는 자들이 강한 자들과 투쟁하면서 최악의 상황이 되어 굴복하는 것 외에 다른 결과를 낳을 수 있는지 심각하게 고려해야만 한다. 그 상황은 암사슴과 호랑이가 함께 살아가는 것과 비슷하다. 모든 사람들은 늑대가 양을 갈가리 찢고 포식하는 것 대신에 법의 억제 효과에 의해 절제되어 평화롭게 양과 같이 누워 있는 보다 정화된 상황에 본능적으로 찬성한다.

비록 이것이 받아들여지지 않을지라도 어떤 사람이 우리 입법부의 문간에 서서 화를 내며 사회적 문제를 거부할 권리를 갖지는 않는다. 왜냐하면 만약 한 사람이 시민 사회의 과정을 인도할 어떤 입법을 거부하며 모든 약한 자들을 보호하는 법을 거부한다면, 당연히 현재 실제로 강한 자들의 권력을 더 강하게 만드는 모든 법도 철폐되어야 할 것이기 때문이다.

규제가 아니라 보호 §288

규제가 아니라 보호가 필요하다. 보호를 제공하는 것은 정부의 독특한 임무다. 정부는 모든 권력의 저장소다. 반드시 잊지 말아야 할 것은, 사회의 각 요소들은 약자로 인식되어야 하고 이것을 근거로 정부는 보호에 참여해야 한다는 점이다.

하위 계층은 자본과 정보에 있어 상위 계층보다 더 취약하다. 그러나 하위 계층은 육체적 힘과 민첩함에 관련해서는 상위 계층보다 강자임이 드러난다. 이 사실에 따르면, 법은 많이 배운 사람들이 자신의 지식과 재력을 동원하여 평범한 사람들에게 손해를 끼치지 못하도록 보호해야 한다. 그뿐 아니라, 동일한 방식과 동일한 정도로, 하위계층의 사람들이 자신들의 육체적 힘과 민첩함과 수적 우세를 앞세워 부유한 사람들에게 손해를 끼치지 못하도록 상위 계층을 보호해야만 한다.

이 고려는 동시에 참견하기 좋아하는 국가의 "규제증"과 "법적 보호"를 제공하려는 의무 사이의 차이를 강조한다.

국가의 전능성에 관한 열성 팬, 혹은 더 부드럽게 말해 정부의 권력을 확대하는 쪽으로 기우는 정치인들은 약한 자를 보호하는 도덕적 목표를 추구하지 않고, 이상적인 모델에 따라 사회를 재구성하는 교조적인 목적을 가진다. 반대로 보호적인 정부는 억압에 대한 불평이 있을 때 비로소 행동한다. 그 정부는 자신의 입법이 결코 남용되지 않게 한다. 균형을 좌파 측으로 이동시키는 법안이 통과될 때마다, 정치적 균형을 틀어지게 할 권력 결손이 우파 측에서 일어나지 않도록 확인한다.

보호를 제공하는 것에 지나지 않는 것을 목표로 하는 입법 개입은 국가 권력의 한계를 없애지도 축소하지도 않는다. 오히려 그것은 국가권력을 더 주의 깊게 한계지어준다. 이런 중요한 점에 관하여 로만 박사(De Savornin Lohman)가 자신의 책 『권위와 자유에 대하여』(*On Authority and Freedom*)[8]에서 "이해관계의 충돌"을 정부의 적절한 영역의 기준으로 간주하는 독선적 주장을 한 것은 추호의 가치도 없다.

§289 기본법들의 치우친 효과

법이 좌측이나 혹은 우측으로 균형을 이동시킬 수 있는 많은 경우를 당신이 이해하기 시작할 때 이 기준은 유용하게 나타난다.

---

8   A. F. de Savornin Lohman (1837-1924), *Gezag en Vrijheid* (Utrecht: Kemink, 1875).

일반적으로 당신은 갈등하는 이익에 관한 입법을 제조업, 농업, 그리고 임금 노동(뒤에서 논의할 것이다)을 위한 특별법과 연관 짓는다.[9] 그러나 이 경우에 당신이 간과한 것은 대부분의 모든 법과 모든 정부 정책의 성패가 "균형을 뒤집는 문제" 혹은 "균형을 유지하는 것"에 달려 있다는 점이다.

이것을 당신에게 확신시키기 위해 오스만, 페르시아, 보카라(Bokhara)[10] 같은 야만적인 국가들에서 좋은 법의 부재와 나쁜 법의 창궐이 사회의 요소들 사이에 얼마나 심각한 불균형을 초래했는지 주목하라. 스페인, 나폴리, 아일랜드와 같이 잘못 운영되는 국가들에서 하위 계층은 극빈자들과 부랑자들을 양산했고, 나폴리에게는 도로 강도와 거지들이라는 부담을 지우고, 아일랜드에게는 대량 이민과 페니안(Fenian은 아일랜드 독립을 주장하는 민족주의 운동이었고 가톨릭 하위 계층이 주류를 이루고 있었다-국역자 주) 잔혹행위의 부담을 지운다.

우리와 직접적으로 관련된 문제로는, 우리나라와 식민지에서 실제로 모든 입법부와 행정부의 부서들이 사회적 네트워크의 기능을 어떻게 분열시키는지 주목하라.

식민지의 경우 우리가 인도네시아에서의 경작 제도와 수리남의 형편없는 행정을 검토할 때 이것은 명백해진다. 네덜란드의 경우 만약 우리가 몇몇 입법 규정을 훑어보면 그것이 분명해진다.

우리의 민법과 형법을 예로 들어보자. 그것들은 보통 사람들에 비해서 보다 지위와 재산이 있는 사람의 요구와 그들에 대한 변호에 힘을

---

9   §292-98을 보라.
10   1925년 이후 우즈베키스탄의 일부임

실어주는 부인할 수 없는 효과가 있다. 비록 보통 사람들에게 공적으로 지원되는 변호사의 자문 및 변호가 있음에도 불구하고, 더 교육받은 사람은 자신의 법과 법적 절차에 대한 지식, 마음대로 할 수 있는 여가 시간, 자신이 걸 수 있는 더 많은 돈, 그리고 자신이 고용할 수 있는 더 탁월한 변호사를 통해 낮은 지위의 사람보다 엄청난 이점을 가진다.

부동산 등록에 관한 법을 예로 들어보자. 위에서 우리가 반복적으로 지적했듯이 법에 따르면 부자들은 보통 사람들보다 등록세를 10% 더 감면받는다. 그리고 보통 사람들은 종종 집 혹은 땅을 팔도록 강요받는다. 파는 것을 강요받지 않는 부자들은 간접적으로 그만큼 자신의 자본을 증가시킨다.[11]

우리 징집법을 예로 들어보자. 그것들은 부유한 자의 자식들은 마음대로 할 수 있도록 허용한다. 반면에 세속적인 재산에 대해 축복을 받지 못한 자식들은 자신들의 직업 및 가정과 가족으로부터 떨어져서 도덕적 오염에 노출된다.

우리의 빈곤법을 예로 들어보자. 그것들은 개인적 자선을 막고, 관대해지려는 도덕감을 약화시키며, 교회에 면죄부를 주고, 배고픔과 추위를 피하기 위해 가난한 자들이 법을 어기려는 시도를 한 경우에 구제보다는 감옥으로 보내는 것을 더 선호하는 방식으로 가난한 자들을 다룬다.

우리 교육법을 예로 들어보자. 장관 스스로 인정했듯이,[12] 그것들

---

11 §222를 보라.
12 의회를 통과한 자신의 교육법을 거부하는 인민청원에 반대하면서 국왕에게 보낸 자신의 공식 보고서에 있다.

은 자산가들에게는 자기 자식들의 교육을 부모의 선택에 맡기는 효과가 있으나 재산이 없는 사람들에게는 강제적으로 적용한다.[13]

동일한 효과를 가진 정책들

우리가 우리 가운데서 모든 관계를 점진적으로 왜곡시키는 정책을 지적하는 일은 지극히 정당하다.

가령 1815년, 1843년, 1852년, 그리고 1866년에 추진된 교회에 관한 정책을 예로 들어보자. 그것들은 프로테스탄트 교회들이 내부 문제들에 몰두하면서 자신들의 에너지를 낭비하게 했고 그들이 특별히 하위 계층 가운데 도덕적 지침을 제공하는 일을 완수할 수 없도록 만들었다.

알코올 남용을 규제하기 위해 취해진 정책과 결정을 예로 들어보자. 그들은 하위 계층이 도덕적으로 무너지게 만들 뿐 아니라 하루 소득 가운데 국고로 흘러들어가는 양이 지나치게 많도록 하는 이중의 악을 범하였다. 그것은 또한 다른 사람들에 의해 냉대당하는 것을 불평하

---

13 1889년 교육법에서 기독교 학교에 공공 재정에 대한 모금이 가능하게 되면서, 카이퍼는 다음 판에 다음과 같은 조항을 삽입하였다. "초등교육 분야에서 부분적 정의는 복구되어 왔다." 이 삽입은 1889년 교육법이 단지 불평등을 완화시키기 위해 시도를 했다는 카이퍼의 관점을 나타낸다. 1878년 교육법에 따른 학교 시설 및 학급 규모의 발전은 학교 운영에 더 많은 비용을 필요로 했고, 기독교 학교가 사적으로 보조금을 받지 않는다면 저소득 가정은 수업료를 부담하기 어렵게 되었다. 중앙 정부의 자금 지원으로 공립 학교들이 누리는 독점은 많은 지방자치단체들로 하여금 모든 등록금을 취소하게 만들었고, 이로 인해 공립 학교들의 경쟁력을 높였다. 그 결과, 사립 학교들은, 장관이 왕에게 보고한 대로(이전 각주를 참고하라), 점점 더 "부유한 사람들을 위한 사치와 가난한 사람들을 위한 자선의 형태"가 되었다. 그럼에도 불구하고, 1889년 교육법에 의해 제정된 기독교 학교를 위한 약간의 공적 자금은, 비록 작더라도, 교육 분야에서의 균등 처우의 원칙에 대한 승리를 기념한 것이 되었다.

는 노동자들이 자신의 아내와 아이들을 얼마나 잔인하게 다룰 수 있는지를 보여준다.

빌름 1세 국왕 아래서 배타적으로 동인도에 우리 해운 산업을 집중하기 위해 취해진 정책과 결정을 예로 들어보자. 처음 얼마간 이것은 인위적인 번영과 노동자 가족과 그들의 생활 수준에 불균형적인 성장을 조성했지만, 대부분의 무역이 어려움을 겪고, 해운업이 쇠퇴하고 조선소가 방치되는 쓸쓸한 결과를 낳았다. 그 결과로 산업 전반의 일자리뿐만 아니라 조선공, 장비공, 그리고 항만 근로자들, 창고 종업원들 가운데 상당한 정도의 실업이 발생했다.

자본 이동을 규제하는 정책과 결정들을 예로 들어보자. 부분적으로 허구적인 팽창을 통하여, 부분적으로 축적의 우월한 힘을 통하여, 그들은 작은 기업들이 경쟁할 수 없게 만들었고 재정 위기 동안 작은 자본가들이 도산하게 했다.

수입과 수출을 규제하는 정책과 결정을 예로 들어보자. 예를 들어 그들은 우리의 설탕 산업에 고통을 주었고, 우리 소매상들이 프랑스 때문에 어려움을 겪게 만들었다. 여전히 산업의 다른 분야에서 이런 정책들은 지속적으로 산업에 종사하는 사람들의 수를 감소시킨다.

무엇보다 무역 거래를 극복하기 위해 주식 거래를 허용한 정책을 예로 들어보자. 그 결과 일반 사람들은 스페인과 미국의 철도에 투자한 모든 자금을 잃게 되었다. 더욱이 한때 무역 사업을 진행하고, 종업원과 트럭운전사들을 채용하며 뱃짐을 실어 나르던 회사가 활동을 멈추었다.

그러므로 행정명령과 법률이 사회적 문제와 관계가 없다고 말하지 마라. 반대로 사회의 두 집단 사이의 균형에 영향을 미치지 않는 법은 거의 없다. 실제로 만약 똑똑한 정책과 영민한 지성이 우세했더라면 그들 사이의 관계는 두드러지게 달라졌을 것을 부인할 수 없다.

해결책 §291

이제 이런 악을 고려해서 우리는 우리의 법제도가 성급하게 수정되어 하위 계층에 더 기울어지도록 만드는 것을 결코 요구하지는 않는다.

　이것은 어느 정도 가능하겠지만, 더 효율적인 방법이 있다. 첫째로, 균형을 회복하기 위해 부유하지 않은 사람들을 돌보는 것 이상의 해결책이 요구된다. 부유한 사람들 역시 무법 시위를 제한하고 제재와 벌칙을 엄격히 함으로써 보호될 필요가 있다. 정부는 통치하는 것이 무엇인지를 알아야만 한다. 상당히 오래 기간 동안 정부는 그것을 잊고 있다.

　둘째로, 만약 그런 점들이 요구되면 법제도의 개정이 가능할 것이다. 지난 일은 돌이킬 수 없다. 과거의 정책이 뒤집힐 수는 없다.

　셋째로, 이런 방식으로 균형이 바로잡힌다는 것은 언어도단이다. 왜냐하면 올바른 균형이 어떤 것인지 우리에게 말해줄 수 있는 사람은 아무도 없기 때문이다.

　왜곡된 것을 바로잡는 것은 점진적인 방법으로 그리고 정상적인 통로로 수행되어야만 지속적인 효력을 가진다. 다르게 말해, 현재 배제된 요소들에 대해 국가의 대표들이 모인 자리에서 발언권이 주어져야 한다.

　약자들에게 의회에서 자신들을 변호하고 그들의 복지를 손상시킨 상처를 고발하며 삶 가운데 그들의 입장에 대한 침해를 반대할 기회를 제공하라. 그러면 점진적으로 괴롭힘을 당한 것이 저절로 치유되기 시작할 것이다.

이전에는 이럴 이유가 없었다. 예전에는 교역과 기술직 중에서, 고용주와 피고용인의 상호 이익은 일치했다. 주인이 자신의 개인적인 이익을 방어할 때, 그는 동시에 자신의 종업원들을 위해 투쟁했다. 이것은 주 정부들이 기사와 귀족들에 의해 대표될 때 소작농들의 의석, 그리고 기술자들의 주인인 길드가 대표될 때 기술자들의 의석이 없었던 이유를 설명한다. 그 상황에서 소작농들과 기술자들이 자신들의 개인적 이견을 가지는 것은 아무 의미가 없었다.

그러나 고용주와 종업원의 이익, 주인과 소작농의 이익이 멀어지게 될 때 그들은 더 이상 일치하지 않으면서 많은 점에서 서로 상충되었고, 그렇게 됨에 따라 하위 계층이 그들의 상위 계층에 의해 대표되게 하는 것은 공정성을 결여하는 것이 되었다.

그러므로 이 상황은 추상적인 "인권"의 문제는 분명히 아니며 자신의 이마의 땀으로 살아가는 사람들의 정치적 권리를 점진적으로 확대하는 동기다. 동시에 그들의 권리가 그들에게 무의미하거나 목적에 부합하지 않는 방식으로 보장되어서는 안 된다는 것을 시사한다.

둘 다 보통 선거권을 통해 얻을 수 있는 결과들이다. 만약 그것이 노동자들의 대변인에게 발언권을 주지 못한다면 혹은 그것이 임금 소득자의 신성한 명분을 부정하는 대중 선동가를 들여온다면, 보통 선거권은 무의미하다. 만약 시골과 도시의 하위 계층이 자신들의 조직을 강화시키고 결국 투표에서 부자들을 이겨서 입법이 무모하게 자신들의 이익에 도움이 되도록 한다면, 보통 선거권은 그 취지에서 벗어난 것이다.

이런 이유로 우리는 조합적 국가로 이어지는 길드 제도를 선택했고, "정치적"(political) 의회[14]를 위해 가중치를 둔 호주 선거권을 선택했다. 이 개혁들은 임금 소득자에게 자신의 이익이 적절하게 대변될 좋은 기회를 제공한다. 동시에 그 개혁들은 사회의 상위 계층이 하위 계층에 지배되는 위험을 효과적으로 저지한다.

III. 노동법전

상원에서 소개됨

§292

그럼에도 불구하고 하나님의 말씀과 보조를 맞춘 발전의 재설정과 분열된 균형의 회복이 우리가 직면한 문제에 대한 해결책을 보장하지는 않는다. 그것을 위한 세 번째 필수 요건은 법과 규제가 정의의 보호 아래 갈등의 영역을 규제하도록 제정되는 것이다.

저자가 5년 전에 전국회의의 상원 의회에서 정부가 개입하는 궁극적 목표는 "노동법전"(Labor Code)[15]이어야만 한다고 정부에 제안했을 때 의도했던 것이 그것이었다.

그 제안은 거의 지지를 얻지 못했고[16] 담당 법무부장관은 정부를

---

14 §136-44를 보라.

15 Kuyper, *Eenige Kameradviezen uit de jaren 1874 en 1875*, (1874년 11월 28일 회기), 139-203, 특히 191-97를 보라. 전체 인용은 §92n5를 참고하라.

16 판 린든 판 산든부르흐의 테오드르 남작(Threodor baron van Lynden van Sandenburg, 1826-85)은 반혁파를 자임하는 정치인이었는데 1874년부터 1877년까지 법무부장관(minister of justice)을 역임했다.

대신해 발언하면서 그것을 조롱했다. 의원들의 경우 그들은 단지 어깨를 으쓱대기만 했다. 그리고 언론은 그 문제를 불러일으킨 명예로운 의원이 그 법규에 대해 한 조항도 만들지 못했다고 야유했다.

당시 정부의 각료들은 그 문제에 대한 지식이 없었고, 의원들은 충분한 문제 의식이 부족했으며, 언론은 만족할 만한 결과를 희망하면서 그 문제를 토론할 선의도 없었다.

그러나 오늘날 이 중요한 문제에 대한 반혁명파의 입장을 확정하기에 이르렀으므로 어떤 부차적인 문제도 우리가 이 제안을 토론하지 못하게 할 수는 없다. 말하는 것이 우리의 의무다.

그런 다음 우리는 장관이자 의원이며 언론인인 제임스 에드워드 데이비스(James Edward Davis)의 『노동법』[17](*The Labour Laws*)을 주목해 보았는지 즉시 질문할 수 있다. 이 탁월한 책은 내가 상원에서 그 주제를 꺼낸 지 정확하게 1년 후 영국에서 출간되었다. 그 당시 헤이그에서 그런 법제도에 대한 단순한 아이디어가 터무니없는 것으로 매도되는 바로 그 순간에 웨스트민스터에서 준비된 노동법이 영국 의회에서 통과되었다.

우리의 담당 장관과 그의 주장에 동조했던 사람들을 더 불편하게 만드는 것은 "이 노동법이 1875년 영국에 처음 도입된 것이 아니라 단지 기존 노동법을 개정한 것이며, 반면에 잘 알려진 트럭법[18]은 1831년으로 거슬러 올라가고 1875년의 개정 노동법은 이미 1867년 엘코(Elcho)[19] 남작의 주도로 처음 빛을 보았다"는 것이다.

---

17 James Edward Davis(1817-87), *The Labour News* (London: Butterworths, 1875).
18 트럭법은 회사 매장으로부터 상품에 의한 임금 지불을 금지했다.

만약 영국 정치인들과 법학자들 가운데 노동법이라는 이름으로 이 주제를 다루면서 이 복잡한 법을 거론하는 것이 관습이라면, 정부가 이런 분리된 법률을 완성하고 조화시키는 노동 관련 법률을 궁극적 목표로 간주하는 생각에 대해 왜 누군가는 잘못을 찾으려 하는지 이해할 수 없다.

상업과 노동   §293

요점은 이것이다. 세상에 이용 가능한 것의 동화를 위해 두 단계 산업의 분류가 필수적이다. 첫째, 천연 자원을 사용가능한 상태로 가공하는 것, 둘째, 소비자들의 손이 닿는 곳에 가공된 것을 가져오는 것.

운송, 물류, 그리고 마케팅 같은 것에 속하는 모든 것과 함께 상업은 두 번째 분류의 산업에 속한다.

기본적인 산업의 종류는 농업, 광업, 수산업, 제조업, 그리고 육체 노동을 포함한다.

일반적인 방식으로 산업의 이런 두 가지 분류간의 차이를 구분하면서, 하나는 전적이고 배타적으로 무역이라는 개념으로 특징지어지는데, 즉 많은 상품을 가진 사람으로부터 적은 돈으로 상품을 가져와서 더 많은 돈으로 그것을 필요로 하는 사람들에게 공급하는 것이다. 반대로 다른 것은 절대적으로 노동으로 특징지어진다. 즉 인간 노력의 가치를 높이는 것이다.

---

19 엘코 남작(Baron Elcho, 1818-1914)은 하원의원이었고 1867년 "주인과 하인법"을 발의한 위원회의 의장이었다.

그러므로 사회에는 그들 가운데 종종 일어나면서도 쉽게 잘못될 수 있는 복잡한 관계에 대한 규칙을 요구하는 두 영역이 있다. 하나는 상업이 중심이고, 다른 하나는 노동이다. 첨언해서 상업은 대부분 부자들의 관리 아래 있고, 노동은 대부분 재산이 없는 사람들의 관리에 의존한다.

그렇기 때문에, 당신이 상업적 법률을 제정함으로써 당신의 산업 계급에 대한 법과 질서를 충분히 잘 돌볼 수 있는데, 왜 법도 없이 내 버려두고 우리의 노동 법률을 못마땅해 하는지 설명해 달라고 묻는 것은 당연하다. 결국 두 가지 경우는 동일한 것이다.

상업과 노동의 영역 둘 다 사람들끼리 어깨를 비빈다. 그들은 많은 방식으로 서로에게 매여 있고 책임을 부과하며 권리를 낳는 일련의 관계, 참여, 그리고 약속을 유발한다.

§294 법적 발전

원래 이런 권리와 의무는 불문법으로 규제된다. 즉 관습과 상호 참여를 통해서 규제된다. 보통 이 관습법은 자의적인 구성이 아니라 매일의 연속, 인간 신체, 날씨, 그리고 물질의 본질에 의해 영향을 받는다는 사실에 근거한다. 그러므로 사람들이 자연에 의존하는 상태로 계속 살아가는 한, 관습법은 사람들 간의 관계를 보전하는 데 가장 적절한 것이다.

그러나 점차 관습법의 안정성은 세 가지 이유 때문에 종국을 맞이하게 되었다. (1) 사람들은 자연에 관해 엄청난 자유를 획득했다. (2) 사람들은 자신들의 권리를 남용하고 책임을 회피하는 데 더욱 교활해 졌다. (3) 사람들은 동료 인간들과 즉각적인 접촉을 하게 되었다.

이런 발전은 관습법을 성문법화 하고 다른 국가들이 하는 것에 뒤지지 않기 위해 관습법을 정교하게 적응시키는 것이 필수적이 되도록 만들었다.

그것은 무역과 상업의 영역에서 일어난 일이다. 그것이 실제로 그곳에서 처음으로 일어난 이유는 다음과 같다. (1) 자신의 원자재에 노동자가 얽매인 것보다 자신의 상품에 상인이 덜 매여 있다. (2) 상업적 관계는 더 복잡하다. (3) 무역인들은 자신의 동료들과 즉각적인 접촉을 한다.

중세에 이미 로즈(Rhodes)의 항해법은 고려되었었다. 14세기 북이탈리아 공화국들은 발두스(Baldus)와 스트라카(Stracha)의 영감 하에 협상 가능한 환어음법(the law of negotiable bills of exchange)을 개발했다. 1673년과 1681년 콜베르의 칙령은 좁은 의미의 상법을 확보했다. 그래서 발전되기 시작한 것이 나폴레옹에 의해 1808년 상법으로 확대되고 입법되었다. 그것이 주로 우리 상법전에 포함되었다.

노동에 대한 불문법 §295

노동의 영역에서 발전은 아주 달랐다. 여기서 권리들은 자연의 질서 가운데 더 잘 구축되어 있다. 관계는 덜 복잡하고, 속임수는 깊이 침투되지 않았으며, 다른 국가들로부터의 고립은 오래 지속되었다. 이것이 노동 분야에서 거의 모든 것이 관습법에 포함되는 이유를 설명한다.

노동에 영향을 미치는 관습과 합의는 나라마다 다를 뿐 아니라 지역마다 다르고, 실제로 마을마다 다르다. 예를 들어 내국인이 일자리를 얻는 상황은 매우 다양하다. 얼마나 오래 고용될 것인지, 어떤 기간 내에 통보를 해야 하는지, 얼마나 휴가가 허용되는지, 그 사람에게 숙식이 얼마나 제공되는지, 팁과 보너스는 그 사람에게 얼마나 돌아가는지, 만약 그 사람이 자신의 주인의 일을 망쳤다면 무엇을 해야 하는지 등이다.

동일한 것이 기술직에도 적용된다. 몇 살에 도제로 들어갔는지, 도제의 의무 사항은 무엇이었는지, 장인과의 관계는 어떠한지, 언제 일을 시작해서 끝내는지, 식사와 휴식을 위한 시간은 얼마나 되는지, 언제 일을 쉬는지, 공구는 누가 공급하는지, 주인의 재산에 사고를 일으키거나 신체에 손상을 일으킨 경우 무엇을 해야 하는지, 하절기 임금과 동절기 임금은 얼마나 다른지, 병자와 고령자를 위한 준비는 무엇이 있는지 등이다. 만약 우리의 목록이 공장과 농업 노동자들을 위해 계속된다면 관습법이 아주 작은 부분들까지 고용을 위한 모든 권리와 조건을 포괄한다는 것에 모든 사람이 동의한다.

만약 상호 신뢰의 도덕적 유대가 이전 시대처럼 그렇게 강하게 계속되었다면, 만약 고용주들이 이전처럼 자신들의 피고용인들에 의존적이었다면, 그리고 만약 그들의 피고용인들이 이전처럼 자신들의 고용주에 대하여 무방비로 남아 있었다면, 즉 만약 사회적 문제가 일어나지 않았다면, 이 법의 사용은 지속되었을 것이다.

§296 무엇이 오늘날 노동권에 대한 법전화를 촉구하는가

그러나 사회적 문제가 발생했기 때문에 즉 국내적·도덕적·정치적 영역에 속한 프랑스 혁명의 이념이 고용주들을 보다 자기중심적으로 만들었고 종업원들을 보다 반동적으로 만들었기 때문에, 증기 엔진 및 기계가 고용주에게 더 적은 종업원과 관계하는 것을 허용했고, 종업원

들은 시민권과 노동조합 덕분에 자신들의 고용주들에게 저항할 수단을 획득했기 때문에, 그리고 무엇보다 여러모로 전적으로 다른 상황이 관습법을 정의롭지 못한 법으로 바꾸었기 때문에, 이제 우리는 관습법 개혁에 대한 냉정한 생각이 없는 것과 지금 있는 대로 그것을 유지하려는 결단이 없는 것에 대해 전혀 놀라지 않는다.

임금 근로자들은 모든 것을 갖기 위한 새로운 법적 체계에 대한 투쟁에 가담했고, 반면에 임금 지급자들은 가능한 한 자신들에게 유리하게 그것을 유지하려는 갈등에 접어들었다.

이 상황이 지속될 수 없다. 실제 유럽의 모든 국가는 필요하다면 관습법을 성문법으로 전환하려는 태세를 갖추고 있다. 그 과정은 계속된다. 일단 완성되면 다양한 법들의 불균형적 성격은 자동적으로 법전화의 필요를 일으키고, 그것은 결국 머지않아 노동법전이 된다.

결국 법전화는 "어떤 삶의 영역에서 관계를 위해 연속적으로 제정된 모든 법들의 체계적인 조정이다."[20]

그리고 다른 유럽은 뒤처진 반면에 영국만이 그 점에 관하여 큰 진보를 이룬 이유는 다른 유럽 사람들이 충분히 다음 사실을 주목하지 않은 데 있다. (1) 제조 산업과 노동이 여전히 잘못 구별되었다. 그리고 (2) 여태껏 농업은 사회적 문제에 포함되지 않았다.

영국이 공장 제도, 임금 계약, 영업과 기술 등이 노동이 관계되는 동일한 범주 하에 놓인 것을 깨달았을 때, 그들은 더 이상 노동법과 공장법을 나란히 두지 않았고 공장법을 노동법의 하위 범주로 포함시

20　Robert von Mohl, *Encyclopädie der Staatswissenschaft* (Introduction to Political Science), 2nd rev. ed. (Tübingen: Verlag der Laupp'schen buchhandlung, 1872), 134.

켰다. 비슷하게 러시아, 독일, 그리고 스위스에서 광범위하게 채택된 기술(craft) 규약은 만들어지기 시작하고 있는 노동법전에 아주 포괄적이고 중요한 요소로 확실히 포함될 것이다.

두 번째 점에 대해서는, 만약 농업 부문의 사람들을 포함하여 임금 소득자들이 사회민주주의에 가담하고 자신들의 노동권을 위한 지지자들을 선출했다면, 그 관계가 최근 독일 의회에서 매우 달라졌을 것이 명백하다.

§297 노동법전의 내용들

그런 법률적 규제의 내용들에 관해, 그것들은 현재 영국의 공장법과 독일의 무역 법규에 있는 것, 우리 민법전의 몇몇 조항 그리고 초기에 언급된 노동법에 있는 것, 그리고 당분간 전적으로 관습과 관계된 것의 일부를 포함시켜야 한다.

"해운"이 우리의 상법전에 포함된 것처럼, "제조 산업"은 노동법전에 속한다. 상법전은 민법전에서 다루어진 원칙에 있었던 것을 더 규제하는 것처럼, 그것은 노동법전에서도 그래야만 한다. 그리고 노동 이슈 가운데 성문법으로 나타나지 않은 것은 어떤 것이든지, 만약 법적 안전성이 있어야 한다면, 법으로 제정되어야만 한다.

사람들이 무지함이나 경솔함으로 조롱하듯이 그런 법률 조항에 대해 묻기 때문에, 우리는 그런 법전에 포함될 많은 주제를 나열하겠다.

다음 사항들이 포함될 것이다.

(1) 일반 조항

(2) 임금계약

(3) 임금 조건

(4) 임금의 지불

(5) 혜택과 특전

(6) 노동 시간, 여가 시간, 그리고 휴가

(7) 질병으로 인한 계약의 보류

(8) 장애 근로자

(9) 종업원의 직장 폐쇄

(10) 작업장 안전과 직업적 위험에 대한 보호

(11) 재정 보고서의 점검

(12) 직업 훈련

(13) 장인들

(14) 감독관

(15) 농장 노동자

(16) 공장 노동자

(17) 소매상인

(18) 종

(19) 장인 길드

(20) 노동자 길드

(21) 중재 위원회

(22) 임금 계약의 위반

(23) 직업으로 발생한 손상

(24) 동료 노동자에 대한 강압

(25) 고용주에 대한 음모

(26) 급료 지급 장부와 추천서

(27) 협동조합

(28) 노동조합의 정치적 권리

(29) 작업장 점검

(30) 징벌

§298   추가적으로 진행될 필요가 있는 것

뿐만 아니라, 우리는 고리대금업, 선수금, 그리고 회사 구매부에서의 강제적 구매를 통한 임금 소득자들의 착취를 감시할 필요가 있다. 또한 때때로 갈취에 해당하는 식료품 가게에서의 신용 거래, 그리고 그 외의 많은 것들에 대해 감시할 필요가 있다.

올바르게 보면, 공중 보건과 공중도덕은 실제 거의 모든 입법의 분과이며 그 자체로 사회적 문제와 연관되어 있다. 그것은 노동자가 어떻게 적절한 교회 좌석을 빌리고 자신의 일상적 사무 및 사회에서의 자신의 위치에 대해 말해주는 설교를 들을 수 있는지 등에 관한 교회의 문제와도 연관되어 있다. 그러나 이런 문제들과 더 많은 것들이 여기서 해결될 수는 없다. 왜냐하면 우리는 사회생활에서 일어나는 혼란의 이면에 있는 원칙들과 현존하는 악을 치료하는 데 도움을 줄 수 있는 원칙들만을 조사하기 때문이다.

제21장
교회와 국가

제20조

정부는 어떤 형태나 이름으로든, 유럽에서 혹은 인도네시아에서 그 나라를 위
해 국가 교회를 유지하거나 설립하지 않을 것을 선포한다. 국가는 교회의 내부
문제에 관여할 권리가 없다. 그리고 소위 국가와 교회의 분리를 더 증진시키기
위해 헌법 제168조에서 언급하는 의무는 정당한 청구인에게 책무를 다한 이후
에 철폐되어야 한다.

I. 일반 원칙들

§299　종교개혁의 국가 교회

"국가 교회"라는 말은 전체적으로 정치적 생명이 특정한 종교적 고백에서 성장하게 된 국가의 이미지에서 유래하며, 특정한 교회 질서와도 연관되어 있어 공식적 예배 질서에서 가장 잘 표현된다.

그래서 교회와 국가는, 전체로서 하나의 동일한 정치적 삶에 속하게 된 국가가 하나의 동일한 종교적 삶으로 들어갔다는 사실의 결과로 인해 서로에게 파트너가 된다. 이러한 화합이 일어나는 일반적인 방식은 교회 공동체가 먼저 생기고, 그 후에 정치적 공동체가 생겨나는 것이다.

그러므로 순수한 형태에서 이 상황은 (뉴잉글랜드의 설립자의 경우처럼) "전체로서 국가"는 한동안 국가에 속하는 실질적인 모든 사람의 개인적 의지의 지지를 받는다. 그런 신정(神政)적 상황이 초기에는 모든 가정의 공감에 의존하고 아무런 반대도 없이 모두에게 혜택을 준다. 모든 점에서 그것은 암묵적인 국민투표에 의존한다(전혀 지지받을 수 없는 주권의 원칙이라는 것이, 일단 양심이 관련되어 하나님 앞에서 사람의 자세에 영향을 미치는 순간 갑자기 필수불가결한 것으로 변모해버린다).

그러나 그런 상황은 상당히 예외적으로 남아 있고 일반적으로 아주 짧은 시간 동안만 지속한다.

일반적으로 말해, 국가다운 국가라면 역사의 중요한 시기에 특정

교회의 고백을 선택한다. 그러나 국가 유기체의 모든 조직이 이 결정적인 선택에 의식적으로 동의하지 않은 채로 말이다.

이 시나리오는 16세기 우리나라에서처럼 고통스러운 상황을 발생시키는데, 비록 다수의 국민 대중이 그 선택을 따를 수 없고 그것을 수용하는 데는 시간이 필요했을지라도, 국가의 주도적인 분파가 정치를 교회에 결합시켰고 국가로 하여금 구체적인 모형을 정하게 했다.

칼뱅주의가 우리나라에서 승리를 거두었고 개혁주의 국가 교회가 생겨났을 때, 개혁주의 신앙을 가진 사람은 인구의 1/3이 채 되지 않았다. 그 사이에 나머지 2/3 가운데 절반 정도는 자신들이 가톨릭임에도 불구하고 어떻게 상황이 되어가는가에 따라 자신들을 칼뱅주의자가 되도록 할 준비가 되어 있었다. 그러나 나머지 반은 자신들의 선조의 신앙으로부터 돌아서기보다는 궁극적인 희생을 각오하였다.

시간이 지남에 따라, 17세기에 상황이 더 발전하여 인구의 1/3이 개혁주의자"였고", 다른 1/3은 개혁주의로 전향했고 나머지는 가톨릭으로 남았다. 즉 2/3의 개혁주의자들은 명목적인 사람들을 포함했고, 동시에 그들 가운데 있는 진정한 칼뱅주의자들은 이전의 종교적 열정에서 현저하게 쇠퇴했다.

이상과 현실 §300

결국 스페인에 대항하여 우리의 저항을 고취시켰던 이상은 위대한 투쟁의 영웅들이 의도한 것과는 정반대로 흘러갔다.

그들은 개별적인 모든 주민들이 완전한 양심의 자유를 가지고 하나님의 말씀에 따르는 순수한 종교 아래 연합하고 그 말씀의 영광에 국가의 영광을 헌신하며, 국가로서 자신들의 힘을 유럽과 유럽을 넘어 개혁주의 종교의 번영에 헌신하고, 가톨릭의 독재에 저항하면서 양심을 억압하는 모든 것을 파괴하는 국가 교회를 확립할 것을 의도했다.

그리고 만약 그들이 전 국민들이 개혁주의 신앙을 받아들이도록 설득하는 데 성공하고, 개혁주의 신앙의 순수성을 보존하며, 종교적·정치적 권력의 통일성을 군건한 기반 위에 마련했더라면 그렇게 되었을 것이다.

그러나 부분적으로는 무관심 때문에, 부분적으로는 불운 때문에 이것이 실패했을 때, 그들은 가톨릭 주민들이 가톨릭으로 남도록 허락했다. 그리고 그들 자신이 순수한 신앙에서 벗어나 잘 정돈된 관계와는 정반대로 불리는 방식으로 교회와 국가로서 서로 대면했을 때, 자기보존의 요구는 다시 한번 독재에 호소하지 않을 수 없었는데, 이번에는 개혁주의의 깃발 아래서 그렇게 했다. 결국 교회와 국가 간의 결합으로 인해 우리 국가 생활은 종교적·정치적으로 광택을 잃어버렸다.

이것으로 우리나라에서 국가 교회는 비난받았다. 그러는 동안 많은 요소들이 생각의 변화를 가져왔다. 다른 나라에서 국가 교회는 동일한 나쁜 결과를 가져왔다. 지적 발전은 점점 더 개인주의를 자극했다. 신약성경은 국가와 교회의 실질적 통합을 지시하는 조금의 단서도 가지고 있지 않다. 하나님의 말씀은 일반적으로 어떤 정치적 지지도 없는 "십자가 아래"[1]의 개혁교회들 가운데 가장 번성했다. 이런 경험과 생각 전체의 결합이 먼저는 미국에서, 그리고 스코틀랜드와 스위

---

1 국가 교회를 깨는 반대 회중은 아직 예배의 분리를 금지시키지 않았었다.

스에서, 마침내 우리나라에서도 확신에 이르게 되어 국가 교회에 대한 생각을 포기하는 것이 믿음의 요구가 되었다.

그러나 완전하고 완벽한 교회와 국가의 연합에 관한 우리의 가장 고귀하고 영광스러운 이상은 계속되어야 한다. 결국 이것은 그리스도의 제사장 및 왕으로의 직분의 통합을 고백하고, 도래할 하나님 나라를 기다리는 모든 그리스도인의 이상이다. 그러나 우리는 입장의 다양성을 고려할 때 이런 통합이 실제로 일어날 수 없다는 점을 고백한다. 현 체제에서 국가 교회는 그 통합을 증진시키기보다 방해한다. 그러므로 우리 희망의 대상은 그리스도의 재림이지, 현재의 소유가 아니다.

입장의 다양성과 과거의 슬픈 경험, 그럼에도 불구하고 정반대의 제도가 이미 생산한 더 나은 결과를 고려할 때, 정치적 힘으로 교회와 국가의 연합을 강제해서 국가 교회를 만드는 것은 이전의 고통을 재개하는 것이고, 신앙의 생명을 번성하지 못하게 하며, 훨씬 더 강력한 조직 덕분에 영향력 측면에서 국가에 버금가는 가톨릭교회가 프로테스탄트 신앙을 가진 모든 교회에 대해 승리하도록 만들어주는 것이다.

분리 §301

이런 근거로 우리는 "국가 교회"라는 어떤 생각도 포기하기를 선택하고 악한 시기에 확정되었던 국가와 교회의 결합을 다시 분리시킬 것을 받아들인다. 그러나 누구도 그들이 문자 그대로 더 이상 서로 거래하지 않는 방식으로 그들을 분리하려는 의도를 우리에게 전가하게 해서는 안 된다.

우리는 "종교와 국가 간 분리가 아니라 국가와 교회 간 분리"라는 제한에도 만족하지 않는다.

정부는 하나님의 종이고, 하나님의 은총으로 권력과 권위를 행사하며, 그분의 영광에 봉사하기 위해 부름받았고, 그러므로 그분의 법에 매여 있다는 것이 우리의 확고한 신념이다. 그러므로 정부는 국가의 종교적 삶과 관련되지 않을 수 없다. 그리고 정부가 국민의 교회적 삶은 아니지만 종교적 삶에는 관계해야 한다는 잘못된 생각에 굴복하게 되자마자, 당신은 자동적으로 우리가 사반세기 전에 내린 치명적 결론에 이르게 된다. 즉 우리는 교파를 초월한 일종의 국가 종교를 발전시킬 수 있다거나 정부가 교회와 가장 적게 관련된 종교를 선호해야 한다는 결론 말이다.[2]

이것을 주장하는 것이 현실을 고려한 것은 아니다. 국가의 종교 생활은 상당 부분 교회라는 형태 내에서 수행되고, 그러므로 그 형태 내에서만 정부는 국가 생활의 이러한 측면과 접촉해야 한다.

따라서 우리의 사고방식에 따르면 교회와 국가의 분리는 다음 세 가지를 의미한다. (1) 우리 국가의 정치적 통일이 어떤 교회의 통일과 더 이상 연결되지 않는다. (2) 교회와 국가는 각자가 하나님의 대리인으로 활동하는 각각 특별한 영역을 지휘하고 다른 영역에 대해 강제하는 것은 금지되어 있다. (3) 그 둘의 관계는 양 방향으로 정기적으로 교류하는 형태로 정의되어야 한다.

---

2   카이퍼는 1857년 교육법에 대해 언급하면서, 그것은 공립 학교에서의 지도가 종교적 중립성을 유지해야만 하도록 입법했다. 즉 이것은 성경이나 기독교 신조 없이 "그리스도인의 미덕"(Christian virtues)을 가르치는 것을 의미한다.

교회의 공법적 성질

위의 것을 고려하여, 우리는 기독교 교파들의 공적-법적 성질을 엄격하게 유지한다.

우리는 이것을 "공법(公法)은 성당, 성직자, 그리고 치안판사로 구성되어 있다"[3]라는 과거 개념으로 말하지 않는다. 우리는 기독교 교파가 공법적 측면을 가진다는 의미로 말한다. 이 표현은 교회 교단들을 합창단, 펜싱 클럽, 혹은 댄스 공연단과 동등하게 놓음으로써 교회들을 일반적인 협회와 똑같이 취급하려는 현재의 시도에 도전한다.

우리의 입장은, 교회는 다른 협회와 비교될 수 없는 독특한 조직이라는 것이다. 교회는 법 앞에서 별도의 취급을 받을 권리를 주장할 수 있고, 그 구성원들의 의지적 행동 이전에 그들을 지배할 수 있고, 특별한 규제를 받아야 하며, 국가의 삶에서 부수적인 것이 아니라 가장 고귀하고 본질적인 양식의 하나로 간주되어야 한다.

그러므로 우리의 입장은 교회와 국가는 자신들에게 엄청난 해가 될 때를 제외하고는 각자가 자기 생각대로 갈 수 없고, 그들이 서로 정기적인 교류가 있을 때가 최선이라는 반박할 수 없는 논리를 지지한다.

통신연락위원회

303

전국회의 보고서에 의하면 일종의 통신 연락이 이미 1619년 종교회

---

3   원문은 "*publicum jus in sacris, in sacerdotibus, in magistratibus consistit*"이다.

의에서 제안되었다.[4] 그런 연락은 상설위원회에 할당되었는데, 정부가 3명의 정치인으로 구성된 집행부를 임명하고 교회는 대표들을 파견했다. 이 교회의 대표들은 자신들의 교회 질서 혹은 헌법 및 표준 예배 전례뿐 아니라 교단의 공식적 신앙고백 기준을 제출하면서, 이런 자료들이 그들의 교회 생활의 지속적인 양식이라고 확인했다. 최소 10만명의 교인을 가진 것을 증명한 각 교단은 이 위원회에 10만 명 당 1명의 대표를 파견하는 것이 허용되었다.

이 위원회가 숙의한 내용은 교단별 소위원회의 문서를 통해 수행되도록 하였다. 즉 각 교단의 대표들은 개별적인 소위원회를 구성했고, 전체 회의가 아니라 교단별로 논의를 진행하도록 했다는 것이다.

정부는 교단의 일, 종교적 문제, 그리고 공중도덕과 관계된 모든 문제에 관한 조언을 상설 위원회에 요청해야만 했다. 예를 들어 기도일, 결혼법, 맹세하기, 주일 준수, 공공 교육, 빈민 구제, 매춘, 공중도덕 등이다. 반대로 정부는 교회의 영역에 관한 규제에 대해서는 이 위원회나 각 법정에 조언을 했다. 즉 새로운 교단의 설립, 교구 영역의 재확정, 교회 건축, 세례 등록, 결혼의 거행, 학교 설립 등이다. 두 경우에 어느 쪽도 설득을 제외하고 다른 편의 충고에 구속되지 않는다는 것이 합의되었다.

---

4   도르트 종교회의부터 전국회의까지(종교회의를 소집함)의 최종 보고서에서 교회는 다른 것들 가운데 당국이 주일 성수를 더 강력하게 실행할 것을 요구했다.

더 유연한 관계, 기도의 날, 비기독교 집단 §304

통신연락위원회의 존재는 자동적으로 교회와 국가 사이의 관계를 종종 손상시키고 망치게 했던 무례함을 제거했다. 충돌은 피할 수 있다. 발생할 경우에는 특별히 선출된 위원회가 있어서 상호 자유에 어떤 제한도 없이 정부는 교회가 정중하게 정부에 요청하는 것을 알게 되고, 교회는 예배 전례 및 교회 행정에 관해 국가가 원하는 것을 알게 된다.

그런 관계의 한 가지 특별한 장점은, 이전 시대처럼 국가적 재난의 시기에 정부는 교회의 직접적인 협조로 기도와 회개의 날을 선포하는 기관을 가진다는 점이다. 동시에 소위원회들의 의장은 공식적 의식에서 그리스도의 교회를 대표한다. 또 다른 이득은 군대, 해군, 감옥, 병원, 그리고 그런 종류를 위한 종교 활동에서처럼 정부 스스로 종교적 삶이라고 부르는 경향이 있는 모든 골치 아픈 사안들을 결정할 위원회가 있다는 것이다.

진정으로 우리처럼 국가 교회에 반대하지만 교회와 국가가 서로를 이방인으로 취급해야 한다는 자유주의적 이론에 거의 동의하지 않는 그런 사람은, 혼합 집단의 기독교 국가에서 자신의 소임을 심각하게 받아들이는 정부에 대한 운용 가능하고 유일한 논리적 해결책이 그리스도인들의 교회로부터 모이는 혼합 위원회와 자발적인 기초 위에 정기적인 통신 연락을 계속하는 것뿐이라는 주장이 가지는 설득력을 지속적으로 거부할 수는 없을 것이다.

물론 여기에 유대인, 유니테리언 교도, 혹은 무신론 집단의 문제는 배제해야 한다. 그리스도가 주인으로 예배되지 않는 순간에 교회는 교회가 될 수 없다. 결국, 가장 신뢰할 만한 연구에 근거하여(특별히 야콥슨[5]의 연구) 두 가지가 확실하다. (1) 교회라는 말은 어원적으로 퀴리아콘(*kuriakon*, 주께 헌신됨의 의미)에서 유래했다. 그리고 (2) 퀴리오스(*Kurios*, 주님)라는 말은 이 양식에서는 하나님이 아니라 그리스도를 말한다. 확실히 미래의 헌법 개정은 비그리스도인들의 종교적 교감을 위한 형식을 제시해야 한다. 그러나 적절히 정의된 이름으로 그들은 교회 교단의 명부에서는 제외되어야 한다.

II. 법의 적용

§305   헌법 제168조

정부가 교회 목사들의 급여를 지급할 때, 두 가지 이유로 그렇게 한다. 그것은 정치적 계산 또는 역사적 의무다.

첫 번째 경우 금전적 유대는 일종의 국가 교회를 만든다. 두 번째 경우 만약 그것이 한 교구 이상에 동시에 지급되지 않는다면 금전적 유대는 전혀 형성되지 않는다.

우리나라 헌법 제168조는 이전 헌법 조항에 기원을 두는 것으로,

---

5   카이퍼는 야콥슨의 연구를 참고했다. H. F. Jacobson(1804-68), *Geschichte der Quellen des evangelischen Kirchenrechts der Provinzen Rheinland und Westphalen, mit Urkunden und Regesten* (Köningsberg: Bornträger, 1844).

이자 지급의 수락을 전제로 교회 재산을 정부가 몰수하는 것에 근거하기 때문에, 국가 교회의 개념에서는 전적으로 낯선 행동으로, 이 지급이 역사적 의무의 이행을 나타낸다는 것을 반대할 필요는 없다.

그럼에도 불구하고, 우리가 교회를 위한 이런 행정 조치가 미래의 헌법 개정에서 적절하게 보완된 이후 헌법 조항에서 사라지기를 원하는 이유는 국가 교회의 개념이 비공식적인 방식으로 도입되는 것에 대한 두려움 때문이 아니라, 정치적이고 종교적인 권위를 고려해서 우리가 가장 추천할 만한 다음 여섯 가지 관점에 근거하고 있다.

(1) 제168조에 있는 대로, 헌법은 18세기 말경 아무것도 가져가지 않는 교회에 기존 교회와 동등하게 급여와 혜택을 지급함으로써 역사적 책임에 정치적 의도를 추가한다.

(2) 권리의 성격은 시간에 따라 변한다. 비록 초기부터 급여의 상당 부분이 이자로 지급되었다는 확실한 근거가 제시될 수 있지만, 그런 초기의 계약적·양자적 권리가 부지중에 정치적이고 일방적인 권리로 바뀐 것을 사람들은 잊을 수 없다. 이것은 여론에 의존한다. 오늘날 위에서 언급한 급여와 혜택의 계약적 기원은 대부분 여론에 패배했다.

(3) 비록 교회로 되돌아갔지만, 18세기 말에 압수된 재산은 세 가지 요인으로 오늘날 급여 지급을 가능하게 한다. 일반적으로 교회는 부동산에 자신의 자산을 투자하지 않을 수 없고 화폐 가치의 등락에 따라 수입 수준을 유지한다. 현재 자산이 변하지 않는 반면 교회는 국가로부터 기껏해야 4%를 받는다. 그것은 돈의 가치가 반으로 떨어질 때, 교회는 50년 동안 그 전과 비교하면 절반 수준으로 더 가난해진다는 것을 의미한다. 대신 만약 교회가 그 돈을 스스로 보유하고 부동산에 투자했다면, 반세기만에 교회 스스로 돈의 가치가 50% 상승함

에 따라, 50% 정도 더 부유해졌을 것이다. 그러므로 국가는 교회의 급여를 화폐 가치의 증가에 맞추는 방식으로 교회를 부양할 수 없기 때문에, 그리고 그런 증가 없이는 교회가 점점 더 가난해지기 때문에, 수지를 결산하는 것이 국가와 교회에 이익인 것 같다.

§306   수지 결산

(4) 지금까지도 수지 결산 없이 제168조를 폐기해야 한다는 의견이 존재한다. 교회의 관점으로 그 문제를 바라볼 때, 우리는 이것을 신앙에 대해 대처할 수 없는 장애물이라고 간주하지 않는다. 그러나 단지 정치적이고 사법적인 측면으로 그 문제를 다루는 현재의 여러 글들은, 그런 부정의를 저지르는 것이 필연적으로 분노를 일으키고 국가 전반에 도덕적인 손상을 입힌다는 것을 강조하고 지적해야 한다. 이런 이유로, 시간이 있을 때, 팽팽한 대립 가운데 폭발할 것을 원만한 방법으로 타협점을 찾는 것이 바람직하다고 우리는 생각한다.

(5) 지급 담당자가 아니라 국왕의 대리인에 의한 급여와 수입의 지급은 자유롭게 발전해야 할 교회의 권리를 침해한다.

(6) 급여가 점점 더 부적절해짐에 따라, 교회가 "우리 목사들이 국가로부터 급여를 받는다"는 개념으로부터 완전히 벗어나는 것이 바람직하고, 목회의 유지에 필요한 것을 지원하는 데 있어 목사들이 일부는 활용 가능한 자본으로부터, 일부는 연소득으로부터 자신의 수입을 이용하는 것이 바람직하다.

우리가 생각하는 결산은 다음 방식에 근거하고 있다.

(1) 제168조에 의해 포함되는 모든 수입과 혜택에 대한 온전한 회

계 장부를 작성한다. (2) 결과적으로 연간 지급의 합계는 4% 선이어야
한다. (3) 정기적이지만 비례적으로 줄어드는 연간 지불금과 함께 연
10회 분납 지불금이 지급되어 그것들이 통산 합계를 이룬다.

우리는 어려운 질문에 답할 필요가 있다는 것을 깨닫는다. 이 총액
이 국가 교회, 지역 교회, 혹은 목사들에게 지급되어야 하는가? 그러나
이 문제를 결정하는 것이 지나치게 어렵지 않아야 한다. 결국 누구도
도리에 어긋나는 것을 원하지 않는다. 일반적이거나 혹은 특별한 경우
에, 무엇이 도리인가는 만약 정부가 법원의 최종 결정으로만 요구되는
지급 결제가 지급되도록 정한다면 결정될 수 있다.

민법전 §307

그렇더라도 정부는 그 이상을 해야 한다.

결국 교회가 본질적으로 영적이라 하더라도 교회는 시민 사회와
관계를 가지며 일반법의 관할 아래 있고, 교회의 물질적 자산은 이웃
및 이해 당사자들과의 접촉을 가져오며 재산 관계가 생기게 한다.

따라서 급여기금(*pastoralia*), 교회 자산(*bona ecclesiastica*), 부채 및 일
반 자산(diaconal and general asset)에 관하여, 외부 세계는 그것이 교회와
어떤 관계가 있는지 알아야만 하고, 교회는 자신이 외부 세계에 관여
하고 있는 관계에 확실성을 제공해야 한다. 그리고 판사들이 교회 간
에 자산이나 통제에 관한 분쟁이 발생할 때 궁극적으로 어떤 법을 적
용해야 하는지 알아야 하는 것은 필수적이다. 이 문제에 대한 현재의
불확실성은 우리의 민법전이 교회가 속하는 부분을 구체화하지 않고
있다는 사실에 기인한다. 이 생략은 반대로 교파가 공법인(公法人)으로

또는 사법인(私法人)으로 간주되어야 하는가에 대한 불확실성을 야기했다. 그러므로 이 생략은 수정될 필요가 있다. 그때에만 교회의 법적 지위가 확실해지고, 교회는 자신의 내부 문제를 관리하는 위치에 있게 된다.

여전히 부족한 것에 관해서는 우리가 제안할 수 있다. 우리가 선호하는 것은 교회 생활에 가장 적합한 영국 입법의 주요 특징들이다. 물론 영국의 귀족적 정체에 대해서가 아니라 영국 정부가 교회 교파들을 단지 그들의 고백적이고 예전적이며 교회법의 기준으로 묶는 법적·정치적 체제에 대해서 그렇다.

§308 교회에 대한 국가의 정당한 주장

교회에 관한 문제에 있어 금전적 측면이 이런 맥락에서 해결되고 나면, 우리 생각에 국가는 교회 교파들에 다음 사항을 요구하는 데 만족해야 만다.

(1) 교회는 자신의 고백적·예전적·교회법적 기준을 제출하고, 차후의 변화를 즉시 정부에 알리며, 이 기준들이 효력이 있고 또 계속 그럴 것이라고 보장해야 한다.

(2) 이 기준으로 인정되고 통신연락위원회의 의석을 가진 교단들은 정부의 자문을 우선적으로 청구하지 않고서는 어떤 지정된 주제에 관한 결정을 할 수 없다. 그러나 도덕적으로 그 자문을 따라야 할 의무가 있는 것은 아니다.

(3) 교회의 모든 회원들은 자신들이 언제든지 교회의 권위에 대한 순종을 철회하는 것이 보장되고, 모두는 만약 자신들이 해방되기를 원

한다면 자신들의 종교적 선언에 매이지 않을 자유가 있다.

(4) 하나님의 말씀에 근거하여 비난하는 권리를 제외하고는, 정부의 명예에 대한 어떤 공격도 공적인 예배에서 허용되지 않는다. 대신 기도는 권위가 있는 모든 것에 관련할 수 있다.

(5) 어떤 교회도 지방 당국의 허가 없이는 공용 도로에서 예배나 집회를 준비할 수 없다.

국가에 대한 교회의 정당한 주장 §309

반대로 정부는 교회에 다음 사항들을 보장해야 한다.

(1) 교회는 치안 문제들이 국가의 종교적·도덕적 삶과 관계하는 한, 그 문제에 대해 자문을 제공할 권리가 있다.

(2) 행정 당국은 성당이나 교회에서 예배하는 동안 법과 질서를 유지한다.

(3) 교회의 도움을 요청함으로써 서약의 신성성을 유지해야 한다.

(4) 정부는 교회가 영적 직무를 완수하도록 주일을 보호한다.

(5) 정부는 교회 교파들의 중재를 통하여 국가를 위한 회개의 날과 기도의 날에 관한 법을 제정한다.

마지막 사항에 대한 의도는, 통신연락위원회가 정부를 대신하여 행정부 혹은 정부의 부서 중 하나에 전염병의 출현, 대규모의 홍수, 전쟁의 위협 혹은 다른 국가적 재난이 임했을 때 그런 날을 가지도록 제안하는 것을 허용한다. 각 교단의 소위원회가 그런 제안을 승인하면 만장일치 혹은 다수결로 국왕은 소위원회 의장의 서명으로 그런 기도의 날을 선포하고 그 소위원회는 상황이 질서와 조화 가운데 진행되도록 보장하기 위해 각 교파와 협정을 맺게 한다.

§310 군복무, 세례, 혼인

다음으로 교회는 정부에 대하여 목사와 신부 지망생들이 군복무로부터 면제되는 권리를 포기해야 한다. 면제의 적절한 사유는 국방을 논할 때 우리의 제안과 연계하여 군복무가 정규군과 엄격하게 분리되면서 일반적인 도덕성과 관계를 가지는 순간 사라진다.[6]

반면에 정부는 혼인과 세례에 관한 규정의 개정을 허용함으로써 교회에 혜택을 주어야 한다.

정부는 거룩한 세례의 관리와는 아무런 관계도 없다. 공무를 수행 중인 성직자가 유아에게 세례를 주기 전에 혼인증서를 확인해야만 한다는 조항조차도 거룩한 성례의 품위를 떨어뜨린다.

혼인에 관하여 그런 연합이 "실재적인" 권리를 창조한다는 것을 교회는 확실히 잊지 말아야 하는 반면, 정부 역시 혼인이 두 "인간" 간의 연합이고 그러므로 "영적인" 존재로서 그들 존재의 기초와 관계되는 연대라는 사실을 잊지 말아야 한다. 이것을 명심하면서, 합의가 도출될 수 있는데, 예를 들어 교회는 신부가 혼인과 관련된 모든 시민적 필수 요건을 충족시켰다는 증거를 받은 후 두 사람의 혼인에 동의하고, 반면에 정부는 등록 행위의 불완전성에 주목하고, 어떤 종교적 의식을 수행하는 것을 삼가며, 모든 결혼한 부부들을 교회로 안내하고, 혼인이 적절하게 등록되었으며 시행된 혼인에 아무 반대가 없다는 것을 교

---

6   §237-41을 참고하라.

회에 공식적으로 알리는 것이다. 최종적으로 교회와 국가는 혼인을 금지하고 있는 혈연 관계의 범위에 대해 동의해야 한다.

로마 가톨릭 교회 §311

마지막으로 덧붙이자면, 로마 가톨릭 교단의 국제적 성격 때문에 우리가 그것의 예외적인 입장에 관해 침묵해서는 안 된다. 우리는 다섯 가지 점들에 국한한다.

(1) 이 교단은 1795년, 1848년, 1853년[7] 등에 획득한 권리가 방해받거나 축소되지 않도록 두어야 한다.

(2) 국왕은 교황과 어떤 세속적 권력 관계도 갖지 않는다.

(3) 종교적 행렬은 림부르흐, 노르트브라반트(후스덴과 알테나는 제외된다) 및 로마 가톨릭이 인구의 90% 이상을 구성하는 지역에서만 허용된다.

(4) 양심의 자유를 보호하기 위해, 정부는 거의 배타적인 로마 가톨릭 지역에서 다른 신앙을 가진 사람들이 (신념의 형태 이상으로) 로마 가톨릭으로부터 받는 어떤 압력에 대해서도 확고하게 대응해야 한다.

(5) 정부는 보통의 통신연락위원회를 통하는 것 외에는 이 교단의 위계질서와 어떤 관계도 맺지 않는다.

---

7   1795년 바타비아 혁명은 모든 종교적 신념의 평등을 확정했고, 1848년 새로운 헌법은 교회에게 조직의 완전한 자유를 허용했고, 1853년 교황은 네덜란드에서 주교의 위계질서를 강조했다.

정당 정책

제21조

마지막으로 이 원칙들의 수락을 위해 정당은 자신의 독립을 유지하고, 다른 정당에 통합되는 것을 허용하지 않으며, 당의 독립성이 침해되지 않으면서 분명하게 서술된 강령에 대한 사전 합의를 조건으로 다른 정당과의 협력을 수락한다. 이런 이유로 당은 자신의 후보들과 함께 1차 선거에 참여하고, 결선 투표 동안 상황에 따라 행동할 권리를 갖는다.

I. 창당

§312 창당의 의무

여러분은 우리 사회에서 창당(創黨)하는 것이 잘못이라고 말하는 사람들을 만날 수 있다.

그들의 견해에 따르면 절대 정당을 조직할 수 없다. 그들은 모든 창당이 부도덕하다고 말한다. 단순히 "정당"이라는 개념 자체가 비난받을 만하다는 것이며, 정당을 조직하려는 순간 그 사람은 미끄러운 비탈에 놓인다고 주장하는 것이다.

개인적으로 주상고행자 시므온 같은 우리 시대의 이런 (주로 엘리트인) 사람들은 외로운 고독 가운데 자기만의 기둥 위에 머무는 것을 선호한다.[1] 그들은 모든 정당의 유대 관계를 회피하며, 아마도 자신들의 고상하고 도덕적인 높은 성채 위에 서서 정당을 조직하려는 당신의 열정을 비난하는 데 주저하지 않을 것이다. 그리고 때때로 그들은 정당을 결성하기 원하는 당신을 반대하기 위해 다른 중요한 사람들과 함께 정당처럼 행동함으로써 스스로를 동일한 범죄에 빠지도록 한다.

우리는 이런 폐쇄적인 입장이 아니다. 우리는 그것에 굴복하지도 않는다. 대신 우리는 이런 입장을 아주 교묘하고 무의식적인 자기중심

---

1   주상고행자 시므온(Simon the Stylite, 459년 사망)은 "기둥 위의 은둔자"(pillar-hermit)였고, 시리아의 알레포 외곽에 있는 기둥 위의 좁은 평면에서 37년간 생활한 것으로 유명하다.

주의의 표현이라고 비난하지 않을 수 없다.

근본적으로 이런 참여의 거부는 단지 프랑스 혁명의 이념이 기독교 사회에 수입한 거짓된 개인주의의 정치적·도덕적 영역에 대한 표현이고 기독교 신앙의 핵심에 역행하는 것이다. 확실히 기독교 신앙은 우리에게 동일한 기원, 공유된 책임, 도래할 하나님 나라를 생각나게 할 공동체, 연합, 그리고 조직을 권고한다.

그리스도 자신이 바로 모든 것들에 대한 유기적 갱신을 상징하는 이미지이고 영감이며 성육신이었다. 개인주의, 그리고 개인들의 집합으로서의 국가라는 잘못된 생각을 낳은 것은 기독교가 아니라 그 정반대의 입장이다.

기독교적 접근은 개인을 대할 때 그가 자신의 입장을 가져야만 하고 자신에게 머물러 있어야만 하는 특별한 사람이라고 생각하지 않는다. 오히려 그 정반대다. 그것은 사람의 견해들이 다른 사람들의 확신과 동화될 때까지 심리되고 점검된다고 인식한다. 그것은 낮거나 높은 위치를 차지하든지 간에 그 사람이 다른 사람들과의 의식적이고 구체적인 관계가 없다면 무력하다고 이해한다. 그것은 낮은 자들과 손잡는 것이 높은 자들과 거리를 두는 것보다 더 낫다고 알고 있다. 그것은 살아 계신 하나님에 대한 믿음에 뿌리를 둔 원칙들의 요구에 따라서 마땅히 해야만 하는 것이다.

죄가 들어오고 그 죄가 사람들로 하여금 진리의 편에 들기를 원하는 대신에 진리를 반대하는 집단을 형성하게 만들 때, 그리고 더욱이 진리를 따르기로 선택한 사람들 가운데 큰 차이가 발생할 때, 모임과 연합에 대한 요구는 직접적인 정당 형성으로 이어질 수밖에 없다는 것이 우리의 결론이다.

결국 심각한 차이의 존재는, 영구적이든 잠정적이든, 전체를 통합하거나 모든 사람과 함께하기를 원하는 것이 방향착오라는 것을 보여준다. 두 개 혹은 그 이상의 입장들이 즉시 존재할 것이므로, 누구도 전체를 구성하지 못하며 그것은 단지 전체의 일부다. 따라서 각각의 "일부"가 당을 구성하는 것이다.

§313 교회가 아닌 국가 속 정당

이 사실은 교회 안에 정당이 있어서는 안 되고 오직 국가와 사회 안에 정당이 있어야만 한다는 것을 암시한다. 정당에 대한 혐오증이 거의 언제나 교회 지도자들에 의해 제기되기 때문에[2], 그들은 상대적으로 말해서 종교적 영역을 위해 옳고 적절한 것을 정치적이고 사회적인 영역에 양보하고 있는 것이 명백하다.

상대적으로 말해서 그렇다. 이 점에서 교회와 국가 사이의 차이는 바로 다음의 것이다. 국가는 건전해지기 위해 창당이 필요하고, 반면에 교회 안에서의 창당은 내적 질병의 증상이다. 국가에 정당이 있다는 것은 당연하다. 그러나 교회 안에는 어떤 정당도 있어서는 안 된다.

교회가 자신의 생명 원칙에 충실하게 남아 있는 한, 어떤 정당도 생길 수 없고 생기지도 않는다. 그러한 모더니즘, 아리우스주의 혹은 거짓 철학 같은 교회의 생명 원칙과 다른 요소가 교회의 뿌리에서 환심을 산다면, 교회는 창당에 대한 강요를 피할 수 없고, 교회의 생명

---

2   카이퍼는 여기서 전체로서 국가에 속하기를 원하는 도덕적 평화주의 학파인 니콜라스 베이츠(Nicolaas Beets, 1814-1903) 박사와 다른 신학자들을 언급한다.

원칙을 사랑하는 사람들은 외래 침입자를 추방하기 위해 서로 연합할 도덕적 의무를 부담할 것이다. 그러나 일단 그 목적이 달성되면, 그들은 "모두가 다시 형제애로 살아가"게 될 것이다.[3] 반대로 사회적·정치적 영역의 영구적인 특징으로서의 정당의 존재는 정상 상태의 표시다.

한편 정치적 영역에서는 영구적이고 종교적 영역에서는 잠정적인 창당의 반대자가 진리를 품지 않는다는 것을 의미한다거나, 반대로 우리 쪽은 모든 것이 순전하다는 것을 의미하지는 않는다. 또한 반대하는 당의 모든 사람들이 우리가 반대하는 원칙을 지지한다거나 우리 편 사람들이 더 나은 원칙으로 뭉쳤다는 것을 의미하지도 않는다. 현실은 언제나 상대적이고 그런 과장되고 배타적이며 개별적인 개념과는 거리가 멀다. 그러나 그렇게 말하는 순간 당신의 반대자들은 일치 단결하여 보호되어야 할 주요 명분으로 당신 영혼에 각인된 것에 전체적으로 등을 돌린다. 반대로 당신에게 신성시되는 명분은 관습이든 본능이든 의지에 따른 선택이든 폭넓은 당신 지지자들 가운데서 흔들리기 시작할 것이다. 그런 의미에서 창당은 당신의 고귀한 명분에 가해지는 공격을 무찌르기 위해 가용한 모든 세력을 동원하기 위한 것이며, 또한 혹시 당신이 조직을 결속시키는 데 실패했을 경우에 무기력해지고 방치될 위험에 처한 것을 구출하여 유지시키기 위한 것이다.

거듭 강조하지만 우리는 마치 진리가 우리를 유지시키는 것이 아니라 우리가 진리를 유지시키는 것처럼 생각해서는 안 된다. 그것은 우리가 진리를 위해 증거하고 일하며 고통 받기 위해 부름을 받았으므로, 그 증거, 열정, 그리고 십자가가 우리를 화살 꾸러미처럼 조화 가운

---

3 시 133:1, "보라, 형제가 연합하여 동거함이 얼마나 선하고 아름다운가."

데 연합하도록 명하신다는 것을 의미한다. "작은 일은 화합으로 번성하고, 큰 일은 불화로 사라진다"는, 고대인들에게 이미 알려졌고 하나님의 아들이 인정한 교훈에 따라서 말이다.

§314   가능한 문제점들

만약 창당이 쉽게 분파주의와 명예롭지 못한 관습으로 이어진다고 말함으로써 반대한다면 다음과 같이 질문하겠다. 남용의 위기 때문에 적절한 사용을 거부하는 것이 정당화될 수 있는가? 예를 들어 도덕폐지론의 위험때문에 은혜의 원리를 비난하거나 합리주의에 대한 두려움 때문에 이성의 사용을 비난할 수 있겠는가?

만약 정당형성이 모든 것을 흑백으로 간주한다는 반대가 있다면―반대자들은 최악으로, 지지자들은 최선으로―이런 도덕적 순화주의자들은 결혼하지 않고 아이를 가지지 않으며 친구도 사귀지 않는 것이 낫다고 생각해야 한다. 왜냐하면 자신의 아내, 자녀 혹은 친구가 논쟁에 관여된 경우, 그들이 잘못이라고 간주하거나 혹은 그들에 대한 당신의 사랑에 모욕일 수 있는 중립적 태도를 취하는 것이 자연을 거스른다는 것을 모든 사람이 알기 때문이다.

최종적으로 만약 사람들이 정당 형성이 대중들을 부정직하게 만드는 것과 흥분으로 열광하게 만드는 대중 지도자들에 대한 위험을 지적한다면, 기독교 교회의 관직들도 철폐되지 않아야 하는지를 질문하면서 반박하련다. 우리 모두는 설교자의 직책처럼 내적인 영적 진리에 위험한 것은 없고 회중의 목사직보다 더 과잉 애착으로 부패에 노출된 직업은 없다는 것을 알기 때문이다.

확실히 정당 부패는 덫과 올가미로 어지럽혀진 분야라는 것을 인정한다. 정당의 형성은 많은 난파선들을 배출한 함정이고 그래서 다른 어떤 곳보다 밝은 불빛을 요구한다. 그것은 경고와 기도를 요구한다. 그럼에도 불구하고 이런 이유들이 정당의 형성을 반대하는 것을 허락하거나 용납할 수 없다.

더구나 결론적으로 말해서 다른 나라에서 정당의 형성은 몇몇 분파와 개인들의 경우를 제외하고는 관례이기 때문이다. 그것은 공개적으로 실행되고 공적인 삶이 더 건강하다는 기준에서 더 온전하게 작동한다. 진짜로 당신들은 고도로 파편화된 완고한 자아를 가진 작은 나라에서 정치 혐오라는 독특한 식물을 마주치게 되는데, 그것은 다른 곳에서는 잡초로 거부되었지만 우리 중에서는 너무 오랫동안 관상용 식물로 존중받았다.

우리는 정당이 아니면 혼란을 겪는다! §315

그러나 만약 우리나라의 그리스도인들이 정당을 조직하는 것으로부터 후퇴하는 것이 허용되지 않았다면, 그들이 그 계획을 중도에 중단하고 그 일을 끝내는 것이 얼마나 파괴적인지 명심해야 한다.

오랫동안 우리의 상황이 그렇듯이, 우리는 정당을 설립하라는 요구를 받아왔다. 그러나 우리가 듣게 되는 것은 내부 논쟁에 관한 소식이다. 표면상 외부에 대한 통일된 전선을 세우는 동안 내부적으로 우리는 모든 상호 책임을 외면했다. 우리는 조직력의 결핍으로 단지 낭비하고 상실되는 세력을 동원했다. 리더십은 세워져야 한다고 말하지만, 모든 사람이 자신들의 시각에서만 옳은 것을 한다. 무능한 자들은 종종 신뢰가 사라지는데도 말만 한다. 마음을 어지럽히는 불안감이 사람들 가운데서 느껴지는 것이다. 반복된 실망감이 우리를 소진시킨다. 우리는 부러움과 질투에 사로잡혀 있다. 서로를 비난한다. 보존을 위해 우리에게 위임된 거룩한 신뢰는 거듭 구타당하고 망가져서, 우리는 그것을 바라보지도 못하고 단지 눈물만 흘릴 뿐이다.

§316   정치 조직

이런 고민은 대중적이고 전국적인 정당 조직만이 해결할 수 있다.

먼저 우리는 우리 자신에게서 정당의 활동에 참여하는 것을 창피스러운 것으로 여기는 그런 미약한 불안감을 제거해야만 한다. 그 감정은 모든 것을 사적인 영역으로 몰아넣고, 정당을 반계몽주의자들의 시도로 낙인찍으며, 우리가 얼마 전에 어느 선거구에서 목격한 충격적인 음모[4]가 마음대로 난무하도록 만든다.

그러나 우리는 잘 조직되고, 충분히 투명하고 책임 있는 조직에 대한 마무리에 중점을 둘 필요가 있다. 그것은 원칙에 대한 전통 및 생활 방식의 일치에 뿌리를 둔 조직이 되어야만 한다. 그렇게 뿌리를 둠으로써 시간이 지남에 따라 그것은 상호 연관된 개념과 생각의 체제를 발전시킬 수 있다. 그러한 조직은 원칙적인 방식으로 이 개념들을 사회정치적 영역에서 토론 중인 문제들에 적용하는 것을 배울 것이다.

---

4   이것은 1878년 겨울 후스(Goes) 지역의 판 린든 판 산든부르흐의 테오도르 남작(Threodor baran van Lynden van Sandenburg)의 입후보에 대한 언급이다. 판 린덴 판 산덴부르크는 지역 반혁명당 유권자클럽 모임에서 "신뢰할만한 기독 정치인"으로 추천되었다. 후에 알려진 일이지만, 그는 교육의 자유를 위한 반혁명당의 요구에 대한 전적인 지지를 거부했다.

그럼으로 그것은 회원들을 강령 속으로 끌어들이고, 그들에게 영감을 주며, 그것의 실현을 위해 활동하기 위한 힘을 통합하고 조절할 것이다.

그런 조직에서 가장 중요한 덕목은 회원들이 어떻게 희생해야 하는지를 알고, 다른 사람들에게 어떻게 희생할지 보여주는 것이다. 돈을 가진 사람은 자신의 돈을, 영향력을 가진 사람들은 자신의 영향력을, 생각할 수 있는 사람은 자신의 지적 노동을, 연설할 수 있는 사람은 자신의 말의 무게를 그렇게 한다.

언론, 유권자 클럽, 정당 본부 §317

그런데 일단 작동하기 시작한 이 세력이 실패하여 파괴되거나 혹은 낭비되지 않기 위해서는, 나라 전체의 사람들이 연합하고 그 조직이 무엇을 책임지고 있는지 모든 사람들이 아는 것이 필수적이다.

우리의 입장만을 위한 것이 아니라 반대자들을 물리치고 우리의 방어벽을 강화하기 위해 독자적인 언론이 필요하다. 언론은 유권자 클럽의 네트워크와 연결되어야만 하는데, 유권자 클럽들은 지역적이고 독립적임에도 불구하고 목표와 강령에 있어 하나이며 전국 본부와 연결된다. 이 클럽들은 선거 동안 필요한 것은 무엇이든지 조직해야 하고, 과거 홀란트의 갑옷 속에서 번쩍이었던 것처럼 사자가 앞발에 쥐고 있는 화살 묶음을 과시해야 한다.[5]

5　군대의 갑옷 속에 일곱 화살의 묶음은 1579년부터 1795년 사이 존재했던 네덜란드 공화국의 일곱 연방의 통합을 상징한다.

마지막으로 언론과 클럽 둘 다 정당의 정치 지도자들과 연결되어야 한다. 그들은 모든 사람들이 알지 못하는 것을 알고 있고 행동을 취해야 하는 방향을 지시한다.

만약 우리가 의회의 영역에서 행동할 수 있는 단계까지 발전했다면, 이 방향의 제시는 영국, 독일, 그리고 프랑스에서처럼, 의회 내 정당 교섭 단체를 통해 이루어질 것이다.[6]

그러나 오늘날 우리는 단지 국민들의 일부다. 자신을 반혁명파라고 일컫는 의회들[7]은 모든 측면과 의미에서 우리의 강령에 포함될 수 없다(포함되기를 원치 않을 것이다). 그러므로 이런 상황에서 유권자 클럽[8]의 지시에 따라 반혁명당이 안전하게 미래를 위탁할 수 있는 사람들에 대한 지명은 당의 중앙 본부가 해야 할 것이다.

모든 유권자 클럽의 협조를 통하여 건전하고 논리적인 방식으로 당 본부에 도움을 주는 이 목표가 달성되면, 나라 가운데서 강하지만 분리되고 공격받는 우리의 집단들은 질투와 부러움이 소멸되고 싸움이 침묵을 지키는 그 시간을 환영할 것이다. 유기적이고 도덕적으로 작동하는 정당의 기강과 함께, 우리의 깃발에 충성을 맹세한 사람들은 반대자들에 대해 간접적인 지원을 하는 것이 여론에 의해 금지될 것이다.

---

6 이런 주먹구구식 규칙을 카이퍼 자신은 따르지 않았다. 1888-91년 사이 마카이 내각(Mackay), 그리고 1908-1913년 헤임스케르크(Heemskerk) 내각을, 카이퍼는 「드 스탄다르트」(De Standard)의 칼럼에서 격렬하게 비판했다.

7 그 당시에 10명 정도였다.

8 이것이 카이퍼의 생각이었지만 실제로는 반대 경로를 따라갔다. 자신의 선거구에 누구를 지명할지에 관해 당본부로부터 유권자 클럽에 대한 초기의 제안은 종종 무시하기 어려운 지시가 되었다. 당의 본부는 중앙위원회에 의해 담당되었고 중앙위원회 의장은 카이퍼였다.

II. 고립과 협력

반혁명당 창당 §318

만약 주류 집단들이 당신들의 원칙을 무시하고 그것을 붕괴시키며 당신들에게 대항한다면 우리가 알듯이 독립 정당을 창당하는 것은 합법적일 뿐 아니라 필수적이다. 결국 그 원칙은 당신 생각의 원천이고, 개념의 뿌리이며, 그러므로 당신에게는 신성하고 진리로 간주되는 세계관이다. 그렇다면 우리 반혁명파들이 그런 정당을 조직할 의무가 있다는 점에는 의문의 여지가 없다.

모든 사실은 우리 편이며, 모든 환경은 공동으로 우리에게 별개의 정당을 조직할 권한을 부여하고 있다.

우리는 국가의 중심에서 그 가장 정제되고 숭고한 전통 가운데 하나를 전달하고 대표하는 자들이다. 그 전통은 우리가 하나의 독특한 형태의 국민성을 형성해 낼 때 여전히 영향을 미칠 수 있다. 확실히 그 형태는 그것이 파산했을 때와 동일한 모습으로 부활될 수 없다. 이것의 사명은 형성되기 시작하는 새로운 국가의 유형에 그 특성을 이전하는 것이다.

귀족 가문의 역사적 혈통을 가진 아이들처럼, 우리는 로마 가톨릭의 중세적 유형 및 여전히 신선한 모든 종류의 자유주의의 형성에 대항하여 우리의 독특한 특징을 주장한다. 우리의 원칙은 진정 근본 원칙으로 불릴 수 있다. 그것은 가정과 가족, 교회와 국가, 폭넓은 사회에서,

그리고 학문의 세계에서 우리 삶의 성격과 방향을 결정하기 때문이다.

더구나 최근 국민청원은 중요한 순간에 우리의 깃발 주변에 모이는 일부 사람들로부터 별개의 조직이 엄청난 지지를 받는 것을 보여준다. 몇 주 이내에 국민의 1/4 이상을 동원하고 있는 이 집단은 국가 의회에 대해 발언하고 투표할 명백한 권리가 있다.

우리의 원칙이 신학적 제도로는 충분하지만 정치에 대해서는 그렇지 않기 때문에 우리는 거기에 맞지 않다는 말을 들어왔다. 논리적으로 일관성 있고 실용적인 제도는 아니라는 것이다. 우리는 본 강령이 그들의 이런 편의적인 변명을 바로잡아준다고 자부한다.

§319 보수주의자들과의 단절

한편 다른 정당들이 우리와 어떤 접촉점도 갖지 않는다고 말하지는 않겠다. 반대로, 우리는 역사적으로 성장한 것에 대한 애착과 우리의 영광스러운 과거에 대한 그들의 존중에 대해 보수주의자들을 칭송한다. 우리는 헌법적 자유에 대한 열렬한 지지에 대해 자유주의자들과 연관되어 있다. 우리는 1789년의 생각에 대한 강력한 반대에 대해 로마 가톨릭에 경의를 표한다. 우리는 사회의 유기적 권리의 옹호에 대해 급진주의자들을 존경한다.

그러나 우리의 반대자들의 다소 호의적인 견해가, 우리 자신의 정당을 만들어야 하는 의무로부터 우리 자신을 면제시킬 수는 없다.

이것에는 세 가지 이유가 있다. 때때로 그들은 우리가 원하는 것을 원한다. 그러나 다른 방식으로 원한다. 혹은 그들은 단지 그것의 일부만 원한다. 혹은 그들은 사람을 위한 행복의 바람직한 원천으로가 아니라 필요악으로서 그것을 원한다.

참으로 우리는 종종 우리에게 할당된 역할에 대해 입막음을 할 수
없다. 우리 반혁명파들은 연합의 파트너나 어떤 진영의 회원 또는 대
중 정당의 동조자가 되어야 한다.

우리는 실망이나 성급함 혹은 배은망덕함으로 보수주의자들의 집
으로부터 철수한 것이 아니라[9], 단지 우리가 거기에 속하지 않음으로
더 이상 그것을 견딜 수 없었기 때문이다. 만약 우리가 곰팡내가 나
는 고루한 건물에 남아 있다면 우리의 건강은 위험에 빠지게 된다. 만
약 그들이 공개적으로 종교에 무관심했더라면 차라리 견딜 만했을 것
이다. 그러나 우리는 보수주의자들이 우리의 신성하고 소중하고 원초
적인 확신들, 바로 거룩한 하나님의 영광에 대해 들먹이는 방식을 지
켜볼 수밖에 없다. 그렇다. 그들은 자신들이 유용할 때만 그것들을 들
먹이고, 그것들을 하위 질서에 대한 고려와 정치적 편의의 계산에 종
속시켰다. 그것은 우리의 호흡을 제약했고 참을 수 없을 만큼 우리를
화나게 했다. 그것은 우리의 모든 열정을 죽이려고 위협했다. 우리는
그것을 지나칠 수가 없다. 왜냐하면 그것은 우리의 양심을 갉아먹고
엄청나게 괴롭히기 때문이다.

1853년에 일어난 일 이후 10년 만에 로마 가톨릭을 자신들의 조
직에 받아들임으로써 보수당은 우리에게도 마찬가지로 문을 열었다.
많은 사람들은 보수주의자들이 1853년에는 로마 가톨릭에 반대하고
1863년에는 찬성하는 게임을 하는 것을 1868년에야 비로소 인식하

---

9   이것이 흐룬 판 프린스트르르(Groen van Prinsterer)가 8년 전에 보수주의자들과 단절한 이
유였다. 이 다음에는 카이퍼의 더 급진적인 입장이 전개된다.

게 되었지만, 그것이 비도덕적인 이유는 로마 가톨릭과 동맹으로 이어
졌기 때문이 아니라, 그것이 조직적인 기회주의의 명백한 증거이기 때
문이다.[10]

§320 두 보수주의 내각

우리는 이런 모순된 모든 사실을 조사하는 고통으로부터 우리 자신
을 구할 수 있다. 우리 지지자들의 조직은 상당수가 1840년대 초반까
지 보수주의자들과 함께했고, 1853년 이후 시기에 가장 강했다.[11] 그
들은 그곳에서 편안했고 보수주의 사람들과 한 마음이라고 생각했다.
그 환상은 상당히 오래 지속되었는데 경건한 관습이 보수주의자들 가
운데 여전히 남아 있었기 때문이다. 그리고 우리 집단이 아직 자각하
지 않았기 때문이다. 이것이 1866년 말경 모든 단체가 「다그블라트」
(Dagblad)와 그 단명한 창조물인 헤임스케르크(Heemskerk Van Zuylen)
내각을 의탁하는 동안 일반 대중들은 홀로 남겨졌던 이유[12]를 설명
한다. 그러나 내각이 우리에게 동조하기는커녕 우리에게 알려지도 않

---

10 1853년 반가톨릭 운동이 일어났다. 1863년 보수당 내각은 몇몇 공동체의 신부들이 개혁주
의 교사들이 자신들의 종교를 포교하기 위해 성경을 사용한다고 불평한 후 공립 학교로부터 성
경을 제거하는 지시가 내려졌다.

11 1840년 벨기에의 탈퇴 이후 헌법이 개정되었다. 1848년 자유 헌법이 채택되었다. 1853년
가톨릭 계서제를 복구하려는 움직임에 대항하여 반대자들이 들고 일어났다.

12 카이퍼는 여기서 왕이 인도네시아의 총독에 식민지부장관을 임명한 것에 대한 정부의 묵인
을 비난한 크흐니우스(Keuchenius)의 발의를 상원이 채택한 것을 언급한다. 흐룬 판 프린스트르
르(Groen van Prinsterer)는 그 발의를 통과시키려는 의회의 권리를 옹호했다. 그러나 그의 보수
주의 친구들은 그것을 왕의 특권에 대한 불경한 간섭으로 간주했다. 「다그블라트」(Dagblad)는
헤이그에서 출간된 보수주의 일간지다.

고 사임했을 때, 분리의 시간은 돌이킬 수 없는 충격이었고 미리암의 찬송[13]─하나님을 찬송하라─아래 우리는 다른 이집트로부터 출애굽을 했으며 다시 한번 자유인이 되었다.

그러나 그런 서글픈 실망 이후 만약 과거의 관계를 회복시키려는 희망 가운데 있는 사람이 있었다면, 두 번째 보수주의 내각인 헤임스케르크(Heemskerk Van Lynden) 내각은 이 마지막 환상을 잔인하게 부숴버렸다. 원칙이 없는 내각의 지도 하에 정치적 국면에 관한 한 보수주의 정치인들은 자신들의 개인적 경건에도 불구하고 권력의 자리를 위한 경쟁에서 우리 그리스도인들의 숭고하고 거룩한 이해를 단순한 인질로 다룰 것이 더 분명해졌다.

그러나 모든 경우에 우리 뒤에 숨어 요소요소에서 우리를 배신하는 사람들을 왜 계속 보호해야 하는가?

이제 독립적인 정당이 있다. 다른 모든 정당들은 우리를 그렇게 인정할 것이다.

비록 우리 지지자들 중 선임자들 가운데 과거의 공감을 떨쳐버릴 수 없는 몇몇 사람들이 있을지라도, 우리의 독립에 대한 감사와 자부심은 우리 모두를 압도해서 앞으로는 우리가 다른 정당에 흡수되고 이용될 것이라는 두려움은 순전히 가상적인 것으로 일축될 것이다.

---

13 출 15:21을 보라.

만약 우리가 의회의 정당이 아니라 오직 국민의 정당이라는 사실을 놓치지 않는다면, 우리는 독립적인 정당이다.

정당의 건전한 형성은 사람들 자신으로부터 말미암는다. 필요, 욕구, 그리고 높은 양심은 먼저 사람들의 마음속에서 일어나야만 하고, 그들 가정의 은밀함 속에서 조용히 논의되어야만 한다. 거기서부터 집단 형성으로 토론이 옮겨가고 거기서부터 더 넓은 집단으로, 사람들이 손을 잡고 자신들의 세력을 결합하며, 그리고 정해진 목표에 자신들의 통일된 힘을 조준하는 단계에 조용하지만 점진적으로 도달한다.

이것이 바로 사람들의 정당이 사람들의 양심으로부터 탄생하는 방식이다. 그러나 이제는 전진하여 의회 정당이 되자. 그것은 다음 사항을 요구한다. (1) 사람들의 마음속에 자라난 생각은 정치적 영역으로 옮겨져서 현 정부 정책의 문제들에 대한 실용적인 해결책으로 표현될 필요가 있다. (2) 정당의 가용한 세력은 사회적인 영역에서 힘을 합칠 뿐 아니라 정치적 구조의 틀 가운데 인도되는 것이 필요하다. (3) 그 집단에게 생기를 불어넣는 핵심 아이디어는 보통 사람들이 시민 사회에서 반대를 시작하는 것만큼이나 확고하게 의회 영역에서도 반대 의견을 제기할 수 있는 교육을 받은 뛰어난 사람들에 의해 받아들여질 필요가 있고, 또한 요구가 있다면 사람들의 정의와 공평의 요구에 부합한 핵심 아이디어를 법으로 옮기기 위해 그 사람들을 국왕의 장관으로 복무시킬 수 있다.

우리는 의회 정당이 아니다. "아직 멀었다." 우리는 여전히 세 가지 필수 요건이 부족하다. 즉 우리 아이디어의 정치적 표현, 정치 조직, 그리고 정치인의 조직이다. 여전히 우리는 의회 정당이 되기 위해 노력해야만 한다.

이것을 위해, 현재의 논의는 우리 아이디어가 정치적 표현에 도달하는 데 있어 첫 번째 기여 및 공식적 정당 조직을 향한 첫걸음으로서 도움이 될 것이다. 만약 우리가 조만간 반혁명적 국정 운영을 지지하는 교수들 주변에 지적인 정치학도들을 모으기 위한 자유 기독 대학교 (a free christian university)[14]를 세우는 데 성공한다면, 아마도 하나님의 은총으로, 미래 세대는 우리의 생명력 없는 현 정치 제도의 마른 뼈에 반혁명적 고백의 정수를 주입하는 일에 견고한 정치인 집단을 신뢰할 수 있게 될 것이다.

당분간 통치에 참여하지 않는다 §322

우리가 아직 이 지점에 도달하지 않았지만 다음 세 가지는 확신있게 말할 수 있다.

(1) 우리는 통치와 관계된 어떤 활동도 삼가고, 여론을 함양하는 데 우리의 모든 노력을 집중한다.

(2) 우리는 상원에서 우리의 색채를 보여주기 위해 명망 있고 뛰어난 사람들을 기꺼이 존경해야 한다. 때때로 비록 우리가 그들과 일치하지 않고 다른 의견을 품지만, 우리는 기도로 그들을 지지해야 하고 그들에게 우리의 사랑을 계속 베풀어야 한다. 왜냐하면 그들이 헌법적 의미에서 우리 정당을 대표하기 때문이 아니라, 그들이 우리의 간절한

14　자유 대학교는 20개월 후인 1880년 10월에 개교하였다. §169와 그것의 주석을 참고하라.

소망 중 하나를 의식하게 되자마자 두려움 없이 지치지도 않고 우리를 위해 공격의 정면에 서는 용감한 지도자들이기 때문이다.

(3) 현 상태로는 우리가 반혁명적 리더십 아래 행정부를 인수하게 되는 일은 아마 없을 것이다. 불가피한 경우(또는 우리가 우리의 원칙을 포기할 경우에만) 그것이 가능할 것이다. 그런 행정부는 반혁명적 정신에 따라 정치에 일반적 변화를 가져오는 일을 꿈만 꿀 것이다. 그것은 자신의 지상과제를, 편협하게 설정된 과업을 마무리하기 위해 잠시 지나치는 결이 다른 간주곡 쯤으로 치부하게 되고 말 것이다.

§323   선거에서의 협력

최종적으로 선거에서의 고립에 관한 한, 역사적으로 이 맥락에서 다른 정당과의 통합에는 반대하지만, 의회에서 다른 정당들과 협력하는 것은 말할 것도 없고, 선거 기간에 다른 정당들과 함께 일하는 것에 아무 반대도 제기하지 않는다.

유일한 조건은 정직한 방법으로 일이 진행되어야 하고 협력을 논의하기 위한 기구가 정해져야 한다는 것이다.

1871년 선거 이전에 우리는 다음 조건이 충족된다면 어떤 형태의 협력도 거부하지 않는다고 분명하게 말했다. 만약 (1) 우리가 영구적으로 구속되지 않는다면, (2) 협력의 목적이 정확하게 정의된다면, (3) 우리가 완전히 동등하게 대우받는다면, (4) 1차 경선에 우리가 우리의 후보자를 내보내는 것이 허용된다면, 그리고 「다그블라트」(Dagblad)가 이 제안들 중 적어도 한 가지를 확고하게 거부한 후, 우리는 다른 정당들을 더 이상 의식하지 않고 혼자 가기로 결정했다.

이 사건으로 우리가 모든 형태의 협력을 원칙적으로 부도덕한 것으로 비난한다고 결론 내려서는 안 된다.

반대로, 우리의 이중적 선거 제도 아래,[15] 평등의 원칙 아래, 그리고 우리의 원칙을 포기하지 않는 한 할 수 있을 때 협력하는 것은 필수적이다.

그러므로 우리는 1871년에 우리의 출발점으로 선택한 것을 계속 반복해야 한다. "만약 그것이 적절히 정의된 프로그램과 관계가 있고, 그 프로그램이 실현되었을 때 종결하며, 우리의 원래 독립을 침해하지 않는다면, 우리는 협력을 거절하기보다 환경에 따라 보수주의자, 자유주의자, 가톨릭 혹은 급진주의와의 협력을 희망한다."

협력을 논의하기 위한 조직 §324

그러나 그런 생각을 실행하기 위해 우선 우리뿐 아니라 우리나라의 모든 정당이 다른 나라의 정당들처럼 확실한 기반 위에 조직되는 것이 필수적이다

오늘날 현 상태로는 협력이 가능하지 않다. 왜냐하면 정당들이 공개적·공식적으로 서로 마주할 기회가 없기 때문이다.

신문 편집자들과 협력할 수는 없다. 조직되지 않은 정치 조직과도

---

15 두 명 이상의 후보자가 한 지역에 출마하고 아무도 단순 다수결을 얻지 못할 때 두 명의 최고 득표 후보자들 사이에 결선 선거를 하는 관행에 대한 설명이다. 이 추가적 라운드는 패배한 후보자의 지지자들이 자신들의 두 번째 후보자들을 투표할 수 있게 한다. 1890년까지 칼뱅주의자들과 가톨릭 유권자들 간의 연합은 결선 투표에서 서로의 후보자들을 위해 투표하는 합의를 포함했다.

협력할 수 없다. 무작위로 발생한 유권자 클럽과는 더욱 그렇다. 가톨릭의 경우 주교와 교황대리인과도 특히 그럴 수 없다.

이것은 선거 기간에 모호한 합의가 만들어지는 상황을 만들고 어느 누구에게도 도덕적인 구속력 이상의 효력을 가지지 못한다. 그러므로 나중에 내각에 있는 정치인들에 의해 즉시 무시된다.

우리는 더 이상 우리 국민들이 이 상황의 희생자가 되기를 원치 않는다. 이 함정을 피하기 위해 우리 정당이 공식 조직의 모범을 보이는 것이 바람직하다고 생각한다. 그래서 미래의 당 수뇌부는 지역 조직에 의해 밑바닥으로부터 선출되어 공식적으로 권위가 부여되고, 만약 다른 정당들도 정상적인 방식으로 스스로를 조직한다면 다른 정당들이 대화하고 협상할 수 있는 조직을 창조할 수 있다. 그런 대화는 막후 협상으로 타결을 보기 위한 회담이 아니라, 공개적으로 특정한 목적을 달성하기 위해 상호 협조에 동의하는 정확한 조건을 확립하기 위한 회담을 성사시킬 것이다.

그것이 독일, 영국, 미국, 그리고 프랑스에서 진행되는 상황이다. 그러나 우리나라에서 은밀하게 진행되는 모든 것은 터무니없는 추측을 일으켰고 정치 관계를 저하시켰다.

우리 선거 제도의 개정은 최우선적으로 그런 권력의 집중에 초점을 맞추어야만 한다.

어느 때에 이르면 반혁명당이 완전히 발전된 조직으로 준비가 될 것이다. 정치적 활동의 중심에서 일할 준비가 되는 것이다. 그러나 진짜로 준비되었다고 말하기 위해서는 주변의 모든 거점지역들이 함께 준비가 되어야만 한다. 왜냐하면 우리 정치적 역량의 비밀은 국가 조직에 있는 것이 아니라 지역 지도자들에게 있기 때문이다.

지역 지도자들과 관련하여 마지막 질문으로 마무리를 하겠다. 진지하게, 우리가 승리할 가능성이 없는 지역구의 보궐 선거에 후보자를 내보내는 것을 포기하고 힘을 비축했다가 총선에서 후보자를 출마시키는 것이 현명하지 않겠는가?

결론

§325   우리의 목표는 칼뱅주의 유토피아가 아니다

이 글이 끝나가고 있다. 이것은 국가에 대한 우리 생각의 대략적이고 피상적인 미완의 개요만을 제공할 뿐이다. 이것은 단지 칼뱅주의적 반혁명파들만 배타적으로 살고 있는 국가를 충족시키려는 의도가 아니다. 오히려 우리의 목표는 다양한 사람들이 살아가는 나라에서 오늘날처럼 제멋대로인 것보다는 더 고상한 존재의 상태 및 더 자연적인 발전을 제공하기 위한 것이다.

만약 우리가 순수하고 온전한 칼뱅주의적 국가에 대한 정치적 합의를 제시하도록 요청을 받았다면, 틀림없이 많은 입장이 더 확실하게 세워지고 많은 세부 사항들이 다르게 나타났을 것이다.

그러나 우리의 목표는 칼뱅주의 유토피아가 아니다! 19세기 하반기에 실제적으로 존재하는 것은 네덜란드 왕국뿐이다. 종교적으로 말해서 인구의 2/5는 로마 가톨릭, 모더니스트, 실증주의자, 그리고 무신론자로 구성되어 있다. 정치적으로 네덜란드는 자유주의자, 보수주의자, 반혁명주의자, 교황지상권론자, 그리고 급진주의자로 구성된다. 그것은 또한 금세기의 역사를 포함한 역사적 과거가 있고 이전 시대의 잘못에 매여 있다. 이런 모든 복잡한 요소들을 고려하지 않고 정치적으로 개혁적인 강령을 제시하는 것은 비현실적이고, 부당하며, 비실용적이고, 비생산적이다.

반대당뿐 아니라 반혁명당이 우리에게 기대할 수 있는 것은 실제 상황과 일치하고 현재에 지침으로 도움이 되는 국가 정책의 개요다. 그리고 만약 우리가 시운을 탄다면 법으로 제정되는 정부 프로그램이 수립될 수 있다.

그러므로 우리가 제안한 것은 반혁명파의 입장으로부터 나왔지만 전국을 위한 것이다. 즉 그것은 모든 당사자들을 위해 타협안을 제안하는 것을 의미한다. 그 프로그램은 확실히 반혁명파 원칙의 특징을 반영한다. 그러나 성격과 의미에서 국가적인 프로그램이다.

이 책이 우리의 목적을 달성하는 데 어느 정도 성공했는지는 공감자이든 혹은 반대자이든 다른 사람들의 결정에 달려 있다. 그들이 이 목표를 무시하지 않을 것을 우리는 요청할 뿐이다.

반면에 우리 동조자들은 여기서 제시된 것이 순전히 신정적이지도 않고 그렇다고 진정한 이상에 대응하는 것도 아니라고 불평해서는 안 된다. 그런 불평은 우리가 해결하도록 요청을 받지 않은, 그러므로 공정한 평가에 대한 어떤 기준도 제시하지 못하는 전혀 다른 문제에 관한 것이다.

그러나 우리의 정치적 반대자들은 특별히 우리의 원칙에 영향을 받은 세부 사항만을 보면서 우리를 부당하게 판단해서는 안 된다. 그들로서는 여기서 발전된 원칙에 따라 통치되는 나라가 비인간적이고, 덜 희망적이고, 덜 숭고하다는 것을 입증할 수 있을 때 비로소 자신들의 입장에서 우리의 제안을 묵살할 수 있다는 것에 동의해야 한다.

그 외에도 우리 편에 있거나 반대편에 있거나 명심해야 할 것이 있다. 국가적인 프로그램을 제안하려고 열망할 때 중요한 것은, (1) 반혁명적 원칙이 분명하게 제시되는 것이다. (2) 이 원칙들이 어떤 논리적·역사적 연속성을 가지고 국가와 국가의 기능에 관한 어떤 개념으로 이끄는 것을 보여주는 것이다. (3) 그 원칙들이 어떤 실질적인 행동을 이끌어낼 수 있는지를 때때로 상세하게 보여주는 것이다.

많은 반혁명파들의 주요 실수는 그들이 하나님의 지배, 도덕의 중요성, 그리고 계시된 종교의 믿음에 대해 모호한 진술을 너무 쉽게 내뱉는다는 것이었다. 심지어 이것이 우리의 원칙에 관해 말할 수 있는 전부라고 생각하고, 더 심하게는 이런 도덕적이며 구체적으로 기독교적 요소가 국가의 기능과는 전혀 관계가 없다고 생각하는 것이다.

이런 식으로 사람들은 전혀 그렇지 않으면서도 반혁명파로 통한다. 즉 그들은 반혁명적 제도의 가장 기초적인 개념에 동의는 하지만, 그것의 정치적 의미보다는 그것의 종교적·고백적 의미에서만 한다는 것이다. 그 결과 그들은 독특한 정치적 입장에 대한 풍부한 혜택 없이 지내게 되고 기본적인 원칙에 관해서는 가장 반혁명적이라고 자부하지만, 그 원칙들을 정치적 문제에 적용하는 것에 관해서 그들은 보수주의자 또는 자유주의자다.

이런 개인적 교육과 훈련의 부족이 어떤 집단에서는 규칙이 되어서 혼란스런 사고 및 오해의 비옥한 토양으로 기능함으로써 공동 행동의 가능성을 차단한다. 점진적으로 이 단점을 극복할 수 있는 더 나은 접근법을 채택하기 위해 실제 생활에서 반혁명적 원칙의 중심부에서

부터 주변부의 모든 지점까지 관통하는 주요 논제들을 반복해서 때로
는 길고 장황한 글로 제시할 필요가 있다.

만일 반혁명당이 우리의 강령 전체를 통해 그들이 실용적일 뿐 아
니라 본질적이고 성취 가능한 국가적 문제에 접근할 수 있는 원칙을
갖추고 있는 것을 보여줄 수 있다면, 정치적 정당으로 청문회를 요구
할 권리가 있다.

하나의 공식적인, 그리고 세 가지 실질적인 원칙들 §327

여기서 토론된 범위 안에 있는 원칙들 가운데, 하나의 공식적인 원칙
과 문제의 본질에 관계된 세 가지 원칙들이 있다.

즉 공식적으로 진리에 대한 지식을 어디서 찾을 수 있고 또 찾아
야만 하는가라는 문제와 관련하여, 우리는 반복적으로 죄라는 사실에
직면하게 된다. 이 사실을 인정하는 것은 두 가지 결론으로 이끈다. 첫
째로, 인간의 마음은 죄로 오염되어서 스스로 진정한 정치 신념을 창
조할 수 없다. 둘째로, 죄로 혼탁해지고 부패한 인간의 삶은 정치에 관
한 신성한 생각들에 대해 순수함을 가지고 판단할 수 없다. 이 두 가지
믿음은 혁명적 사고방식으로부터 생긴 이론들 및 역사학파[1] 모두를
비난한다. 신성한 법에 대한 지식으로 이끄는 특별한 계시에는 두 가
지 길이 필요하다. (1) 하나님의 뜻에 대한 직접 계시를 통해서, 그리고
(2) 창조와 역사 속에 드러난 신성한 법에 더 많은 빛을 비춰 우리의

---

1 역사법학파는 계몽주의 합리주의에 반응하여 19세기 초에 생겨났다. 그것은 법이 시간이
지남에 따라 진화함으로써 국가의 정신 속에 근거하고 역사와 현 상황을 연구함으로써 확인된다
고 가르친다.

눈이 그것을 보게 함으로써 우리는 그 지식에 도달할 수 있다. 죄의 반대편에 하나님의 말씀이 서 있다. 그 말씀은 가톨릭적 해석에 얽매이지 않고 사람의 양심에 대한 영향 가운데 자유롭게 머문다.

세 가지 실질적인 원리에 관해 말하면, 그것은 세 가지 아이디어에 포함되어 있다.

(1) 각각의 독특한 영역에는 주권이 있다.

(2) 국가는 유기체이지, 총합이 아니다.

(3) 지적-영적 형성과 교육은 강제가 아니라 자율이어야 한다.

영역 주권이라는 표현은 사람들 가운데 권위를 행사하는 권리가 "주어진" 것이며 자생적인 권위가 아니라는 의미다. 다시 말해서 어떤 인간의 권위도 한 인간의 의지나 사람들의 집단적 의지로부터 생긴 것이 아니라, 주권적인 하나님의 자유롭고 고유한 권위로부터 발생한 것이다. 국가는 유기체이고 총합이 아니라는 것은 아렌(Ahren)[2]과 유기적 정치철학 학파처럼 국가의 구성요소들을 고립된 사슬관계로 축소하는 것을 의미하지 않는다. 그것은 인류—그 구성 요소인 국가 그리고 그 국가들을 형성하는 요소인 여러 삶의 영역—는 역사 속에서 유기적으로 성장했고 오직 유기적 전체로서만 도덕적으로나 사회적·정치적으로 번성할 수 있다는 것을 의미한다. 이것은 국가의 구성 요소들을 여러 개로 쪼갰다가 다시 합치는 것을 금지한다. 그렇게 하면 국가는 기계의 부품을 이어붙인 꼴이 되고 말 것이다. 국가는 우리에게 하나님의 법령에 의해 생명을 얻게 된 모든 것을 분별하라고 엄숙

---

2   Heinrich Ahren(1808-74), *Die Philosophie des Rechts*, vol. 2: *Die organische Staatslehre auf Philosophisch-anthropologischer Grundlage* (Vienna: Carl Gerold & Sohn, 1850).

하게 요청한다. 그렇게 함으로써 우리는 그것들이 하나님께서 허락하신 방식으로 다른 부분들과 연합하여 하나님 한 분 앞에 엄격하게 결합된 완전체로 성장할 수 있도록 만들어주는 것이다.

마지막으로, 지적이고 영적인 형성과 교육에는 강제가 아니라 자유가 있어야만 한다. 다시 말해 개인은 이와 같은 삶의 유기적 영역에서, 법적으로는 국가 공동체의 영향을 받고 유기적으로는 사회 공동체의 영향을 받음에도 그들의 지적-영적인 형성은 자유로워야 한다는 것이다. 왜냐하면 그것은 너무 숭고하고 고상해서 살아 계신 하나님의 직접적인 일하심을 통하지 않고서는 (비록 인간이라는 도구를 통하겠지만) 일어날 수 없는 것이기 때문이다.

삼위일체론 §328

우리가 위의 세 가지 원칙들을 요약한 것처럼, 마지막으로 감히 어떤 문제를 제기하는 것을 허락해주기 바란다. 이전 항목에서 오늘날조차도 대다수 국가들 간의 평화조약이 "거룩한 삼위일체"라는 거룩한 말로 시작한다는 점을 지적했다. 그렇다. 우리는 하나님을 그분의 말씀에 따라 "아버지, 아들, 성령"으로 고백하는 모든 사람에게 위의 세 가지 원칙이 정치적 영역에 대한 결과에서 하나님의 삼위일체에 대한 겸손하고 기쁨을 주는 고백인지를 묻겠다.

이를 고려해 보면, 그리스도인들은 근원적이고 효과적인 이유로 주권의 전달자가 아버지라고 고백한다.

인간의 유기적 일관성은 성육신하신 아들 덕분에 분명해졌다.

그리고 직접적으로 개인의 마음에 이르는 사역은 "성령"의 일이다.

만약 어떤 사람이 영역 주권이 유기적 관점과 분리될 수 없다는 것, 그리고 그것이 마음과 정신의 자유로운 활동을 전제한다는 것을 반대한다면, 우리는 이런 세 가지 광선의 교차가 우리 계획의 삼위일체적 특징을 무효화하기보다 오히려 확실한 보증으로 그것을 확증하는 것은 아니냐고 반문할 수 있을 것이다.

결국 그리스도인은 천국에 아버지, 말씀 그리고 성령을 증언하는 삼위가 있을 뿐 아니라, 이 삼위가 하나로 일치한다는 것[3]을 실제로 고백한다.

이 결론이 생략될 수 없는 이유는, 우리가 거룩하고 신비로운 하나님의 말씀이 아니고서는 바로설 수 없는 존재들이라는 점에서, 만일 우리의 연구가 하나님 자신, 즉 그의 성 삼위일체에 대한 고백에 기초하지 않는다면 우리의 삶의 깊이는 신학적·도덕적·법률적 세계뿐 아니라 사회적·정치적 영역에서도 발견될 수 없기 때문이다. 그 고백 위에서만 우리의 작업은 솔로몬 같은 현자가 기록한 심오한 잠언의 인증을 얻을 수 있을 것이다.

모든 지혜의 시작은
주님에 대한 두려움에 있다.
진심으로 그분을 두려워하는 자는

---

3   요 5:7. 카이퍼는 네덜란드어로 된 『*Statenvertaling*』을 인용한다. 이것은 다른 원고와 몇몇의 킹제임스 성경에 따라 "이러한 삼위는 하나다"라는 글을 선호한다. 1637년에 출판된 이 책은 히브리어, 아람어, 그리스어로 성경 원어에서 네덜란드로 번역한 최초의 성경이며, 이는 네덜란드 전국회의의 지원에 의해 이루어졌다.

그의 말씀에 따라 그분을 경배해야 한다.[4]

---

4   출처가 불분명하나 잠 9:10을 근거로 한다.

세부 목차

화시킨다 §167 지성주의는 학교의 타락이다

IV. 개요의 윤곽

제14장 사법 제도 _____ 353

I. 법의 해석

II. 법원의 판결

III. 특별법, 행정법, 그리고 형법

제15장 공공질서 _____ 379

I. 공적 영역에서의 품위

II. 알코올 중독과 매춘

제16장 공중 보건 _____ 397

I. 정부의 사무

II. 매장과 전염병

제21장 교회와 국가 ___ 563

I. 일반 원칙들

§299 종교개혁의 국가 교회 §300 이상과 현실 §301 분리 §302 교회의 공법적 성질 §303 통신연락위원회 §304 더 유연한 관계, 기도의 날, 비기독교 집단

II. 법의 적용

§305 헌법 제168조 §306 수지 결산 §307 민법전 §308 교회에 대한 국가의 정당한 주장 §309 국가에 대한 교회의 정당한 주장 §310 군복무, 세례, 혼인 §311 로마 가톨릭 교회

제22장 정당 정책 ___ 581

I. 창당

§312 창당의 의무 §313 교회가 아니라 국가 속 정당 §314 가능한 문제점들 §315 우리는 정당이 아니면 혼란을 겪는다! §316 정치 조직 §317 언론, 유권자 클럽, 정당 본부

II. 고립과 협력

§318 반혁명당 창당 §319 보수주의자들과의 단절 §320 두 보수주의 내각 §321 국민의 정당, 의회의 정당 §322 당분간 통치에 참여하지 않는다 §323 선거에서의 협력 §324 협력을 논의하기 위한 조직 §325 우리의 목표는 칼뱅주의 유토피아가 아니다 §326 일관된 반혁명파 §327 하나의 공식적인, 그리고 세 가지 실질적인 원칙들 §328삼위일체론

아브라함 카이퍼 소개(1837-1920년)

/

아브라함 카이퍼는 1837년 10월 29일에 네덜란드의 작은 마을인 마
스슬라스에서 태어났다. 그의 첫 목사 재임 기간에 카이퍼는 예수 그
리스도께 깊이 헌신했고, 이후 그의 경력에 심오한 영향을 미친 개혁
주의 신학에 몰두했다. 카이퍼는 일할 때 지칠 줄 몰랐다. 그는 두 가
지 신문을 발행하고, 국가 교회로부터 개혁 운동을 이끌었으며, 암스
테르담 자유 대학교를 설립하고, 네덜란드의 수상으로 일했다. 카이퍼
는 자신의 신앙과 삶을 통합하기 위해 끊임없이 노력했으며 1920년
11월 8일에 사망했다. 세계관 형성에 대한 카이퍼의 강조는 흩어진 네
덜란드 개혁교회와 이들에게 영감을 받은 사람들을 통해 복음주의권
에 혁명적인 영향을 미쳤다.

19세기 중반 네덜란드의 정치 무대에서, 프랑스 혁명의 구호인
"신도 없고, 주인도 없다!"(No God, No master!)에 대한 동조가 커지는
것에 대해 카이퍼는 크게 우려했다. 강압적인 정부나 이단 종교로부터
자유를 열망하는 것에는 동의했지만, 서로 영향을 주고받는 정치적 영
역인 정치에서 종교를 몰아내는 것은 카이퍼에게는 생각할 수도 없는
일이었다. 카이퍼는 사람이 죄악에 속해 있기 때문에 사람들로부터 그
힘을 이끌어내는 국가는 타락한 인간 충동의 악을 피할 수 없다고 추
론했다. 사람들이 자신의 죄악된 상태를 인식하고 하나님의 신적 권
위를 인정할 때, 진정한 제한 정부는 가장 크게 융성한다. 카이퍼는 다
음과 같이 말했다. "개인을 보호하고 가시적 영역들 가운데 상호 관계

를 규정하는 힘으로서 국가의 주권은 명령하고 강제하는 그 권리를 영역들 위로 높이 올린다. 그러나 이 영역들 내에서는…또 다른 권위, 즉 국가와는 별개로 하나님으로부터 직접 내려온 권위가 다스린다. 이 권위는 국가가 부여하는 것이 아니라 인정하는 것이다."

영역자 소개

해리 반 다이크(Harry Van Dyke)는 홀란트의 로테르담에서 태어났으며 12세 때 그의 부모 및 여섯 남매들과 함께 캐나다로 이주하였다. 그는 캘빈 대학에서 학사학위를, 암스테르담에 있는 자유대학교에서 문학 박사 학위를 취득하였다. 그는 20여개의 기사, 수많은 번역들, 그리고 『*Groen van Prinsterer's Lectures on Unbelief and Revolution*』(1989)라는 책을 출간했고, 그 외에 지우데마(S. U. Ziudema)와 스미트(M. C. Smit)의 선집을 편집했다.

그는 12년 동안 암스테르담 자유 대학교에서 역사 이론과 역사철학을 가르치는 연구교수를 역임했으며, 그리고 나서 23년간 리디머 대학교에서 역사를 가르쳤다. 그는 은퇴 이후 기독교 철학을 위한 도예베르트 센터에서 몇몇 번역 프로젝트를 진행하고 있다. 그는 부인, 두 명의 딸, 두 명의 손주들과 함께 캐나다 온타리오 주에 있는 해밀턴에 살고 있으며, 그들은 개혁교회의 일원이다.

아브라함 카이퍼의 정치 강령

Copyright © 새물결플러스 2018

1쇄발행 2018년 2월 14일
지은이 아브라함 카이퍼
옮긴이 손기화
펴낸이 김요한
펴낸곳 새물결플러스

편집 왕희광 정인철 최율리 박규준 노재현 한바울 신준호 정혜인
　　　김태윤 이형일 서종원
디자인 김민영 이재희 박슬기
마케팅 임성배 박성민
총무 김명화 이성순
영상 최정호 조용석 곽상원
아카데미 유영성 최경환 이윤범

홈페이지 www.holywaveplus.com
이메일 hwpbooks@hwpbooks.com
출판등록 2008년 8월 21일 제2008-24호
주소 (우) 07214 서울특별시 영등포구 양평로 11, 4층(당산동5가)
전화 02) 2652-3161
팩스 02) 2652-3191

979-11-6129-049-2　93340

책값은 뒤표지에 있습니다.

이 도서의 국립중앙도서관 출판예정도서목록(CIP)은 서지정보유
통지원시스템 홈페이지(seoji.nl.go.kr)와 국가자료공동목록시스
템(nl.go.kr/kolisnet)에서 이용하실 수 있습니다. CIP2018001981